KB118967

철학상담의 철학

기원과 발전 — **Gerd B. Achenbach** 저 | 노성숙 역

PHILOSOPHIE DER
PHILOSOPHISCHEN
PRAXIS

EINFÜHRUNG

학지사

Philosophie der Philosophischen Praxis: Einführung

by Gerd B. Achenbach

한국어판 서문

돌이켜 보자면, 43년 전인 1981년에 철학을 쇄신하고자 '철학상담'을 선
포하며 내가 시작했던 일은 가히 "혁명Revolution"이라고 부를 수 있을 것이
다. 물론 그러한 철학상담의 기초를 놓은 일이 새롭고 전례 없이 나타났으
며, 이와 동시에 철학적 사유 전반의 시작들에 대해 재고할 필요가 있었기
때문에, 좀 더 정확한 의미에서 "다시 선회하는 운동Re-volution"이라고도 말
할 수 있다. 유럽, 특히 고대 그리스에서 초기 철학자들은 철학을 일차적
으로는 올바른 삶을 살기 위한 노력이라고 간주했고, '이론적' 지식을 추구
하는 일은 기껏해야 부차적인 일이라고 이해했다. 요컨대, 그들은 지혜,
영리함, 신중함이 무지한 자에게는 주어지지 않는다는 사실을 인정했지
만, '지식'이 아닌 '지혜'를 추구했다.

이러한 재숙고가 철학의 쇄신을 예고하는 동시에 철학을 직업으로 삼을
수 있는 가능성을 열었다는 것은 여전히 미지의 땅으로 떠나는 이 출발의
중요성을 강조한다.

하지만 다음의 사실이 맞을까? 그것이 과연 문제, 걱정, 불안 아마도 슬
픔, 상실, 의심, 의문, 종종 비참한 삶의 결산과 함께 곤궁에 처한 사람들,
즉 희망도 없고 자신감도 없는 사람들, "자기 자신을 잃어버린" 사람들, 더

이상 알지 못하거나, 더 심각하게는 더 이상 아무것도 하지 않으려는 사람들과 거기서 무언가를 하겠다는 제안일까? 그런 사람들을 위해 거기에 있고, 그들의 말을 경청하고, 지원하며 그들과 함께 우선 탈출구를, 아마도 "구원의 길"을 찾고, 결국엔 그들에게 가장 최선인 개인적인 사명을 발견하는 길을 찾는 것이 이제야 철학자들의 준비됨으로 가능해진 것일까? 이는 정말 '미지의' 지형으로 출발하는 것일까? 이 모든 것은 비법이 난무하는 시장에서 서비스를 제공하는 번잡함은 말할 것도 없고 지난 한 세기 동안 수많은 심리치료들에 의해 관리되지 않았는가?

"예."이기도 하고 "아니요."이기도 하다. 철학상담이 하나의 새로운, 아마도 "참신한" 치료법으로서 전문적인 조력자의 다채로운 대열에 합류한다면, "예."이어야 할 것이다. 말하자면, 철학을 "성분"으로 사용하여 작용할 수 있는 몇 가지 구별되는 세부 사항과 특성을 참조한다면 말이다. 그러나 그것은 철학상담에 대한 근본적인 오해이며, 그럴 경우 철학상담은 자신의 수준보다 훨씬 낮게 평가될 것이다.

오히려 앞선 질문에 대해 단호하게 "아니요."라고 답해야 할 것이다. 왜냐하면 철학상담은 결코 새로운, 단지 "다른 치료"라고 주장하지 않고, 오히려 치료들에 대한 최초의 실제적인 대안이기 때문이다. 따라서 그 자체로서 그것은 포스트−치료 시대를 선포한다.

이러한 "그 이후"에 사람들은 "심적 장치"로 교환되었던 영혼을 되찾게 될 것인데, 그 장치는 호모 프시콜로지쿠스homo psychologicus, 즉 '심리학적 인간'을 설명이 필요한 동물이자 법칙을 준수하는 자극−반응−복합체로 격하시켰다. 사람들은 인간의 "학문"이 인간의 존엄성을 박탈하고, 그를 "대상"이자 관찰되는 "사물"로 전락시킨다는 것, 한마디로 그를 진지하게 받아들이지 않는다는 것을 이해하지 못했다.

그러한—대부분 여전히 파악되지 않은—인간의 강등에 대항하여 철학상담은 인간을 통찰력 있고, 책임질 수 있으며, 이성적으로 지각할 수 있는 존재이자 자유를 추구하도록 규정된 존재로 존중함으로써 그를 진지하게 받아들인다.

이번에는 다소 대담한 어조를 부끄러워하지 않고 말해 보자면, 자신의 "프쉬케"의 주변에서 연구하느라 고생했고, 몰두했으며 종종 그것을 "사물로 고정dingfest"하던 사람들이 철학자의 상담을 통해 그들의 눈을 뜨게 된다. 그러면 하나의 세계가 그에게 열린다. 그 세계는 그들에게 이해되어야 하는데, 왜냐하면 세계의 흐름, 우리의 역사와 기원, 우리 생활세계의 상태에 대한 이해 없이는, 그러니까 이 까다로운 주제를 시(詩)의 어조로 표현하자면, 무엇이 우리에게 "위로부터" 관여하고 "아래로부터" 압박하는지에 대해 알지 못하면, 우리는 우리에게 가능했을 삶을 놓치게 되기 때문이다.

다행히도 이제 한국어로도 제공되는 이 책은 언어에 정통할 뿐 아니라 사태도 꿰뚫고 있는 여성 철학자이자 철학상담자에 의해 번역되었다. 그녀와 저자인 나는 수년간 철학상담 프로젝트를 함께해 왔다. 이 책은 진지한 철학함에 관심이 있는 아시아의 모든 사람에게 철학의 쇄신을 촉구한 문서들을 처음으로 눈여겨 볼 수 있게 하며, 이로써 이 책에서 "철학상담이 철학의 중대사안"이라는 주장이 어떻게 가능한지에 대한 이해를 촉진시킬 것이다.

이러한 희망과 함께 나는 노성숙 교수님께 큰 감사를 전하고 싶다. 그녀는 남다른 개인적 헌신을 기울이면서 무엇보다도 독일에서 2022년 여름부터 2023년 여름까지 일 년 동안 지냈는데, 덕분에 나는 수많은 개인적인 대화를 나누며 그녀의 번역 작업에 동참할 수 있었다. 그녀는 차분한 꼼꼼함과 "올바른 단어"에 대한 존경할 만한 고집스러움으로 지금까지 비-독일어권 세계에서 가장 광범위한 분량에 달하는 내 텍스트의 출판[1]을 보장해

---

1 역자 주: 아헨바흐의 『철학상담의 철학』 독일어판 원본의 영어 번역은 전체 분량에서 몇 장이 제외되었는데, 한국어 번역은 독일어판 원본의 내용을 전부 번역했을 뿐 아니라 저자와 상의한 뒤, 한 챕터['우리의 전기

주었다.

특히 이 점에 대해 나는 기쁘게 생각한다. 왜냐하면 아시아, 특히 한국의 경우―내기 이와 연관해서 판단할 수 있는 한―그러한 실천된 철학함이 번성할 수 있는 토양이 이곳 서구와 유럽의 중심부보다 훨씬 덜 침식되어 있기 때문이다. 오랫동안 많은 사람이 현실에만 순응하는 것 이외에는 아무것도 없는, "근대"의 냉정한 오성의 황무지로부터 자신을 해방시킬 수 있는 지혜가 그곳에서 나올 것이라는 희망으로 '극동'의 가르침을 갈망해 왔다.

의심할 나위 없이 우선 서양의, 유럽의, 심지어는 '독일의 자식'이었던 철학상담 자체가 아시아의 정신 및 전통과의 만남을 통해 서로 친척이 되기를 바라야 한다. 그런 다음 고백으로 마무리하자면, 나는 이 새로운 아이를 아버지의 기쁨으로 받아들이고 가슴에 품을 것이다. 참고로, 철학상담은 철학으로부터 "가슴에 품는 소중한 일_{Herzensangelegenheit}"을 만들어 낸다.

2024년 1월 25일 베르기쉬 글라드바흐에서

(Biographie)가 우리가 조언하는 방식에 어떻게 영향을 미칠 수 있을지에 대한 질문에 답변하기]를 더 추가로 번역했기 때문에 가장 광범위한 분량을 담고 있다.

철학상담의 철학에 대한 서곡

예사롭지 않은 끈기로 '철학상담의 이론'을 요구하는 목소리가 여기저기서 들려온다. 그런데 나는 그와 똑같은 끈기로 그런 목소리를 무시하는데 익숙해졌다. 사전교육을 받은 사람들—참고로 그들의 사전교육은 그들의 문제인데—즉 학문적으로 훈련을 조금 받은 사람들이 철학상담에 대한 '이론'이 없는 한 철학상담이 무엇인지 알 수 없다고 생각한다면, 우리는 그에 대해 뭐라고 말해야 할까? 이론만을 따르는 이 불행한 친구들은 마치 가장 아름다운 풍경 속에서 자신을 발견하고 주위를 둘러보고 나서 지도를 손에 가지고 있지 않기 때문에 아무것도 볼 수 없다고 선언하는 사람과 같다.

그러나 그러한 알고리즘이 우리 머릿속에서 통치를 시작한 것이 오래되지 않았다는 전제하에, 어쩌면 우리는 그러한 끈기를 두뇌에 대한 알고리즘의 현세적인 지배라고 해석하는 것이 좀 더 적절하지 않을까? 즉, 과정들이 실행되는 도식을 알아야만 '이해'할 수 있다는 것인데, 이에 가장 잘 맞는 비유는 바로 공정(工程)공학Verfahrenstechnik이라고 할 수 있다.

그러나 나는 질문자들에게 묻고 싶다. 철학상담의 '이론'을 요구하는 사람 중에 이미 이전에 '철학의 이론'에 대해 들어 본 적이 있는가? 거의 없을 것이라고 희망하고 싶다. 그러나 만약 그렇다면—결국, 모든 종류의 자료를 읽었다면—그 해당하는 자(또는 아마도 더 낫게는 "해당되는 자"?)는 해를 끼치지 않고 보관되는 도서관의 먼지투성이 서가에 그러한 "연구에 대한 기여"를 남겨 두는 것이 좋을 것이다.

예로부터 철학의 분야에서는 그 반대가 해당한다. 철학자는 사유하고 그와 동시에 자신의 사유를, 마치 그 자신의 사유 속에서 그 사유 일반의 가능성까지도 숙고한다. 따라서 그는 이론적으로 조정된 인간을 미리 규정된 궤도에 지탱하게 하는 방향을 제시하는 틀이 필요하지 않다. 오히려 그 틀은 멍에처럼 그에게 덧씌워지고 그 자신은 마치 족쇄에 묶여 머리와 팔다리가 구속된 것처럼 느낄 것이다. 철학적 전승의 주도적 개념을 회피하지 않고 말하자면 다음과 같다. 다른 사람들이 동의하고 자신이 선택한 이론의 목줄에서 안전하고 보호받는다고 믿는—왜냐하면 거기서 보조를 맞춰 같이 걷기 때문에—곳에서, 철학자는 자신의 사유를 잃어버렸다고 알아차리는데, 사유는 자유가 없으면 마침내 루틴 속으로 쇠퇴되고 위축되기에 이르러 단순한 정확성 속에서 탕진되어 버리기 때문이다.

널리 퍼져 있는 오해를 피하자면, 철학자가 "사유하는" 것만이 철학자의 사태가 아니라, 설령 그렇다고 쳐도 그것이 우선적인 것이 아니라, 그의 사명은 심사숙고하고 또한 사려 깊게 되는 것, 즉 오래된 프랑크 시대의 용어로 말하자면 신중함Besonnenheit에 도움이 되는 것을 신중하게 생각하는 것이다. 그런 상태에서 그는 가능한 한 묻혀 있던 생각을 드러내고, 메말랐던 사유가 다시 한번 흐를 수 있도록 새로운 길을 연다.

그리고 좀 더 나아가서, 가장 넓은 범위에서 받아들인 그 사유조차도 철학자가 자신을 가두도록 울타리 쳐진 영역은 아니다. 오히려 그는 감각하고, 느끼고, 보고, 감지하고, 예감하고, 다가오는 것을 보고, 의심하고, 믿고, 두려워하고, 걱정하고, 희망하며; 잊혀진 경우를 기억하고, 간과된 경우를 주목하고; 다른 사람들이 "이미 더 나아가" 있는 경우에 고집하며 머물고; 이미 답을 알고 있는 경우를 질문으로 방해하고; 행렬들이 행진할 때 침착함을 유지하고; 그렇지 않고 사람들이 제지할 경우에 흥분한다─ 요약하자면, 그는 살고 있고, 그가 살고 있다는 것과 어떻게 그가 사는지를 벗어나지 못하도록 한다. 이것이 그가 경험을 수집하는 그의 기반이다. 이 목록은 자유자재로 명확하고도 충분하게 확장될 수 있기 때문에, 여기까지만 하겠다.

이 시점에서 한 가지 더 주목할 것이 있는데, 철학의 영역은 더 이상 '지식'─일반적으로 오늘날 "소위vermeintlich" 지식이라고 자칭하는─의 영역이 아니다. 그렇기 때문에 더 이상 자신을 학문의 자매라고 오인하지 않는다. 오히려 우리는 그것을 예술, 음악 및 나름대로 지식이라고 주장하는 문학의 영역에서 만난다.

따라서 한정된 지식의 영역에서 정복의 영광을 누리는 대신 '철학적'으로는 다음과 같은 것이 관건이다. 즉, '철학적'이란 실천적으로 자신을 증명하는 철학을 말하는데, 이는 철학상담자의 형태로 우리에게로 향하는 사람들의 걱정과 필요를 보살피는 철학을 말한다. 여기서는 사려 깊은 태도, 습득된 심사숙고함Gesonnenheit과 획득된 존재 상태, 다른 말로 하자면, 우리가 오늘 여기에서뿐만 아니라 과거에 집처럼 느낄 수 있게 하는 교양Bildung 안에서의 수용이 관건이다.

이것이 우리의 상담에서 손님과의 관계에 대해 의미하는 바는 학문적으로 훈련된 학교 졸업생이 대체로 가장 잘할 수 없는 것을 우리가 요구받는다는 점이다. 마치 오르페우스가 그의 에우리디케를 따라갔던 것처럼, 철학상담자는 그의 방문자가 얽혀 있는, 그리고 물론 얽혀 들었던 세계, 그리고 탈출구를 희망하며 견디고 있는 세계로 들어가서 길을 찾아야 한다.

우리는 그곳에서 그를 발견하고, 그가 우리와 함께 가고 싶어 하고 그렇게 할 수 있는 한, 그에게 문이 열려 있는 곳으로 데려간다. 그러나 그를 위해서 우리 자신은 쇼펜하우어가 깊이 사유했던 이미지에 따르자면, 모든 가차 없이 철저한 철학함을 위해 죽는 것, 그러니까 뮤즈의 안내자인 아폴로가 되는 것이다. 그러나 그와 같은 존재로서 우리는 손님을 빛이 없는 그림자의 왕국으로 데리고 내려가지 않고 오히려 철학하는 자들을 기다렸고, 이제 그들을 진심으로 환영하고 맞이하는 정신의 영역, 질서정연하고, 생기를 주며 활기찬 영(靈)의 왕국Geisterreich으로 일깨워서 데리고 올라간다.

끝으로, "철학상담의 이론"에 대한 요구가, 마치 슬프게도 확신을 지니고 전제되어야 하는 것처럼, 계속 요구된다면, 나는 그야말로 뭐라고 말할 것인가?

나는 철학상담의 철학을 위한 노력이 그 답이라고 말할 것이다. 그 조각들은 문자 그대로의 의미에서 에세이와 다름없는데, 다성적 푸가[1]를 위해 서로 결합되었다.

그러나 이와 동시에 그것들은 어떤 한 사람에게 그저 우연히 일어난 일은 아닌 것들이기에 40여 년 동안 씨를 뿌리고 가꾸고 거두었던 수확물의 기록들이다. 이는 뛰어난 면도 있고 제한적인 면도 있다는 것을 말한다. 내가 그 한 명의 특정한 존재로서 가져왔고, 매우 개별적인―좀 더 정확한 의미에서 "유일무이한"―전제 조건들은 새로 열린 지형을 빛으로 드러나게 만드는데, 그 빛의 색은 완전히 개인적으로 맞추어진 것이다. 그것은 이론에 종속적인 "상담"에 대한 판형이 되는 모든 이론 교육을 배제하고,

---

1 역자 주: 아헨바흐는 음악을 비유로 즐겨 쓴다. 푸가의 어원은 라틴어 fugare(쫓다) 및 fugere(쫓기다)에서 유래한다. 한 성부가 다른 성부에 이어서 선율을 모방하는 것이 쫓고 쫓기는 것과 같다고 이름 붙여졌다. 푸가는 다성음악에 의한 대위법적 모방의 한 기법으로, 하나의 선율을 한 성부가 연주한 뒤 이를 따라 다른 성부가 다른 음역에서 모방하는 것을 특징으로 한다. 여기서 '다성적 푸가'란 일종의 '기악적 돌림노래'처럼 아헨바흐가 이 책에서 철학상담에 대한 에세이를 저술한 방식을 비유적으로 표현하고 있다.

또한 부지런한 "상담자"를 돕기 위해 적용에 필요한 모든 방법론의 창출을 배제한다.[2]

2023년 5월 비엔나에서

---

[2] 역자 주: 아헨바흐는 독일어판 원본의 서곡을 줄여서 한국어판 번역을 위해 짧은 버전으로 보내왔다.

철학상담의 철학
기원과 발전

차례

철학상담의 철학:
기원과 발전

새로운 것을 보기 위해서는
새로운 것을 해야 한다.

게오르그 크리스토프 리히텐베르크Georg Christoph Lichtenberg

1장

"철학상담이란 무엇인가?"라는
물음에 대한 간추린 답변

1981년에 나는 "철학상담"[1]이라는 용어를 만들어 냈으며, 이와 동시에 전 세계에서 처음으로 그 자체를 하나의 장치로 창립했다. 그리고 나서 1982년 쾰른 근교의 베르기쉬 글라드바흐에서 "철학상담학회Gesellschaft für Philosophische Praxis"가 결성되었는데, 이 학회는 그 사이에 생겨난 수많은 국가단위 학회들의 국제적인 상부조직으로 발전했다. 여기까지가 "제도적인" 부분들에 대한 것이고, 이제 요약컨대, 철학상담이 무엇인지의 물음에 대해 답변하고자 한다.

철학자들이 하는 상담에서의 철학적 인생상담은 심리치료에 대한 대안으로서 정립되고 있다. 그것은 걱정과 문제들로 인해 고통받거나, "자신의 삶을 잘 풀어 나가지 못하는" 사람들을 위한 장치이다. 때로 그들은 어떤 방식으로든 "궁지에 내몰린" 채로 있다. 그들은 풀지도 못하고 놓여나지도 못하는 물음들에 시달리고 있으며, 자신들의 '일상적 삶이라는 단조로움'[2] 속에서 스스로 입증해 보이고는 있지만, 거기서 "뭔가 부족하다고" 느끼고 있다. 왜냐하면 그들은 자기 삶의 현실이 자신의 가능성에 상응하

---

1 이에 대해서는 Marquard(1989, Spalte, 1307-1308) 참조.

2 역자 주: '일상적 삶이라는 단조로움(Prosa des Alltagslebens)'이라는 단어는 헤겔에서 유래하는데, 여기서는 아무런 낭만도 없는 일상적 삶의 단조로움, 건조함, 팍팍함을 말한다.

지 않는다는 것을 어느 정도는 알고 있기 때문이다. 철학상담에 오는 사람들은 그저 살고 있다거나 그럭저럭 삶을 꾸려 나가는 데에 만족하지 않고, 오히려 그들의 삶에 대해 해명을 얻고자 한다. 그리고 자신의 삶의 윤곽을, 즉 자신의 삶이 어디서 왔으며, 어디에 있고, 어디로 가는지에 대한 명확성을 얻고자 희망한다. 한 번쯤은 특수한 상황에 대해, 때로는 이상하게 연루된 상태에 대해, 분명하지 않은 삶의 행로에 대해 진지하게 생각해 보려는 사람들의 요구는 결코 보기 드물지 않다. 간단히 말하자면, 그들은 철학자의 상담소를 찾아오는데, 그들은 뭔가 이해하려 하고 또한 이해받으려 하기 때문이다. 여기에서 그들을 움직인 것은 결코 칸트(Immanuel Kant, 1724~1804)의 "나는 무엇을 해야 하나?"라는 물음이 아니라 그와 반대로 흔히 몽테뉴의 물음, 즉 "나는 도대체 무엇을 하고 있는가?"라고 할 수 있다.

그 배경에는 통찰력 있는 가장 오래된 철학적 지혜가 존재하고 있을 것이다. 말하자면 소크라테스의 원칙인데, 그에 따르면 '단지 검토된 삶만이 살 만한 가치가 있다'. 때때로 그 원칙은 단지 그럭저럭 태평하게 사는 삶이 다름 아닌 "실제로 살고 있지 않은" 삶, 즉 뭔가 "탕진한", 어느 식으로든 "놓치고" 분산되어, 스스로를 죽인 채 사는 삶이라는 수치스러운 두려움을 일깨워 준다.

쇼펜하우어는 다음과 같이 말한다. "대부분 사람은 그들이 마지막으로 뒤돌아볼 때에서야, 그들이 평생 임시로ad interim 살았다는 것을 알게 된다. 또한 그들이 그렇게 주의하지도 않고 즐기지도 않은 채 지나친 것이 바로 그들의 삶이었고, 바로 그런 기대감으로 그들이 살았다는 것을 보고는 놀랄 것이다. 바로 이것이 인간의 삶의 여정인데, 대체로 인간은 희망에 조롱당한 채 죽음의 팔에 안겨 춤춘다."

이것을 끔찍한 가능성으로 예감한 사람에게는, 자기 삶의 무게가 철학적인 성찰에 의해 마치 예언처럼 나타날 수도 있다. 삶에 대한 철학적인 태도는 실제로 존경할 만한 과도한 요구에 따른 태도이기 때문이다. 그러한 태도는 우리의 현존재에 중요성을, 즉 우리의 '여기 있음Hiersein'에 의미를, 그리고 우리의 현재에 소중함을 부여한다.

　보통 철학상담을 받으려는 손님에게는 상담하는 철학자와의 대화를 찾도록 결심하게 하는 계기들이 있다. 대개 그것은 실망들, 예견하지 못한 혹은 전혀 그렇게 되리라 예상하지 않았던 경험들, 다른 사람들과의 충돌, 운명의 시련들, 실패의 체험들, 지독히도 나쁜 혹은 단지 진부한 삶의 대차대조표 등이다. 그래서 그 손님은—비록 불명료할지라도—철학상담이 존재하기보다도 앞서서 칼 포퍼가 철학상담의 과제로 정한 것을 짐작하고 있다.

> 우리는 깨닫든지 아니든지 간에 모두 철학들을 지니고 있는데, 그것들이 별로 쓸모 있지는 않다. 그러나 우리의 행동과 우리의 삶에 대한 그 철학의 영향력은 때로 파괴적이기도 하다. 따라서 비판을 통해서 우리의 철학들을 개선할 필요가 있다. 이것이야말로 도대체 여전히 철학이 존재한다는 것에 대한 나의 유일한 변명이다.

　그렇다면 다음은 이제 '철학상담자가 어떤 방식으로 방문자로 하여금 난관을 극복하도록 도울 수 있는가'인데, 대개 이 질문은 '"어떤 방법"에 따라 처리될 것인가'라고도 표현될 수 있다. 이에 대해 간략하게 설명하자면, 여기서의 철학은 방법을 가지고mit 작업하는 게 아니라 기껏해야 방법에 대면해서an 작업하는 것이라고 말하는 것이 옳을 것이다. 방법에 복종하는 것Methodengehorsam은 여타 학문들의 자부심이지 철학의 사태는 아니다. 철학적인 사유는 이미 정해진 경로를 따라 움직이는 것이 아니라, 오히려 각각의 경우마다 "올바른 길"을 새롭게 찾는다. 철학적 사유는 사유의 루틴Denkroutine을 사용하지 않고, 그 루틴에 대해 해명하기 위해서 오히려 그 루틴을 저지한다.

마찬가지로 철학상담의 손님들을 철학적으로 예정된 경로로 데려가는 것이 아니라 그들 자신의 길을 가도록 돕는 것이 관건이다.

그런데 이는 철학자의 편에서 보자면 어떤 태도, 꼭 괴테에게[3] 동의해야 만 하는 것은 아니지만, 그가 말하는 "승인하거나 비난하지 않고", 타인을 존중할 줄 아는 태도를 전제한다.

또한 철학은 손님의 용건들이 플라톤, 헤겔 혹은 그 밖에 그 누구를 통해 다루어지는 것처럼, 그렇게 "적용"되는 것도 아니다. 독서는 처방되는 약제Heilmittel가 아니다. 도대체 어떤 사람이 아플 때 의학적인 강의를 듣기 위해서 의사에게 간다는 말인가? 이와 마찬가지로 상담소에 온 방문자는 철학자로부터 가르침을 받으려 하거나, 영리한 언사들로 달램을 받거나, "이론들"을 제공받으려는 것은 더더욱 아니다. 문제는, 철학자가 자신의 입장에서 공부해 온 것들을 통해서 영리하면서도 이해력이 충분해지고 주의 깊게 되었는지, 그 와중에 그가 행여나 간과했던 것에 대한 감각을 익혔는지, 그리고 그가 일탈적이고 이례적으로 사유하고, 지각하고 판단하는 데에 익숙해지는 것을 배웠는지의 여부에 있다. 왜냐하면 철학자는 단지 함께 사유하는 자이자 함께 지각하는 자로서 그의 방문자를 고독─혹은 상실감─으로부터 해방시킬 수 있으며, 아마도 그렇게 해서 방문자로 하여금 자신의 삶과 주변 상황에 대해 다르게 평가하도록 이끌 수 있기 때문이다.

이것은 심리학자들과 심리치료사들의 사태와 똑같지 않은가? 또한 사목자와도 같지 않은가? 불가피하게─점차 더 번성하고 있는 치료문화의 특성

---

3 동시대 사람들 중 일부가 "교훈적인 경향"을 기대했던 그의 "베르테르"에 비추어서 괴테는 다음과 같이 설명한다. 시적인 표현은 어떤 "교훈적인 목적"도 지니고 있지 않다. 그것은 승인하거나 비난하지 않고, 태도와 행동들을 순서에 따라 전개하고, 이를 통해 사람들을 계몽하고 가르친다(Goethe, 1981a, p. 590). 이와 같이 괴테는 철학상담의 사명이기도 한 것을 묘사하고 있다.

철학상담의 철학:
기원과 발전

상—심리치료들로부터 철학상담의 "경계설정"에 대한 물음이 생겨난다.

그런데 심리학적인 시각은 특수한 것, 특별한 것을 특별한 방식으로 인지하는데, 무엇보다도 심인성(心因性), 그러니까 심리적으로 제한된 난관들을—심리학자와 심리치료사는 전문가이지만, 그들이 전문가가 아닌 부문에서는 아마추어인데—인지하는 데에 숙련된 반면, 철학자는 역설적으로 말해서 특별하지 않은 것, 즉 보편적인 것과 명료한 것에 대한(또한 이미 이성적으로 사유된 것의 풍부한 전통에 대한) 전문가이기도 하고, 모순적인 것과 일탈적인 것, 그리고 특히 강조하자면 개인적이고 일회적인 것에 대한 전문가이다.

이러한 방식으로 철학자는 상담하면서 그의 방문자를 진지하게 받아들인다. 그 방문자는 이론에 의해 인도되어—즉 도식적으로—이해되거나, 결코 "어떤 규칙을 따르는 하나의 경우Fall einer Regel"가 아니라, 유일한 그 자신으로서 이해된다. 어떠한 "표준Maßstab"도 그에 대해("건강"이라는 표준까지도) 적용될 수 없다. 문제는 그 스스로가 자신에게 걸맞게 살고 있는지—니체로 인해 유명해진 말로 하자면, 그가 바로 그 자신이 되었는지의 여부에 있다.

철학상담은 결코 개인상담으로만 입증된 것이 아니며, 기업, 조직, 협회들이 그들의 임무, 확고한 원칙들, 방향을 이끌어 가는 기본 노선을 찾는 시도를 지원한다는 것도 추가되어야 할 부분이다.

철학상담의 철학
기원과 발전

30년도 더 전에 출간된 오래된 칸트주의자Altkantianer의
『철학자의 코너에서』라는 책 제목의 가장 희미한 흔적이 철학에 붙어 있는 한,
철학은 그것을 경멸하는 사람들이 그것을 가지고 놀 수 있는 재미이다.

테오도르 W. 아도르노Theodor W. Adorno

2장

철학상담은 오랜 전통을
지니고 있지만 본보기가 없다[1]

철학상담은 오랜 전통을 지니고 있지만, 본보기가 없다. 물론 잘 알려진 조상들이 많이 열거될 수 있다. 최초의 조상이자 꼭대기에 있는 선조로서 소크라테스, 그리고 매우 오래전부터 전해 내려온 유산이 존재한다. 그러나 축적된 부는 마치 유통 가치가 없는 오래된 동전들의 주머니와 같아서 가치 있고 매력적인 기억이긴 하지만, 구속력이 없는 것으로 과소평가되었다.

그러니까 소크라테스는 전례 없는 결단력으로 로고스에 존경을 표했으며, 이와 동시에 철학적이고-의료적인 기술을 처음으로 선보였는데, 그의 쇠파리가 찌르는 듯한 논박술과 산파술 그 자체는 이제 아테네의 소피스트이자 그리스의 철학적인 의사 안티폰(Antiphon, 480~411 BC)에 의해 이미 일찍이 "철학상담"으로 정착되었다. 코린토의 플루타르크의 보고에 따르면, "아고라 옆에 배정된 집에서 그는 환자를 말로 치유할 수 있다는 팻말을 내걸었다"(Watzlawick, 1978, p. 12). 또한 에피쿠로스(Epikouros, 341~270 BC)의 매우 분별력 있는 삶의 달관과 행복의 경제학도 있다. 또한

---

1 이 원고는 1985년 뒤셀도르프 대학에서 강연한 내용이다. 이 강연의 어조는 부분적으로 당시 뒤셀도르프에서 선호했던 "병리학" 성향이 강한 그룹을 향하고 있을 수 있다. 그래서 여기서는 비판 이론과 아도르노의 사유에 대한 강한 유대감이 중요한 역할을 했다. 게다가 그 당시에 유행하던 "응용철학"에 반대하는 것도 필요했다. 여기서 그 강연을 약간 줄여서 싣고자 한다.

더욱 명확하게 탐구된 깊이 그리고 이미 개발된 영혼의 지식과 함께, 어떤 경우에도 어리석지 않은 삶의 충족이라는 이미지로서 "마음의 고요"를 지니고 스토아적으로 욕구를 모니터링하고 정념을 감시하는 것도 있다. 위대한 이론과 천상의 사변으로부터 아비투스와 사려 깊은 삶의 양식으로서의 철학으로 소크라테스적인 전환을 이루는 데에 내용을 제공하고 정신의 학medicina mentis으로 소크라테스적 모티브를 더욱 발전시킨 것은 누구보다도 몇몇 스토아주의자들이었다. 소크라테스는 여전히 변증법적 철학을 "카타티콘Kathartikon"이라는 의학적 은유로 일컬었다. 즉, 우리의 사유의 길이 언어적 잿더미를 통해서 막힌 것으로부터 벗어나도록 하는 완화제와 같다고 할 수 있는데(Lübbe, 1978, p. 137), 이는 그야말로 머리에서 사유 작업을 통해 위쪽을 청소하는 것과 아래를 깨끗하게 하는 것을 매우 계몽적으로 연결한 아이디어라 할 수 있다. 반면에 몇몇 스토아주의자들에게 이성은 이미 어떤 다른, 무엇보다도 신체적인 중심으로 옮겨졌는데, 즉, 정념과 심리적 욕망들은 더 이상 제쳐지거나, 철학적 사유라는 빛의 그늘에 머물러 있지 않았다. 따라서 크리시포스(Chrysippos, 280~208 BC)는 정념에 대한 세 권의 작업에 이어서 "치료술Therapeutikos"에 대해 저술했다. 예지력이 있는 천재성을 지니고 있던 그는 이후에 "소마(육체)"와 "프쉬케(영혼)"로 분리되었던 "이성의 타자"를 "이성 그 자신의 한 측면"으로 인식했다. 이로써 할례를 받지 않은 철학에는 적어도 "학문적 영혼치유학wissenschaftliche Seelenheilkunde", 더 나아가 머리만이 아니라 그 자신의 고유한 방식으로 육체에서도 실현되는 로고스의 학문이 되는 과제가 주어졌다. 그리고 오늘날에서야 제대로 이해되는 스토아주의자들에게서 조금은 다른 것들이 생겨났다. 말하자면, 분명한 개인주의이다. 예를 들어, 파나이티오스(Panaítios, 185?~110? BC)는 매우 놀라울 정도로 현대적인 아이디어를 제시했는데, 나는 인용문 하나를 삽입하고자 한다.

개인적 본성의 다양성은 너무나도 넓어서 때때로 같은 상황에서 한 사람은 스스로 죽음을 맞이하고, 다른 사람은 그렇지 않다. 오디세우스는 그의 목적을 달성하기 위해서 아이아스Aias였다면 천 번이나 죽음을 선택했을 모욕을 견뎌 냈다. 모두가 이것을 명심하고, 자기 안에 있는 것을 스스로 잘 살피고, 그러고 나서 그에 따라야 하며, 낯선 것이 자신에게 어떻게 어울리는지를 시험해 보려 하지 않아야 한다. 모든 이에게 가장 알맞은 것은 자신의 개인적인 본성에서 나오는 것이기 때문이다(Panaítios, 1950, p. 238).

물론 여기서 현재 우리를 가르치는 것은 이전의 것이 아니다. 오히려 우리에게 과거를 밝게 만드는 것은 현재이다. 철학상담의 조상들의 갤러리가 철학상담에 방향을 가리키는 것이 아니라 오히려 철학상담은 거꾸로 뒤쪽으로 더 확장되고, 새롭고 다른 관심으로 철학적인 이전의 역사에 대한 시선을 되살리기도 한다. 그리고 당연히 그러한 추적은 무엇보다 고대로 거슬러 올라간다. 이는 단지 연대기적인 순서를 위해서가 아니다. 그 추적 안에서 헤겔도 전적으로 인정하고 지적했듯이, "철학은 일반적으로 삶, 즉 삶 전체의 문제로서 간주되는 것이지, 마치 다른 철학자들에게 서둘러 도달하기 위해 철학부 건물을 통과해서 지나가는 것은 아니기"(Hegel, 1986e, p. 257) 때문이다.

이것은 후기 로마에서 철학함을 실천하는 교사들과 자기 계발자들의 도덕적인 성찰 훈련에서도 여전히 타당한 규정이다—물론 네로 황제처럼 독이 든 과일들만 익는 정원은 결코 아니었지만...[2]

그러나 오늘날 상담을 하는 철학이, 예를 들어서 세네카가 통지하듯이

---

2 우리가 이러한 것을 깨닫게 된 데에는 무엇보다 피에르 아도(Pierre Hadot)의 작업에 빚지고 있다. 그런데 그의 작업은 몇 년 후에야 독일어로 번역되어 출간되었고 다음과 같이 나에게 알려졌다(Hadot, 1991; Hadot, 1996; Hadot, 1999). 또한 내가 뒤셀도르프에서 강연한 지 1년이 지나서야 미셸 푸코의 고대-헬레니즘 철

거만한 어조로 자신을 광고하고자 한다면, 그 자리에서 웃음거리가 되고 우스꽝스럽게 보일 것이다. 그의 말을 들어 보자.

> 철학은 시간을 미화하고 지루함을 추방하는 데 기여하기 위한 것이 아니다. 오히려 그것은 영혼을 교육하고 형성하며, 삶을 질서 정연하게 하고, 우리의 행동을 지시하고, 우리가 해야 할 일과 하지 말아야 할 일을 보여 주고, 위험한 여행을 하고 있을 때 방향타를 잡아 준다. 철학 없이는 불안과 혼란이 없는 삶도 없다. 매시간 철학만이 줄 수 있는 조언을 필요로 하는 수천 가지 일들이 다가온다.[3]

한편으로 시간당 상담을 제공하는 철학은 60분마다 길을 잃을 위험에 빠질 수 있고, 철학적 후견의 또 다른 의심스러운 측면은 거기에 수반되는 폭력성에 있다. 그 폭력은 계획에 맞도록 삶을 형식에 맞추고 순응하도록 만드는 것이다. 이는 철학적인 오만과 자만심에 일관되게 붙어 있고, 더욱이 오히려 부드럽고 매우 민감하게 가르치는 에픽테토스(Epiktetus, 50?~135?)에게서는 위협적인 제스처로 참견하는 특성이 있다.

> 철학적 가르침을 법처럼 지키고 그것을 어기는 것을 죄라고 여겨라... 너는 네가 동의해야 할 가르침을 얻었고 그것에 동의했다. 그런데도 너는 여전히 다른 교사가 너의 개선을 맡아 주기를 기다리고 있는가(Epictetus, 1978, p. 49)?

학과 관련된 그 저명한 저술들이 출간되었는데, 이는 그 나름의 방식으로 철학상담이라는 아이디어를 향해 나아갔다. 이는 무엇보다도 『성의 역사』에서 제2권 "쾌락의 활용"과 제3권 "자기배려"를 말한다. 두 권 모두 1986년 프랑크푸르트에서 발간되었다.

3 세네카가 루실리우스에게 쓴 16번째 "도덕적 편지"의 내용이다.

철학상담의 철학:
기원과 발전

이것은 행위에서의 순수한 규범성이다. 정신은 '정신이 아닌 것'에 맞서게 되고, 명령적인 제스처로 그 자신의 실제적인 무력감을 숨긴다.

이것은 조금 지나서는 천상에서 선포되는 어조가 되는데, 기껏해야 온당치 않은 은총에 대해 약속[하여 위로]함으로써 약화된다. 이러한 은총 약속은 죄로 꽉 막혀 있는 것, 그리고 아무리 선의를 투입해도 도달할 수 없는 것까지도 (인간이 사용할 수 있는 것보다) 더 높은 권위로 뒤집는다. 비록 종교적 영감과 천상의 유혹이 우리에게서 멀리 떨어져 있더라도, 아우구스티누스(Augustinus, 354~430)가 처음, 그리고 전형적으로 그것을 철학적으로 기록한 것처럼, 그 영감과 유혹은 삶을 개조시키는 힘을 지니고 있었다. 그 힘은 오늘날 우리에게는 그만큼 낯설 수밖에 없다—물론 그 당시에 전해진 희망은 현재 치료 사업에서 통용되는 구원에 대한 신생아와 같은 믿음으로 변질되어 버렸지만 말이다.

그런데 "공감하는" 치료사의 부드러운 탐문으로부터 정신과에서 강제로 처방하는 약품에 이르기까지 무성한 다양성과 변모를 지닌 새로운 멍에가 더 가벼운 멍에인지, 아니면 오히려 위로를 잃은 자들에게 현대의 변화 기술을 모방하는 것을 잊어버리도록 하는 달콤한 독은 아닌지의 여부가 질문으로 추가될 수 있다.

어쨌든 철학상담은 중세 시대에도 살아남았는데, 아우구스티누스의 후계자로서만은 아니다. 아우구스티누스는 자신의 병과 우울증으로부터 철학함의 탄생을 전기(傳記)체로 발전시켰다. 그는 "구세주Heiland"의 도움을 받은 것과 비교해 볼 때, 히포크라테스, 플라톤주의자 또는 스토아주의자에게서 가능한 도움을 얕잡아 보았다. 그는 "내 병을 낫게 한 의사는 오로지 당신만이었기 때문입니다."(Ausgustinus, 1959, p. 66)라고 고백한다. 그래서 그리스도교적인 신에 대한 믿음이 참된 "정신의학"이 된다면, 철학이란 특히 실천적 측면에서 상응하는 신학의 시녀ancilla theologiae가 된다. 심지어 여전히 후기 스콜라철학에서 보에티우스가 신플라톤주의적으로 저술한 위로의 저서인 『철학의 위안De consolatione philosophiae』도 기꺼이 "교화적인 의도"에서 읽혔다.

그러나 이와 함께 철학상담은 무엇보다도 수도원에서 신비주의의 옷을 입고 명상적 실천으로서 살아남았다. 개별화라는 모티브는 일반적인 것에 대한 구속력 있는 지향 속에서 완전히 사라진 것이 아니라, 특히 신을 찾는 자와 신비주의에서 발견되는 스콜라적 정신이라는 대성당의 형이상학적 지붕 아래에서도 지속되었고, 신을 찾는 자와 발견한 자의 신비적 합일unio mystica 안에서 눈에 띄지 않는 보호 구역을 발견했다. 영혼에 대한 에크하르트(Meister Eckhart, 1260?~1328?)의 가르침, 실천적 훈련의 권고, 에크하르트의 제자인 수소(Heinrich Seuse, 1295~1366)가 그리스도교적 삶의 기예의 기본 요소로 제안한 "내적 내맡김innere Gelassenheit"에 대한 탐색, "단순하게 자신의 근원으로 내면에서" 파고드는 것이라는 타울러(Johannes Tauler, 1300?~1361)의 설교 등 안에서, [중세]철학의 주류였던 박사들이 저술한 호사스런 온갖 대전(大典)들의 작품에 담긴 스콜라철학 속에서 사라질 위기에 처했던 전통을 보존해 왔다.

요약컨대, 종교적으로 정의된 특별한 환경, 특히 수도원 담장이나 종교적으로 고립된 은둔지에서 완전히 실천적인 철학적 정신이 오랫동안 내면으로 이주한 것은 실천적인 철학에 나쁜 풍토는 아니었다. 게다가 여전히 저 천상에 보장된 탈중심성Exzentrizität은 철학적인 삶을 환영했는데, 철학적인 삶은 모든 일상의 단조로움을 인정하고 때때로는 "운명애amor fati"로 전향함에도 불구하고 자신의 추동력을 거리 두기의 체험으로부터 끌어낸다. 그 거리 두기 체험은 선택의 지위를 뒷받침하고 예외로서의 정신을 고귀하게 만든다. 더 춥고 더 뜨거운 바깥 세계의 공기 속에 있었더라면, 철학은 무엇보다 아직 세상에 맞지 않는 것, 즉 그것의 난해함이 사라졌거나 혹은

철학상담의 철학:
기원과 발전

오래전에 순응압박에 의해서 비위를 거스르지 않는 것으로 변형되고, 눈에 띄지 않게 퇴화했을지도 모를 일이다.

그러나 이제 본격적으로 중세 후기에 그리스도교가 구원을 독점Heilsmonopol함으로써 엄격히 속박되어 있던 것으로부터 해방되면서, 철학상담의 선구자에 속하는 철학이 생겨났다. 몽테뉴(Michel de Montaigne, 1533~1592)의 회의적인 지성과 자기성찰적인 삶의 세련미에 관해서는 주목할 필요가 있다. 여기에서 철학은 이제 중요한 변화를 겪는다. 우리 삶의 길에서 교사로서 앞서 나아가는 대신에, 그리고 우리에게 목표에 대한 완벽한 전망을 제시하면서 모든 종류의 지침, 원칙 및 정당한 의무를 외침으로써 올바른 길로 가도록 명령하는 대신에, 철학은 이제 (원칙적으로 조용하고 눈에 거슬리지 않게) 뒤따라온다. 그리고 철학을 찾는 사람은 거의 없고, 그래서 단지 드물게 철학의 도움으로 삶을 사태 이후에Leben post factum 명확히 숙고하려고 시도할 뿐이다. 몽테뉴는 『라이문드 세분두스의 변론 Apologie des Raimund Sebundus』에서 다음과 같이 서술했다.

> 그는 그의 "삶의 주도성"을 (...) 양성하기 위해서 "그 어떤 학설의 도움도 요청하지 않았다. 그런데 그것이 비록 비이성적일지라도, 나에게 그것을 설명하려는 욕구가 생겨났고, 나는 그것을 대중들에게 좀 더 품위 있게 드러나도록 하기 위해서 그것에 이성적인 이유들과 예들을 들려고 노력했는데, 그것들이 우연의 일치로 철학의 수많은 이성적 이유들과 예들에 조화를 이루는 것을 발견하고는 나 자신이 매우 놀랐다. 어떤 원칙들을 내 삶이 따랐는데, 그것이 이미 완성되어 있었고, 형성되어 있었다는 것을 비로소 경험했다. 새로운 현상은 우연히 그리고 사전 예고도 없던 철학자 한 명의 등장이다"(Montaigne, 1953, p. 461).[4]

"우연히 그리고 사전 예고도 없던" 철학자라는 이러한 "새로운 현상"은 프랑스에서 우선적으로 그 근거를 가지게 되었다. 거기서 도덕주의자들은 날카로운 심리학적 통찰력과 교양 있는 재치로 사회생활에 대해 매우 영리한 성찰을 감행했다. 입증되지는 않았지만 실천을 검토하는 철학적인 작은 기예는 구체적인 것에 첫 번째 권리를 확고하고도 충분하게 부여하고, 자명한 것만이 가치를 지닌다는 거짓 주장을 제거했다. 그런데 삶에 다가서는 이러한 회의론은 가벼운 어조와 지식의 체계적인 질서에 대한 무관심에도 불구하고 모든 대중의 인기에 영합하는 모든 철학과는 거리가 멀었다. 이런 종류의 대중철학은 교양 있는 계층들을 계몽하고 그들이 이성에 맞는 삶을 영위하는 데 맞도록 독일에서 발생한 것으로 생각되곤 한다.

삶을 조언하는 그 앞선 몽테뉴의 '논구Traktaten'에서 스피노자의 경우에 존경과 인정을 요구하는 것은 의도치 않게 희극적으로 풍자화되었다. 블로흐(Ernst Bloch, 1885~1977)의 열렬한 증언에 따르면, 스피노자에게서 "지혜가 지금까지 가장 일관된 모범, 앞서 살아간 모범을 드러냈다"(Bloch, 1969, p. 374). 철학은 다시 한번 "정신의학"으로서, "이 경우 영혼의 혼란스러운 장애들에 대항하여, 부적절한 생각들에 대항하여 전적으로 명확하고-건강한 것으로서"(같은 곳) 받아들여졌다.

> 이것은 "스피노자의 지혜에 있어서 무시무시한 '지성에 대한 믿음 Intellektglaube'이다. 일종의 고통인 모든 정념은 우리가 그 고통에 대한 명확한 생각을 가지게 되자마자 멈춘다. 왜냐하면 그것은 혼란스럽고 부적절한 생각이므로 단지 고통이기 때문이다"(같은 곳).

---

4 이에 덧붙이자면, 몽테뉴가 같은 곳에서 "어떤 철학자가 아직 말하지 않은" 터무니없는 말은 할 수 없다는 키케로의 말을 인용할 때, 이러한 자기평가의 명랑성은 오늘날 철학상담이 더 이상 포기하고 싶지 않을 만큼의 중요성을 지닌 몽테뉴의 업적이다.

스피노자 자신은 의식하지 못했을지라도, 형형색색의 치료라는 꽃들이 만발하고 있는 오늘날의 혼란스러운 (늪)의 풍경을 면밀하게 훑어보면서, 스피노자에게서 유래함을 알지 못하는 얼마나 많은 내용과 그 안에 들어 있는 작지만 기대할 만하게 다듬어진 지혜가 계속 살아 있는지를 철저하게 정리하는 것은 매력적인 일일 것이다—말하자면, 오래된 계몽적 의미에서 볼 때, 거짓은 치료하는 기간 동안에 지식Wissen과 인식된 것Erkanntsein을 버려 내지 못하리라는 것을 말한다. 어쨌든 스피노자는 다른 많은 이들 중에서 괴테가 속한다는 것을 떠올려야 하는 그의 시대를 위해서 철학상담에 정확한 윤리적 지침을 마련했으며, 오늘날 의심할 여지 없이 감탄을 자아내고 그의 작품을 흉내낼 수 없게 만들었는데, 철학상담이 실제로 가능하다는 특별한 증거로 자기 자신을 제시했다. 마치 이것은 나중에 높은 북쪽 지방에서 칸트에 의해 다시 시도된 것과 같다. 칸트는 아무도 그를 "쾨니히스베르크의 현자"라고 부르지 않았지만, 그에게서는 사유의 전례 없는 날카로움과 면밀히 고안해 낸 명령Imperativ이 생겨났다. 그 명령은 결국 철학을 신앙처럼 여기는 학생들을 위한 "범주적 표지"가 되었다.

철학상담의 조상들을 위한 갤러리는 전부 갖춰졌거나 완결되지 않았다. 왜냐하면 미카엘 란트만(Michael Landmann, 1913~1984)에 따르면, 늦어도 1770년 "안장시대Sattelzeit"[5] 이후로 "질적 개인주의"(이에 상응하여 1771년 Anton Mesmer가 Pater Hell과 함께 비엔나에서 최초로 심리치료적인 실습을 시작했다!)가 도입되었으며(Landmann, 1967, p. 259), 니체에 따르면 "생기자

---

5 역자 주: 안장시대란 라인하르트 코젤렉(Reinhart Koselleck)에 의해 1970년대에 생겨난 용어로, 근대 초기와 현대 사이의 과도기를 설명하기 위한 것이다. 안장의 모습을 한 산이나 승마용 안장처럼 '안장(Sattel)'은 점진적인 전환을 말한다. 아헨바흐는 역자와의 대화에서, 비스마르크가 "'안장'이 준비되었으니 타고 떠나라!"라고 한 말을 염두에 두었다고 말했다. 나아가, 괴테의 베르테르처럼 근대성이 등장하고 새로운 개인주의가 대두되는 시대적 배경도 언급했다.

마자 아무것도 시작할 수 없었던 문제들"[6]이 전면에 등장했던 시대, 그야말로 명랑함이 쇠퇴하는 시대로 접어들었고, 그러니까 늦어도 현대세계에 진입한 이래로 지금의 시각에서 돌이켜 볼 때 철학상담의 선구자이자 준비자라고 명명될 수 있는 사람들이 있었기 때문이다. 그들은 더 이상 삶의 계산을 원활하게 하지 못했고, 조언을 만드는 노력을 끝맺지 못했기 때문에 흥미로운 자들이다.

여기서 괴테의 젊은 친구인 칼 필립 모리츠(Karl Philipp Moritz, 1756~1793)가 언급될 수 있는데, 그는 1783년에서 1793년 사이에 ΓΝΩΘΙ ΣΑΥΤΟΝGNOTHI SAUTON이라는 제목으로 "경험영혼지식에 관한 잡지"를 출간했다. 이 책은 오늘날에도 여전히 철학상담자에게 관찰의 보고(寶庫)이다. 그리고 덴마크 코펜하겐의 쇠렌 키르케고르(Søren Kierkegaard, 1813~1855)도 있다. 그는 『이것이냐, 저것이냐Entweder-Oder』를 통해서 고등재판관이자 시 재판관 B가 자신을 위해 수행한 것으로서 예시하는 위대한 철학상담을 허구적으로 보여 주었다. 그런데 그것은 지금까지 속물적 평신도의 어리석은 독실함이나 교회 관리의 신적인 시민성이 이해된 것과는 분명히 다른 어조였다. 게다가 이미 확립된 모든 의무조항과 모토에 대항하여 그때까지 들어 본 적 없는 "그리스도인의 자유"와 함께 "가장 중요한 것은 그 자신의 삶과 관련해서 한 인간은 자신의 삼촌이 아니라 자신의 아버지라는 점이다"(Kierkegaard, 1960, p. 834). 물론 쇼펜하우어도 여기에 속한다. 그는 혼연일치로 모든 것을 포괄하는 형이상학을 다시 한번 제시하려는 모든

---

6 "분위기가 어두워지는 것은 더 이상 부정될 수 없다. 니체에 따르면 그것은 바로 계몽주의의 여파로 일어났다. 1770년경에 명랑성이 감소한 것이 나타났다. 비판의 시대가 시작되었고, 문제가 제기되자마자 그것으로 아무 것도 처리될 수 없는 문제의 시대가 시작되었다"(Gehlen, 1969, p. 154). 겔렌은 아마도 1885년(36[49])의 유고에서 다음과 같은 구절을 언급했을 것이다. "어두워지는 것, 비관적인 색채는 필연적으로 계몽주의의 여파로 온다. 1770년경에 이르러 사람들은 명랑성이 감소하는 것을 이미 목격하게 된다[...]"(Nietzsche, 1988e, p. 571).

노력에도 불구하고, 매우 실천적인 의도(그리고 가장 내면의 의도에 따라 "치유적으로")로 최고 수준에서 대중적인 철학의 부분들이 제공하는 것을 바라볼 뿐 아니라 그 시선 자체를 바꿔 보려고 했다. 적어도 우리는 쇼펜하우어에게, 그리고 또한 니체에게 철학이 학계 외부에서 완전히 망각되지 않았다는 사실에 대해 감사한다. 니체는 그의 광범위한 영향에 대한 모든 의심에도 불구하고, 우리가 현재 보고 있는 것처럼, 어쨌든 여전히 타오르는 불꽃이었지 그저 박식한 잿가루는 아니었다.

마지막으로, 우리 세기에 가장 특이한 예외는 프란츠 로젠츠바이크(Franz Rosenzweig, 1886~1929)인데, 그는 나치가 인종 청소를 시작하기 전에 프랑크푸르트 유대인 교육센터에서 일종의 철학상담의 선구자적인 제도를 정립함으로써 학문적 삶을 매우 놀랍도록 실천적으로 전환시켰다. 그의 생각은 유대인 전통에 따라 전승과 지적으로 조언하는 지혜를 랍비식으로 개인화시켜 종합함으로써 그리스도교 교회의 영혼집단주의Seelen-Kollektivismus보다 확실히 더 잘 준비된 것이었다.

훗날 전적으로 철학상담의 의미에서 로젠츠바이크는 자신에게 베를린 대학교 교수직을 제안했던 역사학자 프리드리히 마이네케(Friedrich Meinecke, 1862~1954)에게 다음과 같이 편지를 썼다.

그것[인식하는 것]은 나의 임무가 되었다. 인간에 대한 임무를 위해… 인식하는 것은… 누구로부터도 그의 답들을 미리 규정하게 하지 않는다. … 하물며 그 질문들은 더욱 그러하다. 모든 질문이 나에게 물어질 가치가 있는 것은 아니다. 나는 단지 내가 어디서 질문을 받았는지를 물어볼 뿐이다. '학문Wissenschaft'도 아니고, 학자도 아닌 인간에 의해 질문이 제기된다(Rosenzweig, 1992, p. 11).

철학상담은 이러한 인물들만이 아니라 다른 많은 인물들과도 연결된다. 그러나 그것은 철학상담이 무엇이며 무엇이어야 하는지를 마치 이미 결정한 것처럼 어떤 인물에게 의존할 수는 결코 없을 것이다.

간단히 말해서, 철학사에서 철학상담을 위해서 우리 자신을 단지 편안하게 눕히기만 하면 될 듯한 이미 만들어진 침대는 어디서도 찾을 수 없다. 물론 이것은 과학과 달리 철학은 실제로 시대에 뒤떨어질 수 없으며 아리스토텔레스는 단순한 역사 그 이상을 의미한다고 하는 진부한 주장에는 반대하는 것이다. 비록 이 선입견에는 적어도 전통을 단절한 사유가 때로 지배적인 순응 압박들에 저항 없이 굴복하고 어리석게 된다는 진실이 들어 있기는 하더라도 말이다.

따라서 다음과 같이 말할 수 있다. 온갖 아이디어들도 죽는다. 철학적 삶의 프로그램들이 그 자신의 시대가 지닌 자리를 벗어나 영원한 타당성을 지닌 파토스로 나타나려고 하면, 바로 그 자리에서 웃음거리가 되고 말 것이다. 결국, 아도르노Adorno, 하버마스Habermas, 그리고 다른 사람들은 철학이 도대체 시대에 뒤떨어진 것이 아닌지 진지하게 질문했다(Adorno, 2003a, pp. 459-461; Habermas, 1971, pp. 15-37). 어쨌든 철학이라는 조합 (組合)에서 수뇌부의 작업Kopfwerk이 한동안 더 이상 자명하지 않다는 것, 더욱이 철학상담도 그렇다는 것은 논란의 여지가 없다.

오히려 문제는 철학상담이 "철학적인" 것으로서, 그 의심스러운 상호 아래에서 영업할 뿐만 아니라 그럼으로써 참고로 자신의 비즈니스에 피해를 주었는지에 있다. 그러니까 그것이 진짜 철학적인 의미에서 상담으로서 가능한지의 여부이다. 이 질문은 시급한데, 왜냐하면 철학상담이 고대, 헬레니즘, 로마, 계몽된 쾨니히스베르크 식이요법에서 한때 근본적으로 안정적인 삶의 장치라는 스타일로, 또는 동양에서 밀교적이고—모계적이며—도교적인 삶의 지침이었을 수도 있기 때문이다. 이 모든 것은 한때

"철학적인" 방식이었지만, 어떠한 재고품도 철학적인 형태로는 더 이상 지속되지 않았다. 늦어도 20세기가 되어서는 '어떻게 삶을 이끌어야 하는가' 하는 질문과의 관련성이, 그리고 실존적으로 중요한 위기에 대해서 결정할 수 있는 능력이 철학의 대표적인 인물들에게서 사라져 버렸다는 사실을 보지 않으려 한다면, 한편으로 철학에서 자신의 근거를 찾으면서도 다른 한편으로 철학을 거절하는 셈이 될 것이다. 개인이 맞닥뜨리는 삶의 위기들을 다시 확실하게 보장Rückversicherung할 수 없기에, 철학은 삶의 의미를 묻는 질문에 대한 안내와 소위 "최후의 것들"에 대한 안내를 속임수 없이 제공할 수 없었다. 물론 비록 기초-존재론적인 현존재 분석과 그에 따른 실존주의적 반란들에서 고독한 대중의 진부하고도 우스울 정도로 무지한 집단의식에 대항하여 여전히 옳음에 대한 가상이 나타난다고 함에도 불구하고, 그 반란은 어쨌든 과거에 속한다. 그래서 철학적 가르침과 모범적인 삶의 지침Lebensanleitung을 제공하던 시대는 지나갔고, 이제 올바른 삶이 무엇인지를 의무적으로 말하려는 것은 주제넘은 어리석음이 되고 만다.

그러나 만일 이것이 사실이라면, 그리고 내가 주장하는 바와 같이 철학상담의 모든 전통적인 형태가 고스란히 현재로 옮겨진 하나의 골동품ein Kuriosum에 불과하다면, '철학이 실천적이 되는 것이 어떻게 가능해야 하는가' 하는 질문이 다시 한번 제기된다.

이 질문에 필요한 대답을 적어도 개괄적으로 설득력 있게 하자면, 나는 어떤 수정될 수 없는nicht-revidierbar 과정이 "철학이 그토록 다층적으로 얽혀 있던"(Adorno, 2003a, p. 459) 삶의 통달 기술Techniken der Lebensbemeisterung에 대해 철학을 사용할 수 없게 만들었는지, 위험할 정도로 간략한 개요 안에서 스케치하고 싶다.

이 과정에 대해 하버마스Habermas가 적절히 재구성한 바에 따르면, 철학과 실천 사이의 연관성은 취약하며 그 각각의 결과들에서 처음부터 깨지기

쉬웠다. 즉, 이미 소크라테스 이전에 선동된 것으로 알려진 신화에 대한 반란이 있었던 이후로 그래 왔다는 것이다. 철학적으로 추구된 "세계 해석의 비인격화Depersonalisierung"(Habermas, 1971, p. 23)와 신화들의 동시적인 심미화를 위해 지불했던 대가는 "신화적 서사를 제의적 행위와 연결"시키는 과제였다. 그런데 철학은 "삶의 실천Lebenspraxis을 위한 안정화된 성취를 감행하면서" 신화를 "대체할 수 없었다"(같은 곳).

철학이 다시 온전한 전통과 세계관에 기생적으로 고착될 수 있는 한, 즉 경우에 따라 수정하고 이론적으로 뒷받침하기 위해 모든 사람의 지식과 행동이라고 할 수 있는 자산이자 당면한 실질적인 자산으로 관리될 수 있는 한, 철학은 여전히 실천을 주도하는 학문으로서 나타날 수 있었다. 그러나 하버마스Habermas에 따르면, 철학과 전승의 이러한 가장 불안정적인 통일성은 파괴되었다. 늦어도 계몽주의, 그리고 이와 동시에 유입된 세계관의 정치화와 함께 높은 수준의 문화 전통이 성공적으로 다원화된 이후로, 철학은 스스로를 지지하기 위해 필요한 것조차 더 이상 지탱할 수 없어 보였다. 그 이후로 세계관적인 특수성이 철학적 음악을 만들었다. 그래서 세계관으로 결정(結晶)화되는 대신에—거기에 속하는 폭력성과 함께 칼 마르크스가 그의 의지에 반해서 다시 성공해야 했던 것처럼[7]—철학은 사람들의 실천적인 관심에 연결을 찾았을 경우, 이데올로기 프로그램의 확장된 팔, 즉 정신적으로 사치스럽게 하는 도구가 되었다.

놀라울 정도로 같은 시기에 철학은 신학적인 세계 해석과의 연관성도 상실했다.

하버마스에 따르면, 특히 전통적인 형태에서 실천적인 것으로서 "광범위하게 영향을 미치는 종교와의 공존에 전적으로 의존했던" 철학은 "오늘

---

7 또한 추가적으로 루돌프 스타이너, 마오쩌둥, 바그완(Bhagwan)이 언급되어야 할 것이다.

철학상담의 철학:
기원과 발전

날 처음으로... 하나의 일반적인 현상으로서... 종교 의식의 붕괴에... 직면하고 있다"(Habermas, 1971, p. 35). 그러나 이로써 철학은 "우발적인 죽음, 개인적 고통, 사적인 행복 상실 등의 실제적인 무의미를, 그리고 대체로 삶의 역사에서 실존위기의 부정성을 종교적 구원에 대한 기대에 상응하는 위로와 확고한 기대를 통해 버텨 내던"(같은 곳) 능력을 잃고 있다.

이것은 철학이 대학 경영의 전문적인 지식 관리에서 스스로를 구제하지 못하고 일상생활의 갈등과 걱정에 관여하지 않는 한, 철학에 심각한 결과들을 가져온다. 왜냐하면 하버마스를 다시 인용하자면, 철학은 "종교적 믿음이 지닌 구원에 대한 확신을 대체"하는 위치에 있거나 진지하게 위임받아 본 적이 없고, "구원의 약속을 제공하거나, 확고한 기대를 예고하거나, 위로를 베푼 적이 없"(Habermas, 1971, p. 25)기 때문이다. 그럼에도 철학이 ―예를 들어 스토아 학파가 자신의 죽음을 준비했던 것처럼― 위로를 주려고 시도했던 경우에는, 아마도 자신의 의지에 반하여, 단지 "철학적 사유는 원칙적으로 위로를 줄 수 없다는 사실"만을 드러냈다.

이제 질문은 다시, 그리고 그러한 조건에서 바로 지금, 가장 불리한 시점에 철학적 상담이 어떻게 가능해야 하는지 또는 어떻게 책임질 수 있는지에 대해 상당히 첨예화된 채 제기된다.

그리고 나는 이 질문을 결코 수사학적으로, 즉 정직성을 입증하려고 예시된 의심에 따라 더욱 효과적으로 생각의 묶인 매듭을 풀기 위해 제기하고 있는 것이 아님을 보증한다. 그런 일이란 진지한 스타일의 익숙한 철학적 연출법Dramaturgie이지만, 단지 (기껏해야!) 지적인 즐거움일 뿐이다.

오히려 나는 철학상담에서 드러난 것처럼 개별적인 경우에서도, 이미 아도르노와 그의 후임자인 하버마스에게서 철학의 가장 마지막이자 동시에 매우 긴급한 과제로 제시되었던 것 이외에 다른―충분히 위태롭고 위험한―탈출구가 없다고 생각한다. 질문에 대한 대답이라고 강력하게 자부하는 대신에, 그리고 절대적인 것에 대해 여전히 확실하고 또한 무조건적으로 타당한 것의 대표자처럼 등장하는 대신에, 철학은 비판으로서만 생각될 수 있고 또한 필요하다. 철학이 절대성을 주장할수록 철학은 자신을 불가피하게 믿을 수 없게 만들었고, 어쨌든 철학을 가지고 노는 농담으로 만들었기 때문이다. 이제 단순히 "사라짐의 분노"(헤겔)라고 스스로를 확인하는 비판이거나, "의심의 방법"(니체)으로서 오래전에 죽은 영혼에 대한 유령같은 지배를 정복한 비판으로서가 아니다. 말하거나 표현하면서―비록 잠정적이고 항상 불확실하게나마―스스로에 대해 이해하게 되는 삶, 즉 예리한 지적 변화구의 둔한 침묵이나 오만한 무관심에는 감염되지 않은 삶, 마치 모든 것을 다 한 것처럼 쿨하고 겉보기에는 우월해 보이는 속수무책 Ratlosigkeit에 감염되지 않은 삶에 특히 주의를 기울여야 하는 비판으로서 말이다.

그런데 그것은 노련하다고 여겨지는 자들이 너무도 쉽게 빠지는 속임수이다. 즉, 결과를 더 이상 얻을 수 없는 경우에도 질문을 포기하지 않는 철학은 그러한 부자연스러운 거동에 반대한다는 것이다. 그와 다른 한편에서 철학은 또 다른 진부한 표현이 그것(철학)을 위해 치켜세우는 것처럼, 오랫동안 더 이상 아무것도 찾지 않기를 은밀히 바라는 곳까지 더 멀리 나아가서 "찾지" 않는다. 그 대신 그것(철학)은 가능하면 스스로 혁신을 일으키기 위해서―욕구들이 생겨나는 대로 충족시키기를 거부하고, 오히려 욕구들 그 자체를 구별할 것처럼―질문하기를 고집한다. 오래된 어휘로 말하자면, 철학은 "연마한다kultivieren".

확실히 이 말은 오래된 토포스, 아마도 오래 전에 사라진 토포스이며, 매우 조심스럽게 접근해야 한다―그럼에도 불구하고: 그(토포스)에 따르면, 철학이 없다면 항상 설익은 채 식탁에 놓여 있을 문제들을 철학은 철저하게 제기한다. 철학상담은 고통, 고난, 걱정, 의욕 없음, 결국 끔찍한 사랑결핍으로 판명될 수 있을 만연한 무관심, 언어 상실, 면담 시간에 언표되는 주저함과 불안 등을 철학적으로 문제 삼는다. 철학은 이러한 것들의 철학적 윤곽을 드러냄으로써 마침내 그것들을 변화시킬 수 있는 그 강도로 계속 생각하는 것이다—그런데 동시에 지금까지의 철학상담으로부터 아마도 가장 본질적인 경험은 마침내 무엇이 필요한지에 대해 철학은 결국은 다른 생각을 하게 된다는 것이다.[8]

그렇다면 어떤 다른 생각일까?

예를 들어, "고통의 변론Algodizee"과 "고통의 논리Schmerzlogik"에 대한 질문인데—그것에 대해서 페터 슬로터다이크(Peter Sloterdijk, 1947~)는 철학상담의 경험에 매우 근접하여 이렇게 말했다— 근대에 신정론Theodizee을 대신해 그것의 전도가 생겨났다. 앞서서는 다음과 같은 것이 말해졌다. 악, 통증, 고통, 불의가 어떻게 하느님의 존재와 조화될 수 있는가? 이제 질문은 다음과 같다. 신도 없고 더 높은 아무런 의미 연관성도 없다면 우리는 도대체 어떻게 고통을 여전히 견디는가(Sloterdijk, 1983, pp. 815-816)?

복수에 대한 갈망과 보복에 대한 열망을 키우지 않고, 혹은 고소하는 자세와 죄책감에 대한 권고를 통해 적절한 친근감이나 기대되는 친근감을 가까이하지 않고, 그럼으로써 권리를 회피하지도 않으면서, 어떻게 좌초되고, 배신당하고, 실패하고, 방치되고, 자기희생의 시각으로 되돌아가는 삶에 대한 끊임없는 지각이 가능한가?

자신의 고통, 슬픔, 실망을 그냥 "정신의 결함"이나 이상이라고 지각하고 이와 연관해서 유능한 정신 복구Seelenreparatur에 대한 안도감을 기대하는 사람들은 (의식에 숨겨져 있는) 어떤 훈련 프로그램을 이수했는가?

---

8 철학상담으로 이어지는 이제 막 시작된 문제들을 열거하면서 나는 상담에서의 경험들을 강의 문구로 옮기기 시작했다. 이어서 언급된 모든 문제는 "지어낸 사례(erfundenen Beispiele)"가 아니라 상담하던 당시 알게 된 어려움들을 명명한 것이다.

어떤 조건에서 죄책감에서 벗어날 수 있고, 어떤 조건에서 그렇지 않은가? 즉, 그러한 손익 계산에 대해 도대체 무엇이 생각되어야 하는가? 만일 용서하고, 인내하고, 희망히는 것보다 증오하고, 멸시하고, 혐오하고, 살인하는 것이 더 소화가 잘된다bekömmlicher고 가정한다면, 도대체 무슨 일이 벌어질까?

삶을 대변하는 "논증Argument"이 있을까? 그리고 만일 그러한 논증이 존재한다고 하더라도 실제로 필요할 때는 언제나 너무 늦게 오지는 않을까?

그러한 질문에 대한 논증이—가령 삶이 "유혹Verführung"이라거나 일부는 유혹할 수 없는 것이라고 판명된다는 점에서—아직 접근되지 않았다는 것은 상당히 다르지 않을까?

"정확하게sauber" 논증하는 사람이 쓰레기 같은 놈이라고 생각할 수 있을까? 그리고 "사태적으로sachlich" 논증하는 사람이 어떤 경우에는 죽음과 결합되어 있을 수 있을까? 그리고 감염되지 않은 채 '반-응'하는 것Ent-gegnung이 생각될 수도 없다면, 죽음에 빠지지 않고 죽은 것을 다루는 '만-남Be-gegnung'이 어떻게 가능할까?

구원하고자 하는 선의(善意)가 염소를 어린양으로 만드는 제사장이자 도살자라는 것이 존재하는가? (그것은 존재한다.)

반대로, 희생자가 제사장의 주인이 되려는 것이 가능한가? (그리고 그것은 드문 일이 아니다.)

그렇다면 그러한 엉킴이 "풀려서", 즉 단어의 느슨한 의미에서 "논리적"이 될 수 있을까? 이것은 심리학에 관심이 있는 사람들뿐만 아니라 무엇보다도 종교철학적으로 호소 가능한 심성을 지닌 자들을 사로잡을 수 있는 질문이다. …

흔들리지 않는 사랑 안에 얼마나 많은 폭력이 숨어 있을까? 그리고 사랑에 빠진 어떤 사람이 그 사랑에서 반사회적이고 폭력적인 계기를 깨닫기

철학상담의 철학:
기원과 발전

때문에 진정제를 처방받기 위해 자신의 의사를 찾아간다고 할 때, 그에 대해 무엇이 생각될 수 있을까?

또는 철학적 텍스트와 연결되는 완전히 다른 매우 특별한 것을 다루기 위해: 쇼펜하우어의 『성애(性愛)의 형이상학Metaphysik der Geschlechtsliebe』은 해방된 젊은, 계몽되어 피임약을 복용하는 여성, 즉 봄이 온 것같이 "불안정하게" 되고, "더 이상 자신을 이해할 수 없는" 여성이 관건이 되는 사적인 사건에 대해 타당한 설명을 제공할 수 있을까? 그녀가 "이성적인 방식으로vernünftigerweise" 피가 끓어오르는 데에 맞서서 신중하게 숙고하여 선택한 배우자에게 정절을 유지한다면 그것이 "이성적vernünftig"인가?

소위 우리의 상식적인 평가에 대해 다음과 같은 경우에는 무엇이 밝혀질까? 그러한 평가에 대해 경의를 표하려 애쓰는 신경증 환자가 거짓말을 하고, 오히려 그것들을 무시하는 정신병자가 그의 "광기"를 고집하지 않는 한 진실을 말해서 우리를 놀라게 한다면 말이다.[9]

증상은 어떤 "언어"를 말하는가? 그 증상들은 컨텍스트에 연결되는가? 즉, 컨텍스트가 변경될 수 있다면, 침묵해야 하는가?

질병의 "의미"에 대한 승인이 어느 정도까지 일반화될 수 있을까? 그리고 우리 자신이 당면한 바를 말하자면, 우리는 개별 사례에서 "무의미성Sinnlosigkeit"을 주장하는데, 이 질문이 아직 해명되지 않았다면, 우리는 무엇을 해야 하는가?

도대체 하나의 질병이 "오류"에도 근거할 수 있을까? [Novalis에 따르면, "많은 질병은 인간이 파헤쳐야 하는 오류투성이Irrthümer이다"(Novalis, 1978, p. 797)].

---

9 이 질문은 당시 뒤셀도르프에서 루돌프 하인츠의 후원 아래 활동하던 '병리학' 그룹에 대한 어느 정도의 이해 표시였다.

그리고 무엇보다 심신의 고통이 "진리의 병리학Pathologie der Wahrheit"과 얼마나 연관이 있을까?(이미 빅토르 폰 봐이체커가 다루었던 질문이다.)

또는 결코 어떤 사람에 의해서도 주목되어서는 안 될 것을 주목하는 한 사람이 병들게 되어, 이러한 우회로에서 그에게 드러난 그 표징을 다시 지워 버릴 사람들의 손에 떨어지게 되었다는 일은 무엇을 의미할까?

무엇이 "병들게 하는가kränken"?

희망을 잃은 사람들에게 희망이 있을까? 아니면 벤야민(Benjamin, 1980, p. 135)과 (특히) 허버트 마르쿠제Herbert Marcuse의 말은 단순한 문학, 위안을 찾는 거짓말일까?—그러나 칸트 이후로 우리가 말하듯이, 그 문장이 거짓도 진실도 아닌 주제넘은 짓, 즉 인간의 이성에 맞지 않는 능력을 훔치는 짓이라면, 여전히 다음과 같은 질문이 떠오른다. 희망을 잃은 사람에게 그가 그러한 '주제넘은 짓' 혹은 계몽된 침묵을 만나든지에 따라 달라지는 것은 무엇인가? 그리고 만일 희망이 잘못되었고 침묵하지 않았다면, 혹은 희망을 잃어버린 이가 잘못에 빠지고 침묵하지 않았다면, 이 두 가지는 하나이며 같은 것이라고 비교할 수 있을까? 다른 말로 하자면, 파스칼Pascal의 내기는 계속 시사성이 있는 것일까?

그러나 무엇보다도 중요한 것은 이야기들이 또 다른, 즉 서사적 합리성을 요청한다는 점이다. 그것은 우연들을 환원 공식을 통해 해소시키지 않고 이야기할 수 있는 서사로 엮고 그것에 합리적인 자리를 제공하는 능력이다. 우연한 것은 그래서 "예지적 우연성intelligible Kontingenz"으로 탈바꿈된다.

철학상담을 통해 마지막으로 중요하게 제기되는 철학에 대한 새로운 질문은 의학과 관련된 초기 관심과 행위-공동체Handlungs-Gemeinschaft의 새로운 르네상스가 필요할지 그리고 가능할지의 여부에 관한 것이다. 그리고 이 질문에 관한 한, 나는 자신의 평가와 개입에서의 철학적 중요성을 인식했던 의사들이 철학자로서 목소리를 내고 있다는 인상을 받았다. 그들은 질병, 심지어 개별 환자의 특별한 질병을 '철학적이고-의학적으로 이해하기', 그리고 '실천적으로 되기'에 대한 요청으로서 인식했다. 비록 나이 든 칸트가 그의 친구 후페란트Hufeland의 자극을 받아서 의학적으로 중요한 영양학Diätetik에 대한 어렴풋한 통찰력을 얻었고,[10] 셸링Schelling이 질병의 철학을 개괄했고, 노발리스Novalis에게서는 병약함Morbidität과 병적 노쇠함kranke Hinfälligkeit에 대한 밝은 통찰력이 발견되고, 니체는 자신의 질병과 건강에 대해 위대한 철학적 실험가였을지라도 말이다.

나는 의학과 철학이 동일한 관심사를 가지고 연결되는 일을 바랐고 추구했다고 인정하는 바다. 이와 같은 연결을 이 세기에 루드비히 빈스방거Ludwig Binswanger, 메다드 보스Medard Boss,[11] 빅토른 폰 봐이체커Viktor von Weizsäcker, 그리고 최근에 사망한 함부르크 동료 아르투어 요레스Arthur Jores와 같은 사람들이 지지했다. 그들의 공통적인 개입의 자리는 철학적이든, 의학적이든지 간에 질병의 "의미"가 드러나는 곳에서 찾을 수 있다. 그에 대해 리차드 코흐Richard Koch는 치료직에 종사하는 동료들에게 연설했을 때, 이미 의구심을 가지고 다음과 같이 경고했다.

"사람은 종종 병들었다는 것의 의미에 대해 너무 적게 주의를 기울인다. 많은 치료는 환자에게 병의 의미를 설명하는 데에 있다"(Koch, 1923, p. 94).[12]

충분한 의미에서 이것을 할 수 있는 사람은 나이 든 갈렌의 의사상Arztbild도 다시금 충족시켰다. 갈렌은 그의 작품 중 하나의 제목에 그 자신의 지침이 되는 견해를 요약한 바 있다. "최고의 의사는 철학자이기도 하다." 이

---

10 이에 대해서는 칸트의 『단과대학들의 싸움』 3장을 참조하기 바란다.

11 이후의 추가 사항: 보스가 하이데거와 함께 시작했던 행사들은 1987년 프랑크푸르트에서 『졸리콘 세미나』라는 제목으로 출간되었다는 것을 참조하기 바란다.

12 여기서는 Engelhardt & Schipperges(1980, p. 22)에 따라 재인용되었다..

에 반해 "최고의 철학자는 의사이기도 하다."라는 말은 이제껏 먼 전망처럼 들린다. 덧붙여 말하자면, 두 문장은 의사가 "최고의 철학자", 철학자가 "최고의 의사"라고 말하지 않는다. 오히려 그러한 독해 방식Lesart은 아마도 의사와 철학자의 관심사공동체Interessensgemeinschaft를 틀림없이 파괴하는 모든 오해 중 최악일 것이다.

위험하기도 하고 위협받고 있는 우리 세계에서 최악의 유혹 중 하나는
어디에서나 우리에게 제공되는 환자의 지위이다.
어려움들은 우리에게 너무 크고, 우리는 과부하를 느끼고,
우리를 강하게 해 줄 사람이 아니라 우리를 치료해 줄 사람을 찾고 있다.
우리는 우리의 실패를 다른 사람에게 맡기는데,
그는 대체로 우리의 약점이 이런 혹은 저런 경험에 빚지고 있다는 것을 확인해 준다.
사태의 문제들로부터 관계의 문제들이 만들어진다.
우리는 도덕적으로 우리 자신에게 빚을 '탕―감ent-schuldigen' 하도록 한다.
현대 치료주의Therapismus는 사람들이 스스로 아프다고 선언하는 대가로 치유를 약속한다.
이러한 절차는 [...] 개인의 무능함을 증가시킨다.

하르트무트 폰 헨티히Hartmut von Hentig

3장

철학상담은
"삶의 숙달(熟達)"을 표방한다[1]

많은 분에게 독일어로 된 개념의 합성인 "레벤스퀸너샤프트(삶의 숙달, Lebenskönnerschaft)"가 생소할 것이다. 맞다. 바로 그 이유에서 내가 이 신조어를 창안해서 개념으로 사용했기 때문이다. 수년 전, 내가 철학상담에 대해 이야기하고자 결정했을 때, 나는 "점유되지 않은", 가능한 한 광범위하고 아직 확정되지 않은 개념을 찾고 있었다. 필요한 고려 사항, 필수적인 프로그램 및 새로운 경험들이 그 개념을 통해서 집약되었다. 이와 동시에 물론 나는 이러한 때묻지 않은 개념이 유구한 전통과 쉽게 연결될 수 있다는 점을 반갑게 여겼다. 철학상담의 경우, 그 당시에 인정받을 수 있는 삶의 방식을 찾으려 노력했던 철학, 즉 실천적인 입증에 관심을 가졌던 철학의 초기 전통과 연결되었는데, 오늘날 '삶의 숙달'의 경우는, 철학적으로 매우 고귀한 "덕"의 개념과 연결된다. 칭찬할 만한 "숙달Könnerschaften", 또는 훈련되고, 개발되고, 연습되고, 완성된 "올바른 자원과 좋은 능력"과 달리 덕들은 도대체 무엇일 수 있을까? 따라서 새로운 개념들은 우리로 하여금, 낡았거나 가라앉았던 전통 혹은 그사이에 다른 길을 가고 있는 정신으로부

---

1 이 원고는 2001년 오슬로에서 열린 제6회 국제철학상담학회(IGPP)의 개막식에서 "철학상담은 삶의 숙달이라
   는 궤적을 열어 간다(Philosophical Practice opens up the trace of Lebenskönnerschaft)"라는 제목으
   로―약간 요약해서―강연한 내용이다.

터 이전의 명성을 잃었던 전통들을 새롭게 되살리고, 그것들을 다시 대화로 불러들여서 신선한 주목을 받도록 한다. 나는 그러한 소생의 시도가 의미 있고 바람직하며, 어쩌면 필수적이라고 전제한다. 이 전제 조건을 충분히 설득력 있게 입증하는 것, 그것은 새로운 개념을 도입하고 적용하는 데에 필요한 일이며, 철학상담에 비추어서 볼 때 오랫동안 일어난 바이기도 하다. 반면에 최근에야 비로소 세상에 나온 '삶의 숙달'이라는 개념에 대해서는 그러한 작업이 이 제목으로 출간된 책(Achenbach, 2009)과 함께 착수되었다.

여기 제6회 국제철학상담학회 학술대회 개막식에서 나는 이러한 소개 및 도입 작업에 대해 더 많은 기여를 하고 싶다. 따라서 제목을 "철학상담은 삶의 숙달을 표방한다." 또는 "철학상담은 삶의 숙달이라는 궤적을 열어 간다Philosophical Practice opens up the trace of Lebenskönnerschaft."라고 붙였다.

서론은 여기까지이다. 이제 예고된 대로 '삶의 숙달'이라는 개념의 첫 프로필을 마련하는 데 필요한 몇 가지 고려 사항들에 대해서 언급하고자 한다.

나는 니체의 '행복을 발명한 마지막 인간'을 기억한다. 그가 운명에 거슬러서 불행하다는 것을 알게 되었을 때 그는 무엇을 할까? 그는 치료에 들어간다. 그는 "나는 눈을 깜박이는 법을 잊었다."라고 치료사에게 말하고, 어떻게 그런 일이 일어날 수 있었는지 궁금해한다. 그는 침울해지고 낙담한다. 그는 뭔가 일이 일어났음에 틀림없고 내가 뭔가를 당하고 있으며, 거기서 뭔가 내 삶이 잘못되었다고 스스로 말한다. 그런데 무엇일까? "내게서 웃음이 사라졌다." 마지막 사람이 말한다. 그리고 그는 슬퍼할 수도 없다. 치료는 시작할 수 있다.

반면, 니체의 '마지막 인간'은 철학상담소를 방문하지 않을 것이다. 그곳에 오는 사람은 치료받거나 낫기를 원하지 않는다. 그는 계몽, 자신에 대한 명확성을 추구한다. "나는 최선을 다했지만 실패했다. 확실히 내가 뭔가 잘못하고 있다. 나는 묻는다, 뭘까?" 그는 삶을 방해받은 자로서 불평하는 것이 아니라 암묵적으로 (지금까지) 올바르게 사는 것을 이해하지 못한 사람으로서 고백한다. 그는 배우려 한다. 그는 철학상담소의 손님으로 환영받는다. 차이점은 무엇일까?

치료에서의 내담자는 삶이 방해받거나 나쁜 영향에 좌우되지 않는 한, "정상적인 방식으로normalerweise" 잘나간다고 가정하는 반면에, 철학상담의 방문자는 삶을 주도하고, 견디고, 통달해야 잘나간다는 것을 예감하고 있다. 습관적으로 축 처진 채 살고 서둘러 지치고, 일상생활의 단조로운 쳇바퀴 속에서 소진되고 여기저기에 생각 없이 얽혀 있는 채로, 삶은 회색이고 무미건조하고, 안절부절못하고, 덧없고, 진부하고, 마침내 의미 없이 만료되는 시점에 이른다. 그렇게 보낸 날들에는 우리로 하여금 배의 용골처럼 똑바로 걷게 하는 구심점이 부족하다. 즉, 마치 낚시에서처럼 우리가 걸려 있는 중심, 우리의 저 멀리 세운 목표가 우리를 움직이는 긴장감이 없다. 자신에 대한 지지대나 요구도 없이, 삶은 작고 어리석은 욕망의 명령 하에 놓이고, 이제 똑같이 나아가고 마치 저절로 굴러 들어올 것처럼 더 나은 날을 꿈꾼다. 해야 할 결정은 미루고, 하려던 시작은 다시 한번 기다려야 하고, 한순간은 다른 순간과 마찬가지로 눈치채지 못한 채 사라진다.

그사이에 철학적으로 불안정하게 만들기에 적절한 한 가지 질문이 차단된 채로 남아 있다. 즉, 그것은 최후로 또는 최초로 중요한 것은 과연 무엇인지, 또는 심각한 상황으로서의 삶은 과연 무엇인가라는 질문이다. 이러한 질문에 대한 답변으로서 삶을 수용한 사람만이 초연함 덕분의 명랑성, 그리고 사려 깊은 통찰력 덕분의 경쾌함을 발견한다. 철학상담은 그러한 서비스에 있다. 그것은 삶의 숙달을 표방한다. 그리고 이제 당신은 이렇게 물을 수도 있다. 그렇다면 그것은 삶의 기예Lebenskunst가 아닌가? 아니다.

차이점은 무엇인가?

가장 가까이 놓여 있는 오해를 빨리 풀고 혼동을 배제하기 위해, 오늘날 대중적인 "삶의 기예"와 대조하여 삶의 숙달에 대한 첫 프로필을 간략하게 제공하려 한다. 이런 번거로운 일이 그사이에 일어난 변화 때문에 필요하게 되었다. 나는 15년도 더 전에 철학상담학회(GPP)의 한 콜로키움에서 '삶의 기예'라는 개념을 수백 년의 잠에서 깨어나게 했는데, 그 개념은 그 사이에 좋지 않은 방식으로 사용되고 대중화된 결과 철학적으로 수준 높은 내용을 상실했다. 그리고 '삶의 기예'와 '삶의 숙달'의 차이점은 다음과 같이 요약될 수 있다.

삶의 기예에 대한 이념은 행복이다. 반면에 삶의 숙달이라는 이념은 행복을 가치가 있게 한다.

삶의 기예자는 자신의 삶을 꾸미고, 삶의 숙달자는 입증해 보인다.

삶의 기예자는 관철시키고, 삶의 숙달자는 옳은 것의 편에 서 있다.

삶의 기예자는 유연하고, 삶의 숙달자는 강직하다.

삶의 기예자는 그의 삶에 의미를 부여하고, 삶의 숙달자는 그 의미를 충족시킨다.

삶의 기예는 삶의 즐거움을 추구하고, 삶의 숙달은 잘못되고, 맥 빠지고, 뻔해 보이는 삶으로부터 회복하려고 한다.

전자가 곤궁Not으로부터 덕을 만드는 것을 안다면, 후자는 덕을 곤궁에서 증명한다.

삶의 기예는 그림자를 피하고 빛을 찾는다. 삶의 숙달은 불분명한 여명을 피하고 빛과 그림자를 찾는다.

삶의 기예자는 삶의 질문에 답을 준다면, 삶의 숙달은 그 대답이 삶인 질문을 찾는다(Achenbach, 2009, p. 9).

철학상담의 철학:
기원과 발전

그러나 아마도 이 모든 것에서도 결정적인 것은 언급되지 않았다. 그리고 그것은 다음과 같다. 삶의 숙달은 영리한 것 그 이상으로, 가능하다면 자신에 대해 지혜로운 돌봄Sorge인데, 이는 오히려 삶을 실천하는 과정에서 증명된 '세계에 대한 이해Weltkenntnis'이다. 자신이 살아남아 자신의 삶을 증명해야 하는 상황을 제대로 평가하는 법을 알지 못하는 '삶의 숙달자ein Könner des Lebens'는 아무도 없다. 이것은 그가 가장 편리한 방식에 정착하기 위해 존재하는 방식을 취한다는 것을 의미하지 않는다. 그것은 삶의 수완이 좋은 영리함에 속하는데, 그 영리함은 임의의 목적에 도달하기 위해 수단들을 [자유롭게] 사용한다. 즉, 수익을 올리기 위해서 그것은 놓여 있는 상황들을 그대로 아무런 주저함 없이 받아들인다.[2] 영리함의 도구인 오성은 세상에 적응하는 반면, "지혜는 하늘에서 조화를 찾는다."(Joubert et. al., 1974, p. 246)라고 주베르트Joubert는 말한다. 그러나 지혜는 삶의 숙달을 위한 길라잡이이며, 그것의 임무로 간주되는 것을 이보다 더 수준 높게anspruchsvoll 규정할 수는 없다.

세 번째의 차이점은 무엇인가?

삶의 숙달은 주로 성공을 찾고 있지 않으며, 성공에 도움이 된다고 해서 모든 수단이 그것에 적합한 것은 결코 아니다. 오히려 그것은 목적에 대해 숙고한다. 그럼으로써 그것은 좋지 않은 실재와 결탁한 지배적 냉소주의에 저항한다. 그것은 소크라테스가 판사들이 하라는 대로 하지 않았듯이, 늑대들처럼 함께 울부짖지 않는다. 이는 그것이 하늘과의 조화를 찾고 있음을 의미한다. 삶의 숙달은 비록 그것이 멀지라도 마지막 심판 앞에 존재하는 방식으로 살기를 찾는다. 그리고 우리가 그것에 대해 아무것도 모른다면—실제로 이것이 정말로 그렇고, 적어도 '우리의' 경우에는 그런 것처

---

2 역자 주: 아헨바흐는 역자와의 대화에서 이러한 예로 실용주의적 실증주의나 냉소주의를 말했다.

럼—삶의 숙달자는 그가 기억함으로써 할 수 있는 것을 그것의 암시로 예감한다. 무엇이 중요한지 우리는 더 이상 알지 못할 수도 있다. 반면에 최고의 사람들은 그것을 일고 그것을 위해 서 있었다. 그들에게, 즉 최고인 자들과 모범적이고 똑바른 자들에게, 그들의 불순종이 그들의 복종이었으며, 번잡함에 대한 의심은 올바름에 대한 믿음에 빚지고 있고, 삶의 숙달자는 그 올바름으로 척도를 삼는다. 그래서 그는 다른 말로 하자면, 탁월성이었던 덕에 대한 충성을 지키고, 사회화된 인간이란 동물이 가진 반반(半半)의 중용에서 자신을 해방시킨다. 그는 좁은 길을 가고 좁은 문을 통과한다. 그래서 그는 오늘날 우리에게 위로부터 오는 권위 있는 말이 주어지지 않고, 오히려 친근하고—피상적인 잡담이 넓게 그리고 공적인 여론의 무대에서 우리를 잠재우도록 하는 미숙함을 벗어나게 한다. 의견에 대해 흔들리는 것과는 반대로, 철학은 다르게 생각할 용기이다. 그것은 자의적인 것을 의미하는 게 아니다. 일탈의 매력이나 단순히 흥미로운 것의 자극이 사유된 것을 정당화하지는 않는다. 사유된 것은 전개하는 사유의 가장 긴 핵심 테마에 연결되어 있고, 그것은 기억하는 자에게 정신의 역사로서 현재한다.

　여기까지가 우선 첫 번째, 개괄적인 접근이다. 그러나 이제 질문은 다음과 같다. 철학상담이 건강이나 단순한 방해의 부재, 불만의 원인 제거 등이 아니라 손님들과 함께 삶의 숙달을 위한 발자취를 찾음으로써 어떤 문제들을 다루는가?[3]

　실천적인 측면에서, 철학상담은 소크라테스가 이미 몰두했던 아주 오래된 문제, 즉 덕이 "가르칠 수 있는" 것인지에 대한 질문에 다시금 직면한다.

3　그러나 우선적으로 간과해서는 안 되는 것이 있다. 삶의 숙달자가 되는 것은 무엇보다 철학상담자 자신에게 부여된 요구 사항이다. 삶의 숙달자만이 상담에서 철학자에게 부과되는 요구 사항을 올바르게 충족시킬 수 있을 것이다.

이제 그것은 다음과 같다. 즉, 상담에서 삶의 숙달을 전달할 수 있을까?

내 생각에 가장 먼저 필요한 것은 우리가 얼마나 아마추어인지, 어떤 면에서 엉터리인지, 어떤 면에서 초보자인지를 깨달을 수 있는 용기이다. 그리고 학습자가 되기 위한 자기이해가 필요하다. 이것은 덕의 경우와 동일하다. 반대 개념인 악덕이 언어적 소통에서 철회되어 생각될 수 없게 되었을 때, 덕을 설득력 있게 만들기는 어렵다. 그러나 이런 일이 [실제로] 일어났다.

그리고 그것은 우선 처음에 삶의 숙달에 대해 광고하는 것도 어렵게 만든다. 삶의 실패자, 비숙달자가 존재하는지의 여부를 면밀한 시선으로 묻는 것이 금지될 경우에, 그것[삶의 숙달]에 대한 생각이 가능이나 할까? 그리고 이것은 다음과 같은 사실을 전제하지 않을까? (긴 목록이 나열되더라도 양해하시라!) 온갖 악덕의 밀집 대형, 즉 그 가르칠 수 없음, 완고함, 야수성, 시기, 악의, 증오, 시샘, 냉소, 게으름, 나태, 부주의, 폐쇄, 몰이해, 둔탁한 것, 편협한 것, 게으른 것, 제한된 것, 날것, 어리석은 것, 우스꽝스러운 것, 고루한 것, 융통성이 없는 것, 좁은 것, 근시안적인 것, 또한 오만, 신뢰할 수 없음, 부정직함, 허위, 통제할 수 없음, 경솔함, 성냄, 변덕스럽고 융통성 없음, 불안정하고 음험한 것, 교활한 것, 이기적이고 부당한 것, 또한 자아중심성, 자아숭배, 자기만 옳다고 믿는 태도, 불쾌한 언사들, 냉담함, 무자비함, 부패함, (속하지 않는 경우) 굼뜸, (결단력과 행동이 필요한 경우) 지체함, 또한 자신을 용서하거나 관대하거나 호의를 지닐 수 없음, 또한 외떨어져 있음, 이상한 생각에 집착하고 삶에 무능한 것, 또한 불안한 것, 주눅 듦, 의심하고 잘못 추측하는 것, 소심하고 교만한 것, 구제불능, 뾰루퉁함, 속물, 독단주의자이지 광신자, 째째한 자와 탐욕스러운 자, 교만하고 자만하는 자, 어리석고 상상력이 없는 자, 또한 (다시 고상한 어조로 하자면) 무분별함, 낙담, 경솔함, (완전히 없어진 것 같은 단어이지만, 이것은 이 단어에만 해당됨) 어리석음 및 (이것에도 동일하게 적용됨) 바보 같음 등으로 불릴 수 있을까?

긴 목록을 만들면서, 나는 의도를 지녔다. 나는 철학상담에서 상담자에게 자신의 손님을 낙담시키거나 자신을 "방어"하거나 "그의 명예를 구하고자" 연연하지 않고, 그의 손님으로 하여금 거짓인 것, 혼란스러운 것, 잘못된 것에 주의를 기울이도록 하는 능력이 요구된다는 점을 분명히 하고 싶었다. 물론 어떻게 그런 능력을 얻게 하는지에 대해서는 너무도 긴 논의를 필요로 하는데, 이는 어쨌든 시간적 제약이 있는 강연의 틀 안에서는 상세하게 답변될 수 없다. 그 대신 아마도 이 시점에서 괴테의 말로 소개된 최소한의 한 가지 힌트는 다음과 같다.

> 만약 우리가 사람들을 있는 그대로 받아들인다면, 우리는 그들을 더 나쁘게 만든다. 그들이 마땅히 있어야 할 존재인 것처럼 그들을 대한다면, 우리는 그들을 데려가야 할 곳으로 데려갈 것이다(Goethe, 1989, p. 4).

이것이 의미하는 것은 무엇일까? 철학상담자로서 자신의 손님을 그 손님의 명백한 현실과 혼동하지 않는 사람, 혹은—같은 것을 더 시적으로 표현하자면, 침착하게 흔들림 없이 "신이 그를 의도한 대로",[4] 오늘날 요구되는 세계관으로 말하자면, 어떻게 그가 자신의 "운명"에 상응하는 대로... — 다른 사람을 볼 수 있는 사람만이, 불가피하게 비판과 반론으로 파악될 해명을 허용한다. 그런데 여기서 도움이 될 만한 한 가지는 다음과 같다. 잘못된 것이자 덜 진실된 것으로서 거짓인 것은 그러한 고찰에서 무게중심을

---

4 나는 이 매혹적인 문구를 폴 스틱클라인에게 빚지고 있다. "사랑은 신이 생각한 대로 인간을 본다"(Stöcklein, 1973, p. 28).

잃고 희극이 만들어지는 재료가 된다. 그리고 그렇기 때문에 유머의 활동 영역으로서 자신을 제공한다. 손님이 자신의 무능력을 코믹한 현실로 보도록 이끈다면, 그 유머는 손님의 잠재적인 숙달Könnerschaft과 결탁할 수 있다.

그러나 내가 말했듯이, 이것은 다루기 힘든 것이자 상세한 치료법을 요구하는 챕터이다. 그럼에도 다음과 같은 것은 확실하다. 즉, 철학상담은 어떻게 치유적인 비판이 가능한가에 대한 질문에 답변해야 할 것이다. 그리고 그것은 잘못된 것을 명명하는 것인데, 이는 위축시키는 게 아니라 자신감을 강화하고, 그 자신감은 낙담시키지 않고 용기를 북돋는다.

이제 두 번째로, 잘못된 것에 대한 통찰력을 얻는 데 도움이 될 수 있다고 가정한다면, 그럼으로써 동시에 오래된 질문, 즉 숙달을 가르칠 수 있는지도 해결될 수 있을까?

우선, 우리는 누구도 숙달자로 만들machen 수 없다. 우리가 할 수 있는 유일한 것은 그가 숙달자가 되도록 돕는 것이다. 그래서 질문은 다음과 같다. 우리는 우리의 입장에서 그것을 위해 무엇을 할 수 있는가?

하나의 예를 들어 보자. 체스의 대가가 되려면 어떻게 해야 하는가? 확실히 가르칠 수 있는 규칙을 아는 것만으로는 충분하지 않다. 올바른, 좋은, 기껏해야 최선의 수(手) 바둑이나 장기 따위를 두는 기술 또는 그 기술 수준에 대한 각각의 지식은 단순히 "허용된" 혹은 "허가된" 수에 대한 지식이 아니다. 그것을 부수적으로 언급하는 것은 내 생각에 삶의 숙달을 위해 우리가 노력하는 것을 현재 소위 유행하는 "윤리"와 혼동하지 않기 위해서 의미 있는 것이다. 왜냐하면 거기서 현실적으로 대부분 무엇이 "허용되고", 무엇은 "허용되지 않는지"의 질문을 결정하는 것이 관건이기 때문이다. 이러한 구별의 의미에서 규칙을 위반하지 않는 모든 수는 맞을 것이다. 그러나 그것은 아직 충분히 좋은 수는 아니다. 그리고 대가는 이렇게 말할 것이다. 당신이 지금 둔 수는 허용되긴 했지만 잘못되었다. 왜 그럴까? 더 좋은 수가 있을 수 있었기 때문이다. 어쩌면 그는 이렇게 말할 수도 있다. "이봐, 이것이 네 상황에서 유일하게 올바른 수야."

대체로 체스 게임이 삶의 숙달이라는 질문에 대한 뛰어난 예를 제공하는 것처럼 보인다. 삶의 숙달자는 그가 해도 되는 것만 하는 사람이 아니다. 그것은 지루한 자, 속물, 현학적인 자일 수 있다.

또한 우리는 삶의 숙달자가 단순히 모든 사람에게 명령된 것을 지키는 사람이라고 말하지 않을 것이다. 우리는 그것에 대해 그를 칭찬할 수 있을지도 모른다. 그러나 근본적으로 우리는 우리와 게임을 하는 사람이 속이지 않기를 기대하는 것처럼, 그러한 정확성을 '자명한' 것으로 기대한다. 그러니까 그것은 대체로 규칙, 도덕적 명령, 의무, 즉 "예절이 명령하는" 규정들, 준수되어야 할 "관습들" 등의 문제인 셈이다.

그러나 삶의 숙달은 더 많은 것을 의미한다. 말하자면, 잘 사는 것을 이해하는 것은 체스의 대가가 게임을 잘하는 것을 이해하고 있다고 말하는 사람이 생각하는 것과 같은 것을 의미하는 것일까?

그렇기도 하고 아니기도 하다. 차이점은 체스의 경우 무엇이, 심지어 어떤 규칙에 따라 플레이될지가 이미 결정되어 있다는 것이다. 게다가 무엇이 관건인지, 그러니까 말하자면 결국 승리하는 것이라는 점이 분명하다. 삶의 경우에는 그렇지 않다. 게다가 더욱 중요한 차이점은 또 다른 데에 있다. 체스 게임은 얼핏 보기에 아무리 예를 들어 본다고 하더라도 단지 하나의 능력만으로 규정되고 결정되는데, 우리는 그것을 지성Intellekt이라고 부른다. 순수한 합리성과 계산하는 연산이 결정을 한다. 그래서 평균 이상의 선수들에게조차도 이길 기회를 주지 않는 컴퓨터용 체스 프로그램을 만드는 게 가능했다.

반면에 삶의 숙달은 엄격하고 일관된 사유와 합리적인 계산의 문제가 아니다. 달리 말하자면, 우리는 자신이 기뻐할 모든 이유가 있다는 것을 알고 있지만, 기쁘지 않다고 말하는 어떤 사람을 삶의 숙달자라고 부르게 될까? 그러니까 이제 우리의 관심을 이끄는 질문은 다음과 같다. 그에게 기쁨을 느끼도록 어떻게 "가르칠" 것인가?

또 다른 사람은 그가 삶을 사랑하지 않는다고 말한다. 그가 더 나은 것을 생각하고 앞으로는 삶을 사랑하도록 그를 "설득"하는 논증에 대해 아는 사람이 있을까?

어디로 이끌어 가고 있는지가 명확한가? 삶과 관련된 이 모든 상황에서 결여된 것은 문장이나 가르칠 수 있는 인식의 형태로 전달되는 지식이 아니다. 그렇다면 무엇이 결여되었는가? 그리고 그것이 무엇이든, 철학상담의 철학자는 결여된 것, 따라서 다른 것 그리고 사태나 문장의 지식보다 더 많은 것을 담당해야 하지 않을까? 이 시점에서 나는 삶의 숙달에 도달하려는 노력과 함께 우리가 (대부분 잊혀진) 철학의 과제로 되돌아가 찾고 있다는 것을 끼워 넣어도 될까? 이 과제는 참이거나 거짓일 수 있는 통찰과 이론보다 더 많은 것을 요구했다. 그 과제는 오히려 '인간이 어떻게 "도달해야" 하는가?'라는 질문으로 바뀌게 된다. 아리스토텔레스는 단지 약간의 교훈적인 과장과 함께 다음과 같이 서술했다.

> 우리는 용기가 무엇인지 알고자 하는 게 아니라 용기 있게 존재하려는 것이고, 정의가 무엇인지를 알고자 하는 것이 아니라 정의롭게 존재하려는 것이다. 마찬가지로 건강이 무엇인지 인식하는 것보다 건강하게 존재하려는 것처럼…(Aristotle, 1982, pp. 22-25. [I. 5]).

그러한, 아마도 가장 수준 높은 과제에 헌신하는 철학은, 예를 들어 다음과 같은 유형의 질문을 통해서 드러난다. 나는 파울 파이어아벤트Paul Feyerabend를 인용한다.

사람을 차갑도록 하는 논증이 무슨 소용이 있을까(Feyerabend, 1978, p. 38)?

이에 상응하는 한스 쿠추스Hans Kudszus의 격언은 다음과 같다.

우리가 두뇌를 설득할 수 없는 곳에서, 가슴을 개종시킬 수 없다 (Kudszus, 1970, p. 42).

이 어조가 우리의 질문인 문제와 어떻게 공명하는지 들었는가? 어떤 이가 선하게gut 되는지, 혹은 무엇이 삶의 숙달로 가는 길을 준비하는지 묻는다면, 그렇게 말하라. 그리고 그러한 것과 연관해서 어떤 종류의 지식이나 혹은 철학이나 철학자가 도움이 되는지 나는 지금 논의하고 있다. 이런 연관성에서 철학상담은 무엇에, 그리고 어떻게 도달할 수 있는가?

우리는 크세노폰이 전해 준 소크라테스의 대답을 알고 있다. 정의가 무엇이냐는 질문에, 스승인 그는 히피아스에게 매일 대답했다. 물론 "말이 아니라 행동으로 나는 그것을 그날 한다"(Xenophon, 1990, p. 197).

그것이 유일하게 설득력 있는 가르침이었다. 소크라테스의 제자들은 경험을 했는데, 깊은 인상을 주며 살아 있는 예를 통해 삶의 숙달이 무엇인지 보았고 체험했다. 그들은 그것을 함께 체험했으며, 그 영향력은 지속되었다. 방금 인용한 쿠추스를 다시 언급하자면, 소크라테스는 "가슴을 개종시켰다"는 전제하에서야 비로소 두뇌들이 적절한 방식으로 구성할 "논증"을 준비하도록 영향을 미쳤다. 그가 말한 것은 "사람들을 차갑게 두지 않음"으로써 힘을 얻었다. 간단히 말해서 그 사람이 그 사태를 보증한다.

그리고 그것은 그에게만 해당하는 것이 아니라 모든 "척도를 제공한 사람들maßgebenden Menschen", 즉 야스퍼스가 명명한 대로 공자, 부처, 나사렛 사람 예수, 아시시의 프란치스코 및 우리가 생각하는 다른 사람들에게도 해당한다. 우리가 인간으로서 가능한 것에 대한 표상을 가질 수 있는 것은 그들 덕분이다. 그들은 그들이 말했던 바대로 존재했다. 이러한 암시를 부끄러워할 필요가 없을 것 같은데, 그들의 말은 "육화되었다".

감히 결론을 내리자면, 사람들에게 도달하는 것은 인물Gestalten과 이야기 Geschichten이다. 그것들에서 지혜가 무엇인지, 그리고 그것을 "차갑도록 놔두지kalt läßt" 않는 방식으로 이해하게 된다.

따라서 철학상담이 "삶의 숙달에 어떻게 도움이 될 수 있는가?"라고 묻는다면, 비록 아주 구체적이지는 않지만 나는 우선 사례들과 이야기들을 통해 대답할 것이다. 발터 벤야민은 그것들을 조언의 진정한 매개체라고 불렀다. 나는 다음과 같이 인용한다.

> 그것[모든 진실한 이야기]은 공개적이든 숨겨져 있든지 간에 그 자체로 이점이 있다. 그 이점은 한편으로는 도덕에, 다른 한편으로는 실천적인 지침에, 세 번째로는 속담이나 삶의 규칙에 존재할 수 있다. 모든 경우에 화자는 청중에게 조언을 줄 아는 사람이다. 그러나 오늘날 "조언할 줄 안다 Rat wissen."라는 말이 구식으로 귀에 들리기 시작한다면, 경험의 전달가능성이 감소하고 있는 상황 탓이다. 그 결과에 따라 우리는 자신이나 다른 사람에게 조언할 줄 모른다. 조언은 하나의 제안, (막 펼쳐지는) 이야기를 계속 연속하는 것으로서 질문에 대한 최소한의 답이다. 조언을 구하기 위해서는, 무엇보다 먼저 이야기를 할 수 있어야 한다. (어떤 사람이 자신의 상황을 말하도록 할 때에만 조언을 받아들일 수 있다는 사실을 제외한다면) 실제 살았던 삶의 재료 안에서 짜인 조언은 지혜이다(Benjamin, 1991b, p. 442).

당신은 이 구절을 철학상담을 위한 이정표에 포함시켜도 될 것이다. 그에 따라, 나는 "삶의 숙달"에 관한 내 책에서는 이야기들을 중심에 놓았다. 왜냐하면 삶의 숙달이란 지혜를 얻기 위해 학교에 가는데, 거기서 듣는 것은 이야기들이기 때문이다. 왜 그런가? 이야기는 개인적인 것에 대해, 비교할 수 없이 올바른 것에 대한 감각을 계발(啓發)시키는 데 도움이 되기 때문이다. 그러나 우리가 이러한 감각을 계발한다는 전제하에, 우리는 삶 속에서 그리고 삶을 통해 정통하게 되고 그 삶을 궁극적으로 모범적으로 숙달하는 능력을 촉진한다. 이런 방식으로 삶의 숙달에 이른다.

나는 다시 한번 예를 들고자 한다. 작곡을 어떻게 "배우는가"? 베토벤의 교향곡을 들어 보자! 그 자체로 서 있지 않고는, 고유하고 독특한 특성을 가질 수 없을 것이다. 위대한 예술 작품은 일반적인 종류나 규칙의 "사례"가 아니라 "사례 그 자체"인 유일무이한 것sui Generis이라고 한다. 학문은 "교향곡의 이론"을 위해 노력할 수 있다. 위대한 작곡가는 그때그때 [바로] 이 하나의 교향곡을diese eine 쓴다.

그러나 이제 삶의 숙달과 관련해서 우리가 관심을 지닌 질문이자 우리의 질문은 다음과 같다. 어떻게 우리가 삶의 숙달자가 되는가? 즉, 무엇이 작곡가를 도대체 그렇게 하도록 했는가? 그는 어떻게 음악의 숙달자ein Könner der Musik가 되었는가? 그는 "교향곡 이론"에 맞게 혹은 "어떻게 교향곡을 작곡하는가?"라는 규칙에 따라 그 교향곡을 쓰지는 않았을 것이다. 그러니까 그는 도식에서 방향을 잡지 않는다. 왜냐하면 그 경우에 대량 생산품으로서는 어떤 것도 나오지 않을 것이기 때문이다.

그렇다. 그는 (재능, 천재성, 한때는 은총이라고 말했을 것들은 제외한다면) 다른 방식으로 거기에 도달했다. 그는 많은 걸작을 듣고 연구했으며 모든 중요한 작품을 개별적인 것들로 알고 있다. 다시 말해, 그는 본보기들Vorbilder을 알고 있고, 그것을 일종의 어시스트Vorlagen[5]로서 이용하지 않으며, 그는 그가 존경하는 것을 "복사kopieren"하지는 않을 것이다. 베토벤은 바흐와 모차르트, 하이든이 어떻게 작곡했는지를 매우 면밀하게 살펴보았다. 그리고 그는 바흐와 하이든, 모차르트로부터 무엇을 만들었을까? 베토벤!

그래서 우리는 훌륭하게 살았던 사람들에게서 사는 법을 배운다. 예로부터 그들은 지혜로운 자라고 불렸고 지혜로운 자로서 존경받았다. 철학상담은 그들에게서 방향을 잡는다. 그들과 함께 철학상담은 삶의 숙달로 이어지는 실마리die Spur를 찾는다.

---

5 역자 주: 아헨바흐와의 대화에서 그는 독일어 단어 "Vorlage"에 대해 축구 경기를 빗대어서 '어시스트 패스'와 같은 의미로 설명했다.

상의하지 않은 것은 적절하게 숙고되지 않는다.

요한 볼프강 폰 괴테 Johann Wolfgang von Goethe

대화 숙달Gesprächskönnerschaft이라는 말이 있어야 한다. 그 개념이 이미 "대화 중im Gespräch"에 있다는 것을 암시하는 한, 이러한 표현은 처음에는 오해의 소지가 있을 수 있겠지만, 그것은 사실이 아니다. 오히려 얼마 전까지만 해도 마찬가지로 그 당시 알려지지 않았던 "삶의 숙달"이라는 단어처럼 나는 그것을 "대화로 끌어들이고자ins Gespräch bringen" 한다.

그러니까 우선적으로 왜 "대화 숙달"인가? 왜 "전문적인 대화" 또는 "대화하는 직업"이 아닌가? 일반적인 이해에 따르면, "전문가der Professionelle"는 "숙달자der Könner"가 아닌가? 그렇다면 그에 따라 "직업Profession"과 "숙달Könnerschaft"이 하나이고 동일한가? 관용적으로 다음과 같이 말한다. 그는 그걸 할 수 있는 "프로Profi"다.

그러나 거기에는 어떤 함정이 드러나는데, 나는 그것을 "대화 숙달"이라는 제목으로 피해 보고자 한다. 우리는 정말로, 무엇보다도 어떤 사람이 모든 경우에 그것이 그의 직업이기 때문에 그것을 할 수 있다고 말할 것인가? 그렇다면 누군가가 직업을 가지고 있다는 것을 지적하는 것은 그가 무엇을 할 수 있고 그것을 어떻게 할 수 있는지를 규명하기에 충분할 것이다. 그런데 물론 우리는 알고 있다. 모든 전문가와 마찬가지로 모든 직업에는 숙달자와 비숙달자Könner und Nicht-Könner, 대가와 서투른 사람이 있다. 그러니까 그들의 직업에서 "잘하는gut" 사람이 있고, 다른 이는 "더 낮고besser", 또 다른 이는 "특별히 잘하기besonders gut"도 한다. 반대로, 다른 이는 단지 평균에 불과하거나, 많은 이가 "더 못하거나" 그지 "못하기도" 한다. 저편에 숙련된 전문가가 있다면, 이편에는 그 분야의 초보자가 있기도 하다. 그런데 이 모든 경우에 각각의 "숙달"은 우리가 전문적인 것으로서 측정하는 척도가 될 것이며 그 반대의 경우는 불가능하다. 왜냐하면 누군가가 어떤 사태에 "잘 맞고", "숙달자"인지 여부는 그가 프로이고 자신의 사태를 전문적으로 수행하는지 여부만으로는 결정되지 않기 때문이다.

따라서 모든 "전문적인" 대화가 훌륭하고 능숙한 대화인 것은 물론 아니다. 반대로, 어떤 대화는 전문가들의 대화이기 때문에 오히려 형편없는schlechte 대화가 될 수도 있다.

어쨌든 우리는 이 가능성을 단순히 배제할 수 없을 것이다. 예를 들어, 이러한 것은 우리가 프로들이 대화 모임에 참여하고 있는 소위 "토크 쇼"를 보고 듣거나 혹은 견디거나antun할 때, 오늘날 경험하는 것이 아닌가? 아니면 어쩌면 이것은 더 심각한 문제일 것이다. 대화들이 적어도 부분적으로는 전문가를 고용하는 바로 그 루틴Routine으로 인해 손상될 수 있을까?[1]

여기까지가 익숙치 않아 설명이 필요한 이 글의 제목에 대해 미리 언급되어야 할 의문점이자 암묵적인 정당화라고 할 수 있다.

이제 다음으로 논의될 것에 대한 간략한 개요이다. 나는 대화의 영혼으로서 경청을 홍보하려 하고 그것에 대한 새로운 개념, 즉 들여내놓음Eingelassenheit이라는 개념을 도입하고 싶다. 그리고 나서 동의와 이의 제기에 대한 이야기가 있어야 한다. 이 둘은 좋은 대화에 속하고 그럼으로써 철학 상담의 중심에 있다.

---

1 이에 대해서는 다음 참조. 게르트 B. 아헨바흐, 루틴은 사유의 잠이다: https://www.achenbach-pp.de/de/philosophischepraxis_text_Routine.asp.

경청은 대화의 영혼이다

독일 속담에 "경청하기 전에 수다 떠는 것을 먼저 배운다."라는 말이 있다. 게다가 듣기는 경청해서 듣기보다 먼저다. 단순한 듣기는 자연의 선물인 반면에 경청할 수 있음은 소수만이 다룰 수 있는 능력이다. 왜냐하면 그것은 누구에게도 저절로 일어나는 게 아니라, 능력으로서 습득되어야 하기 때문이다. 또는 경청은 할 수 있어야 하는 것인데, 경청을 할 수 있다는 것이 바로 대화 숙달의 사태이다. 괴테는 오틸리ottilie와 자신의『선택적 친화력』에서 이것을 그녀의 일기에 매우 인상적으로 기록하도록 했다.

> 자신을 전달하는 것은 자연적인 일이다. 전달된 바를 주어진 그대로 받아들이는 것은 교양이다(Goethe, 1973, p. 384).

그리고 그것은 그 이상이다. 사실 그것은 모든 대화의 토대이다. 두 사람이 있을 때 그중에 한 사람은 말을 하는데, 다른 사람이 경청하지 않으면 그로부터 아무런 대화도 없을 것이다. 그렇다. 사람들은 다음과 같이 서두를 장식하며 말할 수 있다. 대화는 기꺼이 경청하려는 준비와 능력에서 시작된다. 그 준비와 능력이 시작을 만드는 것이지 말하는 것이 시작을 만드는 것이 아니다. 최근 한병철은『타자의 추방』(2016)에서 고맙게도 오늘날 부족한 것이 바로 이 점이라고 지적했고, 그로부터 "미래"에는 청취자라는 직업이 있을 수 있다고 결론지었다. 따라서 그는 철학상담으로서 실제로 존재하는 것이 "가능하다"고 제시했다.[2]

---

2 미래에는 청취자라는 직업이 있을 수도 있다. 돈을 지불하는 대가로 그는 상대방의 말을 듣는다. 다른 사람의 말을 청취하는 사람이 거의 없기 때문에 사람들은 청취자에게 간다. 오늘날 우리는 경청하는 능력을 점

왜 그럴까?

대화가 말하는 것과 함께 시작한다면, 다른 사람 없이도 가능한 것이 시작하는 셈일 것이다. 나는 홀로 말할 수는 있지만, 나는 오로지 다른 사람을 경청할 수 있다. 말하는 사람은 청취자를 찾자마자 비로소 대화하는 방식으로gesprächsweise 말한다. 우리의 경우에, 나는 청취자Zuhörer보다 경청하는 자Zuhörenden에 대해 말하는 것을 선호한다. 왜냐하면 이러한 파생 명사는 틀림없이 동사, 활동성 단어, 즉 "경청하기"에 대한 근접성을 유지했기 때문이다. 경청하기를 행위Tätigkeit이자 능동성Aktivität으로 이해하는 것이 관건이다.

천일야화에서 현명한 헤이카르Heykar는 "너와 함께 말하는 사람의 말을 참을성 있게 들어라. 그리고 그의 말을 끊느라 서두르지 마라. 사람들은 답을 가지고 대화를 시작하지 않는다."라고 말한다.

프랑스 도덕주의자인 라 로슈푸코La Rochefoucauld는 "대화에서 분별 있고 호감 가는 사람들을 거의 만나지 못하는 이유 중 하나"는 "그에게 말해질 것에 대해서보다는 (자신이) 말하려는 것에 대해서 더 많이 생각하기" 때문이라고 말했다. "가장 세련되고 똑똑한" 자들은 그들이 그들의 편에서 말하려고 하거나 대답하려고 하는 것에 마치 이미 오래전부터 머물러 있는 것처럼 "사람들이 그들의 눈을 바라보는 동안, 주의를 기울이는 표정을 지으며" 만족했을 것이다(La Rochefoucauld, 1973, p. 58).

대화 숙달에 무엇보다 '경청할 수 있음'이 속한다고 방금 내가 말했다면, 나는 이제 기껏해야 이러한 경청하기가 이미 누군가가 말했듯이 길고도 "깊은" 침묵이 될 수도 있다는 점을 덧붙이고 싶다.

그러니까 때때로 철학상담에서의 한 손님이, 자신의 문제에 대해 어느

점 더 잃어 가고 있다. 무엇보다도 자아에 대한 초점화가 증가하고 사회의 자기애화(Narzifizierung der Gesellschaft)로 인해 경청하기가 더욱 어려워지고 있다(Han, 2016, p. 93).

철학상담의 철학:
기원과 발전

정도 이야기하며 보고한 후에 나에게 "그런데 당신은 아무 말도 하지 않는 군요."라고 말하는 경우가 있다는 것이 떠오른다. 그런 다음 예를 들자면 내 편에서는 다음과 같은 정보가 암시된다. "네, 당신이 맞습니다. 저는 숙고하고 있습니다." 이는 적어도 다른 사람의 말을 경청하는 것이 그가 말하는 것을 듣는 것 이상으로 그를 이해하는 것을 요구한다는 점을 분명히 한다. 이는 오히려 그가 나에게 전달한 것이 나에게 생각할 거리를 준다는 것을 의미한다. 그가 사유하는 것을 나는 경청하고 있는 자로서 어느 정도 다시금 깊게 사유한다. 그리고 그것은 흔히 사람들이 말하듯이 "생각을 해본다Gedanken machen"거나 다른 관용구에서처럼 '생각 속에 빠져드는 것sich auf Gedanken bringen'과는 다르다. 다른 말로 하자면, 그가 말했던 것은 나에게 내 입장에서 무언가를 말할 계기가 아니다. 무엇보다도 먼저—그리고 내가 경청하고 있는 자로 있는 한—그가 어떻게 나에게 자신을 이해시키려고 하는지, 그가 어떻게 이해되기를 원하는지를 나는 이해하고자 노력한다. 이는 그가 어떻게 자신 스스로를 이해하는지를 이해하는 것을 의미한다. 그러나 이는 사람들이 말하는 것처럼 "그 자체로부터 이해되지 않는다". 그리고 그가 자신을 이해하는 그의 방식이 내가 자신을 이해하는 나의 방식에 상응하고 그래서 어느 정도 "직접적인" 이해가 가능할 수 있다고 가정해서는 안 된다.

그가 자신의 입장에서 어떻게 이해하는지를 내가 경청하는 자로서 이해하고자 노력하는 이러한 관계는 철학상담에서 하나의 상징을 통해서 분명해진다. 저편에 손님이 그리고 이편에는 내가 대화 상대자로서 앉아 있는, 두 안락의자 사이 옆에 아마도 우리 사이 중간 즈음의 벽 위에 거울이 걸려 있다. 그 안에서 나는 내 맞은편에 앉아 있는 내 방문자를 볼 수 있다. 그러나 나는 그가 거울 속의 자기 자신을 보는 데 익숙한 것처럼, 좌우가 뒤바뀐 채로 그를 본다. 그러니까 그것은 다음과 같은 상징을 통해서 표현될 수 있다. 대화는 다른 사람의 모습을, 내가 그를 내 앞에 직접 마주하고vis-à-vis 있는 것처럼, 마치 거울에서와 같이 "성찰"해야 한다. 즉, 나에게 어떤 틀 안에서, 마치 거울이 틀 안에 끼워져 있고 단지 하나의 단면을 제공하는 것처럼, 한계 안에서 내 방문자의 "자기이해"를 엿보도록 나에게 허락된 것을 "성찰"해야 한다고도 말할 수 있다.

예를 들어, "어느 정도의 틀 안에서" 또는 "한계 안에서"라고 말하는 것과 같이 제한들을 강력하게 강조하는 것이 내게는 중요했다. 왜냐하면 나는 다른 사람이 자기 스스로를 어떻게 이해하는지 알지 못하기 때문에, 오히려 기껏해야 그것으로부터 무언가를 엿보는 것이 관건일 수 있다.

왜 그렇게 조심스러울까? 사람을 해독(解讀)할 수 있는 도구를 제공하는 이론들이 충분하지 않은가? 그렇다. 나는 그것이 맞기는 하지만, 이론들이 우리에게 기껏 인간을 해독하는 것에 주의해야 하며, 하물며 결코 우리와 말하고 있는 그 한 사람을 해독하지 않도록 주의해야 한다고 말하고 싶다. 오로지 그때마다 그 한 사람과 대화만이 가능하다. 그러나 다른 사람들이 어떻게 인간을 이해했고 그 이해가 이론에 담겨 있다는 것을 내가 알고 있거나 배웠기 때문에 대화에서 상대방을 이해하는 것이 아니라, 어떻게 상대방이 스스로를 나에게 이해시키도록 하는지, 그러니까 대체로 이해시키도록 원하는지에만 내가 주의를 기울이는 것을 통해서 상대방을 이해한다.

왜냐하면 그것이 모든 대화의 그다음 문제이기 때문인데, 다른 사람을 이해하기가 어렵고, 단지 제한적으로 가능할 뿐이라는 것은 경청하는 사람에게만이 아니다. 일반적으로 우리에게 자신을 이해시키려는 사람들에게도 마찬가지인데, 그들에게 이것은 제한적으로 성공한다. 따라서 우쭐대는 청취자가 의도는 좋으나 경솔하게 "네, 네, 나는 잘 이해했습니다. 나는 잘 이해합니다."라고 확신한다면, 그는 다른 사람에게 힘들게 여겨지는 것을 가볍게 여길 수 있다. 그래서 그는 다른 사람을 그 자신의 곤경, 즉 자

철학상담의 철학:
기원과 발전

신을 적절하게 표현하기 어려운 고통 속에서 이해하지는 못했다.

마찬가지로 "진정한eigentlich" 대화에 대해 말했던 슐라이어마허의 통찰은 그런 어려움에 잘 부응하는데, 그는 거기에 다른 사람에 대한 이해와 이해하는 활동이 우리 모두와 심지어 숙달된 이에게도 엄청나게 무리한 요구라는 의식이 속한다고 했다. 또 다른 말로 표현하자면, 이러한 무리한 요구를 잘 의식하는 자가 숙달된 이이다. 우리는 거기서 그를 알아본다. 그래서 그의 통찰은 경청하는 자로서 우리가 기껏해야 "어떤 것", 아마도 "일부", 때로는 "조금", 그리고 많은 부분에서는 "단초적으로" 이해하기 시작하도록 만드는 것이지, 결코 "모든 것"이거나 "완전히" 이해하는 것이 전혀 아니다.

다른 말로 하자면, 대화 숙달은 진정한 이해가 얼마나 어렵고, 극히 드물고, 실제로 있을 법하지 않은지를 내가 깨우쳤다는 사실에서 시작된다. 그러나 이것을 이해했던 자는 그렇기 때문에 무엇보다 먼저 잘, 그리고 주의 깊게 경청하는 것에 몰두한다. 그 안에서 그는 상대방에 대한 존경심을 표한다. 괴테는 이것을 그런 의미로 이해했고, 전승되어 온 신학명제Theologumenon에 대한 섬세한 암시와 함께 '라바터Lavater에게 보낸 편지'에서 다음과 같은 말로 표현했다.

> 개인은 형언할 수 없다Individuum est ineffabile.[3]

그렇다면 나는? 조금은 더 대화에 진입하는 데에, 즉 경청하는 데에 머물러라. 그 경청은 한병철도 말한 바 있듯이, "수동적인 행위가 아니라 선물하기, 주기, 선물이다. 그것은 다른 사람이 먼저 말하도록 돕는다".

---

3 1780년 9월 20일 라바터에게 보낸 편지는 Goethe(1987, p. 300) 참조.

달리 말하자면, "다른 사람이 말하도록 나는 경청한다". 그렇게 주의 깊은 경청은 방문자가 "자유롭게 말하도록" 초대하는 침묵이자 "손님을 환대하는 침묵"(Han, 2016, pp. 93-94)이다.[4]

들여내놓음

나는 경청이 수동성이 아니라 오히려 극도의 능동성이라고 말했다. 즉, 이것은 내가 지금 덧붙이고 싶은 것처럼, 그 능동성을 위해 특별히 새로운 단어가 발명되어야 할 정도이다. 나는 이를 위해 하나의 제안을 하려는데, 대화의 진정한 덕으로서의 그 경청할 수 있음을 "들여내놓음"이라고 부르고자 한다. 이 경우 물론 나는 내 제안이 성공할 가능성이 거의 없다는 것을 안다. 새로운 개념을 도입하는 것은 물론 쉬운 일은 아니다. 그럼에도 나는 이 추천을 허용하고 그것이 존재한다면 왜 그 표현이 좋은지 설명하고 싶다.

"들여내놓음", 그것은 우선 '내맡김Gelassenheit'을 기억나게 한다. 그러니까 지혜로운 그리스인과 총명한 로마인의 높은 덕을 기억한다. 그것 없이는 누구도 실제로 청취자는 아니다. 그것은 듣는 사람으로 하여금 다른 사람에게 "내맡기도록" 격려할 뿐만 아니라, 다른 사람이 말하기 시작했던

---

4 참고로, 칼 쥬크마이어(Carl Zuckmayer)는 경청의 기예를 다음과 같은 인상적인 예를 통해 환기시켰다. 오스트리아에서 긴 산책을 하면서 그는 나중에 "쾨페닉(Köpenik)의 선장"이 될 장면의 시퀀스를 함께 상상했지만, 막스 라인하르트(Max Rheinhardt)가 호텔에서 그를 만났고 그가 현재 작업하고 있던 바에 대해―그 당시에는 "아직 한 단어도 적혀 있지 않았던"―물었을 때, 그는 갑자기 "작품을 낭송하기 시작했다. 아니 나는 오히려 모든 장면과 캐릭터를 활용하여 몇 시간 동안 상연했으며 종종 나 자신으로 나오는 아이디어에 깜짝 놀랐고, 계획되지 않은 상황, 대화, 막의 결말이 발생했다―그 연극이 거기에 있었다. 그것은 라인하르트의 마법 같은 경청을 통해 형태를 갖추었으며, 그 경청을 통해서 그는 사람들을 생산성의 황홀경에 빠뜨릴 수 있었다"(Zuckmayer, 1966, p. 455). "마법적인 경청"은 철학상담의 이상이다.

것을 끝낼 수 있도록 그에게 시간을 내주고 고요함을 허용하는 것이다. 내 맡김은 적어도 우리가 경청하는 자인 한에서 일시적으로 자신의 바람, 생각 및 표상들로부터 거리를 두고, 자기 자신에 대해 간격을 취하는 능력을 필요로 한다. 말하자면, 경청하기는 "다른 사람과" 있는 동시에 "사태와" 있는 것, 즉 바로 지금 다른 사람의 "사태"인 그것과 함께 있는 것을 의미한다.

반면에 자신의 것이 그 사이에 집요하게 끼어들면, 경청하기는 고문이 되고 화자에게 말하기도 마찬가지로 고문이 된다. 이에 대해 페터 슬로터다이크는 사악한 농담조의 표현을 발견했다. "들으려 하지 않는 자여, 느끼도록 해라." 그런데 들으려 하지 않는 사람은 누구인가? 그에게는 다른 사람에게서 배울 수 있는 것보다 자신의 머릿속에 있는 잡동사니가 무조건 더 중요하다.

이제 내가 제안한 신조어인, "들여내놓음"으로 돌아가 보자. 그 안에서 활동성의 단어인 "들여보내다einlassen"도 함께 들리지 않는가? 나는 그렇다고, 심지어 이중 형태로 그렇다고도 생각한다. 말하자면 첫째 타동사로, 다른 사람을 "들여놓기einlassen"로서―우리가 그의 말을 경청할 때, 우리는 그를 비유적인 의미에서 우리 안으로 들여놓는다―그리고 나서 재귀적으로 다른 사람에게 "자신을 들여보내기sich einlassen"로서, 말하자면 우리가 진정으로 그에게 경청함으로써, 우리는 그에게 우리를 들여보낸다.

그리고 더 계속하자면, 마치 그 단어가 포함하는 모든 연상 작용과 의미의 환기가 환영받는 것 같다. 우리가 경청할 때, 다른 사람을 들여놓기만 하지 않는다. 엄격한 의미에서 오히려 경청하는 자도 누군가와 함께 자신을 들여보낸다. 우리는 이러한 측면이 평화 외교에서 얼마나 근본적으로 중요한지 알고 있다. 협상 테이블에 앉아 상대방의 말을 귀 기울여 듣는 사람은 이미 "그와 함께" 자신을 들여보내고 있다. 비록 듣기 시작하는 것에 머물고 경청하기에는 충분하지 못할지라도 말이다.

그런데 경청하기라는 이름에 실제로 걸맞은 것은 경청하는 자가 말하고 있는 사람에게 "귀를 빌려준다."라고 말하는, 경청하는 자에 대해 흔히 사용되는 비유를 통해서 가장 적절하게 설명될 수 있다고 보인다.

이 은유를 처음 접하는 것처럼 본다면 누구나 '참으로 기이한 비유다!'라고 발견하게 될 것이다. 자기 자신을 위해 말할 줄 모르는 다른 사람에게 "그의 목소리를 빌려주는 것"은 이해하기 쉽다. 그러니까 한 사람이 그의 입으로 다른 사람을 대신하여 말하고, 그가 대변인이 되는 것이다.

그러나 "그의 귀를 빌려준다고?" 그렇다면 도대체 내가 경청하고 있는 그 사람은 귀를 가지고 있지 않고, 이제 그는 대체품으로 내 귀가 필요하다는 것인가? 분명히 그렇지는 않을 것이다. 그럼에도 그 비유는 정확하게 취급되어야 한다. 만약 내가 다른 사람에게 내 귀를 빌려준다면 그것은 그에게 "속하고", 물론 빌려주는 방식이긴 하지만 그의 귀이다. 그러나 다음의 사실을 명심하라. 그는 그것을 단지 일시적으로 "소유"할 뿐이지, 그것은 자신이 원하는 것을 그것으로 할 수 있는 그의 재산인 것은 아니다. 그것은 빌린 귀이지, 정확히는 그 자신의 것이 아니다. 경청하는 자를 찾은 운 좋은 사람의 입장에서 보자면, 이것은 다음을 의미한다. 거기서 마치 나에게 속한 것과 같이 듣는 귀가 있는데, 그것은 내 자신의 것은 아니다. 그것은 나를 경청함으로써 나에게 속하기도 하지만 나와 일치하는 것은 아니다. 그렇지 않으면 그것은 혼잣말을 하는 것과 같을 것이기 때문이다. 또는 내 말을 듣는 사람은 나와 가까이 있고 "나와 함께" 있지만 동시에 다른 누군가가 나에게 그의 듣기sein Hören를 빌려주었을 뿐이다.

자신이 듣고자 하는 것을 듣지 않고, 다른 사람이 자신으로부터 들려주려는 것만을 경청한다는 사실을 빌린 귀라는 이러한 비유보다 더 잘 표현할 수는 없다.

들은 것das Gehörte, 동의와 이의 제기

그런데 한 걸음 더 나아가서 그 경청은 모든 응답, 이의 제기, 반론을 위한 전제 조건이자 필요한 경우 다른 사람을 움직이려는 모든 노력을 위한 전제 조건이다. 블레즈 파스칼Blaise Pascal은 이 점을 분명히 보았다. 나는 그를 직접 인용해 보겠다.

> 만약 성공적으로 이의를 제기하고 다른 사람에게 그가 틀렸다는 것을 보여 주고 싶다면, 그가 문제를 어떤 측면에서 보는지에 대해 주의를 기울여야 한다. 왜냐하면 거기에서 보면 그것은 대부분 참이기 때문이다. 그래서 그 진리를 그에게 동의해야 하고, 그러나 그런 다음 그것이 거짓인 측면을 그에게 보여 주어야 한다. 그럼으로써 그는 만족할 것이다. 왜냐하면 그는 자신이 착각한 게 아니라 단지 그것을 모든 측면에서 보는 것을 소홀히 했다는 것을 알게 되기 때문이다(Pascal, 1958, No. 9).

이것은 좋은 대화의 규칙으로 보이며, 본질적으로 그리고 오늘날 특히 상담하는 대화에 적용될 정도로 불변하는 것이어서 발터 벤야민도 몇 세기 후에 거의 똑같은 말을 할 수 있었다. 게다가 너무 간결하고 설득력이 있어서 내게 기회가 주어질 때마다 그 구절을 줄이지 않은 채 인용하지 않고는 지나칠 수 없다. 그래서 나는 지금 그것을 다시 인용하는 것이다.

그가 "이비차섬에서의 시리즈Ibizenkischen Folge" 일부로 발표한 상담하는 대화에 대한 그의 조언은 다음과 같다.

> 무언가를 하지 말라고 조언하지 말라Nicht abraten. 조언을 요청받은 자는

먼저 질문하는 사람에게서 그 자신의 의견을 알아내고 난 후 그에게 그 의견에 관해 힘을 실어 주는 것이 좋다. 누구도 다른 사람의 더 큰 영리함에 그렇게 쉽게 설득되지 않는다. 그렇기 때문에 낯선 사람을 따를 의도로 조언을 구하는 자는 거의 없다. 오히려 이미 조용히 내렸던 그들 자신의 결정을 그들은 다른 사람의 '조언'으로, 동시에 그 이면으로부터 다시 알고 싶은 것이다. 그들은 그에게서 이러한 생생한 현실화를 요구하는 것이고 그들이 옳다는 사실을 확인한다. 왜냐하면 가장 위험한 것은 주고받는 대화를 필터를 통과시키듯이 하지 않고 또는 '자기 혼자서' 결정하고 실행에 옮기는 것이기 때문이다. 그렇기 때문에 조언을 구하는 자를 이미 절반은 도운 것이며, 만약 그가 잘못된 것을 계획한다면, 그를 설득력 있게 반박하는 것보다 회의적으로 강화하는 것이 더 낫다(Benjamin, 1991c p. 403).

조언을 잘 받는 자는 스스로 자문을 하고, 조언을 잘하는 자는 그 상황에서 그를 돕는다. 이것이 조언을 하는 대화의 의미이다. 그리고 나는 벤야민의 텍스트를 약간 부연함으로써 상담하는 대화와 관련하여 대화 숙달의 몇 가지 특성들을 스케치하는 것이 매력적이고 적절하다고 생각한다.

"조언을 요청받은 자는…"—벤야민은 모든 조언의 시작 부분에 속한 것과 함께 올바르게 말문을 연다. 그는 [먼저] 요청을 받아야 한다. 그는 요청받아야 한다. 요청받지 않은 조언은 우스꽝스러운 것이 아니라면 성가신 것이다. 그가 항상 좋은 조언을 준다고 하는 것은 와일드Wilde의 연극에서 나오는 "이상적인 남편Ein idealer Gatte"인 셈이다. 그것이야말로 사람들이 그것을 가지고 할 수 있을 만한 유일한 것일 테니까.

벤야민의 두 번째 권유도 마찬가지로 옳다. 우선 "질문하는 자에게서 그자신의 의견을 알아내야 한다". 따라서 조언을 요청받은 자는 먼저 자신이 경청하는 자임을 입증해야 하며, 이는 내 생각에 첫 번째 부분에서 충분히 명확하게 밝혀졌다고 생각한다. 그러나 이제 질문은 무엇을 "알아내야" 하는가이다. 벤야민이 말했듯이, 조언을 구하는 자의 "고유한 의견"인가? 아마도 그가 "이미 조용히 내렸던 자신의 결정"일까? 철학상담에 대한 경험이 나에게 가르쳐 준 것은 이미 자신의 의견을 알고 있으면서 그 의견을 기껏해야 신뢰하지 않았을 경우, 혹은 그들은 단지 강화되기를 원함으로써 결정이 실제로 이미 반쯤 내려져 있었을 경우, 조언을 차후에 요청하는 자는 거의 없다. 보통 '어찌할 바를 모르는 자der Ratlose'는 오히려 혼란스럽고, 어떤 의견을 가져야 할지가 그에게 불분명하다. 그는 그 자신의 이야기에 대해 잘 알지 못하거나 그 안에서 더 이상 나아갈 바를 모른다. 여기서 '조언하는 자'로부터 요구되는 것은 '알아맞히는 자ein Erratender'가 되는 것이다. 그는 상형 문자를 읽는 자로서 그 이야기 안에서, 그리고 그 이야기를 넘어서서 그 목적이 무엇인지 해독해야 한다. 왜냐하면 조언을 통해서 찾고자 하는 것은 의미 있는 완성이자 적어도 '어찌할 바를 모르는 자'의 이야기로 지금까지 일어났던 바의 지속이기 때문이다. 그는 조언하는 자가 다 알고 있기를 바라는 것이 아니라 그가 좀 더 알기를 바라는 것이다. 그가 "해결책"을 알지 못한다고 하더라도, 그가 어떤 매듭을 풀어야 할지를 안다면 많은 것을 얻을 것이다. '어찌할 바를 모르는 자'가 연루된 삶은 그를 얽매고 있다.

그런 다음 조언을 잘 받은 자는 자신의 생각을 "필터처럼" 통과시키는, 저 "주고받는 대화Rede und Gegenrede"를 시작할 수 있을 것이다. 그 비유는 훌륭하다. 다른 사람에게 조언을 구하는 자는 그와 상담하지만, 그에게 이렇게 "귀를 빌려준" 상대는 우리가 말했듯이 단지 엑스트라이거나 확실히 인내심을 가지고 듣는 사람인 것만도 아니다. 오히려 이제 모든 것은 말하는 자가 과연 조언하는 자가 그에게 "빌려준" 저 다른 귀로 자신의 이야기를 다르게 듣느냐에 달려 있다. 그리고 그것이 마치 자신의 것처럼 그의 말을 경청하는 섬세하고 예민한 귀라면, 그는 지금까지 그의 불행이나 불운에 대한 자신의 "버전"에서 벗어난 중간 톤, 낮은 톤 및 높은 톤을 듣게 될 것이다.

그러나 무엇보다 벤야민이 말한 것처럼 조언하는 자와의 대화는 그에게 "필터"가 된다. 무작위적이고 첫 번째인 아이디어가 아니라 정제된 생각과 검토된 결정만이 유일하게 그 필터를 통과한다. 이를 위해 조언하는 자는 조언을 알지는 못하지만 조언을 구하는 자 자신처럼 조언을 구하는 사람이 될 필요가 있다. 글을 쓰는 데 어려움을 느끼는 사람만이 작가라는 소명을 받듯이, 조언을 잘하는 자는 좋은 조언이 "값비쌀" 뿐만 아니라 드물고 아마도 예외적으로 한번 적중한다는 것을 안다. 반면에 기성품으로 던져진 조언은 당연히 거부된다. "일반적인" 조언은 유일무이한 것으로서 파악되었을 경우에만 이해되는 불행을 해결하지 못한다. 구스타프 티본(Gustav Thibon, 1903~2001)은 "신이 근본적으로 다양하게 갖고자 원했던 바를 보편적인 방식으로 다루지 않는다."(Thibon, 1957, p. 44)라고 말했다.

그러나 벤야민이 마지막에 "조언을 구하는 사람이 잘못된 것을 계획하고 있다면, 그를 설득력 있게 반박하는 것보다 회의적으로 강화하는 것이 더 낫다."라고 말하는 명언은 무엇을 말하는가? 내가 이 생각에 동참할 수 있을까? 그렇다. 왜냐하면 이것은 조언을 구하는 자가 그의 삶의 행위자이고 조언을 받는 자로 남아 있음을 의미하기 때문이다. 조언을 하는 자가 그를 회의적으로 강화한다는 사실은 이의를 제기하는 것으로서 충분하며 생각할 거리를 줄 수 있다. 그 이상은 재앙에 속한다.

니체는 『선악의 피안』에서 다음과 같이 말했다.

한 사람은 자신의 생각을 위한 산파를 찾고, 다른 사람은 그가 도울 수 있는 사람을 찾는다. 그렇게 좋은 대화가 탄생한다(Nietzsche, 1988c, p. 97, No. 136).

아마도 함께 조언을 구하는 대화인 한에서, 그것이야말로 능숙한 대화의 비결일 것이다.

산파술. 소크라테스에 대한 간략한 회고

니체에게서 차용한 키워드 '산파'와 함께 나는 마침내 모든 대화 숙달의 시작을 되돌아볼 수 있는 기회를 열었다. 그리고 우리는 이 시작을 통상적으로 소크라테스의 이름, 그리고 그의 조산술 또는 산파술과 연결시킬 것이다.

가장 먼저 기억해야 할 것은 대화의 첫 번째 대가가 한 대화는 만장일치의 도출과 합의의 제공이 아니라 통용되는 의견들, 습관화된 견해들, 전통적인 판단들, 전통에 따라 존중되는 가치들, 신성한 규범과 관습들, 다른 모든 일반적인 격언들을 가장 위험하게 검토하는 것이라는 점이다. 요컨대, 소크라테스의 대화는 충격과 불확실성으로 세상에 등장하는데, 이러한 충격은 의견만을 보유한 자들이 주장하는 진리에 대한 소유권을 교묘하게 논쟁거리로 만든다. 소크라테스는 그의 동료 대화자들을 확고한 토대와 기반에서 그들이 발밑에 무사히 땅을 디딜 수 있도록 안전하게 데려가길 원한다는 아이러니한 확신을 가지고, 실제로 그는 "그것은 무엇인가라는 질문Was-ist-Fragen", 그리고 도대체 본래적으로, 본질적으로 그리고 진실로 사태가 무엇인지에 대한 주장과 함께 그들을 미끄러운 얼음판으로 끌고 갔다.

소크라테스가 처음 꾸었던 이 꿈은—그 이후 수많은 다른 철학적 사유의 대가들도 마찬가지로 꿈꾸었던 것처럼—대화의 방식에서 구속력 있고 타당한 이성의 결과에 도달하는 것이었다. 그런 다음 그 결과들은 일단 도달되고 나서는 확실하게 도입된 기초와 근본적인 진리들로서 [아마도] 이어지는 대화에서 뒤로 물러나게 될 것이다. 오히려 그것들은 논박될 수 없는 주춧돌 역할을 하거나 반론의 여지가 없는 항소심으로서 이후의 분쟁을 중재하는 데에 도움을 주었어야 할 것이다. 그러나 실제로 가장 엄격한 철학적 대화조차도 그렇게 훌륭한 결과를 가져온 적이 없다. 이것은 다음을 의미한다. 결과적으로, 대화가 지속되고 유지되지만, 그들 중의 다수가 기대하는 결과들은 [항상] 나타나는 것이 아니라 경우에 따라서 다르게 나타날 뿐이라는 것에 우리가 대비해야 한다.

그렇기 때문에―소크라테스 이후 몇 세기, 더 정확하게는 수천 년 후에―[독일] 철학자 로베르트 슈페만(Robert Spaemann, 1927~2018)은 '철학의 사태가 해결책을 더 간단하게 만드는 것이 아니라 문제를 어렵게 만드는 것'이라고 단언할 수 있었다(Spaemann, 2001a, p. 78). 그것은 철학적 대화 숙달의 기본 원칙인데, 그 원칙은 다음과 같다. 문제의 실제 깊이를 탐구하는 것, 아마도 어떠한 수심 측정 추(錘)Senkblei도 밑으로 도달하지 못하는 심연을 발견하는 것이다; 그 문제들은 다른 문제들과 얽혀 있는 것으로서 또는 이전의 어려움들의 결과물로서 파악되기 때문에, 그 얽히고 설킴 속에서 이해하는 것이며; 또는 단순히 우리에게 그것들의 가장 깊은 내면을 누설하지 않고 "그 자체 안에 가지고 있는" 질문으로서 이해하는 것이다.

슈페만의 인용문은 소크라테스가 대화의 새로운 어조로 꺼냈던 것의 뒤에 오는 메아리처럼 들리지 않는가? 그와 함께 어쨌든 또 다른 사람인 [독일 철학자] 한스 블루멘베르크(Hans Blumenberg, 1920~1996)가 다음과 같이 표현했던 것이 말하기와 대화하기의 문화로서 세상에 등장했다.

모든 종류의 철학은 쉬운 질문을 어렵게 찾거나 어렵게 만드는 것으로 정의될 수 있다(Blumenberg, 1996, p. 33).

어쩌면 좀 더 올바른 방식으로는 다음과 같이 수정될 수 있을 것이다. 철학은 소위vermeintlich 쉬워 보이는 질문들을 어렵게 여기고 그럼으로써 진지하게 받아들인다.

나는 다음과 같은 사실을 분명히 하고 싶다. 대화 숙달은 부담을 덜어주거나 완화시키는 실천이 아니라 하나의 과도한 요구인데, 이 요구에 깨어 있는 사람들은 의도적으로 자신을 다음과 같은 것에 내맡겼다. 즉, 다른 사람들을 위해 말하자면 최고의 사람들을 위해 본보기Vorbilder가 되도록 규정된 바에 내맡겼다는 것이다.

그러나 소크라테스 대화의 특징과 혁신을 이루는 것과는 조금 다른 것이 내게는 모든 대화 숙달의 토대가 되는 데에 훨씬 더 결정적으로 보인다. 소크라테스는 아마도 첫 번째 주자로서 어떤 생각이 대화에 어떻게 끼어들었던지 간에 그 생각을 끝까지 붙들었다. 그 생각이 모순에 얽히면서 그래서 사람들이 사유한다고 부를 것을 전개함으로써 그 자리로부터 움직이는 것을 시작할 때까지 계속해서 그렇게 한 것이다. 헤겔은 이 혁신을 일반적으로 이해할 수 있는 통속적인 공식으로 가져왔다.

> 여기에서 주요 사태는 … 하는 바를 포기하지 않고 계속하는 것bei der Stange bleiben이다.

그런 다음 그는 그러한 대화 문화가 다른 일상적인 "대화Unterhaltungen"와 구별되는 것이 무엇인지 특징적으로 설명했다.

> 항상 자신이 옳다고 자처하는 태도Rechthaberei의 정신, 거드름 피우기Sichgeltendmachen, 당황하는 것을 알아차리면 대화를 중단하기, 농담이나 비난으로 건너뛰기 등, 이러한 모든 작위적인 태도는 거기서 배제된다. 그것

들은 좋은 관습에 속하지 않으며, 확실히 소크라테스 담화에도 속하지 않는다(Hegel, 1986d, p. 462).

같은 것을 고유한 말로 강조하자면, 소크라테스로부터 시작된 대화 숙달은 사태에 머물거나 혹은 집중하는 끈기이다.

그런데 내 입장에서 보자면 끈질기게 있기 위해서, 그것은 심사숙고를 훈습하는 것Einübung in Nachdenklichkeit으로도 이해될 수 있다. 그럼으로써 나는 현재 이루어지는 숙고가 도달해야 할 키워드를 제시했다. 왜냐하면 실제로 대화 숙달은 본질적으로 심사숙고를 훈습하는 것이라고 말할 수 있기 때문이다. 그 심사숙고에 대해서는 또한 좋은, 전통적인 단어가 있다. 바로 신중함이다.

[독일 철학자] 헤르베르트 슈내델바흐(Herbert Schnädelbach, 1936~)에 따르면, 특별히 소크라테스와 함께, 철학의 대화를 만든 것은,

> … 심사숙고의 문화이다. 그것은 심사숙고를 하는 자의 대화인데, 그들은 단지 사유하는 것만이 아니라 그들의 생각을 명확히 하고, 개선하고, 시험하기 위해서 그 생각을 심사숙고하며 혹은 뒤따라서 사유한다. 이렇게 심사숙고하게 된 동기는 대체로 사유 그 자체에서 나오는 것이 아니라 우리를 숙고하게 만드는 문제 상황에 대한 철학 이전의 경험들의 영역에서 비롯된다. 우리의 조상인 소크라테스는 우리에게 이것을 삶의 본보기로 보여 주었다. 그에게서 우리는 대화에서 우리의 생각에 대해 비판적으로 숙고하는 것, 계몽이라고 부르는 것의 기원을 찾는다. 계몽으로서 철학은 생활세계에서 당연하게 여겨지는 것들의 상실, 친숙한 것의 불안정성과 충격에 대해 사유하면서 반응하는 것이다. 소크라테스의 심사숙고를 이어가는 후손들은 그 반응을 동시대의 많은 사람처럼 단지 느낄 뿐 아니라 분

석하고 극복하려고 시도한다.[5]

그렇다. 필요하다면 나는 다음과 같이 덧붙이고 싶다. 그렇게 함으로써 우리는 최소한의 해결책, 대화의 방식에서 이끌어 낸 조화와 일치를 가지고 사는 것, 심지어 분명하게 된 입장들과 근거 있는 통찰력들의 다양성을 환영하는 법도 배웠다. 말하자면, 실제 대화와 철학상담에서의 대화는 다성음악을 (지루하고 긴장이 없는) 동성음악Homophonie으로 변환하는 것이 절대로 아니며, 다성적인 구성안에서 목소리의 대위법을 배열하기 위한 것인데, 이로써 마침내 우리에게 음악의 은유가 열린다.

그리고 실제로 대화로 존재했던 철학 외에도 물론 드라마와 서사시도 있지만 무엇보다도 음악이 대화 숙달에 결정적인 기여를 했다는 생각을 알리고 싶다.

그래서 음악을 예로 들자면, 하이든의 교향곡 안에서 음악 악장의 긴장과 움직임이 첫 번째 주제와 두 번째 주제 사이의 대조에서 비롯되지 않는다면, 그 교향곡은 우리에게 무엇이 될까? 거기서 두 가지 주제는 완전히 다른 특징을 알리고 나서, 서로 연관되는데, 이는 공식적인 음악 이론의 어조에서는 "전개부Durchführung"라고 하는 것이다. 그러나 적어도 클래식 소나타에서 두 주제는 마지막에 몇 가지 변화와 수정을 거친 이후, 즉 "통과bestanden"했다고 말할 수 있는 이후에 만난다. 각각의 다른 주제를 흡수했거나 연결시킨 후에, 말하자면 반복하는 부분에서 다시 한번 정화되고 강화되어 나타난다. 이것이 성공적인 대화의 이미지가 아닐까? 낭만주의자들은 그렇게 생각했다. 나는, 예를 들어 아담 뮐러Adam Müller의 1816년 훌륭한 에세이 『대화에 관하여Vom Gespräch』를 다시 읽어 볼 것을 권한다. 그는 "자연이

---

5 슈내델바흐가 2002년 6월 18일 훔볼트 대학교에서 "철학의 대화"라는 제목으로 했던 고별 강연의 내용이다.

가장 다양한 성향, 견해, 시민적 및 도덕적 특성을 명령했고, 그것들이 자체로 가장 많이 서로 싸우고 모순되는 것처럼 보이는 경우이기 때문에, 서로의 성별 관계Verhältnis der Geschlechter"를 좋은 대화의 예로 들었다. 왜냐하면 바로 여기서 "서로에게 운명이라는 가장 활기차고 저항할 수 없는 느낌"(Müller, 1816, pp. 27-28)이 드러나기 때문이다.

거기에는 물론 "성별 차이"로 대표되는 이미지가 변증법적인 것이라는 의미가 오늘날에는 사라진 것 같다. 우리는 철학상담에서 그것에 대해 알게 된다.

철학은 항상 철학이 아닌 것과 관련이 있다.
왜냐하면 그것은 자신의 고유한 대상을 지니고 있지 않기 때문이다.
그것은 경험, 모든 경험에 대해,
경험 전체에 대해 숙고한다.

폴 리꾀르Paul Ricœur

5장

철학상담의 기본 규칙

철학상담은 학술적 철학에는 낯설게 느껴지는 요구 사항에 도전하고 있다. 철학상담은 철학자에게 조언을 청하는 다른 사람이 몰두하고 있는 주제들, 문제들, 문제 제기들에 대비해야 한다. 이는 마치 대학의 직무를 이행하고 가르치는 철학에서처럼, 철학자들이 몰두하고 있는 것을 다른 사람들에게 제시하기 위해 그 자신의 저장고로부터 꺼내는 것이 아니다. 그러니까 철학이 시작하는 것이 아니라, 우선적으로 철학에게 제시된 질문들이 첫 수를 두게 된다.

나는 이러한 기본 규칙을 인정하는 것의 광범위한 중요성을 설명하고 싶다.

1. 다른 사람들이 철학에 대해 이미 알고 기대하는 바와 함께 시작하는 철학은[1] 여타의 학문들과는 다르게 그 요구를 고려할 때 한계가 없다. 철학은 그 단어의 학문적 의미에서 하나의 전문 분야Spezialität도 아니고, 하나의 분과학문도 아니다. 그래서 철학자는 전문가는 아니다.

---

[1] 역자 주: 아헨바흐는 이 규칙에서 독일어 특유의 "anfangen"이 지닌 두 가지 의미를 동시에 사용하고 있다. 한 가지는 "시작하다."라는 의미가 있고, 또 한 가지는 "이미 알고 있거나 혹은 이미 생각한 대로 기대한다."라는 뜻이다.

따라서 실천적인 철학은 어떠한 특수한 "담당 역할Zuständigkeit"을 언급함으로써 규정될 수 없다.

예를 들어, 어려운 결혼생활을 하고 있고, 그래서 절망에 빠져서 자신의 상황으로부터 벗어날 해결책을 찾고 있는 한 사람을 생각해 보자. 이 사람은 변호사에게 가서, 그에게 자신의 걱정거리들을 털어놓기 시작한다.

변호사가 자신의 의뢰인이 전달하고 싶어 하는 모든 것을 잘 경청하는 경우, 그것은 물론 하나의 아름다운 인간적 제스처일 것이다. 그러나 변호사로서 그는 인간의 걱정거리를 전문으로 다루지는 않는다. 그렇기 때문에 아마도 그는 충분한 인내력을 가진 후에 마침내 말을 끊고, 그의 의뢰인에게 묻는다. "이제 어떤 겁니까. 당신은 이혼을 원하십니까 아니면 아닙니까? 만일 이혼을 원하신다면, 저는 당신을 기꺼이 돕겠습니다." 실제로 변호사로서 그는 그러한 해결책, 단지 그것만을 전문으로 한다. 그러나 그 해결책과 관련해서 우리의 의뢰인은 어쩌면 그가 문제에 대한 그 해결을 원하는지의 여부조차 전혀 알지 못할 수도 있다. 그런데 그가 이혼하려는지 혹은 아닌지의 여부는 법적으로 결정할 수 있는 문제는 아니다.

변호사는 "당신께서는 당신이 원하시는 것을 이미 알고 있어야 합니다."라고 그에게 말하고, "만일 내가 당신을 계속 도와야 한다면요."라고 덧붙인다. 그러나 우리의 의뢰인이 잘못된 주소로 향하게 했던 그 딜레마는 바로 그가 무엇을 원하는지를 알지 못한다는 것이다.

그가 그렇게, 그리고 살고 있는 거기에서 잘 살 수 없는 그러한 상황에서, 또한 동시에 모든 걱정이 그가 "해방"되는 것을 방해하는 상황에서, 우리의 의뢰인이 그로 인해 아프게 된다면 그것은 놀랄 만한 일이 아니다. 그는 목삼킴을 어렵게 하는 인후통 때문에 고통을 받는데, 이 현상은 자주 이별에 대한 걱정Trennungssorgen과 동반하여 나타나고, 위협적으로 닥칠 상실에서 기인하는 불안들에 연관된 것이다. 그래서 그 사람은 의사에게 간다. 우리는 그가 의사를 찾도록 하는데, 그 의사는—그 사이에 전적으로 시대에 맞게—환자들이 불평하는 많은 고통이 어떤 방식으로 그들의 생활 상황, 걱정들 혹은 불안들과 연관될 수 있다는 것에 대해 이미 분명히 알고 있다. 그래서 이 의사는, 예전의 변호사와 마찬가지로, 한동안 그 환자의 불평을 인내심 있게 듣고, 그 사람의 병이 어느 정도로 해결될 수 없었던 갈등의 결과이자 표현—의학적으로 전환하자면: "증상"—이라 할 수 있을지를 스스로 생각할 것이다. 그러나 의사로서 그는 단지 그 결과들을 가능하면 차단시키거나 혹은 약화시키는 것을 전문으로 한다. 그럼에도 그 사람을 의사의 병원에 데려왔던 원인이 되는 걱정에 대해서 의학은 전문으로 하지 않는다. 그러한 걱정을 물론 충분하게 이해한다는 것, 하물며 그 안에 담고 있는 해결책들이 실제로 접근되도록 도울 수 있게 파악하는 일은 그 의학의 관할은 아니다.

왜냐하면 결혼이 어떻게 이루어져야 하는지, '잘못 꼬여 버린 결혼'이 어떻게 구원될 수 있는지, 혹은 그 잘못 꼬인 것을 구원할 게 아니라 없애버리는 게 더 나은 것인지의 여부를 어떻게 의학적으로 말할 수 있을까? 거기서 그의 의사가 만일 현명한 의사라는 것을 전제한다면, 그는 그 병을 단지 외적으로만 낫게 하는 것이 아니라 실제로 건강해지게 하려면 무엇을 해야 하는지를 그에게 조언할 수도 있을 것이다. 마치 변호사가 그에게 그가 이혼을 관철시키기 위해서 무엇을 해야 하는지를 조언할 수 있는 것처럼 말이다. 그러나 문제는 건강이 그 남자가 풀지 못하거나 놓여날 수 없는 불행으로부터 찾는 해결책이냐는 것이다. 이것이—오늘날 많은 사람에게 당연하게 비치는 것처럼—당연하다면, 건강한 삶이 동시에 잘못된 삶일 수는 없다고 우리가 말해야 한다. 오래된 철학적인 어조로 말하자면: 건강은 의심할 나위 없는 "최고선", 좋은 삶의 신뢰할 만한 현상이다. 그러나 그러한 등식은, 여전히 대중적이기는 하지만, 단지 특정 시대에나 어울리는 순진함의 표현일 뿐이다.

이제 의사와 면담하는 동안, 우리 환자의 우유부단함, 즉 그의 주저함, 그 자신의 불행에 불행하게 머무름, 마치 확 밀어닥친 마비상태를 깨뜨릴 수 없는 무력함이 아마도 분명해진다. 그래서 그 의사(왜냐하면 그는 현대적이고, "계몽된" 의사이자 실무자이기 때문에)는 그 자신의 약리학적 처방(경량의 진정제를 처방)을 보충하기 위해 그에게 심리치료에 갈 것을 추천한다. 그는 그에게 "그게 당신에게 좋을 겁니다.", "모든 것을 한번 낱낱이 이야기하세요. 그러고 나면 곧 모든 게 호전되는 것을 보게 될 겁니다."라고 말한다.

이제 의사는 그 사람을 떠나보냈고, 그 환자는 심리치료에 간다. 그러나 무엇이 그를 기다리고 있는지는, 심리치료적인 처방들, 학파들, 방법들이 그사이에 엄청나게 늘어났기 때문에 만족시킬 만큼 충분히 상상할 수가 없다. 거기서 이제 모든 것이 그에게 꽃피울 수 있다고 말할 수 있다.

그런데 근본 문제가 지적될 수 있다. 말하자면, 정확히 우리가 가정했던 사례에서와 마찬가지로, 어떠한 치료도—무엇을 다루든지 간에—바로 그 근본 문제이자 결함으로부터 벗어나지 못한다. 나는 이 문제를 아래에 삽입되는 인용문, 즉 유진 이오네스코 Eugène Ionescos의 일기에 적힌 메모와 함께 이해하기 쉽게 설명하고 싶다.

J가 나에게 얘기하기를, 그는 그와 친구인 어떤 한 심리치료사를 아는데, 그 심리치료사는 두 가지의 매우 힘든 경우를 다루고 있다. 그 두 사람은 서로 알지 못하고, 두 달 혹은 세 달 동안 매일 그를 찾아오고 있다. 한 사람은 남성이고 한 사람은 여성이다. 그 남성은 이혼하기를 원하는데, 그러나 내적으로는 헤어질 수가 없어서 이혼소송을 제기하지 못한다. 심리

치료사는 그에게 그의 행동에 대한 이유들을 설명하고, 최선을 다해 그 불쌍한 사람을 도우면서, 그의 부인과 헤어지도록 시도한다.

또 다른 환자인 한 여성은 그의 남편이 그를 떠나려 하기 때문에 신경성 우울증에 시달리고 있었다. 심리치료사는 그녀에게 그녀의 남편을 붙잡기 위해서는 그녀가 다르게 행동해야 한다는 것을 설명하고자 한다. 그는 그녀의 남편이 그녀를 떠나려 한다면, 대부분 그녀 자신의 잘못이라는 것을 그녀에게 분명히 하고자 시도한다(Ionesco, 1969, p. 153).

내가 아는 한 이러한 일기 노트에 연관될 수 있는 가장 짧은 코멘트는 또 다른 인용문 안에 있다. 그것은 막스 호르크하이머(Max Horkheimer, 1895~1973)의 『노트』로부터 나온 단편에 나오는데, 그 제목은 〈그 자신의 필연성의 원인으로서 정신분석〉이다. 호르크하이머는 "치료사가 장애를 없애기 위해 소명으로 느끼는 멋모르는 확신"이 강력한 오인의 결과라고 적었다.

분석가는 분석에서 고통스러운 (...) 부부애의 단절을 주체의 취향으로 만들면서, 시민성의 점진적인 붕괴로부터 이미 부식(腐蝕)된 타부를 부인한다; 위험한 걱정 없음 속에서 자그마한 니체가, 무엇인가 떨어뜨리고 단도를 파트너의 가슴에 찌른다. 니체는 치유한다는 것이 곧 청구서를 제출할 수 있는 그 가족 갈등의 편에서 시의적절한 파렴치함을 북돋는 것일 뿐이라고 명명한다(Horkheimer, 1991, pp. 202-203).

이제 나는 불행한 사람의 허구적 작은 이야기를 더 이상 계속하고 싶지 않다. 무엇보다 우리가 그로 하여금 오늘날에도 여전히 다시금 신부나 목사를 방문하도록 하고, 신학자의 특수한 담당 역할이 무엇인지를 관찰할 수 있는 기회를 가질 수 있다면야 물론 쉽게 얘기할 수 있고 흥미롭기는 할 것이다.

그러나 나는 마침내 끝나지 않는 이야기로 이어질 수 있는 그 유혹에 굴하지 않아야 한다. 그것은 첫 테제에 어떤 의미가 귀속될 수 있는지를 예시했어야 했기 때문에 더욱 그렇다. 이제 나는 장황하게 선보인 것들을 짧게 요약하려 한다. 각각 특정한 담당 역할에 대한 필연적인 전문화를 통해서 개별적인 실천학문들은 우리가 예로 들었던 그 사람의 복합적인 문제를 하나의 관점의 지배 아래 강제적으로 둔다. 이와 동시에 그 개별학문들은 당면한 문제에 이러한 방식으로 개입하는 것이 도대체 과연 적절한 것인지 아닌지를 그 하나의 관점으로부터 말하고 있다는 사실도 알지 못할 것이다.

"저는 당신의 이혼을 담당하고 있습니다."라고 변호사는 말한다. "나는 당신이 다시 건강하게 되는 것을 위해 있습니다."라고 의사가 말한다. "당신이 심리적 압박들을 이해하고 다루고자 한다면, 당신을 치료하도록 하지요." 그렇게 심리치료사는 전문적인 공감의 톤으로 말한다.

그렇다면 철학자는? 그는 무엇을 "전문"으로 하는가? 답변은 다음과 같다. 철학자는 "어떤 것"을 전문으로 하지 않고, 특별하지 않거나 특정적이지 않은 것, 혹은 특수하지 않은 것을 전문으로 한다. 그가 개별적인 사례에서 요구되기 이전에, 이미 그 자신의 능력으로서 전문가답게 그 특수한 것들을 관리하고, 그래서 그 사례가 그러한 특별한 능력에 복속되도록 하는 그런 특수한 해결책 제시를 전문으로 하지 않는다. 철학자의 담당 역할은 그러한 특정한 문제들에 대해 제기된 문제에 의해서 비로소 문의를 받기 시작한다. 간단히 말해서, 이러한 특수한 사례에서 그는 바로 그 특수한 사례에 대해 담당하게 된다. 그리고 그가 제기하는 첫 질문은 다음과 같다. 그러한 특수한 사례에 있어서 담당한다는 것이 과연 무엇을 의미하는가?

철학상담의 철학:
기원과 발전

전문가들로부터는—이혼, 건강의 회복, 정신위생학적 기분의 안정, 혹은 정상적인 행동의 기대치에 맞도록 인간을 기술적으로 통제한 행동 조정을 전문으로 하든지 간에—이미 제시된 사례에서의 그 질문들이 인지되는데, 이에 대해 전문가는 전문가로서의 답변을 준비하고 있다. 그와 달리 철학자들은 그 문제를 문제로 삼는다. 이 말은 또한 그가 어떠한 대답들을 여기서 근본적으로 찾는지를 가장 처음으로 의문시한다는 것을 뜻한다.

이러한 요약에 따라 나는 다시 한번 첫 번째 테제를 반복한다. 다른 사람들이 철학에 대해 이미 알고 기대하는 바와 함께 시작되는 철학은, 여타의 학문들과는 다르게 그 요구를 고려할 때 한계가 없다. 철학은 그 단어의 학문적 의미에서 하나의 전문 분야_Spezialität_도 아니고, 하나의 분과학문_eine Disziplin_도 아니다. 그래서 철학자는 전문가는 아니다. 따라서 실천적인 철학이라는 것은 어떠한 특수한 "담당 역할"을 언급함으로써 규정되지 않는다.

처음에 언급된 기본 규칙, 즉 그에 따르자면 철학이 시작을 하는 것이 아니라, 철학에게 제시된 질문들이 첫 수를 두게 된다는 것에 대해 이어지는 의미는 이제 다음의 제2 테제에서 밝혀진다.

2. 다른 사람들이 철학에 대해 이미 알고 기대하는 바와 함께 시작하는 철학은 이미 모든 문제를 철학적인 문제로 받아들이고 모든 질문을 철학적으로 존중할 수 있는, 즉 철학에게 하는 질문들로서 허용할 수 있는 위치에 있는 한에서만, 이 규칙에 관여할 수 있다.

그러한 철학은 낭만주의자 노발리스의 규정을 수용한다.

철학은 원래 향수병, 즉 어디서나 집에 있고 싶은 충동이다(Novalis, 1978, p. 675).

그러나 이를 위해서, 몇몇 철학자들이 관여해서 "철학적인" 질문과 "철학적이지 않은" 질문을 구분하려는 경향, 혹은 다른 학문의 분야들로부터 소위 "철학적인" 영역을 구분하고 "침범"을 방지하도록, 건널 수 없는 간극을 만드는 경향을 벗어나는 것이 필수적이다.

칼 포퍼 Karl Popper는 자신의 모든 "철학적 작업들이 철학적이지 않는 문제들과 연관되어 있다."라고 천명하고 나서, "순수하게 철학적인 문제들은 항상 철학에 속하지 않는 영역에 놓인 시급한 문제들 안에 그 뿌리를 두고 있다."라고 덧붙였다. 또한 그와 같이 "철학에 속하지 않는" 영역의 예로서 "정치학, 사회적인 공존, 종교, 우주학, 수학, 자연과학, 역사"(Grossner, 1971, p. 279)를 들었다. 이와 동시에 그는 물론 앞서 말한 차이를 '문제의 운동 Problembewegung'으로서 근본적으로 없애면서, 이미 그 요구에 매우 가까이 다가갔지만, 이와 동시에 반변증법적으로, 그는 달리 할 수 있는 게 없었다. 그러니까 "철학적이거나" "철학에 속하지 않는" 영역의 구분을 고수했다. 실제적이고 형성된 소외로서 인정되어야 하는 그 대립의 극복을 헤겔의 훌륭한 제자였던 루드비히 포이에르바흐(Ludwig Feuerbach, 1804~1872)가 이미 과제로 삼았고, 미래에 나올 철학의 근본 특징으로서 예감했었다. 나는 포이에르바흐를 인용하려 하는데, 왜냐하면 내 두 번째 테제로부터 요구되는 것을 그가 특별한 결단력을 통해서 요구하고 있기 때문이다.

철학자는 인간들에게서 철학함이 아닌 것, 오히려 철학에 반대되고, 사유에 대립하는 것을 철학의 텍스트에 수용해야 한다. 단지 그렇게 함으로써 철학은 보편적이고, 대립이 없고, 반박될 수 없고, 저항할 수 없는 권력이 된다. 따라서 철학은 그 자체가 아니라 그 자신의 안티테제와 함께, 철학이 아닌 것과 함께 시작되어야 한다(Feuerbach, 1846, p. 257).

요컨대, 내 말로 하자면: 철학은 무제한의 관심과 무한한 주의력이다. 그러므로 '구두수선공은 자신의 구두 골에 머무르라der Schuster möge doch bei seinen Leisten bleiben'[2]라는 식의 익숙하고도 편협한 훈계는—비유적인 의미에서—학문의 대변자들에게 해당되는데, 그들이 얼마 되지 않았지만 이미 자발적으로 분업적인 학문의 규칙에서 스스로를 안전하게 지키고 그렇게 구원될 경우에는 그렇다. 그와 반대로 그 격언이 철학에 대한 이의로서 제기된다면, 이는 전적으로 무의미하다. 왜냐하면 철학은 그 자신의 생각을 그 위에 놓고 두드릴 '구두 골'을 가지고 있지 않기 때문이다. 철학이 자신의 이름에 걸맞은 곳에서는, 이미 완성된 견본에 따라 생각을 생산하지 않는다. 철학은 생각으로서의 "사태"가 우리에게 도달될 수 있는 통로들을 얻고자 노력한다. 다시 말하자면, 모든 것이 철학에게 그러한 심사숙고의 계기가 될 수 있다.

이러한 경계를 해체하려는 의도를 가벼운 톤으로 제시하면서 예를 들어 보자면, 키르케고르는 '키스를 다룰 수 있는 철학'에 대해서 신중히 생각했고, "이러한 사태에 대해 어떠한 글도 존재하지 않는다는 사실이 특이하다"는 점을 발견했으면서, 이렇게 물었다. "문헌이 없는 이러한 결함은, 철학자들이 그러한 것에 대해 심사숙고하지 않았다는 것에, 아니면 그러한 것을 이해하지 못했다는 것에 이유가 있을까?" 그리고 나서 그는 이 질문에 몇 가지 힌트들을 연결했는데, 그러니까 "첫 힌트"는 "완벽한 키스에는 행위하는 자가 한 소녀와 한 남자라는 것이 필요하다."라는 것이다. 그와 달리 그는 "남자들끼리의 키스"가 취향이 없으며, 더욱 고약한 것은, 그 키스가 "불쾌한 여운"을 지닌다고 여겼다. 하지만 그것은 모든 키스의 루

---

2 역자 주: 구두 골은 '구두를 만드는 데 쓰는, 발 모양을 본뜬 틀'로 이 속담은 "송충이는 솔잎을 먹어야 한다."와 유사하게 "네가 아는 일이나 해라."라는 의미를 지닌다.

틴_{Kußroutine}에 섞여 있다.

그것은 아마도 부부들이 집에서 하는 키스에 적용되겠지요. 부부들은
"많이 드세요."라고 말하면서, 냅킨이 없어서 그 키스로 서로 입을 닦아 내
지요(Kierkegaard, 1960, p. 486).

여기까지가 딴 데로 주의를 돌려 주제를 벗어난 것이고, 다시 뤼디거 부
브너(Rudiger Bubner, 1941~2007)가 제기했던 좀 더 진지하고도 근본적인
물음들로 돌아가 보자. 그에게 동의하면서 인용하려는 것은 다음과 같다.

철학자에 의해 형성된 생각들은 현존하는 지식에 연관되는데, 그 생각
들은 그 지식을 발견하고 그 지식의 합리성에 결함이 있는 것을 중요한 문
제로 인식한다(Bubner, 1976, p. 228).

게다가 부브너의 사유과정을 아무 어려움 없이 다음과 같이 보충할 수
있다. 철학적인 노력은 현존하는 지식만이 아니라 이미 발견된 행위, 결
정, 그리고 이미 살았던 삶 등의 형식들과 형태들에 연관된다. 부브너의
말을 더 들어 보자.

정상적인 지식, 즉 일상적인 실천과 학문들을 뒷받침하는 지식이 문제
들을 보지 못하는 바로 그곳에서 문제들을 깨닫는 것은 철학적인 개념의
작업을 가동시킨다.

그래서 또한 부브너에게 "철학은 자기 밖에서는 전혀 문제들로 인식될
수 없는 문제들을 파악하는 것"(Bubner, 1976, p. 229)이 해당된다.

그러나 이제 이러한 고려들이 나의 두 번째 테제를 설명하려는 시도, 즉 철학의 능력에 대한 희망과 이미 말한 바 있는 그 준비에 대한 기대에 어떻게 상응할 수 있을까? 그 철학적 능력은 모든 문제를 철학적인 문제로 받아들이고, 모든 질문을 철학적으로 존중하는 것, 즉 철학에게 하는 질문으로 허용하는 것—철학의 질문들로서 혹은 철학적인 질문들로서 철학에게 하는 질문으로 존중하는 요구를 포함하는 것이다.

이 질문을 해명하기 위해서, 나는 더 멀리 나아가는 또 다른 질문을 도입해서 도움을 받고자 한다. 철학적인 관심이 지닌 원칙적인 비종결성과 한계 없음이 도대체 어떻게 가능한가? 우리가 그러한 관심들의 작동을 어떻게 사유해야 할까? 말하자면, 어떤 문제와 어떤 질문, 혹은 철학이 발견한 각각 현존하는 지식은 그 자체로 이미 철학적인 문제들, 철학적인 질문들, 철학적인 지식을 의미한다고 할 수는 없지만, 그것들은 예외 없이 철학적인 것들이 '될werden' 수 있을 것이다.

나는—나의 세 번째 테제를 통해서—'전제'에 대한 그 질문에 대답하고자 시도할 것이다. 그 전제는 철학과 만나는 것을 '변신'시키고, 그래서 하나의 질문으로 유도하는 철학적 능력이라고 이해될 수 있는데, 그 질문은 그것을 철저하게 토의하는 데에 철학적 생각이 자신의 방식으로 참여하도록 유도한다. 이러한 시도를 하기 이전에, 철학의 관심을 특정한 "대상들"에 제한하라는 요구를 인정하는 데에 도달하자마자, 철학이 스스로를 알리는 외관이 어떻게 달라지는지 하나의 예를 통해서 좀 더 보여 주고 싶다. 그러한 요구를 충족시키는 것을 나는 철학이 상담에서 자신에게 요구되는 "기본 규칙"을 따르려고 한다면, 실현되어야 하는 조건이라고 명명했다. 그 규칙은 철학으로 하여금 자기 자신과 함께 시작하는 것이 아니라, 철학을 만나고 철학에 전달된 것에 철학적인 심사숙고의 오프닝을 맡기도록 요구한다.

나는 성공한 철학자 버트란트 러셀(Bertrand Russell, 1872~1970)의 작지만 매우 성공적인 책을 그 예로 들고자 한다. 1912년에 그가 쓴 책의 제목은 『철학의 문제들』이다. 이 제목은 이미 가장 좋든 혹은 가장 나쁘든 널리 퍼져 있는 선입견에 어울리는 철학에 대한 이해를 암시한다; 이에 따르면, 철학은—다른 학문계에서 동떨어져서—난해한 심오함과 근원적인 문제들에 대한 특수한 저장고를 관리한다. 철학이 하늘을 향해 최고이자 최후의 질문들의 희미한 공기로 자신을 날려 보내지 않는 한에서 그러하다. 유명한 예를 인용하자면, 그런 질문이란 "왜 도대체 존재가 있고 오히려 무는 없는가?"와 같은 질문이다.[3]

"철학의 문제들"을 우리에게 알리려는 러셀은 칸트의 네 가지 거대한 주요 질문들 중의 하나, 즉 이 경우에 "나는 무엇을 알 수 있는가?"라는 질문과 함께 데카르트적인 태도로 자신의 텍스트를 시작한다. 그러한 질문을 그는 "철저하게 철학적인" 문제라고 명명한다. 맞는 말이다. 이러한 질문이 이제 러셀의 어법에서 어떻게 나타나는지를 들어 보자. 그가 처음으로 시작하는 문장은 다음과 같다. "반박할 수 없게 확실해서, 어떤 이성적인 사람도 의심할 수 없는 인식이 세상에 존재할까?" 그리고 나서 그는 철학이 "그와 같은 근원적인 질문들에 대답하는 시도"라고 덧붙인다.

이제: 이것이 참이라고 가정하면, 철학 도서관에 있는 서적들의 대부분은 보잘것없는 책일 것이고, 우리에게 전해졌던 거의 대부분의 것들을 우리는 안심하고 파기하거나 혹은 폐휴지로 재활용할 수 있을 것이다. 그럼에도 러셀이 자신의 통찰이 지니고 있는 그 일면성과 편협함을 한 방에 없애 버리려 한다고 가정하면, 그것은 기꺼이 받아들여야만 했을 사소한 수

---

3 혹시 모를 오해를 피하기 위해 말하자면, 나는 그러한 근본적이고 주요한 질문이 철학의 사태가 아니라는 의견을 가진 것이 결코 아니다. 나에게 오로지 관건이 되는 바는 철학이 그러한 질문들에만 유일하게 관심을 지닌다는 주장을 거부하는 것이다.

정에 불과할 것이다.

그의 격정적인 질문 형태 속에서 소크라테스적인 충동을 인지하기에 충분한데, 그 충동은 그 안에서 완전히 사라지지 않았고 러셀이 재차 제기한 질문 속에 매우 잘 보관되어 있다. 그러나 이러한 충동, 그러니까 철학의 첫 질문이자 소크라테스적인 시작의 질문은 우리가 어떤 것을 반박할 수 없게 확실히 알 수 있는지의 여부가 아니라 우리가 이러저러하게 안다고 의미하는 것, 우리에게―일상적이든지, 학문적으로 획득했던지 간에―반박할 수 없는 확실성으로 나타나는 것 혹은 우리에게 확신되는 것이 실제로 모든 의심에 저항하는지의 여부이다. 혹은 더 잘 표현하자면, 그럼으로써 우리는 철학상담의 관심들에 도달하는데, 즉 그것에 대해 자신의 완고함 혹은 독단적인 단호함, 아마도 이데올로기적인 현혹의 베일을 없애 버리기 위해서 좀 더 사유될 수 없는지의 여부이다.

그런 점에서 러셀의 철학 이해에 대한 대안으로, 철학에 대해 꼭 필요한 평가로서 다음과 같은 것을 추천하고 싶다. 철학자들의 임무는 허구적인 "영(0)"의 지점에서 전제 없이 사유를 시작하는 것이 아니라, 사유의 힘이 마비되거나 혹은 기만적인 확실성에서 스스로 구원받고 나서 이제 편안한 사유 습관의 나태 속에서 부패하고 있는 바로 그곳에서 더 나아가 사유하는 것이다. 짧게 요약하자면, 그것의 임무는 사유의 소금이 맛을 잃고 있을 때, 숙고하는 힘die Kraft der Besinnung을 새로이 자극하는 것이다. 철학은 가장 거대하고, 숭고하며, 고귀한 질문들에 종사한다. 철학이 방해받지 않는 그 자신의 궤도에 갇혀서 그와 같은 것을 한다면, 그럼에도 불구하고 그것은 편협하게 된다.

이로써 나는 이 작은―외형적으로 구별되는―보충 설명을 끝맺고 싶다. 여기서 전개된 정신으로부터 작성된 책이자 러셀의 작업과 나란히 놓여야 될 책은 『철학의 문제들』이라고 불릴 것이 아니라, "어떤 문제들이 철학에 전달되는지, 철학이 그 문제들을 품어 낸다면 무엇이 그 문제들에서 나오는지이다." 이로써 나는 두 번째 테제로 되돌아오는데, 이는 좀 더 나아가 세 번째 테제와 함께 설명되어야 한다. 설명을 필요로 하는 것은 다음의 주장이다. 즉, 모든 질문과 모든 문제에 철학적으로 관여할 수 있는 철학만이 철학상담의 "기본 규칙"을 지킬 수 있다. 그 규칙은 철학 그 자체와 함께 시작하는 것이 아니라 철학을 만나고 철학에 전달된 것과 함께 시작할 것을 요구한다.

여기서 연결되는 질문은 다음과 같다. 도대체 어떻게 이러한 것이 가능한가? 철학이 모든 것과 대화할 수 있도록 하는 전제는 무엇인가?

이를 위한 세 번째 테제는 다음과 같다.

3. 철학적인 사유는 모든 형태의 지식, 주장, 의견, 그리고 감각과 심정 상태Befindlichkeiten, 태도와 행위, 그리고 마지막으로 원칙적으로 학문적으로 확립된 모든 정리에 연결될 수 있다. 왜냐하면 이 모든 것이 그 자신의 측면에서 생각의 표명Manifestation이자, 헤겔의 말로 하자면 "정신 현상학"에 속하기 때문이다.

학문들을 예로 들자면, 그 모든 것 안에 사유함Denken이 들어가는데, 그러나 그 사유함은 그것들 속에서 응고되었고, 방법적으로 묶였으며, 자체적으로 입증되었기 때문에 이제 루틴으로서, 즉 학문들의 성공을 성취하고 이와 동시에—현재는 더욱 더 의식적으로—그 위험성을 강화시키는 것으로서 작동한다. 그러나 철학이 그와 같은 학문적 지식을 만났을 때, 무엇이 일어날까? 비유적으로 말하자면: 철학은 그 지식 안에서 잠자고 있는 이성을 깨운다. 그렇게 철학은 이론들로 하여금 생각의 운동을 하도록 되돌려 놓는데, 그 이론들은 그 생각의 운동에 빚지고 있지만, 마치 타고 올라간 사다리처럼 그 운동을 넘어뜨렸다.

철학상담에서 가장 일상적인 질문들을 만나는 곳에서도, 삶의 단조로움으로부터 나온 문제들, 어려움들이 생겨난다. 그 어려움들은 다양한 방식으로 관례, 관습, 훈련된 가치평가, 눈에 띄지 않는—일반화되었기 때문에—사고 규정들에 얽혀 있다. 그러한 뒤섞임 속에서 철학적인 생각은 마치 신출내기와 같이 떠오른다. 그 신출내기는 마치 그에게 주어진 첫날처럼 주위를 둘러보면서; 정돈하고, 추체험하는데; 구체적인 경우에 대해 설명과 이론을 점검하는 질문을 던진다; 그는 길을 잘 알기 위해서, 지나간 것들을 다시 한번 추적하기도 하고; 그때까지 무시했던 샛길들에—마치 단지 호기심에서 비롯된 것처럼—접어들기도 한다; 또한 살아 있지 않았던 가능성들이 사상적인 설명에 의해서 현실이 되기 위한 절반의 도정으로 들어서서, 평가되고 고려된다; 우리의 올바름은 그 안에서 오류의 계기가 다듬어지고, 다양화되고, 조심스럽게 맞아떨어지도록 나타나는 방식으로 측면에서 조명된다; 실제로 이해되어야 함으로써 자명한 것들이 뜻밖에도 여전히 결코 이해되지 않은 것으로 증명되는데, 이는 지금까지 이해될 수 없는 것으로 여겨졌던 다른 것에 어쨌든 숙고될 수 있는 기회를 제공한다; 이러한 인상주의적인 개관이 보여 주고 있음에도 불구하고, 철학적인 생각은 그 자신의 고유한 요소들 안에서 움직인다. 그 안에서 그것은 집에 있다고 느끼거나, 혹은 마치 노발리스(Novalis, 1772~1801)가 뒤집은 것처럼, 그의 집을 찾는다. "철학은" 그의 또 다른 단편에 따르자면, "어디에나 있거나 혹은 어디에도" 없다(Novalis, 1978, p. 333).

그러나 철학이 그러한 "어디에나"를 선택할 수 있다는 것은 다음의 사실에 근거를 지닌다. 즉, 여전히 가장 어리석은 의견, 가장 고립되고 사소한 견해, 근본적으로 가장 화나게 하는 선입견이 다름 아닌 철학적인 생각도 똑같이 자라나는 같은 나무에서 유래한다는 것이다.

그러니까 다시 반복하자면: 철학은 그 사태상 무제한적인 관심이다. 그렇다고 철학이 모든 지식을 병합했다거나, 철학이 지식의 모든 세계를 그의 영역이라고 주장하는 것처럼, 생각하고 연구하며 알게 되는 모든 것이 철학에 속한다는 것이 마치 분명하게 될 수 있으리라는 것을 의미하는 것은 아니다. 그럼에도 철학은 도처에서 출입구를 찾으라고 소환된다. 왜냐하면 이미 모든 아는 것, 의미하는 것, 더욱이 희망하고, 믿고, 판단하고, 평가하는 것 등등 안에 철학의 가장 고유한 요소인 사유, 즉 헤겔이—정당하게 확장하여—"정신"이라고 명명했던 것이 들어 있기 때문이다. 이러한 것들이 인정된다면—단지 그때에만—철학은 철학상담의 기본 규칙이라는 의미에서 발생되는 것을 대비하는 데에 속하는 용기를 낼 수 있다. 그러나 철학이 그러한 용기를 내고, 또한 다른 것 안에서 자신 스스로를 발견하는 데에 성공한다면, 즉 철학이 모든 것에서 움직이고 작동하는 계기로서의 생각에 연결되고 그것을 더 나아가 사유해야 했다면, 이로써 생각이—마치 그것이 효소와 같이—작용하기에 이른다면, 이제 그것은 "철학상담"이라는 이름을 받을 자격이 있는 철학이다.

4. 부록: "철학의 가치"에 대하여

이것으로 이번 기회에 내가 전개하고자 했던 숙고들에 대한 잠정적인 결말에 도달했다. 이는 실제로 빈틈없이 생각했다기보다는 오히려 단지 암시한 데에 불과하다. 그러나 나는 여기서 끝맺지 않고, 여하튼 하나의 부록의 형태로, 러셀의『철학의 문제들』이라는 책의 한 장에 대해 짧게나마 주의를 기울이고 싶다. 지금까지 나는 그 책을 그의 입장과는 반대편에서 철학 개념—그 개념 없이는 철학적으로 실천될 수도 없겠지만—을 소개하기 위해서만 단지 참조했다. 말하자면, "철학의 가치"라는 제목을 달고 있는 이 챕터는 우리가 기초철학자들의 파토스라고 알고 있는 첫 어조와는 현격하게 대조적으로, 마치 철학이 철학상담을 위한 노력을 후원하기 위해서 그 이상으로 더 잘 생각해 낼 수는 없을 것처럼, 회의적일 정도로 총명하며, 생동감 있게 삶을 향하고 있는 소박한 철학을 묘사하고 있다.

여기서 나는 그 챕터 전체를 소개하려는 것은 아니고, 그 안에서 적어도 특히 사유할 만한 구절들, 즉 내가 열광했다고 기꺼이 인정한 몇 개의 구절들에 밑줄을 긋고자 한다. 그러니까 이미 그가 고려한 첫 번째 사항은 철학의 특별하고도 특징적인 유용성Nutzen이 무엇일 수 있는가에 대한 것인데, 그것에 대해서 그는 무엇보다 자연과학의 기술적인 연구로부터 얻을 수 있는 이득과 철저하게 구분된다고 가정한다.

그의 테제에 따르면, 철학은 다른 학문들과는 구분되게 "철학을 다루는 자들의 삶에 영향을 미치는 데에서"(Russell, 1969, p. 135) 그 효력을 지닌다. 훌륭하게도, 철학하는 사람은 다르게 산다. 단지 질문은 '어떻게?'에 있다. 그렇다면 그에게서 무엇이 달라질까? 우리가 철학을 한다면, 어떤 방식으로 철학이 우리의 삶에 영향을 미칠까? 러셀은 자명하게 연결되는 이러한 질문에 바로 답하지 않고, 몇 페이지 뒤에 답하는데, 그 지점을 계속 인용하자면 다음과 같다.

그가 말하기를, 철학의 가치는 "학업을 통해서 얻을 수 있는, 어떤 확고하게 윤곽을 그릴 수 있는 지식 수준이나 지식의 존재에 달려 있지 않고", 오히려 철학의 가치는 (...) 정반대로 바로 본질적으로 불확실성 속에, 즉 철학 스스로가 가져오는 불확실성에 존속한다. 그리고 더 계속하자면 다음과 같다.

한 번도 철학적으로 사로잡히는 기분을 경험하지 않은 사람은 삶을 살아가면서 마치 감옥 속에 갇힌 상태에 있다. 건강한 인간오성의 선입견들로부터, 그 자신의 시대 혹은 국가의 관습적인 의견들로부터, 또한 이성의 동의나 협력이 없이 자신 안에서 자라난 의견들에 의해 갇힌 것이라 할 수 있다. 그래서 어떤 사람들은 세계가 규정되어 있고, 유한하고, 자명하다고 하는 경향이 있다. 낯익은 대상들은 아무런 질문도 하지 않고, 그는 자신에게 낯선 가능성들을 경멸에 가득 차서 무시한다. 그러나 우리가 철학함을 시작하자마자 (...) 가장 일상적인 것들조차 단지 매우 불분명하게 대답할 수 있는 질문들이 된다. (그래서) 철학은 마치 이미 제기된 질문들에 대한 올바른 대답인 것처럼 안전하게 말할 수 있지는 않지만, 우리의 시야를 넓히고 익숙한 것들의 독재로부터 해방시키는 많은 가능성을 숙고할 수 있게 해 준다. 철학은 사물들이 무엇인가에 대한 우리의 확실성을 감소시키기는 하겠지만, 사물들이 무엇일 수 있는지에 대한 우리의 지식을 증가시킨다. 철학은 의심에서 벗어나는 영역에 결코 머물러 본 적이 없던 사람들의 그 다소 거만한 확실성을 무너뜨리고, 우리에게 낯선 측면으로부터 우리에게 낯익은 것들을 보여 줌으로써 경탄하는 우리의 능력을 깨어 있게 한다(Russell, 1969, p. 138).

이 인용으로부터 몇 가지를 내 용어로 바꾸자면, 철학은 편협한 삶의 사슬로부터 벗어나는 힘—유혹은 아닐지라도—이고; 제대로 알지 못하는 어리석음에 대항하는 지침서이자 편안한 확실성의 썩은 살에 박힌 가시이다. 철학은 확실성보다는 불확실성과 더 잘 살 수 있는 능력이다. 확실성은 진실로 확실성이 아니라 마치 심장의 관성과 한편이 되어서 틀어박혀 있는 기만이다. 철학에 대한 러셀의 생각으로부터 나오는 이러한 규정들이 소크라테스의 뒤늦은 도착을 입증한다는 사실을 우리는 알 수 있다. 실제로 이는 우리가 무지의 지에 대한 그의 고백이 무엇을 의미하는지를 비로소 지금 올바르게 파악한다는 것일 수 있다. 즉, 우리는 거기서 그것을

철학상담의 철학:
기원과 발전

소크라테스의 어떤 성격적인 특이성과 연관시키는 것이 아니라 그 고백 속에서 우리의 모든 관계가 무엇인지가 표현되었다는 것이다.

그러나 이제 다시 한번: '철학하는 사람은 다르게 산다.'라는 문장으로 되돌아가 보자. 그러나 어떻게? 그리고 무엇이 변하는가? 철학은 현존하는 것을 인식하려 하고, 보고, 이해하고, 깨닫고 파악하는 충동이면서, ㅡ그렇기 때문에 어떠한 것도 다른 사람으로부터나 혹은 마치 달리 될 수 없을 것처럼 드러나는 실재의 앙상블로부터도 속지 않고, 또는ㅡ마음에 드는 방식으로ㅡ우리 자신, 우리의 원의들, 관심들, 감정의 요구들로부터ㅡ속지 않도록 하는 충동이다; 또한 철학은 주로 그러한 관심이면서, 이와 동시에 철학은 우리를ㅡ부분적으로 최소한ㅡ현혹을 불러일으키는 힘들의 상호작용으로부터, 무엇보다 우리의 이기주의, 우리의 너무도 인간적인, '단지 자신만의' 일방적으로 주관적인 '원함Wollen'의 지배로부터 해방시킨다. 이러한 것을 스스로에 대한 해방적인 작용 속에서 체험했던 사람은 자신들의 의견을 옹호하기 위해 싸울, 소위 '논증들Argumenten'을 찾는 마치 신들린 사람과 같은 다른 사람들을 보았을 때, 그를 압도하는 역겨움과 연민으로부터 나오는 감정의 뒤섞임에 대해 기억할 것이다.

그러므로: 철학은 먼저 우리 자신의 머리와 우리를 둘로 가르면서 삶을 변화시킨다. 그래서 가장 아름다운 경탄은, 누군가에게 그 자신이 그렇게 우연적으로 생각하고 의미하고 판단하고 느끼는 것에 대해 놀라게 될 때, 시작된다. 하필이면 내게 "내 생각"으로서 자명한 것을 옳다고 내가 여길 경우, 그것은 어디로부터 오는가? 간단히 말하자면, 철학의 가치, 즉 철학의 삶에 대한 영향력을 개념으로 만드는 하나의 단어를 확실하게 찾을 수 있게 한다. 그 단어는 자유이다. 그것에 대해서는 다시금 러셀은 다음과 같이 말한다.

자유로운 지성은 사물들을 마치 신이 바라보는 것처럼, 지금 여기로부터 자유롭게, 소망과 불안으로부터도 자유롭게, 익숙한 의견들과 전통적인 선입견의 잡동사니를 거치지 않고, 조용하게, 냉정하게, 단지 인식에 대해 다른 모든 것들을 배제한 하나의 의도로부터 고무된 채, 바라보려 한다. 그 인식은 (...) 인간에게 가능할 만큼 순수하게 관조적이다. (...) (그러나) 철학적인 관조의 자유와 공평함에 익숙해진 정신은, 느끼고 행동하는 세계에서도 그러한 자유와 공평함으로부터의 어떤 것을 유지한다. 그 정신은 자신의 목표와 소망을 전체의 부분으로 고찰할 것이고, 그것들을 개별적인 인간의 행위로부터 영향받지 않고 전체 속에 머무는 세계의 무한하게 작은 파편들로서 보기 때문에 그 목표와 소망의 긴급성은 감소될 것이다 (Russell, 1969, p. 141).

이러한 자유를 러셀은 좋은 전통 속에서의 관조, 즉 세계를 긍정하고 그 세계에 대해 가장 심오한 예를 말하도록 얻어진 재능과 긴밀하게 결부시킨다. 계속해서 러셀에 따르면, 그 자유는

정의롭게 행위하는 데에서, 그리고 포괄적인 사랑으로 느끼는 데에서도 드러난다. 그 포괄적인 사랑은 유용하다거나 존경받을 만한 가치가 있다고 간주되는 이들에게만이 아니라 모든 이에게 해당될 수 있다. 그래서 관조는 우리 사유의 대상뿐만 아니라 우리 행위와 우리 경향의 대상도 확대시킨다. 관조는 우리를 그 자신의 성문 밖 세계와 전쟁중에 있는 성벽으로 둘러싸인 도시의 주민만이 아니라 세계의 시민으로 만든다(Russell, 1969, p. 141).

바로 이것이 러셀이 그 자신의 아마도 가장 강력한 단어와 함께 철학의

영향력과 가치로서 확언한 것이다. 철학은 "편협한 소망들과 불안들의 속박으로부터의 해방"(Russell, 1969, p. 142)이다.

여하튼 그가 이어 가고 있는 짧은 요약은 그 명언의 예리함을 더욱 능가한다. 그러니까 그의 말에 의하면, 철학은 사유에서 우리의 안정함을 감소시키지만, "우리의 지적인 상상력Phantasie"을 풍부하게 한다. "지적인 상상력"이라는 것은 훌륭한 단어이다. 그것은 철학상담에서 철학을 입증하는 데에 요구되는 철학적인 능력이다.

자신의 가장 고유한 재능을 "지적인 상상력"이라고 명명하기를 꺼리지 않는 철학만이 특히 개별적인 것과 구체적인 것에서 이성적인 것을 인지하는 능력이고, 모든 것 속에서 작용하는 계기들로서 그것들을 연결시키는 능력이고, 잘 연마된 의식이다. 그 의식은 이성적이고 정당한 것에 대한 길을 알아내는데, 선한 의지가—현재 터부시되어 있음에도 그것은 여전히 활동하고 있는 이성에 대한 이름인데!—절반의 노정에 정체되어 있으면서 체념하고, 우수에 차거나 냉소적이 되지 않도록 한다. 이러한 것들을 자기이해로 달성하는 그 철학만이 철학상담에서 그 자신의 실재를 찾아내도록 재능을 부여받고 부름을 받는다.

철학자들이 실재에 대해 말하는 것은 종종 고물상에서 '여기에서 주름을 펼 수 있다'고 쓰인 간판을 읽는 것만큼이나 오해의 소지가 있다. 만일 사람들이 주름을 펴기 위해 물건을 가져온다면 웃음거리가 될 것이다. 그 간판이 판매용으로 진열되어 있기 때문이다.

쇠렌 키르케고르 Søren Kierkegaard

<h1>6장</h1>
<h1>시작에 대하여</h1>

철학상담에서는 철학이 시작하는 것이 아니라 손님이 시작한다. 체스 게임의 이미지로 관계를 설명하자면, 방문자가 흰색 말을 움직이는데, 그러니까 우리에게 온 그가 시작한다.

이것을 하나의 규칙으로 생각해 본다면, 그로부터 물론 다음과 같은 사실이 뒤따른다: 첫 번째 시작하는 것은 정확히 방문자가 아니라, 처음에는 규칙, 규정 또는 고상하게 말하자면 세팅이 있을 것이다. 이것은 모순이 아닌가? 당연하다. 그러나 그 모순은 제거될 수 있다.

나는 도입하는 문장을 수정하고 다음과 같이 말한다. 철학상담자인 나는 방문자가 시작할 수 있도록 시작해야 한다. 또는 나는 그가 시작을 쉽게 할 수 있도록 함으로써 시작한다. 나는 대화를 오프닝하는 게 아니라, 손님에게 장소를 오프닝하는데 그 장소는 손님이 자기 입장에서 대화를 시작할 수 있기 위해 그에게 열려 있어야 한다.

이제 어떤가? 그것은 다시-또는 여전히-모순이 아닌가? '손님이 시작한다'는 규칙이 맨 처음에 규칙을 정한다는 것은 바로 전과 똑같지 않은가? 물론 그렇다. 그러나 이 모순도 해결될 수 있다.

대화가 가능하도록gesprächsermöglichend 대화를 오프닝하는 것이 우리에게 달려 있다면, 즉 이미지로 말하면, 손님이 통과해서 들어가고 우리는 그를 뒤따라 갈 수 있도록 문을 연다는 것인데, 이는 다음을 의미한다. 아직은 대화가 아니며 적어도 아직 구속력이 있는, "진정한" 대화가 아닌, 우리가 철학상담이라고 명명하는 대화가 아닌 그 대화를 우리는 시작해야 한다. 비록: 이것은 완전히 맞는 것은 아닌데, 왜냐하면 내가 시작에 대한 나의 성찰과 함께 보여 주고 싶은 것은 다음과 같기 때문이다. 철학상담을 시작하는, 혹은 오프닝하는 서곡도 곧 철학상담 그 자체에 속한다. 아름다운 역설? 그렇다면 그 역설을 나에게 허가해 주기를 바란다.

이로써 다시 돌아오자면: 나는 철학상담자가 그 대화를 시작하는 과제를 가지고 있다고 말했는데, 그것은 "본래적"이고 엄격한 의미에서 아직 전혀 "대화"가 아니다. 물론 그 대화는 대화와 그 시작을 가능하게 하는 임무를 지니고 있다. 그것은 어떤 종류의 사전대화인가?

대화 이전의 이 대화는 공손함, 교제의 관습 또는 미사여구에 의해 적절하게 규정된다.

"잘 찾아오셨나요?"
"바라건대, 편안한 여행을 하셨나요?"
"차?"
"커피?"

이것들이 아무것도 '말하지 않는nichtssagend' 상투어라고 생각해서는 안 된다. 혹은 그것들은 아무것도 말하지 않는 상투어에 불과하다. 왜냐하면 한편으로는 아마도 그것이 사실일 것이기 때문이다. 즉, 그것들은 아무것도 말하지 않는데, 아직 대화가 아니기 때문에 그래야 한다. 이제 의미심장하게 말해질 것은 손님의 사태이어야 한다.

그러나 다른 한편으로─첨언하자면: 일반적으로 철학의 에토스, 그러니까 철학상담에서의 주도적 에토스는 주의를 기울이는 것이다—그러나 다른 한편으로 평가하기 어려운 분량은 소위 "아무것도 말하지 않는 방식으로" 말해지고, 부분적으로는 또한 들을 수 있는데, 단지 듣는 귀만 필요하다.

이를 증명하기 위해 앞서 언급된 "아무것도 말하지 않는"이라는 도입 문장들을 약간 달리하는 것으로 충분하다.

> "오늘 제 커피 첫 잔..."

한 가지 분명한 것은 여기에는 루틴이 없다는 것이다. 혹은 명시적인 환영하는 인사말로서:

> "나는 당신이 올 때까지 커피를 마시며 기다렸는데, 이제 나는 이렇게
> 만나서 기쁩니다...."

또는 무수히 많은 또 다른 변형이 있다.

> "이 커피기계는 정말 유혹이지요. 그러나 무엇이 우리를 유혹하지 않을
> 까요?"

적절한(어쩌면 부적절한) 공통점이 이미 여기에서 예상된다. 그리고 이런 움직임은 물론 자연스럽게 확장되어 우선은 구속력이 없는 작은 성찰들로 넘어갈 수 있는데, 그것은 적어도 한 번은 사유의 분위기를 예고한다.

> "이 기계들은 유혹입니다. 그러나 무엇이 우리를 유혹하지 않을까요?
> 아마도 언제 저항해야 하고 언제 기꺼이 유혹에 빠져도 되는지를 아는 게

관건이겠지요."

이러한 작은 막간은, 체스 선수가 말하는 방식을 다시 빌리자면, "보드 위에서" 발생했고 그러니까 아무런 준비된 움직임이 아니라는 조건에서만 제자리를 차지한다.

이런 의미에서 그들이 대화식 어조로 나오는 한, 약간의 모호함이 삽입될 수도 있다. 따라서 그 명백한 모호함들에도 불구하고 대화 후반부에 전혀 놀라지 않을 것들에 쉽게 연결될 수 있다는 것을 종종 알 수 있었다. 말하자면, 그것들은 각자 자신의 방식으로 자신의 수준으로 적용시킨 "어중간한 상태에서의 통찰력"이다. 예를 들면:

"아직 할 수 있는 한, 유혹에 굴복합시다. 곧 충분히 빠르게 이성적으로 돌아올 겁니다."

이런 미사여구와 함께 많은 것이 오프닝될 수 있다. 한편으로, 나는 나이 듦에 대한 문제를 가진 손님에게 가능한 방식으로 인사했다. 그런데 그러고 나서 가장 눈에 띄지 않은 방식의 그러한 "상투어"을 통해서 많은 이가 상담에 가지고 오는 선입견을 의문시하게 된다. 아마도 철학은 예외없이 끈질긴 방식으로 "이성적인 것"과 연관될 것이다. (여기서 중간 질문을 하자면, "이성적인 것vernünftig"이 어떻게 "단지 이성적인Nur-Vernünftige것"이기만 할까?)

커피를 준비하는 것과 비슷하지만 또 다른 역할을 하는 작은 이야기나 일화가 떠오를 수 있다. 예를 들자면:

"고대 역사가이자 동양 전문가는 나에게 오래된 베두인족에게는 의무적인 전통이 있었다고 말했습니다. 함께 먹거나 마신 자는 누구든지 손님으로서 친구의 모든 탁월한 권리를 누린다고 했지요. 그러나 그것은 함께 앉아 있는 동안에만 유효합니다. 그 후에는...: 그렇다면 우리가 사막에 사는 사람이 아니라 중앙 유럽인이라는 사실에 대해 기뻐합시다."

이러한 미사여구는, 예를 들어 보통 즉시 알아차리게 되는 것인데, 갈등이 많은 조언이 시작될 경우 현명한 것으로 판명될 수 있다. 그러고 나서 세상에서 가장 우아한 방식으로 예방조치를 취했을 것이다. "다음과 같은 사항을 주의하세요. 당신은 여기서 손님의 권리를 누릴 수 있지만, 주인 없이 계산을 하지는 마세요."

소위 아무것도 말하지 않는 시작 문구를 달변으로 하는 방법을 더 많은 변형과 함께 제시하고 그것들의 결과를 고려하는 것은 그 나름 정당한 매력을 가질 것이다. 그러나 나는 그것을 이 정도로 놔두려 한다. 왜냐하면 그렇지 않을 경우 내가 소개하고 싶은 다른 관점들이 너무 짧아질 것이기 때문이다.

장소적으로 재구성해서 커피기계로부터, 이제 본래적인 대화가 실제 시작되어야 하는 대화 장소로 한 걸음 더 들어가 보자.

손님이 시작할 수 있도록 우리가 시작해야 한다고 나는 말했었다. 통상적으로 그러한 요구 사항 아래에서는 어떤 질문으로 말문을 연다는 착상이 있는데, 거기에는 대화의 시작이 질문이 아니라 워낙 답이라는 생각이 깔려 있을 수 있다. 그러나 이러한 배경의 확신은 의심스러울 뿐만 아니라 어쩌면 완전히 틀릴 수 있다.

나는 이것을 일반적인 경우에서 예시하려 한다. 우리는 많은 의사로부터 들어서 알듯이 누군가가 다음과 같이 문의하면서 시작한다고 생각한다.

"무슨 일로 제게 오셨나요?"

[독일 의사] 빅토르 폰 봐이체커(Viktor von Weizsäcker, 1886~1957)는 환자가 "결여된fehlen" 것이 무엇인지에 대한 질문으로 오프닝하는 것을 제안했는데, 이는 적어도 환자가 무엇을 "가지고haben" 있는지를 심문하는 것과는 다른 방향을 가리킨다. …

또는 대안으로, 항상 몇 가지 정중한 문구로 포장되어서 질문의 퉁명스러움을 없애 버리고 오프닝하는 질문을 생각해 보자:

"당신의 문제는 무엇입니까?"

이러한 오프닝 질문과 함께 많은 것이 미리 결정되었을 것이고 손님은 철학상담자에 의해 잘못된 길로 유인될 수 있다. 우리는 상담자로서 손님의 문제들Problemen에 주로 관심이 있는가? 무엇보다 그ihm에 관해 더 관심이 많지 않은가?

게다가 그러한 심문에 대한 상당히 그럴듯한 방문자의 답변은 다음과 같을 수 있다.

"네, 제가 그것을 알았더라면…"

그러나 무엇보다도, 그러한 오프닝과 함께 걱정스런 시작이 될 것이다. 왜냐하면 근본적으로 우리의 방문자는 자신의 문제가 무엇인지 '알지 못한다'는 사실이 "그의" 문제로 간주되기 때문이다. 그런데 정말 그럴까?

그렇다면, 좋다. 우리는 그런 함정이 있는 질문을 피하고 대신 더욱 악의가 없는 단순한 말로 오프닝을 하게 될 것이다. "이제 우리는 시간이 있습니다!"—이에 의해 손님은 기본적으로 시간을 자유롭게 사용할 수 있으며 이제 자신의 입장에서 오프닝을 할 수 있다. 그런데 그러고 나서 우리가 제일 먼저 듣게 될 것은 다음과 같을 것이다.

"네, 어떻게 시작할까요...?"

이것이 바로 이어질 것의 서곡일 뿐만 아니라 방문자가 자신에게 적절해 보이는 시작을 찾기가 정말 어렵게 만든다는 것을 가정해 본다면, 다음의 두 가지 가상의 개입들이 어떻게 작용하는지 한번 생각해 보자... 첫 번째는 다음과 같다.

"모든 시작은 쉽다는 문장만큼 어리석은 것은 없습니다. 혹은 단순히 그럴 수도 있겠죠"

예를 들어, 두 번째는 아마도 다음과 같다.

"사실, 모든 시작은 어렵습니다."

논리적으로나 의미론적으로 조사해 보자면, 두 구절은 모두 큰 차이가 없다. 그러나 우리가 더 자세히 들여다보면: "... 보다 더 어리석은 것은 없다..." 등등의 부정하는 문장이 얼마나 방문자와 무엇보다도 연대하는지를 알 수 있다—이와 더불어 시작하는 것에 대한 추가적인 성찰들은 모든 시작이 얼마나 어려운지를 분명하게 하기 때문에 합당한 이유를 지니고 덧붙여서 언급된다. 게다가 그렇게 바뀐 구절은 손님에게 이의를 제기할 수 있는 좋은 기회를 줄 수 있을 것이다. 왜냐하면 손님은 더 흔하게 통용되는 속담, 즉 "모든 시작은 어렵다."의 변형이라고 알고 있기 때문이다. 그래서 그는 이제 아마도 이렇게 말한다(그런데 그 일은 [실제로] 일어났다). "그건 모든 시작이 어렵다고 말하지 않나요?" 그러면 이미 철학상담자로서 우리가 연결해야 하는 실이 놓여 있는 시작이 만들어졌을 것이다.

그러나 자주 반복되는 또 다른 오프닝의 변형을 살펴보자. 방문자는 아마도 다음과 같이 시작한다.

"저는 원래 어디서 시작해야 할지 전혀 알지 못합니다."

혹은 다음과 같이 상당한 차이를 가지고 시작한다.

"저는 원래 어떻게 시작해야 할지 전혀 알지 못합니다."

이러한 오프닝으로 손님은 우리에게 다양한 방법으로 사용될 수 있는 탁월한 어시스트를 제공했을 것이다. 그리고 그것에 어떻게 반응하는지에 따라 우리는 눈에 띄지 않게 이미 조심스러움과 신중함을 필요로 하는 특정한 궤도에서 계속되는 대화를 주도한다. 우리는 예를 들어서 다음과 같이 연결한다.

"아, 아시다시피 그건 문제없습니다. 왜냐하면 근본적으로 그것은 항상 그랬기 때문이지요. 시작들은 원래 항상 뒤늦게 오거든요."

그것은 익숙하지 않고, 어쩌면 모순적일 수도 있지만 어쨌든 흥미롭게 들리며, 어떤 사람들에게는 인사를 하는 것이 심지어 역설적으로 보인다. 왜냐하면 그것은 대체로 호기심을 불러일으키고 추가 질문으로 초대하기 때문이다. 손님은 아마도 다음과 같이 반응한다.

"당신이 의미하는 것은 어떤 건가요?"

(손님은 시작하는 것의 모든 부담이 곧바로 그에게 전가되지 않은 것에 대해 감사해한다고 나는 가정한다. ...)

"글쎄요, 아시다시피 우리는 이야기하기 시작했습니다만, 이야기했던 것은 이미 뒤에 놓여 있고, 오래전에 일어났습니다. 또는 보고하려고 하지만 보고하려는 그것은 이미 일어났습니다. 또는: 우리는 생각하기를 시작합니다. 그러나 도대체 무엇에 대해서인가요? 그러니까 이미 오랫동안 아무런 생각 없이 있던 '우리의 경우'에 대해서. 혹은 우리는 어떤 이야기의 한가운데에 처박혀 있다가 어느 시점에 우리 자신에게 묻습니다. 우리가 거기 처박혀 있는 이야기는 도대체 어떤 종류의 이야기란 말인가요? 기타 등등."

아마도 우리는 오프닝에 대한 슬로터다이크Sloterdijk의 멋진 성찰[1]로부터 얻은 한두 가지를 추가할 수 있는데, 예를 들면:

"그러니까 우리 인생 전체가 그렇습니다. 우리가 등장할 때, 우리의 시작들은 훨씬 먼 과거에 놓여 있습니다. 아무도 실제 시작과 함께 시작할 처지에 있지 않습니다. 우리는 항상 우리와 함께 이미 시작했거나 우리와 함께 시작된 것을 단지 이어 가거나 계속해 나갑니다...."

---

1 Sloterdijk(1988) 참조. 그 안에 특히 두 번째 강연인 "시작함의 시학"을 주목하기 바란다.

그러한 매우 일반적인 성찰들은 물론 다채롭게 변형되며, 약간의 행운이 따르거나 운이 좋으면 우리는 특히 방문자의 가슴에 놓여 있는 그러한 일반적인 성찰을 건드릴 것이다. 그것이 일반적으로 간주되는 성찰들의 장점이 될 것이다. 그렇기 때문에 그가 당신의 말을 끊을 것 같지는 않다.

"그렇다면 당신께서는 뭔가 맞는 말씀을 하시네요...."

그리고 나서 우리는 이미 대화하는 중에 있으며, 우리의 방문자가 보고하기를 시작할 것이라고 기대해도 좋다.

나는 드물지는 않은 또 다른 변형을 소개하려 한다. 손님은 커피를 한 모금 마신 후 다음과 같이 시작한다.

"난 한 가지 문제ein Problem를 가지고 있어요."

전혀 다른 종류의 어시스트이다. 그런데 조금도 난처하지 않다. 왜냐하면 여기에서도 이미 다른 반응을 할 수 있는 엄청난 양의 예비적인 결정을 내릴 수 있을 것이기 때문이다. 이것을 예를 들어 설명해 보겠다. 한번은 손님이 실제로 정확하게 이렇게 시작했다. 그리고 나는 답했다.

"당신은 [저보다] 더 행복하시네요!"
"어떻게요?"
"당신은 더 행복하시네요! 저는 하나의 문제가 아니라 많은 문제를 가지고 있거든요."

의심의 여지 없이 이런 말은 위험한 줄타기다! 그러나 우리가 이 작은 개입을 악의와 경멸 없이 덧붙이고, 그럼으로써 오히려 실제로 매우 진지하게 여길 수 있도록 하는 데에 성공한다면, 긴장을 완화하고 이완된 분위기를 조성하는 데 성공할 수 있다. 어느 정도 기습적 상황이 생기고, "문제-해소"의 사전 준비가 될 수도 있다. 그러나 아마도 곧바로 대화가 실제로 오프닝될 수 있기에는 어떤 제한이 필요하다.

> "물론 그 말은 절반만 맞습니다. 마찬가지로 많은 문제를 가진 사람은 아무 문제가 없다는 것도 맞지요. 이는 마치 많은 신과 유일신에 비유될 수 있습니다. 수많은 신의 무리 속에서는 비교적 편안하게 살지만, 유일신의 지배 아래서는 심각해지거든요."

이렇게 하면 구원될 수 있고, 우리는 단지 작은 우회로를 거친 후에 다시 손님의 오프닝 문장에 도달할 수 있고, 그리고 그는 계속할 수 있을 것이다.

물론 놀라움을 통해 작동하는 그러한 오프닝은 여러 측면에서 강화되거나 그 효과가 약해질 수도 있다. 나는 첫 번째 "움직임"의 관점에서 이미 변형의 풍요로움에 대한 느낌을 전달하기 위해 이것에 대해 조금 들어가 보려 한다.

> 그: 나는 한 가지 문제를 가지고 있어요.
> 나: (모호한 미소를 지으면서) 나는 그렇게 생각하지 않습니다.

손님의 요청에 따르면서도, 사람들은 결코 단지 한 가지 문제만 가지고 있는 것이 아니라 대체로 그 문제를 어떻게 다루어야 할지를 모르는 추가적인 문제를 가지고 있음이 매우 정확하게 보일 수 있다. [이것은 바로] 하나의 문제로부터 두 가지 문제들을 만든다는 것이다.

또는 당신이 이러한 하나의 문제를 가지고 있기 때문에 당신 자신에게 문제들이 생긴다. 이깃은 또다시 하니의 문제로부터 두 가지 문제를 만든다는 것이다. 또는 (소위) 이러한 하나의 문제를 가지고 있기 때문에, 다른 사람들과 문제들을 가지게 되는 것이다 등등. 이 모든 것은 쉽게 설명될 수 있으며, 손님이 시간을 가지고 휴식을 취할 수 있는 방식으로 그에게 전달된다. 그렇기 때문에 단지 "그 하나의 문제"를 소개하는 것에 관한 것은 거기서 전혀 필요하지 않을 것이다.

그런 경우에 일반적인 고려 사항으로 포함되어야 할 것은 다음과 같다: 방문자가 상담을 하게 된 어려움을 변호사나 의사들의 방문에서 익숙한 것처럼 결코 짧게 보고할 필요가 없다는 인상을 받았을 때, 종종 이미 많은 것이 성취된다. 철학상담의 고유한 자원은 용인된 시간이다.

나는 방금 방문자에게 어떻게든 놀랍거나 예상치 못한 공통점을 가지고 있는 변형들을 암시했다. 이에 대해 한마디 덧붙이자면, 그러한 방식으로 우리는 그에게 유리할 수 있는 신호를, 즉 철학상담에서는 그가 이전에 남자친구와 아직 가져 본 적이 없고 여자친구와도 아마도 거의 하지 않았을 대화가 그를 기다리고 있다는 신호를 보낸다.

또 다른 변형은 다음과 같다:

그: 저는 하나의 문제를 가지고 있어요.
나: 자, 좋습니다. 당신께서는 이야기를 하세요. 그러면 나는 설명을 포기함으로써 보답하겠습니다.

이렇게 해서 나는 단 한 수를 가지고—그리고 이것을 어느 정도 왼손으로 [힘들이지 않고]—철학상담의 철학 안으로 조금 이끌어 들였다.

그러나 중간 질문을 하자면, 내가 여기서 도대체 무엇을 하고 있을까? 나는 전혀 하찮은 역할이 아니라 자신의 고유한 역할을 하고 있는 부수적인 것들에 주목한다. 그리고 다시 말해야 하는데, 이것은 물론 끝까지ad ultimo 계속될 수 있지만, 시작에 대한 숙고의 범위에 속하는 주제이자 여전히 매력적인 또 다른 주제를 언급할 기회를 갖기 위해 그렇게 하지 않으려 한다. 나는 방문자의 몇 가지 '유형들'을 구분하고, 그것을 특정한, 특징적인 시작들과 연결시키고 싶다.

그런 경우에 내가 그를 '호전(好戰)적인 자'라고 부르고 싶은 사람이 있는데, 그는 안전을 위해 예방적으로 자신을 방어해야 한다고 생각하는 사람이라고 파악할 수 있다. 그는 우선 잠시 숨어 있다가 명시적으로 머뭇거리고 나서, 이미 여기 저기에서 이 사람 저 사람을 방문했었지만, 물론 "아무런 효과도 없었다."라고 설명한다. 그런 다음에 그는 서두의 보고에 이어서 다음과 같은 선전포고를 덧붙인다.

> "당신이 제공하는 것은 꽤 희한하군요, 아닌가요? 제 말은, '철학상담'
> 은 좀 터무니없게 들리지 않습니까?"

또 다른 경우에 치료자계에서 "치료자킬러Therapeutenfresser"라고 불리는 내담자 중 한 명이 실제로 우리에게 오는 길을 찾았다면, 친절하면서도 동시에 단호하게 대응하는 것을 추천할 만하다고 할 수 있다. 나는 그러한 오프닝에 다음과 같이 대답했던 것을 기억한다.

> 나: 당신께서는 잘못된 일과 시간에 오셨습니다.
> 그: ?
> 나: 결투는 어둑한 새벽에 열립니다.

비록 첫 도입의 작은 뻔뻔함에 대해 더 관대하게 반응하도록 할 가능성을 배제하고 싶지는 않다. 이와 같이:

> "희한하다구요. 당신이 맞아요. 그러나 기억하십시오. 희한한 기관만이 희한한 손님들을 맞이할 수 있습니다."

또 다른 손님은—내가 아직 그를 어떻게 부를지 모르겠지만 그는 분명히 호전적인 자들의 더 큰 그룹에 속해 있다—우선 그 손님은 같은 눈높이에서 사람들을 상대해야 하는지, 그가 찾은 철학자가 부담을 잘 견딜 수 있는지, 그가 뭐든 참는지 등등을 타진해야 한다.

어떤 이유에서든 자신이 공격을 즐겨 한다는 것을 강조해서 드러내는 이 가상의 손님은 아마도 다음과 같이 시작한다.

> "당신이 진실을 감당한다구요?"

그것은 소위 "전투 준비를 갖춤"에 대해 생각할 수 있는 기회가 될 것이다. 그것에 대해 어떤 사람은 "가지고 있다고 하고" 또 다른 사람은 그렇지 않다고 주장되는데, 이는 아마도 잘못된 것이다. 사람들은 적어도 어느 정도까지는 그것을 확실히 습득할 수 있다. 아이디어가 "떠오르도록" 미리 심정적 상태에 이입할 수도 있다. …

만약 매우 기분이 좋다면—그렇다고 해도: 여기에 설명된 "호전적인 자"는 첫 번째 발언에서야 비로소 자신을 드러내지 않고, 오히려 우리가 그에게 인사를 하고 난 뒤, 대체로 한참 후에야 "호전적인" 오프닝을 준비한다. 그러니까, 다시 말하지만 기분이 좋고 실제로 정신이 맑은 상태라면, 현란한 퍼레이드는 이렇게 나타날 수 있을 것 같다.

"오, 제가 진실을 감당하는지 아시나요... 무슨 질문이신지! 진실이 나를 견딜 수 있는지가 훨씬 더 어렵고 흥미로운데..."

그러나 누가 그렇게 강하게 반응을 보일까? 더 나아가 보자. 손님은 강조된 사실성의 어조로 아마 다음과 같이 말한다.

그: 솔직히 당신을 방문하는 것에 대해 기대는 거의 없습니다.
나: 저도요.

그런 다음에 그것을 설명할 수 있다.
물론 여기에서 좀 더 온건하고 편안한 변형도 가능할 것이다.

"아직 모든 저녁이 아침이 되지 않았습니다."
또는:
"좋아요, 좋아요. 제 원칙은 '결코 동이 트기 전에 저녁을 저주하지 말라'는 것입니다."

또 다른 "유형"을 예로 들어 본다. 그를 '시험하는 자'라고 부르자. 당신을 방문했던 그는 이미 몇 시간이 흘러가도록 놔두었다. 그리고 이제 마침내 그는 다음과 같은 말을 한다.

"당신은 내게 아무것도 물어보지도 않았는데..."
"당신은 오히려 답변하려고 앉아 있고 싶었나요?"

무엇보다도 이제 철학상담의 한 가지 근본 원칙, 말하자면 사용설명서처럼 하는 질문을 유보하는 것이 필요하다는 것이 설명되어야 한다.

질문자. 철학상담 등등이 무엇인가요? 여기에서 신중한 구분이 가능한데, 그것은 방문자가 우리 직업에 대해 알기 위해서 오지 않았을 가능성이 높기 때문에 언제든지 중단될 수 있는 방식으로 제시되어야 한다. ...

나는 우리에게 보내진 방문자들이 그들 자신의 동기에서 직접 오는 것이 아니라 다른 사람들이 보냈다는 사실을 "하나의 특수성"으로서 간주한다. 대체로 그들은 청소년이지만 때로는 배우자이기도 하다. 그런 경우에 예외적으로 내가 이미 즉시 시작하는 경향이 있다. 말하자면, 이렇게 한다.

> 나: 제가 당신에 대해 이미 알고 있는 것을 먼저 말씀드린다면, 당신은 그것에 대해 어떻게 생각하시나요? 혹은 [알고 있는 것보다는] '들었던 것'이 낫고, '당신에 대해 들었던 것'이 더 나을 수도 있겠지요. 왜냐하면 누군가에게서 또는 누군가에 대해 들은 것은 분명히 아직 그 사람에 대해 아는 것은 아니기 때문입니다.

(그러니까 우리에게 보내진 사람과 보내는 사람 사이에 이미 가능할 뿐 아니라 매우 그럴듯한 차이는 여기서 이미 우아하게 설정되어 있다.)

또 다른 "유형"은 '친절한 자'라고 부르고 싶다. 나는 이미 이전에 만났던 전형적인 경우를 스케치하려 한다.

"저는 당신을 최근 TV 방송에서 봤어요."

그런 경우에 우리는 즉시 그가 상담자에 대한 서비스로 그의 말을 선택할 필요가 없다고 그에게 말할 것이다.

"그런데 당신께서는 그럼에도 거기에 와 계시네요?"

이런 식으로 나는 그 방송을 근거로 나에 대해 얻었던 다른 사람의 평가를 혼란스럽게 함으로써 나 자신의 여유 공간을 만들어 낸다.

또 다른 특별한 사례를 들자면, 그와 그녀가 함께 왔다.

그녀: 네가 할래?

그: 네가 해.

잠시 후 나는:

"먼저 수를 두는 사람이 이깁니다."

또는:

"결혼의 한 장면. 두 분 중 한 분이 문제이죠."

그녀는 그것에 동의한다…—그러고 나서:

"친애하는 부인, 당신은 저를 오해하셨습니다. 문제는 다른 사람이 문제라고 생각하는 사람이지요, 아시나요? 그런데 더 큰 문제는 소위 문제가 되는 사람이 이것을 자기 스스로 믿기 시작하는 데 성공했다는 점입니다. 하지만 그렇게 자극적인 사안들을 해명하기 위해 당신이 여기 있는 것입니다."

이전의 예에서 나는 다음과 같이 공식화할 수 있는 근본 문제에 주의를 기울이고 싶다. 무엇보다 상대방이 대화의 오프닝을 계속할 수 있도록 하는 것이 중요하다. 예를 들면:

그: (도서관 책장을 가리키며) 당신은 이것을 모두 읽으셨어요?

나: 이미 다 읽었습니다, 적어도 거의.

그런 다음—그러한 정보에서 거의 일어나지 않을 것에 대해 그가 재차 묻는다면—나는 설명할 수 있다.

"다행히도 저는 대부분 잊어버렸습니다. 어떤 사람들은 뇌의 비밀이 어떻게 저장하는가라고 말합니다. 그러나 아마도 그 본래 비밀은 이 기관이 잊는 것을 어떻게 하는지에 있지요. 무엇보다도 양심껏 잊어버려도 되는 것. 그리고 그것은 작은 게 아닙니다."

중간발언을 위한—내가 생각하건대: 중요하지 않은 것이 아닌—키워드: 컴퓨터 체스 프로그램의 정말로 주목할 만한 점은 게임하는 실력을 억제할 수 있다는 것이다. 이것은 철학적 대화를 행할 때도 추구하는 이상이다.

이제 선별적으로 제시되었던 손님들과 그들의 오프닝 "유형들"로 되돌아가 보자. 나는 그것에 대해 좀 더 일반적인 발언을 하는 것이 매혹적이라고 생각한다. 아도르노의 다소 긴 인용문을 앞세우면서 그 발언의 서두를 장식하고자 한다.

나는 철학이 자신의 대상을 가지고 있는 것이 아니라 찾고 있다고 생각하는데, 이에 대해 당신에게 좀 더 상세하게 부연설명을 해야겠습니다. 철학은 우선 대상화된 그리고 대상화시키는 개별 과학들에서의 경우와는 완전히 다르게 주체를 끌어들입니다. 그것은 표현의 계기와 연관되는데, 철학은 개념을 통해서 본래 비개념적인 것을 표현하고자 합니다. 그 유명한 비트겐슈타인의 문장은, 사람들이 분명하게 진술할 수 있는 것만 말해야 하고 그 이외에 대해서는 침묵해야 한다고 말하고 있다면, 나는 바로 그 문장에 철학의 개념을 대비시키면서 다음과 같이 말하고 싶습니다. 철학은 본래 말해질 수 없는 것을 말하려는 지속적이고 언제나 필사적인 고군분투이다. (...) [괴테의 희곡에 나오는] 타쏘에게서는 인간이 자신의 고통 속에서 말문이 막히면, 신은 그에게 그가 무엇을 견디고 있는지를 말하게 한다고 합니다. 이것이 오히려 철학에 영감을 준다고 할 것입니다. 사람들은 철학이 개념을 매개로 고통을 번역하려 한다고 말하고 싶어 합니다. 그러니까 철학은 어떤 종류의 현실을 모사하는 거울, 밖을 향한 고정된 거울이 아니라 오히려 경험이나 무언가 말하고자 하는 원의를 의무로 만들고, 객관화하려는 시도입니다. 그래서 사유가 이미 어떤 종류의 학문 분야들이나 목적들의 요구 사항들을 향하고 있지 않은 경우에도, 즉 강조적인 의미에서 사유는 그러한 것들로부터 확실히 항상 무언가를 가지고 있습니다. 그러나 실제로 진리가 관건이 되는 경우, 가장 심각한 것들은 항상 가장 깨지기 쉬운 것들입니다. 진리는 사람들이 손에 쥐고 안심하고 집으로 가져갈 수 있는 어떤 고정된 것이 아닙니다. (...) 진리는 항상 예외 없이 상당히 깨지기 쉬운 것이고, 그러니까 철학이라는 개념도 그와 마찬가지입니다 (Adorno, 1973, pp. 82-83).

아도르노가 여기에서 잘못 인용하고 있다고 아마도 이의가 제기될 수 있다. 타쏘(Torquato Tasso, 1544~1595)는 그가 고통받고 있다는 "것"이나

"무엇"이 아니라 "어떻게" 고통받는지를 말할 줄 안다. 그래서 그는 시인으로서 "인간에게" 주어지지 않은 것을 할 수 있다. 그러나 이러한 수정 이후에 이제 다음과 같이 말할 수 있다. 철학상담의 의미는 방문자가 그가 어떻게 고통을 겪는지 표현하기 위해 필요한 만큼 최소한 "시인"이 되도록 돕는 것이다.

그러나 철학상담을 찾는 많은 방문객이 시인이 아니라는 것은 문제이다. 철학상담의 과제는 다음과 같이 말해질 것이다. 우리는 새로운 산파술이 필요하고 우리는 조산 서비스를 제공해야 한다. 손님에게 그가 어떻게 고통을 당하고 있는지 말할 기회를 주는 것이 중요하다.

이것이 어렵다는 것은 많은 사람이 낙담하지는 않더라도 처음에 주저하게 하는 이유이기도 하고, 말하려는 바가 말해질 수 있는지의 여부에 대해 의심을 불러일으키는 이유이기도 하다. 몇몇의 방문 여성은 울기도 한다.

나: 말로는 안 되겠군요. 일기 쓰시나요?

이처럼 시작에 대한 의심이 많아 낙담하고 있는 방문자의 한 가지 변형은 서두에 자신의 문제를 경시하는 경우이다. "대수롭지는 않지만..."

제시된 모든 것에 비추어 볼 때, 희망컨대 다음과 같은 사실이 명확해진다. 규칙을 지정하는 것—또는 그에 따라서 처리되어야 할 "방법들"—은 엄격한 의미에서 불가능하다. 그리고 그것들이 가능하다고 가정한다면, 그것들이 처음부터 심지어 모든 것을 망치지 않는 경우에도, 방해가 될 것이다.

그러나, 그렇다면 어떻게 배울 수 있을까?

소설의 시작을 공부하자! 많은 소설의 시작. 적지 않은 경우, 특히 시작의 문제와 이야기를 위한 공간을 여는 것에 대해 특별하게 성찰되어 있다.

토마스 만(Thomas Mann, 1875~1955)의 엄청난 소설 『요셉과 그의 형제들』의 시작 부분은 다음과 같이 탁월하다.

> "과거의 우물은 깊다. 그것의 깊이를 헤아릴 수 없다고 명명해야 하지 않겠는가?"

이것은 거대하고도 상세한 이야기를 하기 위한 자리를 만든다. 게다가 이 서곡은 토마스 만이 가장 좋아하는 철학자 아르투어 쇼펜하우어를 연상시키는 것처럼 읽힌다. 잘 알려진 바와 같이 쇼펜하우어는 『파레르가와 파랄리포메나[소품과 부록]』[2]의 두 번째 권을 다음의 이미지와 함께 오프닝했다.

> "우리의 모든 지식과 과학의 토대가 되는 근거와 기초는 설명할 수 없는 것이다. 그러므로 모든 설명은 더 많거나 더 적은 중간 마디들을 통해 그 설명할 수 없는 것으로 되돌아간다. 즉, 바다에서 해양 [바다 깊이를 재는] 수심 측정 추가 때로는 더 깊은 곳에서, 때로는 더 얕은 곳에서 바닥을 찾지만, 어디서나 마지막에야 도달해야 하는 것처럼."

의심의 여지 없이 이것은 멋진 시작이다! 불가사의하고 그 깊이를 헤아릴 수 없는 것, 그것이 모든 스토리텔링의 토대이다. 그리고 여전히 필요한 것, 이를 위한 최소한의 한 단어를 우리가 지니고 있다면, 그것은 생산적 상상력이다. 그리고 정신의 현존이다. 그리고 또 하나의 이상은 다음과 같다. 모든 상담은 하나의 소설처럼 독특하고 대체할 수 없게 시작된다.

---

2 역자 주: 이 책에 대한 한국어 번역본에서는 『행복론과 인생론』으로 번역되기도 했다.

노발리스의 모토는 방향을 제시한다. 철학상담에서의 철학자는 "소설화"를 시도해야 한다. 그렇게 해서 그는 이야기의 씨앗으로부터 끝없는 소설을 진개하도록 도움을 주는 것이다.

맺음말

어떤 문제를 이해하는 것이 시작을 만드는 것이 아니라, [오히려] 우리가 시작하기라는 문제를 이해하는지, 우리가 시작하기에 대해 이해하는지의 여부가 시작에서 드러난다. (이것을 우리는 "소통지식Umgangswissen"이라고 부른다.)

또한: 시작을 만드는 것은 다른 사람이 가지고 있다고 추정되는 문제가 결코 아니다. 우리는 손님과 함께 시작하고, 그 다음에야 비로소 두 번째로 그의 문제를 [다루기] 시작하기 때문이다.

언어적 관습에서는 언제나 모든 돌발 사건에서
최고의 면을 얻어 낼 줄 아는 사람을 철학자라고
부른다; 유일하게 그것만이 도움이 되기 때문이다.

———

알랭 Alain

꿀벌은 떫고 건조한 허브,
백리향에서 꿀을 모으듯이,
그렇게 현명한 사람들은 종종
가장 곤란한 상황에서
유용하고 좋은 것을 얻는다.

———

플루타르크 Plutarch

7장

직업으로서의 철학[1]

철학상담은 말하자면 "새로운 치료"가 아닐 뿐 아니라 확실히 치료가 아니다. 여기까지는 이미 확립되어 있었다. [그렇다면] 그 대신에 무엇일까? 답변은 다음과 같다. 철학은 실천, 즉 의사소통적 행위, 대화를 통한 문제 탐색 및 형성이 되어야 한다. 이는 단번에 "왜곡된 의사소통"에 대한 비판, 예를 들어, 모든 "치료적 처치"에 대한 비판을 의미한다. 철학상담의 개념을 묻는 질문이 제기하는 바에 대해 나는 잠정적으로―우선은 개략적으로―대답하려 한다.

나는 간단한 사실에서부터 시작하고자 한다. 인간은 복잡한 존재이다. 그냥 살 수도 없고 단지 존재하기만 하지도 않고, 인간은 좋든 싫든 자신의 삶에 스스로의 입장을 취해야 한다. 그러므로 인간은 스스로 생각을 한다.

그런데 그게 다가 아니라 인간은 그 자신의 생각에 대해서도 심사숙고할 수 있다. 그리고 많은 경우 이 가능성을 활용하는 것이 좋다.

인간이 이제 자기 생각을 성찰하는 데 재능이 있다는 사실은 곧 그가 체질상 철학적인 존재라는 것을 의미한다.

---

1 이 원고는 1982년 오스나브뤽크 대학에서 철학상담에 대해 이전에 강연했던 것을 단지 짧게 줄여서 싣는다. 자세한 내용은 Achenbach(2010a, pp. 147-159) 참조.

다른 말로 하자면, 그는 생각을 (움켜쥐기 위해서 손을 가진 것처럼) 가지고 있는 것만이 아니라 그 생각들과 대결Auseinandersetzung하기도 한다. (니무 대중적이고 인플레이션 방식으로 사용되는 "대결"의 이미지는 다음과 같다. 여기에서 그것은 [독일 철학자] 헬무트 프레스너(Helmuth Plessner, 1892~1985)가 인간학에 도입했던 인간의 "탈중심성Exzentrizität"이라는 범주를 의미하는데, 그것은 인간이 "자신으로부터, 즉 자신과 자신의 경험 사이에 간격을 둘 수 있다는 사실을 뜻한다"(Plessner, 1975, p. 291)).

그러나 인간이 이유 없이 그렇게 하는 경우는 거의 없다. 왜냐하면 내가 "두 번째의 사유"라고 명명하고 싶은 이것은 결정적으로 불편하기 때문이다. 그럼에도: 그에게 익숙해진 사유의 처리방식으로부터 그를 갈라놓는 힘을 전개하는 충분한 계기들이 있다. 그럴 경우, 무엇보다 "두 번째 사유"의 불편함을 꺼려 하지 않게 된다.

그러한 계기와 이유에 대해서, 나는 다음과 같은 경험들을 예를 들어서 포함시키고 싶다. 어떻게든 원을 그리며 돌고 있고, 그 자리에서 어느 정도 자신의 견해와 통찰력을 움직이지만, 연마해 왔던 친숙한 사유로는 더 이상 진척되지 않거나, 혹은 해결하지도 놓여나지도 못하는 문제들에 갇혀 있는 경험들을 [상상해 보자]. 오늘날에는 자명하고도 친숙한 사유가 다소 생동감이 없고 도식적이며, 어쨌든 지루한 것으로서 경험되는 경우들이 더 자주 있다. 사람들은 그러한 사유가 더이상 새롭고 실제적인 경험을 허용하지 않는다고 느낀다. 아주 독특하게 고약한 방식으로 그런 사유는 끝이 났고, 완결되었고, 움직이지 않고, 루틴이 되었고, 그래서 무감각한 것인 셈이다. 그러니까 그것은 검증되고 유능하지만, 우리의 삶을 풍요롭게 할 아무런 재능이 없다.

그러한 상황에서 사람들에게 엄습하는 지배적인 기본 감각은 무관심과 냉담이며, 살고 싶은 욕구가 어쩐 일인지 사라져 버리고 타 버린 것 같은 내면의 느낌이다. 새로운 것을 시작하려는 충동은 꺼져 버린다.

이러한 상태를 설명하기 위해, 나는 이제 다음과 같은 하나의 가설을 감히 세우고 싶다. 고상하고 진보적이며 질적인 것에 대해 해명되지 않은 채 떠다니는 욕구는 지속적인 좌절의 결과로 인해서 좀 더 깊고 도달될 수 없는 기분과 병리적인 것에 준하는 심정 상태로 가라앉고 만다. 소마(육체)까지 내려가는데, 거기서 그 욕구들은 더 나아가서 설명할 수도 없고 혼란스러우며, 스스로도 알지 못하는 요구로서 작동한다. 결국 그것들은 삶에서 모든 색깔을 벗겨 내 버리고, 삶은 회색이 된다. 결국: 인간은 고통을 겪기 시작한다. 그러나 무엇 때문에?

실제로 통증을 느끼는 상태도 아니고(또는 반드시 느끼는 것은 아니고), 고뇌에 찬 상태도 아니며, 오히려 둔하고 의기소침하고, 어쨌든 무언가에 속고 빼앗기고, 무엇보다도 지속적이고 마치 탈출구도 없어 보이는 [상태에 있다].

씁쓸한 분위기가 조성된다. 인간에게 분명한 것은 지루하다는 것이며, 집중적인 관심, 참여, 생동감을 일깨울 수 있는 것을 알지 못한다. 또한 그것은 교양의 결핍이라고 말할 수도 있는데, 이와 동시에 여기에 속하는 개념이 그 사이에 말할 수 없을 정도로 망가졌기 때문에 주저하게 된다. 그 결핍이 앞서 기술된 '삶의 언짢음Lebens-Verstimmung'에서 표출된다. 그러나 교양의 손실은 사랑할 수 있는 능력의 감소라고 규정될 수 있다.

교양은 그것을 위한 올바른 관습이 없는 바로 그런 것이다. 그것은 자발적인 노력과 관심을 통해서만 얻을 수 있지, 교육과정을 통해서만 보장되는 것이 아니며, '일반적인 공부Studium generale'의 유형이라고 할 수 있을 것이다. 그렇다. 진실로 그것은 노력에 들어맞기보다는 개방성, 대체로 정신적인 어떤 것이 스스로에게 다가오도록 하며, 마치 참을 수 없는 진부함이 말하듯이 단지 배우기만 하면서 대결하는 것을 대신해서, 그것을 고유한 의식 안에 생산적으로 수용하는 능력이다. 내가 감상적인 말을 하는 것에 대한 오해를 두려워하지 않는다면, 교양을 위해서는 사랑이 필요하다고 말할 것이다. 결함은 아마도 사랑의 능력 중 하나일 것이다(Adorno, 2003b, p. 485).

만약 내가 묘사한 그 인상이 맞다면, 인간이 관점을 밀어 넣고 유지할 수 있는 '내용'이 아니라, 아도르노의 삽입된 표현에 따르면 교양의 정신과 사랑할 수 있는 능력의 정신이라고도 기술될 수 있는 어떤 정신이 부족한 것이다. 그 밖에도 그 정신은 이와 동시에 황폐하고 천편일률적인, 삶의 경험이 부족한 단조로움으로부터 해방시키고, 놀라움을 준비하고, 일깨우고, 주의 깊게, 긴장한 채, 오랫동안 감소된 호기심을 새롭게 불러일으키고, 배제된 것들을 개방하고, 다른 그리고 새로운 관점들과 지금까지 차단되었던 전망을 열고, 이러한 방식에서 간과되었던 것을 조명하고, 경직되고 소진된 것을 움직이고, 고착된 것을 자리에서 밀쳐 내는데—이 모든 것은 교양의 중요성이라고 할 수 있으며, 그것은 모든 형태의 가르침에서보다 오히려 철학적 대화에서 결정적으로 기회를 가지고 있다.[2]

어쨌든 지금까지의 내 고유한 경험은 여전히 널리 알려진 다음과 같은 가정과 모순된다. 즉, 인간이 무엇보다도 안정성과 확증된 것에 대해 소위 정신적이고-형이상학적 욕구를 가지고 있으며, 더 이상 흔들릴 수 없는 어떤 "최종 결과"를 향해 굶주리고 열망한다는 가정 말이다. (그것은 이 마침표로 끝나 버렸다는 제스처를 취하는 철학자들의 엄격주의이다.) 오히려 나

---

2 여기서 교양이 무엇을 의미하는지에 대해서 로베르트 슈페만은 "박사학위 논문의 연설"에서 전개했다. 이 연설은 『누가 교양 있는 사람인가?』라는 제목으로 재출간되었다(Spaemann, 2001b, pp. 513-516).

철학상담의 철학:
기원과 발전

는 인간이 사유 경험과 정신적으로 밝은 순간들의 부족을 느낀다고 확신한다. 이런 순간은 자신의 내적 흥분을 일깨우고, 그래서 예측하지 못하거나 생각하지 못한 현존재의 기회이자 발전의 기회에 대해 혹은 억압된 가능성들에 대해 개방적이고 민감하도록 만들어 준다.

이제, 이렇게 (추정된) 욕구로부터─특별한 욕구 해석은 이미 이것을 간접적으로 표현하고 있다─철학상담이 의도하는 바가 무엇인지가 나온다. 나는 노발리스Novalis의 격언을 통해서 가장 간단한 형태로 말할 수 있다.

"철학한다는 것은 의기소침을 벗어나는 것─생기 있게 하는 것이다 Philosophistisiren ist dephlegmatisieren – Vivificiren"(Novalis, 1978, p. 317).[3]

나는 다른 곳에서 다음과 같이 번역할 것을 제안했다. "철학함이란 도약하는 것을 돕고, 활기차게 한다는 것을 의미한다Philosophieren heiße 'Auf die Sprünge helfen und beleben'"(Achenbach, 2010b, p. 132). 그러나 이로써 피할 수 없게 질문이 제기된다. 이 모든 것을 성취하기 위해 하필 철학자들이 어느 정도까지 발탁되어야 할까?

첫 번째 답변은 아마도 대부분 또는 어쨌든 많은 철학자가 확실히 그렇게 할 수 있는 위치에 있지 않다는 것이다. 철학을 공부했다는 사실만으로는 확실히 충분하지 않다. 왜냐하면 철학 공부가 철학자를 만들지는 않기 때문이다.

그러나 두 번째 답변으로 철학 공부는 개별 학문에서의 각 훈련 과정보다 편협하지 않고 고정되지 않은 자유로운 정신, 깨어 있고 열린 문제의식을 더 선호하는 이점을 가지고 있다고 확실히 주장할 수 있다. 따라서 그

---

3 추가적으로 보충하자면, 노발리스의 독특한 문체와 표현 방식이 오해를 불러일으켰기 때문에 인용된 부분을 몇 줄 더 인용하는 것이 좋을 것 같다. 이어지는 부분은 다음과 같다. "지금까지 철학을 탐구함에 있어서 철학은 먼저 구타당하고 그다음에는 해부되고 해체되었다. 죽은 머리(Caput mortuum)의 구성 요소가 철학의 구성 요소일 것이라고 믿었다. 그러나 재조립하려는 모든 시도는 항상 실패했다."

것[그 정신]은 모순과 갈등을 제거하는 사유가 아니라 본질적으로 그것들에 의해 움직이는 사유, 다른 말로 하자면, 생기 있고 구체적인 사유를 촉진한다는 것이다. 그런데 이것이 (무엇보다도 우선적으로) 철학상담을 위해 필수적이다.

철학상담의 전체적인 이론을 발전시킬 한 문장, 철학적으로 부연된 한 문장으로 본질적인 것을 간단히 말하자면, 철학상담은 자유로운 대화이다.

그러나 그것은 무엇을 의미할까? 또는 현재로서 이 요구를 포괄하는 부연설명을 할 수 없다면 그것이 의미하는 바는 적어도 무엇일까?

그것은 다음을 의미한다. 그것[철학상담]은 철학적인 체계를 신경 쓰지 않고, 어떤 철학자도 처방하지 않으며, 어떤 철학도 구성하지 않으며, 어떤 철학적 통찰력도 내놓지 않지만, 사유를 움직이게 한다, 즉 철학함을 말한다.

그리고 이제 '철학함'으로서 이해되어야 하는 것에 대해 잘 알려진 규정들을 통해서 지루해지지 않도록 하기 위해서, 나는 최소한 철학상담에서 실제로 de facto 일어나는 바에 대한 첫인상을 줄 수 있는 몇 가지 연상들을 자유로운 스타일로 추가해 보고자 한다.

내가 그 자유롭고 연상적인 스타일로 말하자면, 철학함이란,

- 드러내고, 덮어씌우지 않는 이해하기
- 일일이 검사할 의도 없이 그저 바라보며 지각하기
- 설명하기보다는 해명하기
- "승인이나 비난" 없이 잘못된 것을 말하는, 판단하지 않는 솔직함
- 통상적인 절차에 대한 회의 그리고 이와 동시에 "이론"을 벗어나는 통찰력에 대한 즐거움
- 모순을 즉시 제거하거나 화해시키는 게 아니라 그것이 결실을 맺을

수 있을지를 시험해 보기 위한, 모순에 대한 감각

- 대립된 것들을 통합하거나 무질서한 것을 일관성 있게 엮어 내려는 노력
- 이완된 집중, 차분하게 고려하기, 의도 없이 말하기, 숨은 동기 없이 숙고하기
- 독백을 대화로 이끄는 유혹
- 결과적으로는 종종 낡은 음악상자를 멈추기, 진부한 주제는 쉽게 하기, 살아온 순간을 넘어서는 동기가 될 수 있는 새로운 핵심테마 만들기. 그 동기는 삶에 내면적으로 방향을 제시하고 항상 함께하며 그리하여 삶의 길Lebensweg을 위한 삶의 이력Lebenslauf을 형성한다.

철학적 사유는…

- 알 수는 없지만 때로는 더 나아간다.
- 갈고리를 걸지, 풀지는 않는다.
- 전략적이지 않게(전형적인 반反-전략Anti-Strategie이다.) 그리고 담론적으로 논증한다.
- 가장 단순한 것을 모험(일상생활의 해석학)으로 만들고, 그리고 가장 어려운 것을 (되도록) 단순한 문제(잠정적이고 유보적으로 그럴듯한, 종합하는 통찰력을 삽입함으로써 위험한 우연-극복)로 만든다.
- 환원을 위한 모든 유혹에 대항하는 부연설명하기(확대시키고, 구체화하며, 정확히 하기)를 의미한다.

… 그리고 (특히) 세 가지의 적이 있다. 성급한 확신, 냉정한 올바름, 영혼 없는 진실.

그것[철학적 사유]의 이성적임은 "사유하는 마음"(헤겔)의 이성적임이다. 내가 번역하자면, 철학상담의 유토피아는 이성적인 영혼 또는 감정을 느끼는 이성일 것이다.

여기까지가 철학상담의 구상에 관해서인데-그것의 개념에 관해서가 아니다. 왜냐하면 철학상담은 개념에 기초하지 않기 때문이다.

방문자에게 이것은 다음을 의미한다. 각자와 함께 (이상적인 방식으로) 완전히 개별적인 철학적인 이야기(이전에는 비밀스런 환경에서im esoterischen Milieu "사유의 길Denkweg"로 간주되었던 것의 실현…)가 시작되며, 또한 가공되고 형태 잡힌 기억을 통해 이야기할 수 있는 전기(傳記)가 됨으로써 '자기 소유권 획득Selbstaneignung'이 시작된다. 개인의 "소형-전통Mini-Tradition"으로서만이 그것은 정당한 인정과 근본적인 문제 제기에 필수불가결한 조건인 조망가능성Überschaubarkeit을 얻는다. 어쨌든 어떤 철학적 치료법도 다른 것들과 같지 않을 것인데, 그렇지 않다면 그것은 나빴다고 할 수 있다.

> 아니, 바로 그러한 것('전체적으로 여전히 불명료한 시대에 … 두 배로 필요한' 철학)은 처방될 수 없을 것이라고 나는 대답한다. 왜냐하면 누가 참된 철학이 거기에 있다고, 혹은 그것이 저기에 있다고 말할 수 있을까? 철학은 그 본성상 자유로운 확신을 통하지 않고 어떤 영향력도 행사할 수 없고 행사해서도 안 된다. 그것은 각자와 처음부터 다시 시작해야 하고, 각자에게 새롭게 증명되어야 한다. 왜냐하면 아무도 다른 사람을 위해서 믿거나 확신할 수 없기 때문이다(Schelling, 1861, p. 360).

그리하여 철학상담은 다른 사람들의 환심을 사기 위해 떼를 지어 나가는 것이 아니라 다른 사람들이 철학상담에 조언을 청하도록 만들어졌다. 그것은 다른 사람들에게 요구하는 것이 아니라, 다른 사람들에 의해 요구

철학상담의 철학:
기원과 발전

되도록 한다. 비유적으로 간단히 말하자면, 소크라테스는 상담을 오프닝한다.

이것은 중요한 결과를 가져온다. 그는 더 이상 잠자려는 아테네인의 목에 신이 얹어 놓은 벌레가 아니다. 그에게로 향하는 그 사람들의 문제와 고통은 이제 철학작품전체의 몸을 쏘았고, 다음과 같은 사실을 배제할 수 없다. 즉, 그 가시가 그를 사변적인 꿈들의 긴 밤으로부터 비로소 그를 깨우고, 낮의 햇빛에 익숙해진 시선이 현재 일상의 단조로움, 그리고 결정적으로 개인적인 생활세계의 실재를 자신의 대상으로 발견할 때까지 계속해서 자극한다.

소크라테스 이래로 우리는 다른 사람을 면밀히 조사하는 데 익숙해져 왔지만―철학상담에서는 그 관계가 역전되었다. 성가시게 하는 것은 철학자가 아니다. 그는 자신이 성가시게 된 자Heimgesuchte이다. 이전에는 다른 사람들이 철학자의 선동이 정당하다고 믿었던 비판적 질문의 연옥을 겪었다면, 이제는 그의 차례이다. 거꾸로 철학적 생각이 점화되고 쇠약해지는지, 혹은 그것이 입증되고 버티는지의 여부가 증명될 것이다.

이러한 불에 의한 시험[4]은 철학이 상담으로 되는 사이에 위험을 무릅쓰는 테스트이다. 그것은 아마도 지금까지 모든 철학자가―그의 사유뿐만 아니라 본질적으로 그 자신까지도―연루된 가장 어렵고 까다로운 시험일 것이다. 왜냐하면 그는 오랜 전통에서 걸러 내지고 그럼으로써 미리 생각해 냈던, 전해져 내려왔던 질문들을 꾸려 나가는 것이 아니라, 오히려 철학자의 상담소를 방문한 사람이 스스로 해결할 수 없다고 알고 있는, 예기치 못한 문제들에 내맡겨지기 때문이다.

---

4 역자 주: 이러한 불에 의한 시험이란 중세에 달군 쇠를 손바닥에 대거나 그 위를 맨발로 걸어서 상처가 나지 않으면 결백을 입증받는 것을 은유적으로 말한다.

철학자가 지금까지는 그 분야가 그에게 가져왔던 어려움들에 대한 신탁관리인Treuhänder이었다면, 그는 이제 다른 사람들의 질문들로 공공연하게 exoterisch 민나는 질문들을 책임지며 일해야 한다.

감히 상담에 나서는 철학자는 지금까지 그러한 기대에 직면해서 매우 "시작am Anfang" 단계에 서 있긴 하지만—그것은 그에게 친숙한 것일 수도 있다. 그것은 모든 철학에 루틴으로 가깝게 놓여 있었던 가장 오래된 이론적 파토스를 실천적으로 변형시킨 것이다. 발터 슐츠Walter Schulz의 인용문은 이것을 증명하는 동시에 내 자신의 숙고들을 마무리할 수 있도록 한다.

> 특별한 직업이라는 의미에서의 철학: 그것은 삶 자체에서 발생하는 질문을 명시적인 형태로 바꾸고, 그것들의 뿌리까지 되돌아가서 그것들[그 뿌리들]로부터 성찰하는 방식으로 극단화하려는 준비가 되어 있다는 것 외에는 아무것도 의미할 수 없고, 의미해서도 안 된다. 쇼펜하우어는 한때 다음과 같이 설명했다. "철학함을 위한 두 가지 요구 사항이 있는데, 첫째, 가슴에 어떠한 질문도 담아 두고 있지 않을 용기를 가지는 것이다. 둘째, 그 자체로 이해된 모든 것을 문제로 파악하기 위해 자신에게 명확한 의식으로 가져오는 것이다." 이 두 가지 요구 사항, 즉 어떤 질문도 억압하지 않고 자명한 모든 것을 문제로 끌어올리는 것은 철학함을 결단 내린 모든 사람에게 없어서는 안 될 기본 조건이다(Schulz, 1982, p. 60).

철학에 대해 유일하게 가능한 비판이자
무언가를 증명하는 비판은,
말하자면 그 철학에 따라
살 수 있는지를 시도하는 것인데,
이는 결코 대학에서 가르친 적이 없고,
항상 말에 대한 말의 비판만 가르쳤을 뿐이다.

————

프리드리히 니체Friedrich Nietzsche

철학자에 관한 한,
그러니까 그를 결코 학문들의 건물에서
일하는 노동자,
즉 학자가 아니라,
지혜의 연구자로서 간주해야 한다.

————

임마누엘 칸트Immanuel Kant

8장

쇠렌 키르케고르,
철학상담과 교양,
그리고 철학상담자는
누구인가라는 질문[1]

 우리가 묻고자 하는 것은 "철학상담이 교양의 문제"인지의 여부인데,
만약 그렇다고 하면 어떤 방식이냐이다. 그런데 이 질문이 바로 코펜하겐
에서 제기되었기 때문에, 철학상담과 쇠렌 키르케고르Søren Kierkegaard의 관계
에 대해 묻는 것도 그와 마찬가지로 분명하게 수긍될 수 있다. 그렇다. 이
곳에서 "쇠렌 키르케고르의 발자취를 따르는 철학상담"이라는 제목이 정
당화될 수 있다. 왜냐하면 실제로 덴마크사람인 그가 이미 우리의 실천적
철학에 대한 주요 공급원 중 한 명으로 소환되기 때문이다. 덧붙이자면,
나에게 그는 실제로 가장 중요한 아이디어 제공자이자 자극을 주는 사람
중 한 명이다.
 철학상담이 하나의 장치로 존재하기도 전에, 그의 독창적인 [저서]『이
것이냐 저것이냐』를 통해서 최고 수준의 철학적 조언의 모범적인 예시 과
정을 그 누가 그처럼 시(詩)라는 형태로 제시했을까? 윤리학자이자 남편이
자 가족의 가장이 실존적 순간의 인간, 즉 유혹의 대가이자 책임의 회피자
를 그 모순 속에서 포착하여, 삶의 기예자들에게 필연적으로 닫혀 있는 통

---

1 이 원고는 2004년 코펜하겐에서 열린 제7회 국제철학상담 학술대회에서 강연한 내용을 수정한 것이다. 학
 술대회의 주제는 "철학상담-교양의 문제"였다. 철학상담과 교양이라는 제목의 원본 버전은 Achenbach
 (2010b, pp. 253-265) 참조.

찰력을 얻도록 돕기 위한 변증법적 세련미―그것은 바로 철학상담의 본보기이다!

그렇다면 "키르케고르를 끊임없이 고찰함으로써" "교양개념"이 철학상담을 위해 지니는 의미를 다루는 것에 반대할 이유는 무엇일까?[2]

물론 그 덴마크인의 철학은 통상적 '교양'과 관련이 없다는 것을 나는 알고 있다. 그런데 도대체 왜 안 될까? 매력적으로 작성된 그의 초기 작품은 곧 실천적인 의도에서 현명하게 연출된 교양의 한 예가 아닌가? 여기서 그 철학자는 동시대인의 눈을 스스로 열도록 하기 위해서 무엇을 제시하는가? 안티고네의 해석, 비극에 대한 생각, 괴테의 『선택적 친화력』에 대한 성찰, 돈 조반니의 광범위한 부연설명, 오페라의 대략적인 이론, 소위 "삶의 기예"의 아이러니한 시연, 그가 "윤작Wechselwirtschaft"이라는 제목 아래에 배치했던 오늘날 유비쿼터스의 엔터테인먼트 산업Unterhaltungswirtschaft[3] 및 기분풀이 경제학Zerstreuungsökonomie의 교활한 조소. 이것과는 또 다른 것, 즉 그의 타의 추종을 불허하는 걸작 『유혹자의 일기』도 잊으면 안 된다. 그것은 겉보기에 터무니없이 희망 없는 의식의 표현, 객관적인 절망인 행복의 풍자화, 진실로 도주하는 권력의 오만불손, 실제로는 빈손으로 가는 승리한 정복자의 모습 등. …

그러한 목록을 사용할 수 있고 그러한 풍부한 이미지와 전승들로 자신의 생각을 활기차게 만들 수 있는 철학자는 교양 있는 철학자라고 명명할 수 있다고 나는 생각한다. 거기에는 응접실의 협소함이 지배적이지도 않고, 책만 읽는 학자나 도서관에 죽치고 앉아 있는 사람의 특별한 지식이 지배적이지도 않다. 오히려 세계의 광대함과 다양성, 그리고 동시에 역사의

---

2 『아이러니의 개념에 관하여. 소크라테스에 대한 끊임없는 고찰과 함께』라는 제목 아래 독일어로 번역 출판된 키르케고르의 박사논문에 대한 암시를 들을 수 있지 않을까?

3 역자 주: 아헨바흐는 이 용어를 아도르노가 말한 '문화산업'과 같은 의미로 사용했다.

깊이가 열린다. 더 정확하게 말하자면, 그러한 것을 마음대로 다룰 수 있는 철학자를 우리는 첫 번째로, 널리 퍼진 그리고 바로 그렇기 때문에 주목하는 교양이라는 의미에서 "교양 있는gebildet"이라고 명명할 수 있을 것이다. 여기서 교양의 증거는 전승과 전통에 대한 광범위한 지식, 모든 전문 분야의 한계를 넘어서서 문학, 음악, 예술 및 연극을 훤히 알고 있는 습득된 능력이다. 그리고 여기에서 "훤히 안다auskennen"는 것은 마치 제2의 고향에 있는 것처럼 그 안에서 움직이는 것을 의미한다.

물론 나는 이러한 이해에서의 교양이 종종 무시된다는 것을 안다. '교양시민Bildungsbürger'을 무시하는 편견이 재빨리 다가온다. 그런데 왜 "교양시민"일까? 이 첫 번째 이해에서, 교양인은 같은 방식으로 또는 오히려 여전히 최고 의미의 "지식인"이 아닐까? 덴마크의 모리스 코헨Morris Cohen은 자신을 게오르크 브란데스Georg Brandes라고 칭했는데, 덴마크사람, 코펜하겐사람, 그리고 현대의 범유럽 지식인이자 가장 폭넓은 시야를 지닌 대가(大家)다운 교양인의 원형이다. 그는 니체에게 키르케고르를 읽겠다는 약속을 하도록 했다. 물론 너무 늦기는 했다. 왜냐하면 니체가 얼마 지나지 않아 쓰러지고 말았기 때문에...

이제 나는 이러한 첫 번째 이해에서의 교양에 대해 뭔가 말을 하고 그에 덧붙여서 그것이 어느 정도까지 철학상담의 사태이기도 한지를 보여 주고 싶다. 교양인Gebildete에 대해 가장 먼저 말할 수 있는 것은 그가 하나 이상의 세계에 살고 있으며, 무엇보다도 그의 현재에 노예가 되지 않는다는 것이다. 이것이 그를 대변하는 것이다. 니체의 말이 그의 좌우명이 될 수 있다.

> 우리 철학자들은 제일 먼저 한 가지 앞에서, 즉 무엇보다도 "오늘" 앞에서 휴식이 필요하다(Nietzsche, 1988c p. 353).

그런데 교양인은 어떻게 "오늘"의 폭정에서 휴식을 준비하는가? 그는 다른 시간대에도 똑같이 집에 있고, 그래서 이전 시대의 위대한 사람들이 어느 정도 그의 동시대인이 되는 것을 통해서이다. 그린데 오직 한 기지만이 이러한 이점을 마련해 준다. 말하자면, 앞서 첫 번째라고 말한 완전히 평범한 의미에서의 교양이다.

그렇다면 철학상담은 어느 정도까지 그러한 교양의 사태인가? 지평들의 폭넓음, 그리고 다양한 정신의 시대에서 습득된 고향의 권리가 왜 철학상담자들을 위한 전제 조건인가? 왜 우리는 그에게 현대적인 것 이외에는 아무것도 아닌 사람이 지닌 그 편협함을 벗어나 극복했다는 사실을 요구하는가?

어쩌면 자신도 모르게 "오늘"이라는 이름의 명령 때문에 고통받고 있는 사람들이 그를 찾을 것이기 때문이다! 그의 상담소에서 그는 '현재로 인한 불구자'로 정확하게 묘사될 수 있는 사람들, 즉 동시대의 사유와 감정으로 인한 희생자가 된 사람들을 만나기 때문이다. 또는 키르케고르가 발견한 과감한 이미지를 사용하자면: "시대적인 의무라고 느끼는 요구"를 위해 "병역"를 해야 한다고 느끼는 사람들이 있지만, 아마도 "시대의 요구"에 복종하지 않고 자신에게 충성을 지켜야 한다고 생각하면서, 이러한 부역을 거부하려고 하는 사람들이 찾아온다. 이에 대한 자세한 내용은 키르케고르의 "문학적인 광고"에서 찾을 수 있다. 나는 다음과 같이 인용한다.

> 나 자신은 ... 다행히도 병역을 의무로 하는 자로서 시대의 요구와 아무 관련이 없었다. 내게 당대의 병역의무가 생겼던 것과 마찬가지로 시대의 요구도 생겨났다. 즉, 나는 지체하지 않고 제대했고, 둘 다 모두 내가 원하던 바였다. 그런데 제대하는 것으로부터 시작할 경우, 항상 사태에 너무 깊이 관여하지 않는 이점이 있다(Kierkegaard, 1983, pp. 6-7).

사실, 대다수의 사람들에게 그 모호한 "오늘"에 필적할 만한 방식으로 요구를 정당화하는 권위는 현재에 없다는 것이 내 인상이다! 타당성 역시, 그것이 여전히 논의되고 있는 한, 그것은 "현재zur Zeit" 유통되고 있다는 것에서 추정된 자명성이라는 가상(假像)과 연관된다. 그러므로 일반적으로 근대성을 현재의 폭정, 현재의 전제정치, 오늘날의 독재, 그리고 모든 것을 포착하는, 즉 생각하고, 판단하고, 바라고, 소중히 여기고, 희망하고, 두려워하는 것의 무자비한 유행의 권력으로서 묘사하는 것은 나쁘지 않다. 그래서 많은 독재 정권의 경우와 마찬가지로 여기에도 동일하게 적용된다. 많은 사람은 그들의 보호에서 편안함을 느끼는 반면 일부는 고통을 받는다. 대부분은 파도 위에서 헤엄치지만 소수는 파도에 가라앉는다. 그리고 내 경험으로부터 덧붙이자면, 철학상담에서 우리를 찾아온 사람들은 그 소수이자 보기 드문 자들이다. 키르케고르처럼 "시대의 요구"를 위한 병역에서 제대한, 교양인을 만날 기회가 없었다면, 그곳에서 그들을 기다리고 있었던 것은 무엇일까? 어떤 한 "시대의 동지", 즉 그 종(種)의 표본이 그들을 기다리고 있었으며, 그로부터 그들은 바로 우리와 함께 피난처를 찾고 있었던 것이다!

키르케고르 전문가에게 다음과 같은 질문이 제기될 수 있다. 이러한 의미에서 키르케고르가 플라톤에서 하버마스에 이르는 그의 철학적 동료 중 몇몇과 같이 교양의 대표자라고 말할 수 있을까? 아마도 니체를 제외한다면 누가 그보다 더 '현재에 대한 반체제주의자'이자 근대성의 비판자였을까? 이처럼 그는 "오늘"의 절대주의로 괴로워하는 모든 이들의 타고난 동맹자이다. 게다가, 나는 교양인 키르케고르를 그와 동시대의 수많은 인색하고 완고한 사람들보다 소크라테스가 그에게 더 가깝다는 사실에서 인식한다. 그리고 그는 그에 걸맞게 누구와 이야기했는가? 헤겔과 함께! 그리고 잘했다! 왜냐하면 누구에게서 그가 더 영리하고 더 광범위한 대화 파트

너를 찾을 수 있었을까? 헤겔이 더 이상 살아 있지 않다고 이의를 제기해야할까? 이 얼마나 터무니없는 이의인가! 그는 키르케고르를 위해 살았고, 키르케고르에게 그는 어떤 다른 누구와도 달리 살아 있는 현재였다! 그것이 내가 바로 모든 종류의 교양에 대한 구성 요소로 삼을 관계이다. 그러나 그것에 대해서는 나중에 더 많이, 그리고 필요한 것을 말할 것이다.

그 전에, 오히려 논제이자 힌트를 덧붙이자면, 나는 또한 키르케고르가 어느 정도 본능적으로 언론을 싫어했다는 데에서 그를 교양인이라고 인식한다. 그의 한탄은 다음과 같다.

"아, 일간신문에 대해 화가 난다! 만일 그리스도께서 오늘날 세상에 오셨다면, 맹세코 그는 진정 대제사장들이 아니라 언론인들을 겨냥할 것이다"(Kierkegaard, 1910, p. 241).

이 한탄은 니체의 독설과 같은 입장에 서 있다. "또 한 세기의 신문들— 그리고 모든 단어에서 악취가 난다"(Nietzsche, 1988d, p. 73). 키르케고르와 니체는 둘 다 여전히 [독일어] "차이퉁(신문)Zeitung"이라는 단어에서 [독일어] "차이트(시간)Zeit"를, 그리고 "저널리즘Journalism"이라는 단어에서 [프랑스어] "레 쥬르(날짜)le jour"를 분별해서 들을 수 있는 예리한 귀를 가지고 있었다. 반면에 교양은 예로부터 날짜와 시간을 넘어서려 노력해 왔고, 연도와 날짜는 마찬가지라고 간주했고, 결코 시류에 편승하지 않고, 우주 나이의 정신은 아니더라도 항상 수 세기의 정신, 시대의 정신을 호흡했다.

방금 나는 예로부터 그 지식과 인식이 멀리 떨어져 있거나 진부한 것이 아니라 현존하며 살아 있는 것이라는 점이 교양의 구성 요소라고 말했다. 이로써 나는 교양의 두 번째 의미에 간접적으로 다가간다. 왜냐하면 교양은 너무 가까운 것을 치유의 방식으로 멀리 옮기는 것뿐만 아니라 현재화하는 마법이기도 하기 때문이다. 즉, 거기에서 과거는 바로 지나간 것이 아니다.

우리가 이 관점에 잠시 머물러 본다면, 모든 형태의 철학 중에서 어떠한 것도 철학상담만큼 교양의 사태인 것은 없다는 것을 더 자세히 알게 될 것이다! 설명을 좀 더 하기 위한 허락만이 필요하다. …

위대한 철학—최근 그 철학을 대표해 온 이름들을 언급하자면, 헤겔, 셸링, 쇼펜하우어, 키르케고르, 니체가 있는데—은 항상 교양비판으로 개진되어 왔다. 이들은 교양을 비판했는데, 어느 누구도 철학적으로 의미되고 추구되는 것을 그것과 혼동하지 않도록 [그렇게 한 것이다]! 그리고 내 입장에서는 그런 교양비판의 결과인 교양을 두 번째 단계로 소개하고 철학상담에 대한 그것의 중요성을 언급하고자 한다.

헤겔은 그의 『정신 현상학』에서의 "소외된 정신. 교양"이라는 장에서 교양에 대한 모범적이고 급진적 비판을 개진했다. 헤겔이 거기에서 소외되었고 그와 같이 소외시키는 교양 정신으로 제시한 것은 "모든 것을 압도하는" "판단하기와 말하기"이며, 그것의 언어는 단지 "재기발랄"하다(Hegel, 1986b, p. 386). 그런데 그 자체로서 그것은 "모든 것을 판단하고 설득할 뿐만 아니라 판단을 내리는 규정들처럼 현실의 확고한 본질들을 그것들의 모순들 속에서 재기발랄하게 말할 줄 아는"(Hegel, 1986b, p. 389) "허영심"이다.

이러한 정신이 철학상담에서 무엇을 야기하게 될지 내가 간단히 말해도 될까? 그것은 정신적인 예리함이라는 산성 욕조에서 각각의 문제들을 녹이고 모든 괴로운 일을 결국 잡담의 입김 이외에 아무것도 남지 않을 때까지 지적으로 증발시키는 힘이 될 것이다. 헤겔은 궤변술의 의심할 나위 없는 정교함을 통해서 교양의 힘이라는 역사가 시작되었다고 보았는데, 그처럼 모든 것을 파괴하고, 흩어지게 하는 교양의 힘에 대한 문학적인 예를 다름 아닌 괴테가 번역했던 디드로의 "라모 조카"에서 찾았다. 이러한 지적인 교양의 승리는 결국 냉소주의인데, 그것은 모든 것으로부터 정교하게 분리되어, 아무것도에도 속하지 않고 자유롭게 떠다니고, 지치고 짐을 진 자들이 비참한 삶을 근근이 이어 가는 저지대에 대해 초연하다. 철학상담의 정신이 그러한 삶이 지닌 경박함의 정반대로서 어느 정도까지 파악될 수 있는지, 자세히 해명할 필요가 있을까?

그런데 헤겔은 살롱식 지적인 교양의 이 회려한 형태를 비판했을 뿐만 아니라 전승된 것을 단순히 수집하고 비축해 두는 또 다른 형태도 비판했다. 후자에서는 소위 "정신의 회계담당자"가 그 주요 사태인데, 이들은 "마치 상점의 직원처럼… 자신의 재산은 전혀 얻지 못한 채 다른 이의 재산에 대해서만 계산하는"… "말하자면, 다른 사람들을 위해 진리였던 진리에" (종사한다)(Hegel, 1986c, p. 48). 그들에게 철학적 진리는 의견들과 생각들의 저장고가 되었고, 그들은 그것들을 마치 잘 손질된 진열장에 전시된 보석과 같을지라도 돌이나 블록처럼 취급한다. 이처럼 보존하는 일을 하는 철학적 교양인은—헤겔의 이미지를 이어 가자면—지불 수단으로서 유통이 중단된 지 오래되어서 더 이상 아무것도 살 수 없는 보물들을 비축하고 있다. …

그러나 두 가지 형태의 교양에 대한 헤겔의 비판을 가차 없이 자신의 것으로 받아들이려 한다면 나는 주의를 촉구한다. 왜냐하면 다음의 질문 때문이다. 그가 두 가지 모두에 대해 제기하는 이의란 무엇인가? 그것들은 진리, 실체에 무감각하기 때문에 진리인 타당성 및 객관적 요구 사항의 구속력 있는 유효한 내용을 알지 못한다는 것이다. 그의 평가는 역사철학적으로 간략하게 요약될 수 있는데, 교양은 주체가 구속력 있는 진리에 대해 더 이상 아무것도 알지 못하자마자 즉시 등장한다. 교양은 영적 허무주의에 가리워진 베일이다. 후두암이 [걸린 목 위에] 나비넥타이를 묶고 곧 죽을 병자der Moribunde는 교양으로 자신을 장식한다.

그러나 내가 이미 말했듯이 주의를 촉구한다! 헤겔의 철학에 전적으로 동조하면서도, 나는 특히 철학상담자로서 나에게 그가 진리에 대해 어느 때보다도 친숙한 위치에 있다는 인상을 주는 사람이지만, 당분간은 그를 신뢰하지 않으려 한다. 상담을 하는 실천적 철학자에게 우리가 가지고 있지 않은 자산을, 우리가 어디로부터 끌어내야 할지 말할 수 없는 자산을 마치 가지고 있는 것처럼 보이는 것만큼 비참한 일은 아마도 거의 없을 것이다. …

나는 니체가 제기한 교양비판에 시선을 던지는 게 의미가 있다고 생각한다. 분명히 그것은 외관상 헤겔의 비판만큼이나 의미심장하게 다가온다. 그런데 나는 그 비판에서 발생하는 요구가 실천적 철학자에 의해 충족될 가능성이 더 높다고 생각한다. …

무엇이 노출되고 있는가? 실제로 적절히 적용되지 않고 자신의 것으로 되지 않았던 모든 단순한 지식이 노출되었다. 니체의 『반시대적 고찰』 2부에서 근대적 교양인은 "궁극적으로 엄청난 양의 소화되지 않는 지식의 돌을 자신과 함께 끌고 다니다가 마치 동화에서 말하듯이 그것들이 때때로 몸 안에서 덜커덕거린다."라고 말한다. "교양"을 배반하는 것은 이 덜커덕거림이다…(Nietzsche, 1988g, p. 272). "이것은 내시가 지닌 성별(性別)이다."라고 그는 덧붙이고 나서, "내시에게 한 여자는 다른 여자와 같으며 그냥 여자일 뿐" 그 자신은 그런데 "남자도 여자도 아닌 … 단지 중성이다". 그것은 "속이 텅 빈 교양 있는 사람"이며, "영원한 … 객관성" 속으로 사라질 것이다(Nietzsche, 1988g, p. 284).

이러한 유형의 교양인에 대한 확대와 과장이 결국 차라투스트라가 조롱하는 학자들이다.

> 거리에 서서 지나가는 사람들을 바라보는 것처럼 그들도 기다리며 다른 사람들이 생각한 생각을 바라본다.
> 그것들을 손으로 잡으면, 그들은 밀가루 자루같이 먼지를 뒤집어쓴다.
> 그리고 의도치 않게: 그러나 그들의 먼지가 곡식으로부터 유래하고, 여름 들판의 노란 희열에서 유래한다는 것을 누가 알아맞힐 것인가? …

그들은 제분소처럼 일하고 찧는다. 사람들은 그들에게 자신의 농작물 낟알들을 던진다!—그들은 낟알을 작게 갈아서 그것들로부터 흰 가루를 만드는 것을 이미 알고 있다(Nietzsche, 1988a, p. 161).

그러나 나는 더 이상 인용을 하지 않으려고 조심한다. 왜냐하면 마지막에는 나 역시도 차라투스트라가 "교양의 땅" 어디에서나 찾을 수 있는 것과 같은 "접착된 종이" 더미 외에는 아무것도 제시하지 않았기 때문이다(Nietzsche, 1988a, pp. 153-155).

그래서 나는 이 모든 것에 대해 다음과 같이 묻기 위해 멈추었다. 철학 상담이 그러한 교양비판과 어떤 관련이 있을까? 철학의 다른 형태와는 다르게 교양에 대한 이러한 비판을 그 자신의 사태로 만드는 것이 철학상담이다. 왜 그런가?

첫 번째 대답은 아래의 "메모"인데, 단지 내가 그것을 좋아하기도 하지만, 다른 어느 곳에서도 여기에 필요한 정보와 설명을 더욱 강력하고 적절한 비유로 제시하지 못하기 때문이다. 그 메모는 쇼펜하우어의 손에서 가져온 것이다.

소화되지 않은 노폐물로 다른 사람을 먹여 살릴 수는 없고, 오직 자신의 피에서 나온 젖으로만 먹여 살릴 수 있다(Schopenhauer, 1991c, p. 426).

그러므로 모든 것을 단지 피상적으로 읽고, 배워 익히고, 흉내 내서 말하는 것을 통해서 철학상담자는 필연적으로 실패할 것이고, 더 고약한 것은 스스로를 우스꽝스럽게 만들 것이다. 도움이 필요해서 우리에게 조언을 구하는 어떠한 사람도 우리가 그에게 다른 이의 식탁으로부터 부스러기들을 던져 주는 것에서 도움받지 못하며, 다른 사람이 생각했던 것을 우리가 흉내 내서 말하는 것을 제공받기 위해서 우리에게 오지 않는다. 오히려 우리의 손님은 우리와 환담을 나누기 위해서 온다. 그런데 이러한 환담은 그 시작과 토대를 우리가 강의를 하거나 혹은 배운 것을 암송하는 데에 두지 않고, 우리가 듣고 이해하는 데에 둔다.

이로써 그 철학적 교양비판의 핵심이 발설된다. 우리가 철학적으로 획득할 수 있었던 것이 실제로 우리 자신의 것이 되었는지의 여부는 우리가 그것을 반복한다는 것이나 우리가 그것을 우리 편에서 이해했다는 것에 의해서가 아니라 오히려 우리가 그와 함께 이해한다는 것을 통해서만이 증명될 수 있다! 우리가 철학적으로 성장하여 철학적 교양이라는 명예로운 칭호를 얻은 것은 우리가 방문자에게 전달하는 것을 아는 데에서가 아니라 방문자가 우리에게 전달하는 것을 우리 편에서 어떻게 파악할 수 있는지에서 드러난다.

이렇게 정화된 두 번째 의미의 철학적 교양은 따라서 말재주의 훈련이 아니라 듣기의 세련화이다.

나는 이러한 두 번째 의미에서 철학적 교양인을, 그가 무엇을 말하는지가 아니라 그가 어떻게 듣는지에서 인식한다.

그리고 내가 그에게 기대하는 바는 다음과 같다. 그는 많은 철학자의 말을 경청하는 것을 배웠던 사람으로서―그에 따라 다양한 생각, 그 외에도 매우 다른 인성과 성격들에―귀 기울일 수 있고, 뉘앙스들, 즉 높은 톤, 낮은 톤, 중간 톤에 대한 것, 완고한 것들, 분위기들, 심정상태들에 대한 정교한 귀를 가질 수 있도록 훈련했다. 또한 그는 생각을 즉시 만져서 작업하고 마치 집게로 앞뒤로 뒤집기 위한 까다로운 논거들로서 받아들이지 않고, 오히려 생각이 스스로를 그 안에서 감싸거나, 아마도 옷을 입거나, 아마도 감추거나, 가능하면 위장시키도록 하는 음영과 색깔에 대한 감각을 계발시켰는데, 이로써 그 생각을 알아맞히면서 이해하게 되었다.

이제 그러한 요구들은 외적인 교양에 대한 비판을 전제로 한다고 말하는 것이 여전히 필요한가? 철학상담의 사태는 그러니까 단순한 지식과 지식 수집이 아니며, 철학상담자는 방문자에게 아무것도 먹일 필요가 없다. 오히려 문제는 그가 자기 입장에서 그 스스로 철학적으로 영양이 풍부해지고 강화되었는지, 그러니까 손님이 그에게 먹이로 준 것을 그가 잘 소화하는지의 여부이다.

그것이 철학상담의 시선으로 제기된 교양의 질문이며, 이는 두 번째로 중요한 의미에서의 교양을 말한다. 그것은 알차게 경청하는 능력을 입증함으로써 그 시험에 통과한다. 이는 마치 『이것이냐 저것이냐Entweder-Oder』에서 윤리학자가 그 불안정한 삶의 거장을 일찍이 자신을 이해할 수 있었던 것보다 더 잘, 그리고 더 철저하게 이해할 수 있을 때까지 경청하고 지켜보는 것과 같다.

그러나 잠시 『이것이냐 저것이냐』를 제쳐 두자. 나는 실천적으로 효율적인 철학 이론을 광범위하게 발전시키고 따라서 우리에게 특히 가치 있는 덴마크인의 저작을 언급할 기회를 갖고 싶다. 키르케고르는 그것을 『작가로서의 내 효율성에 대한 관점』이라는 제목으로 출판했다.

그 안에서 그는, 특히 두 번째 이해에서의 교양이 경청의 기술로서 어떻게 스스로를 증명하는지를 보여 준다. 그리고 그는 이 교양 있는 청취자를 "또 다른 교사"라고 부른다. 그리고 우리는 이 다른 교사에게서 익명의 철학상담자를 알아볼 충분한 이유가 있다. 그 "보통의" 교사로부터 그 "다른" 교사를 구별하는 결정적인 차이점은 무엇인가? 키르케고르에 따르면, 그는 "지식을 가르쳐야 하는" "무지한 사람"을 상대하지 않는다. 그래서 "채울 수 있는 빈 그릇"도 없으며 "누군가가 원하는 대로 쓸 수 있는 순수한 종이"도 없다. 다른 사람은 자신의 편에서 자신의 생각에 사로잡혀 있는데, 다른 사람이 그에게 접근할 수 있도록 하기 전에 먼저 자신의 생각을 불확실하게 만들어야 한다. 이러한 다른 교사, 그러니까 장래에in spe 철학상 담자가 될 사람에 대해 키르케고르는 이제 다음과 같이 말한다.

> 교사는 이렇고 이렇다는 것을 말하는 것도 아니고, 그렇다고 수업을 포 기하는 것도 아니다. 더욱이 그가 배울 수 있고 배우기를 원한다는 사실 이 교사를 만든다. 그 가르치는 일은 교사인 당신이 학생으로부터 배우고, 당신을 학생이 이해한 것과 (만일 당신이 이전에 스스로 이해하지 못한 경우) 그가 어떻게 이해했는지 그 안으로 당신을 옮겨 놓음으로써 시작된다. 혹 은 당신이 이미 그것을 이해했다면, 당신의 것을 확실히 알고 있다는 인상 을 그에게 주기 위해 그가 당신의 말을 듣도록 해야 한다 ... 이것이 서론이 다. 그리고 나서 가르치는 것은 다른 의미로 시작될 수 있다(Kierkegaard, 1922, p. 21).

우리가 그러한 태도를 습득된 교양으로서 파악하고, 그것이 철학상담 자에게서 기대된다는 것을 이해한다면 철학상담을 위해 많은 것을 얻을 수 있다. 그러나 이것을 키르케고르의 『작가로서의 내 효율성에 대한 관점』에 서 차용한 두 구절과 함께 다시 뒷받침함으로써, 나는 철학상담에 없어서 는 안 될 것 같은 교양의 그 다음, 더 나아간, 세 번째이자 마지막 개념을 준비하려 한다. 그러니까 우선 지금까지 인용했던 것에 자연스럽게 이어 지는 두 인용문이 있다.

> 다른 사람을 특정한 지점에 데려가려 한다면, 무엇보다 그가 있는 곳에 서 그를 찾을 줄 알아야 하고, 거기에서 시작해야 한다(Kierkegaard, 1922, p.19).

그런 다음, 그는 이러한 권유를 다음과 같이 설명한다.

이것이 모든 도움을 주는 기예에서의 비결이다. 이것을 이해하지 못하면서도 자신이 다른 사람을 도울 수 있다고 생각하는 사람은 그 자신이 상상에 사로잡혀 있는 것이다. 내가 진실로 다른 사람을 돕고 싶다면 그 사람보다 내가 더 많이 이해해야 하지만 무엇보다 그가 이해하는 바를 이해해야 한다. 그렇지 않다면 내가 더 이해한 사실, 그리고 더 이해한 바는 그에게 아무런 도움이 되지 않는다. 그럼에도 내가 그 사실을 주장하려 한다면, 나는 허영심이나 자부심에서 그것을 한다. 즉, 근본적으로 나는 그에게 아무런 도움이 되지 않고, 그로부터 존경받고 싶은 것이다. [반면에] 모든 진실한 도움은 겸손에서 시작된다. 돕는 자는 먼저 그가 돕고자 하는 사람들 가운데서 자신을 낮추어야 하며, 돕는 것은 다스리는 것이 아니라 섬기는 것이라는 것을 이해해야 한다. 사람을 도울 때는 권력지향자가 아니라 인내하는 자가 되어야 한다. 돕는 자는 우선은 자신이 틀렸고, 다른 이가 이해하는 바를 이해하지 못했다는 것 안에서 기꺼이 자신을 발견할 준비가 되어 있어야 한다(Kierkegaard, 1922, pp.19-20).

여기서 관건인 것은 괴테의 메모에 나와 있는 『선택적 친화력』에서 가장 간략한 버전으로 발견된다.

자신을 전달하는 것은 자연적인 일이다. 전달된 바를 주어진 그대로 받아들이는 것은 교양이다(Goethe, 1973, p. 384).

그러나 이 문장을 인용함으로써 내가 고지했던 교양의 세 번째 관점이 이미 드러났다. 이 세 번째, 아마도 본질적인, 철학상담과 관련하여 어떤 경우에 있어서도 필수불가결한 의미에서의 교양은 실제 습득된 태도로서, 아비투스로서, 즉 가능한 지식의 내용뿐만 아니라 한 사람에게 근본적인 존재 상태이기도 하다. 요컨대, 철학상담은 철학상담자가 무엇을 알거나 생각하느냐가 아니라 그가 누구인가에 좌우된다는 점에서 교양의 문제이다. 더 정확하게는 그가 누구로 되었는지이다. 그러나 이렇게 '되기Werden'의 결과는 그의 교양의 결과이다.

이 시점에서 "교양"은 적어도 단어와 개념으로서 원래 매우 독일적인 사안이라는 점을 지적하는 것이 적절하다. 외국어로서의 독일어는 다른 언어에 이미 무엇을 남겼는가? 그 유명한 "킨더가르텐(유치원)"―[이 단어가 널리 퍼진 것은] 프뢰벨Fröbel 덕분이다! 그리고 내가 들었던 것에서 "뤽삭(배낭)"이란 단어도 널리 퍼졌다.[4] 그런 다음에 그러니까 무엇보다도 우리를 몰두하게 하는 핵심 개념은 '교양'이다.

나는 이 단어가 어떻게 독일어에서 자신의 길을 찾았는지에 대해 상세히 논하지는 않으려 한다. 마이스터 에크하르트(Meister Eckhart, 1260?~1328?)를 통해서 살펴보자면, 그는 그의 단계 이론을 발견했고, 인간이 도달할 수 있는 가장 높은 단계를 여섯 번째 단계로 간주했는데, 거기서 인간은 하느님의 모상임을 "덧입기überbildet" 위해서, 자기 자신을 "벗어 버려야entbildet" 한다. 이것은 간략한 발표로 담을 수 없는, 신학적으로 매우 수준 높은 가르침이다(Eckehart, 1963, pp. 140-142).

그 대신, 나는 독일에서 아마도 가장 수준 높은 교양개념을 대표했던 사람을 언급하고 싶다. 그리고 덧붙이자면, 바로 그 가장 수준 높은 교양개념을 이제 철학상담이 계승해야 한다. 만약 그것이 자신의 사태를 통해서 진지하게 되고 철학상담이라는 칭호를 실제로 얻으려 한다면 말이다. 내

---

4 역자 주: 한국에서는 "아르바이트"란 단어도 널리 사용되고 있다.

가 여기에서 세 번째로 명명한 이 교양개념은 오늘날 그의 이름을 딴 베를린 대학의 중요한 설립자인 빌헬름 폰 훔볼트(Wilhelm von Humboldt, 1767~1835)의 것이다.

훔볼트에게 교양이란 무엇인가? "우리 현존재의 과제"를 이행하는 것, 즉 "우리 개인에게서 인간성의 개념"을 "가능한 한 광범위한 내용"으로 제공하는 것이다(Humboldt, 1964, p. 6). 그러나 그 최종 의도는 "교양, 지혜 및 덕"이 인간의 "내적 가치"를 높게 발전시켜서, "만일 인간성 개념을 한 사람의 유일한 사례로 뽑아내야 했을 때, 그것이 위대하고 가치 있는 내용을 얻게 하도록 만드는 것"(Humboldt, 1964, p. 7)이라고 할 수 있다.

이로써 훔볼트가 교양의 목표이자 척도로 설정한 것을, 내가 만들어 낸 이야기, 즉 호기심을 자극하고 이를 위해 상상력을 동원하는 이야기를 통해 나 자신에게 분명히 하고자 한다. 그것은 가상의 청중에게 하는 연설문이다.

"모든 개연성을 거슬러서 한번 상상해 봅시다. 먼 행성의 우월한 거주자들이 탐험하도록 보냈던 우주선이 어느 날 지구에 착륙했고, 이제 이 외계인들은 그들의 고향행성에서 인간에 대한 표상을 만들 수 있기 위해서 당신을 인간의 유일한 표본으로 배에 태웠다고 해 보세요. 그리고 이제 당신은 그 외계인들이 당신을 선택하기로 결정했을 때, 좋은 선택을 했다고 깨끗한 양심으로 확신할 수 있었는지를 자문해 봅시다. 그러니까 당신 개인에게서 인간성이 최고로 대표되고 당신으로 인해 인간성 자체를 위한 영광을 얻었다고 해 보지요. 당신이 이런 방식으로 이런 질문을 스스로 던지면, 당신은 훔볼트식의 의미에서 교양의 상태에 대한 질문을 스스로에게 던지게 됩니다."

이 가상의 이야기에서 우리는 오늘날 사람들이 말하는 것처럼 이 질문에 대한 대답이 얼마나 "복잡한" 것인지 알 수 있다. 모든 일면적인 것은 여기에서 권리가 없을 것이다. 인간성이 분자생물학자나 서커스 공중그

네 예술가로 정당하게 대표된다는 것은 상상하기 어렵다. 그리고 선발 위원회가 호기심 많고도 뻔뻔한 아이디어, 즉 플레이보이 매거진의 슈퍼모델이나 주간 미인을 대표자로 외계인들에게 제안하는 아이디어를 낸다면, 나 역시도 승인을 거부할 것이다. 여기서 나는 인간성의 대표자라는 말보다 소크라테스의 말을 인용하자면, "아름다운 영혼"을 가진 그 인간을 선호할 것이고, 그가 매우 못생겼음에도 불구하고 아테네 아고라의 난쟁이이자 여우일지도 모를 그를 가장 높게 여길 것이다.

무엇보다도 그는 우리가 전통적으로 덕이라고 부르는 모든 좋은 자질을 갖추어야 했을 것이다. 그는 사려 깊고 지혜로워야 했으며 이성적인 목적을 위해 자신의 수단을 선택하는 데 현명하고, 다른 사람을 평가하는 데 관대하고, 자신을 대하는 데 사랑 가득하고, 우리의 관심을 받을 만한 모든 것에 마음이 열려 있고, 헤아릴 수 없는 운명에 직면하여 태연해야 했을 것이다. 그는 건넨 말에 충실했고 불신할 동기가 없는 곳이라면 어디든지 신뢰를 선사했을 것이다. 그의 견해는 잘 숙고된 상태일 것이고, 여러 갈래의 길에서 수집된 경험, 침묵 속에서 성숙된 그의 판단력은 올바를 것이다. 왜냐하면 그는 모든 일에서 자신의 이익만이 아니라 그 사태에서 얻을 수 있는 최상의 결과를 추구했기 때문이다. 그는 자신이 원하는 것이 무엇인지 알고 있을 것이고, 그 전에도 자신이 무엇을 할 수 있는지 알고 있다. 왜냐하면 그는 자신을 과대평가하는 것을 두려워하기 때문이다. 이것이 겸손을 실천하는 그의 방식일 것이다. ...

그의 성격은 분명하고 뚜렷할 것이다. 그래서 그를 믿을 수 있다. 최고가 그의 본보기이었을 것이므로, 그는 나쁜 것에 대한 변명을 하거나 어중간한 것에 숨어 들어가는 것을 경멸했을 것이다. 요구되어야 할 것을 그는 남이 아니라 자신으로부터 먼저 요구했다. 그의 말은 정직하고, 그의 정신은 사심이 없고, 그의 가슴은 온화하고, 그의 생각은 정리되어 있고, 그의 희망은 약속이고, 그의 두려움은 정당하고, 인생의 짧음에 직면해서 그는 유머로 버틸 수 있다는 것을 이해했을 것이다. 그래서 그는 명랑한 기분을 지녔고, 대체로 낙관적이었을 것이고, 전체를 보면서, 좋은 시간에 그에게 감사할 계기로서 그에게 떠오르는 것을 자신, 그리고 자신의 운명과 함께 동의했을 것이다. 비록 그가 누구에게 간결하게 말할 수는 없었을지라도.

이 작은 선택과 목록이 나에게 중요한 것을 충분히 설명했을까? 물론 나는 끝까지 확장하고 더 정확하게 만들려고 묘사할 수도 있다. 그러나 아마도 그것은 전혀 필요하지 않을 것이다. 아마도 그 사이에 내가 습득된 태도로서 세 번째 의미에서의 교양을 무엇이라고 이해하는지, 그리고 훔볼트가 그것을 생각했던 것처럼 인간교양이라는 꽤 유명한 이념과 전적으로 일치한다는 것이 충분히 분명해졌을 것이다. 따라서 이러한 해명에 다시 한 번 다음의 질문을 추가하기에 충분하다. 철학상담은 그러한 교양의 문제인가? 그것의 정당화와 성공은 철학상담자가 이 가장 수준 높은 기준에 대해 자신을 측정하는 것을 부끄러워할 필요가 없다는 사실과 관련이 있는가? 내 대답은 '예.'이다.

그런데 마지막으로 내가 세 단계로 소개하려고 노력했던 이러한 교양 개념에서 철학상담은 또 다른 자신만의 척도를 더 지니고 있는데, 어떤 면에서 그것의 목적, 즉 그들의 손님 및 방문객과의 대화에서 그들의 "어디-로Wo-hinaus"가 있다. 다른 말로 하자면, 철학상담이 표방하는 것은 건강도 영리함도, 사업을 통해서 이룬 성공도 아니고, 예를 들자면 사람들에게서의 인기도 아니다. 그것은 철학상담에 조언을 청하는 사람들의 교양을 장려하려는 것이다. 철학상담에 조언을 청했던 사람들을 마침내 삶의 숙달자로 떠나보낸다면, 이는 철학상담의 가장 큰 성공이 될 것이다. 왜냐하면 그것이 교양의 새로운 단어인 삶의 숙달이기 때문이다. 그 안에 오늘날 교양이라고 부를 수 있는 것이 포함되어 있다.

인간은 그에게 과도한 요구를 함으로써만 올바르게 되는 피조물이다.
말하는 유인원들에게 일반적으로 요구되는 것보다 더 많은 것을 요구받을 때,
자기 스스로가 될 수 있는 존재이다 (…)
유사한 의미에서 키르케고르는 다음과 같이 강의할 것이다.
인간에게 잘하려는 사람은 누구나 그들에게 어려움들을 마련해야 한다.

페터 슬로터다이크 Peter Sloterdijk

철학상담과 덕[1]

　나는 다음과 같이 하나의 테제로 시작하고 싶다. 철학상담자에게 직장의 일상은 여타의, 말하자면 "사적인" 삶에서 일종의 "특별한 경우Sonderfall"일 뿐이다. 왜냐하면 직장에서 그에게 요구되는 검증은 그가 영위하는 일상생활의 단조로움에서 그에게 요구되는 검증과 본질적인 측면에서 구별될 수 없기 때문이다. 철학상담자는 상담 활동에 임하는 데에 있어서, 물론 "특별한" 방식으로 요구되지만, 그가 이 특별한 요구 사항을 어떻게 충족하는지는 그가 삶의 문제, 그리고 어려운 상황에 대처하는 그의 다른 능력과 근본적으로 다르지 않다. 적어도 그것과 다르지 않아야 한다. 바꾸어 말하자면, 철학자에게서 기대되는 바는 여타의 시민적인 직장의 일상에서나 학문적인 영역에서 흔히 그렇듯이, 사적인 개인으로서와 직업인으로서의 사이에서 구분이 없는 것이다.

　같은 것이 이렇게도 표현될 수 있을 것이다. 철학상담자가 자신의 삶을 영위하는 것처럼 상담소에서도 마찬가지로 그것을 마주한다. 그리고 덧붙이자면, 그의 상담소를 방문한 자는 그렇게 그를 마주할 수 있어야 한다.

1　이 원고는 1998년 철학상담의 탄생지인 베르기쉬 글라드바흐에서 열린 제4회 국제철학상담학회 개막식에서 강연한 내용이다.

그런데 왜 그런가? 상담소에서 그를 찾는 사람들은 철학상담자가 그 자신의 삶에 대한 시선에서 스스로에 대해 자신의 방식을 통해서 삶에 실천적으로 답변해야 하는 똑같은 질문을 가슴속에 가지고 있기 때문이다. 이것이 그 질문인데, "나는 어떻게 살아야 하는가?" 또는 "나는 도대체 어떻게 살고 있는가?"

그런데 우리 방문자는 대체로 그 자신의 삶에서 대처할 수 없었으면서도, 내게는 자기 자신을 [돌봐 주기를] (과도하게) 기대한다. 그에게는 자신의 맞은편에 앉아 있는 철학자가 삶에서 중요한 의미를 그대로 놔둔 채 "단순한" 생각으로만이 아니라, 그의 문제를 설득력 있는 방식으로 삶에서 입증된 고려 사항과 함께 대답할 것이라는 정당한 요구가 허용되어야 한다. 그렇다면 어떤 식으로든 시급한 삶의 문제에 대해 조언을 요청받은 철학자로서 나는 항상 "나 자신과 함께" 대답해야 할 것이다. 이는 또한 나 자신조차도 내 삶에서 입증할 수 없었던 고려 사항들이라고 짐작될 경우에도 해당된다. 말하자면, 방문자는 내가 그에게 생각해 보라고 주는 발전된 생각이 어느 정도까지 나 자신에게서조차 실현될 수 없었는지, 왜 내가 그것을, 그러니까 "단지" 생각으로서 논의할 수 있는지를 경험할 권리가 있다는 것이다. 왜냐하면 권고 사항을 제공한다는 것은, 만일 그것에 내가 철학자로서, 즉 자기인식적인 인간으로서 내 입장에서 따를 준비가 되어 있지 않다거나 내지는 그 권고 사항에 내 자신이 상응할 능력이 없을 경우, 그것은 기만이자 적어도 속임수가 될 것이기 때문이다.

짧게 말하자면: 사람들이 상담소에서 나에게 과도하게 기대하는 것처럼, 내가 내 편에서 나의 손님에게서 과도하게 기대하는 것은 다르지 않다. 그리고 그것이 바로 고유한 '삶을 이끌어 가는 것'에 대한 질문을 긴급하게 만드는 것인데, 그와 함께 나 자신과 다른 사람들을 위해 제공하는 문제로서 나 자신에게 부여하는 형태로 된 질문이다. 그렇기 때문에 덕들이

우선적으로 철학상담자에게 중요하다. 왜냐하면 철학상담에서 그의 삶의 근본적인 존재 상태는 소위 "사적인" 것으로서 제외될 수 없으며, 상담에서의 진전을 결정적으로 함께 규정하기 때문이다.

이와 더불어서 설상가상으로, 내가 평소 사람들에 대해 가지고 있는 과도한 기대는 상담소를 찾아온 내 방문자들에게 특히 중요한 의미를 지닌다. 왜냐하면 이미 자신과 자신의 문제에 압도된 사람들은 대체로 다른 사람(이 경우 상담소에서는 철학자)이 야기한 문제에 해를 입지 않고 대처할 수 있는 저항력이나 확고부동함이 부족하기 때문이다.

따라서 첫 번째 고려 사항을 요약하자면: 습득되었고 또한 평생 동안 습득해 나가야 하는 '삶을 주도하는 숙달'로서의 덕은 철학상담의 중심에 속한다. 왜냐하면 그것은 상담소를 방문한 사람들이 스스로 찾는 것, 즉 삶을 잘 영위하거나, 적어도 더 잘 지낼 수 있는 능력이기 때문이다. 그것은 철학을 구성하거나 무엇보다도 철학이 진지하게 찾는 것은 아닐지라도, 같은 방식으로 실천적 철학자가 찾는 바로 그것이기 때문이기도 하다. 그것은 소크라테스에게 해당하고, 역사적으로 우리에게 이르는 절반의 도상에 있는 내 친구 미셸 드 몽테뉴(Michel de Montaigne, 1533~1592)에게도 해당한다―"인간의 가장 훌륭한 걸작은 올바르게recht 사는 것이다. 다른 모든 것들, 통치하기, 재물 축적하기, 건축하기는 단지 작은 부록들일 뿐이고, 기껏해야 보조 수단일 뿐이다."(Montaigne, 1992, p. 428)―그리고 매우 존경받는 현대 증인의 말을 인용하자면, 철학자 힐러리 퍼트넘(Hilary Putnam, 1926~2016)은 다음과 같이 간결하게 설명한다. 이것은 오늘날에도 여전히 해당되는데, "핵심적인 철학적 질문은 어떻게 살아야 하는가이다"(Putnam, 1995, p. 22).

그러한 규정들을 감안할 때, 이제 실천하는 철학자는―전문가, 전공자 또는 서비스 제공자가 누리는―모든 보호를 빼앗긴 채 항상 과도하게 요구된다는 사실을 두려워할 수 있다. 누구의 삶이 진지하게 보일 수 있을 만큼 그렇게 모범적인 형태일 수 있을까?

물론 철학상담이 그들에게 부과했던 과제를 감당하지 못했을, 소위 "철학자들" 아래에서 다수의 삶의 실패자Lebensversager를 지적함으로써 이러한 두려움은 더욱 강화될 수 있다. 그리고 나는 다음과 같은 사실을 인정한다. 이 유형의 사람들은 종종 회색이고 어떻게든 숨어 있거나 구부리고 있는 사람들, 함께하는 시선으로 볼 때조차도 워낙 초라한 모습들이다. 그들이 더구나 복도에서 유령같이 기이한 방식으로 "정신이 혼미한 채" 획 지나가는 것을 보지 않았다면, 그들이 세미나에서 책들 사이에 웅크리고 있는 모습은 매우 초라해 보인다. 이렇게 삶을 회피하는 학자 중 한 사람이 상담에서 다른 사람들에게 삶에 도움이 되는 교육을 제공하는 것처럼 상상한다는 것은, 실제로는 희극이자 의도치 않은 코미디를 묘사하는 것을 의미할 것이다.

이로써 "덕"과 "덕목들"을 철학상담을 위해서 내지는 상담에서 그것의 중요성을 특별히 고려하면서 다루려는 계획은 우선 정당화되어야 한다.

그런데 먼저 다음과 같은 이의가 제기되어야 한다. 말하자면, "덕"은 마치 그 반대편에 "악덕" 내지는 "어리석음" 혹은 "터무니없는 바보짓Narretei" 처럼 언어 사용에서 완전히 사라진 단어로 보인다. 따라서 여전히 명성이 있을 것처럼 그것에 대해 말하는 것은 용서될 수 없는 순진함일 것이다. 니체는 다음과 같이 말한다. "덕"은 더 이상 사람들이 생각할 수 없을 단어이자 "사람들이 그에 대해 웃음을 자아내도록 하는 구식 단어이고—웃지 않는다면 곤란하다. 왜냐하면 당신은 그러면 위선적이 될 것이기 때문이다" (Nietzsche, 1988g, p. 345). 그리고 폴 발레리(Paul Valéry, 1871~1945)는 "덕"과 "유덕한"이라는 것은 오늘날 여전히 단지 "교리문답, 희극, 아카데미 및 오페레타"에서만 마주칠 수 있다"(Geissler, 1982, p. 55)고 여겼다.

게다가 덕은 삶의 실천을 지향하는 윤리의 다른 위대한 개념과 마찬가지로 유사한 개념적 운명을 겪었다. "도덕성Sittlichkeit"과 "도덕적인"도 언어적 사용에서 철회된 것 같다.… 쇼펜하우어는 이미 "도덕적인"이 "약하고 길들여진 표현으로, '얌전한sittsam', 그것의 대중적인 용어인 '점잔 빼는zimperlich'과 구별하기 어렵다"(Schopenhauer, 1991a, p. 552 각주)는 것을 발견했다. 나는 그런 매력적인 구절을 수집하기 때문에, 비슷한 인용문으로 오랫동안 즐길 수 있다. 그러나 간단하게 말하자면, 그 개념의 "평판"은 대단히 나쁘다. [독일 철학자] 노버트 힌스케(Norbert Hinske, 1931~)는 그의 "덕윤리에 대한 숙고들"에서 "덕"이라는 단어가 "오늘날 당면하고 있는 사태를 명확히 하기보다는 왜곡하는 연상작용"을 불러일으킨다고 서문에서 인정했다. 그렇다. 한때는 대단히 진지했던 용어였던 것으로부터 이제는 "조롱거리가 되었다"(Hinske, 1998, pp. 348-350)는 사실을 알 수 있다.

물론 용감한 신중함을 지니고, 유행에 따라 고안된 모든 사유명령에 개의치 않은 채 덕의 시사성에 대한 이해를 호소하는 다른 목소리도 인용할 수 있는데, 예를 들어 [독일 철학자] 헤르만 립베(Hermann Lübbe, 1926~)가 있다.

우리가 더 현대적으로 살고 더 해방될수록 우리 삶에서 더욱 더 중요해지는 것은 덕이다. 말하자면, 스스로 규정된 삶의 주도성이라는 규칙을 다루는 우리의 숙달 말이다. 현대 세계에서의 도전적 과제는 자유로부터 의미를 만드는 것을 말한다. 당면한 삶의 주도성에 대한 질문들은 곤궁이 명백한 필연성을 가지고 우리를 압박할 때 간단히 대답된다. 반면에 의미 있는 행위를 위한 자기규정에서의 숙달, 즉 덕은 자유에 따라 요구된다(Lübbe, 1993, p. 44).

그리고 미국 공동체주의자들의 선구자 중 한 명인 아미타이 에치오니(Amitai Etzioni, 1929~2023)는 『슈피겔』 잡지의 인터뷰에서, 내 취향으로 보자면 대단히 격앙되고 대담한 주장으로 결론을 맺었다. "세계 사회의 시민들은 덕에 대한 논쟁을 갈망한다"(Etzioni, 1996). [프랑스] 철학자 앙드레 콩트-스폰빌(André Comte-Sponville, 1952~)의 덕에 관한 책(『위대한 가치들에 대한 작은 논문Petit traité des grandes vertus』)이 프랑스에서 베스트셀러가 된 것도 생각할 거리를 줄 수 있다. 독일 출판사가 이러한 "덕과 가치에 대한 작은 개요"에서 추정된 반(反)시대성Unzeitmäßigkeit을 용감한 반항의 스타일로 곧바로 제목에서 인정하는 것이 적절하다고 여겼다는 점도 마찬가지로 생각할 거리를 준다. 독일어 번역의 표지에는 "반시대적 삶에 대한 격려"라고 쓰여 있다.

그렇다면 덕을 옹호하는 사람들 가운데 교양인들이 시대정신에 의한 비난에 맞서서 우선적으로 덕을 옹호해야 한다고 생각하는 것은 도대체 어떻게 된 일일까?

힌스케는 최고 전통이라는 의미에서 덕들에 대해 다음과 같이 설명했다. 그것들은 "모든 인간이 장기적으로 그 자신의 특정한 가능성을 쏟아붓고, 그래서 운명의 모든 예측 불가능함에도 불구하고 충만한 삶을 영위하기 위해 필요한 특성들"이다. 또한 힌스케는 "그것을 통해서 자신을 발견하는 특성들"(Hinske, 1998, p. 348)이라고 덧붙인다. 이러한 해명을 얻은 이후에 그러한 덕에 대한 이해가 어떻게 일찍이 무효화될 수 있었는지 묻지 않을 수 없지 않은가?

이것은 단지 오해이거나 철학적으로 교육받지 못한 몰상식일까? 그래서 사람들이 삶의 주도성이라는 능력과 삶의 숙련성으로서의 덕에 대해 오래 전수되어 온 높은 존경심을 갖도록 되돌아오기 위해, 그들의 편견을 해명하는 것으로 충분할까?

내가 추측해 보건대, 아니다. 오히려 나는 덕의 명성 상실이 근대에 접어들면서 일어났던, 참으로 혁명적이지만 보통은 간과되는 자기이해의 변화와 깊은 연관이 있다고 받아들인다. 간단히 말해서, 근대인은 전근대인이 했던 것과 다르게 자신에 대해 생각한다. 그러니까 그는 모든 덕에 대한 이해의 토대와 양립할 수 없는 방식으로 자신을 생각한다. 나는 이러한 가정을 간단히, 즉 대담하게 단순화할 용기를 가지고 설명하고자 한다.

덕에 대한 모든 이해의 토대로서 그 확신의 타당성을 [독일 철학자] 아놀드 겔렌(Arnold Gehlen, 1904~1976)은 더욱 명쾌하게 생각할 수 있도록 하는 방식으로 다음과 같이 표현한 바 있다. 인간은 "사는 존재가 아니라 자신의 삶을 이끌어 가는"[2] 존재이다. 본질적인 것으로 훌륭하게 환원된 이 원칙은 전근대적, 말하자면 고대의 원칙이다. 거기에서는 '인간은 노력을 기울이는 한에서 단지 운명 지어진 대로 될 수 있다'는 것이 사실이었다. 이는 성공한 삶이 스스로 노력한 결과로 여겨졌다는 의미이다. 그것은 동시에 영리함과 신중함 없이, 통찰력과 자신에 대한 거리 없이, 경험의 이성과 지혜가 본래적이고 궁극적으로 인간적인 권위로서 그러한 삶을 주도하는 것이 없이는—짧게 말하자면, 덕들을 얻지 않고는—삶은 실패하거나 가난하고 진부하며 평범하고 천박한 상태로 남아 있어야 하고, 삶은 감정들의 순간적인 요구들에 굴복하고, 여기저기가 찢어지고 형태도 구조도 찾지 못한다는 것을 의미했다. 이와는 대조적으로 성공적이고 존경받을 만한 삶은 이성에 맞는 삶의 주도성이 이룬 작품, 즉 검토된 삶인데, 이는 존중받을 만하고, 우리가 마땅히 인정하며, 본보기로서 소중히 여기고, 따라서 존경을 표하는 삶이다. 나는 이러한 인간의 이미지를 "자부심 있는

---

2 괴테의 말을 빌리자면, "우리 삶의 '위업'"을 마스터해야 한다는 생각은 "인간이 사는 존재가 아니라 스스로 형성하고 키워 낸 경험과 업적으로부터 삶을 이끌어 간다는 근본적인 사실에서 이해될 수 있다"(Gehlen, 1961, p. 38).

stolze" 것이라고 부를 것을 제안한다. 왜냐하면 인간의 자부심이란 그가 그 자신의 유능성과 덕에, 자기 자신에 빚지고 있으며, 자기 자신에 대한 돌봄Sorge um sich selbst에 빚지고 있기 때문이다.

그러고 나서 고대 시대 이후, 즉 로마의 표징과 세례의 표식 아래—철학자 대신 사제가 이제 영혼의 지도자로 진출했다—인간은 하늘의 보호를 받으며 은총에 맡겨졌다. 왜냐하면 좋은 삶은 그 자신의 능력으로부터 감당해 낼 수 없기 때문이다. 본성상 인간은 슬프고 병든 동물이며, "천상 빛의 가상"—"그는 그것을 이성이라고 명명하는데"—을 그는 "홀로, / 단지 어떤 동물보다 더 동물적으로 되기 위해"(파우스트, 천국의 프롤로그) 필요했다.

그러므로 그는 스스로 아무것도 할 수 없다. 왜냐하면 인간이란, 바로 그가 인간이기 때문에, 죄인이고 타락한 피조물이며 낙원에서 쫓겨난 자이고, 타락했고 길을 잃었으며 자비로운 구원이 필요한 존재이기 때문이다. 내가 매우 존경하는 용감한 반동주의자인 [콜롬비아 철학자] 니콜라스 고메즈 다빌라(Nicolás Gómez Dávila, 1913~1994)는 인간의 이미지를 다음과 같은 격언으로 요약했다. "인간은 인간적인 해결책이 없는 문제라고 할 수 있다."[3] 이보다 더 짧게는 말해질 수 없다. 그 자부심은 꺾였고, 겸손이 해답이다. 그렇지만 인간의 의존성은 그를 여전히 가장 높은 자리와 연결시킨다. 우리가 지금 있는 그대로는 별로 쓸모가 없지만—이와 동시에 그럼에도 우리는 "천국의 아이들"이다. 성공적인 삶은 하늘에 계신 아버지께 맡겨지고 빚진 삶, 경건하게 봉헌된 삶이다.

나는 이러한 인간의 이미지를 "겸손한demütige" 것이라고 명명할 것을 제안한다. 그리스도인의 겸손은 교만하게 자신을 신뢰하는 것이 아니라

---

3 "반동적이라는 것은 인간이 인간적인 해결책이 없는 문제라는 것을 알아차리는 것을 말한다"(Dávila, 1992, p. 267).

신과 그의 은총을 신뢰하는 것이다. 자신의 삶을 스스로 주도한다는 의식을 대신해서 자신이 주도되고 있다는 믿음으로 경건하게 된 신뢰가 나타난다.

그러나 그러고 나서 루소(Jean-Jacques Rousseau, 1712~1778)가 무대에 등장한다. 아울러 무대의 이미지는 나에게 포기될 수 없게 보인다. 그의 등장은 단연코 "연극적"인데, 장 자크(Jean-Jacques)는 그 자신을 무대에 올린다. 요컨대, 모든 오늘날의 인간이자 근대인의 조상이 목소리를 낸다. 그리고 그가 우리에게 선포하는 것은 시대를 만들 참으로 새로운 메시지이다. 나는 그것들을 번역하려 시도할 것이다.

고대인이 그의 삶을 스스로—완전성에 대한 그 자신의 소명으로부터—주도했다면, 지상에서의 그리스도인은 신의 눈 아래에서 그분의 주도에 대한 확신에서 살았다면, 그래서 이제 루소는—[독일 철학자] 에른스트 카시러(Ernst Cassirer, 1874~1945)를 인용하자면—"그보다 이전에는 결코 찾아질 수 없었던 곳으로 책임을 (전가)"한다. 장-자크는 "어느 정도 책임의, 전가가능성Imputabilität의 새로운 주체"를 발명했다. 그런데 그것은 더 이상 "개인적인 인간이 아니라 인간 사회"(Cassirer, 1970, pp. 31-32)이다.

덧붙이자면, 이러한 새로운 "전가가능성"의 책임 주체, 그러니까 이제 우리 삶에 대한 책임이 귀속되는 "사회"는 처음부터 재편을 불러일으킬 만큼 관대한 폭과 채워질 수 있는 개방성을 지닌 개념이다. 그래서 우리는 다음과 같이 말하는 것으로 제한하자: 우리는 개별자, 즉 모든 개인이 각자 책임을 지는 것이 아니고, 더욱이 그가 그 책임을 하늘이 선사한 은총 덕분이라고 하는 것이 아니라, 지금부터는 관계들Verhältnisse의 앙상블에 책임이 있다. 이제 인간은 자기가 책임지는 삶의 주도성의 결과도 아니고, 하늘로부터 인도된 아이로서 자신을 아는 것도 아니며, 오히려 자신을 결과로서, 즉 상황들이 그로부터 모델링했던 결과로서 발견하게 된다는 것이다.

그래서 그는 자신을 이렇게 만든 것이 누구이며 무엇이었는지, 어떻게 그가 되어 왔는지 궁금해하기 시작한다. 근대인의 자신에 대한 끝없는 호기심의 이야기가 시작되고, 그때부터 인간은 자신에 대해 주로 이론적으로 태도를 취한다. 그의 질문은 "어떻게 내가 지금의 내가 될 수 있었을까?"이다. 페터 슬로터다이크는 그것을 현대에 "나는-누구-인가-신경증Wer-bin-ich-Neurose"의 증상이라고 진단했다.

삶은 방해받지 않는 한, 즉 "정상적으로" 굴러간다면, 저절로 잘된다는 생각이 지배적이게 된다. 이 말이 의미하는 바는, 만약 잘되지 않으면, 잘되는 것을 방해했던 것이 무언가 있었다는 것이다. 덧붙여서, 이것은 "본성적으로 선한 인간"이라는 루소의 가설에 대한 더 깊은 의미를 담고 있을 수 있다. 만약 그가 자신이 나쁘고, 즉 어떻게든 올바르지 않다는 것을 발견할 경우, 그는 타락했음에 틀림없다. 그러니까 그는 자신을 희생자로 파악하고, 자신을 트라우마에 시달리고 신경증에 걸린 자—저속한 버전으로는 "망가진 자"—로서 분석한다. 그는 자신의 선함을 방해하고 그를 궤도에서 벗어나게 하는 어떤 일이 일어났음에 틀림없다고 예감하고, 그래서 그 스스로 확실히 될 수 있었을 것—정상적이고, 좋고, 올바르고, 건강하고, 삶을 즐기고, 오르가슴을 즐기면서 근면하고, 평화로우면서 온화한 인간, 즉 모든 친구에게 그리고 자기 자신과 관련해서 잘 알고 있는 인간—을 그에게 용납하지 않도록 했던 상황들에 대해 추적하기 시작한다. 불가피하게 인간은 이제 타율성으로부터 자신을 해방시키기 위해서 타율성을 추적하는 궤도에 들어선다. 왜냐하면 그는 자유를 자율적인 삶을 살지 못하게 하는 강박으로부터의 해방이라고 혼동하기 때문이다. 그는 자신을 낯선 자에 의해 자신으로부터 소외된 존재로 이해하는 것을 배우고, 타인에 의해 자신을 박탈당한 존재로서 인식한다. 그에 상응하여 그의 작업은 부정들의 부정을 하는 것인데, 전 생애 동안 파묻어 놓은 모든 것과 심리적으로 축적되어 온 왜곡 아래에서 본래적이고, 진실한, 해방되고 건강한 자아가 마침내 나타나게 될 것이라는 희망을 지니고서, 자신의 낯섦을 층층이 제거하는 것이다. 길고 고된 우회로를 지나서 마침내 "스스로에게 다가오는 것"이 목표이자 삶의 사명이다. 이 말은 심리학자들의 차례라는 것을 의미한다. [고대의] 자부심을 지녔던 인간이 자신에게 훈계했던 것처럼, [중세의] 경건한 자가 고해소에서 겸손하게 무릎을 꿇었던 것처럼, 근대인은 그의 심리치료사에게 가서 카우치에 눕는다.

그러나 자부심 있는 자를 이해할 수 없게 하고, 겸손한 자를 베일로 감싸고 있도록 하는 이러한 인간상을 과연 우리는 어떻게 명명해야 할까? 아마도 "슬픈" 자? 아니면 "반항하는" 자? 둘 다 같은 결과가 된다. 니체의 메모에 따라 나는 이를 "품위 없는würdelos" 자라고 명명할 수 있을 것이다.

근대의 가장 일반적인 표징: 인간이 자신의 눈으로 믿을 수 없을 정도로 품위를 상실했다(Nietzsche, 1988f, p. 254).

그는 자신에게 역겨움을 느끼기 시작하고 자신에 대한―그 결과로 다른 사람들에 대해서도 마찬가지로―존경심을 잃었다. 그는 불평하고 한탄하며 도울 바를 알지 못한다. 그는 어떤 방식으로든 고통받고, 어떤 방식으로든 우울하고, 어떤 방식으로든 건강하지도 않지만, 그것이 무엇인지 알지 못하고, 그를 도울 수 있는 것이 무엇인지 전혀 모른다. 문자 그대로의 의미에서 그의 비참함은 무언가 그에게 "결여되어 있다"는 것인데, 그게 무엇인지도 알지 못한다는 것이다. 사람들은 니체의 "마지막 인간"에 대한 답답하면서도 거창한 예언을 다시금 이야기하고 싶을 것인데, 그 마지막 인간은 이러한 상황에서 자신의 작고 기분좋은 행복을 찾아낸다. 그러나 나는 그것을 하지 않으려 한다.

왜냐하면 내가 찾던 바, 즉 덕이 현재 부정적인 평가를 받고 있고, 또한 사람들이 덕으로 무엇을 시작해야 할지 분명하게 알지 못한다는 것에 대해서 어떤 설명이 가능하다는 것을 발견했기 때문이다—그러한 정신사적으로 거대한 사변들에 맞서서 도입한 모든 유보에도 불구하고 말이다.

그중에 한 가지는 덕이 현대인에게 이해할 수 없는 어휘가 되었다고 확언하는 것이고, 그와 반대로 이러한 망각이 그에게 효력이 있는지의 여부를 묻는 질문은 전혀 다른 것이다. 그리고 덕이라는 관점의 이러한 상실이 인간들에게 도움이 되는 것이 아니라 오히려 그들의 불행—그것에 대해 그들은 불평한다—을 함께 야기하고, 그들의 의기소침함을 촉진하고, 그들의 고통—그것에 대해 그들은 우리에게 상담소에서 보고한다—에 인과적으로 관여한다는 사실이 제시되었더라면, 철학상담과 덕의 관계를 묻는 주제는 그 자체로 시급함을 강조했을 법하다. 그러나 덕의 관점을 다시 얻는 것이 우리를 찾아오는 사람들에게—우리와 마찬가지로 그들에게—도움이 될 것이라고 우리가 가정해도 된다면, 우리의 주제는 완전히 시급한 것이라고 입증될 것이다. 나는 그것을 실제로 받아들인다.

덧붙여서—삽입구 안에 있는 많은 것에서—철학상담 그 자체의 출현과 이에 대한 점진적인 관심은 다음과 같은 사실에 대한 징후로서 간주된다고 생각할 수 있다. 즉, 몇몇 사람들이 그 연관성을 예감하기 시작하고, 그 사이에 그들이 자신에 대한 책임으로부터 시대제약적인 면제를 거부하기 시작함으로써 "품위 없는" 자기이해로부터의 탈출구를 찾고 있다는 사실 말이다. 물론 그것이 실제 내가 가지고 있는 인상이기도 하다.

[알래스데어 맥킨타이어Alasdair MacIntyre가 저술한 바와 같이] 『덕의 상실』이 실제로 삶에 해방적 이득이 아니라 상당한 삶의 손상을 일으키는 원인이 된다는 것을 증명하기 위해서, 나는 상담소의 대화에서 나온 몇 가지 단편적 이야기들을 전달하고 싶다. 미리 준비된 코멘트 없이, 오로지 작은

선별만이 우리 주제와 연관이 있다는 확신을 가지고 말이다,

　가능한 방식에서 모든 것을 뒤집는, 결정적인 대화의 순간에 방문자들은 다음과 같이 말한다.

　　그건 말도 안 됩니다. 그것은 그들에게 그들의 자부심을 포기하게 만드는 일이지요.

또 다른 사람은 다음과 같이 말한다.

　　확실히 그는 자신이 그것에 대해 자주 생각했고, 그것이 옳고 설득력이 있다는 것을 전혀 부인하지 않는다. 하지만 그가 솔직해야 한다면, 그는 근본적으로 자신이 그렇게 하고 싶지 않다는 것을 인정해야 한다. "아마도 그럴 거예요."라고 말하고, 그는 다음과 같이 덧붙인다. "아시겠지만, 저는 너무 편해요. 혹은 다른 표현을 원하신다면, 저는 너무 게으르지요. 그러나 누가 이미 자신의 그림자를 뛰어넘나요?"

또 다른 사람은 다음과 같이 이야기한다.

　　실제로 그는 자신의 삶에서 "단지 그냥 맴돌았고", 무언가를 했을 때는 그가 그것을 즐겼기 때문이었다. "글쎄요. TV, 컴퓨터게임, 그래요. 친구들이 오면, 우리는 함께 뭔가 일어나고 있는 곳으로 가지요. 여성들은 물론…" 등등.

한 여성 방문자는 다음과 같이 보고한다.

그것은 정말로 끔찍하다며 그녀는 그것을 시인한다. 그녀가 실제로 흥분한다면, 바로 멈출 길이 전혀 없고, 그녀는 그렇게 모든 침착함을 잃고, 그런 정도로 "자제력을 잃고", 바로 모든 깃이 딘지 "너무 늦었고", 그러고 나서 그녀에게 그 밖에 모든 것은 "아무 상관이 없고", 그녀는 그러고 나서 바로 그렇게 점점 빠져들면서, "나는 알아요."라고 중간에 말하고, "당신은 전혀 상상할 수 없을 거예요. 왜냐하면 내가 지금 단지 그것에 대해 매우 편하게 이야기하기 때문이지요. 그러나 나를 경험했어야 했죠...!"—그러니까 간단히 말하자면, 그때 그녀는 제정신이 아니었다. 지난번에 그녀는 시부모님의 결혼 선물을 받았다. 그들은 항상 그렇듯이 터무니없이 비싼 물건을 가지고 도착했다. 그러니까 그녀는 물론 뭔가 값이 나갔을 그 커다란 중국 꽃병을 받았다. 그런데 좀 더 정확히 말하자면 냉정하게, 즉 얼음처럼 냉정한 계산과 함께, 부엌에서 그가 보는 앞에서 세라믹 타일 위에 박살을 냈다. "나는 당신에게 말하고 있어요. 그것은 마치 어떤 장치가 폭발한 것과 같은 폭발음이었죠."라고 그녀는 보충한다. 그러고 나서 그녀는 잠시 휴식을 취한 뒤, 다음과 같이 덧붙인다. "내가 그의 삶을 지옥으로 만든다는 것을 알고 있어요. 물론이죠. 하지만 그게 도대체 내게는 무엇일까요? 나는 도대체 어떨까요? 나는 괜찮을까요? 그도 물론 똑같이 열받아야 해요!"

또 다른 여성 방문자는 이렇게 말한다.

가끔 내가 그를 미워한다는 것을 당신은 아시나요? 그는 자신의 성공을 누리고, 삶을 즐기고, 모든 게 그에게로 날라 오고, 그러고 나서 그는 관대하게 행동하고, 그가 자신에게 아주 훌륭하게 허용할 수 있는 그의 끔찍한 태연함으로 다른 사람들을 짜증나게 합니다. 네, 물론 그의 상황에서 나도 편안한 길을 갈 수도 있겠지요. 모든 것이 아름답게 조용하고, 먼저 생각해 보고, 그리고 "좀 봐." 그러고는, "생각해 봐..." 그리고, "우리가... 이랬어야 했어." 등등 이 모든 잔소리 ... 말하자면, 어떠한 것도 그를 고요에서 불러 내올 수 없습니다. 이러한 태도가 내게 얼마나 거슬리는지 당신은 전혀 믿지 못할 거예요! 나는 당신에게 그것이 무엇인지 말해 주고자 합니다. 실제로 그는 그의 입장을 너무 확신해서 아무도 다가서지 못한답니다. 당신은 거기에서 이빨을 깨물고 있군요. 나는 미쳐 버릴 거예요. 내가 당신에게 말한다구요!

끝으로, 상담에서의 한 손님은 그러니까 그에게 결단을 내리고 결심이 요구되었던 삶의 상황과 연관해서 다음과 같이 말한다.

나는 그것에 대해 생각조차 하지 않습니다! 이해하시겠어요? 나는 그것에 대해 전혀 생각하지 않는다구요!

이제 작은 마지막 우회로를 마무리하면서 내가 상담으로부터 이렇게 짧은 꽃들을 수확하는 것을 통해서 내가 무엇을 표방했는지에 대해 말하고 싶다. 내가 덕의 상실에 대해 곰곰이 생각하면서 점차 나의 관심을 끈 것은 그것의 상실과 함께 그것의 반대, 즉 악덕의 상실이 동반된다는 사실이다. 그러나 악에 대해 침묵한다면, 여전히 덕에 대해 말할 수 있는지도 물을 수 있다. 악덕이 의식에 더 이상 존재하지 않는다면, 덕이 도대체 존재하는가?

그런데 혹시 악덕에 대한 의식만 사라진 것은 아닌지 질문이 생겨난다. 물론 그것은 실제 악덕에는 아무런 해를 입히지 않았을 것이다. 그럼으로써 어쩌면 그것은 누군가 그 악덕을 "믿거나" 심지어 그것을 그 자체로 "인식"하는 것에 전혀 관심 없는 마치 악마와 같지 않을까? 이 분야의 전문가라고 스스로 주장해도 되는 프랑스의 시인이자 비평가인 보들레르(Charles Baudelaire, 1821~1867)는 이러한 연관성을 간결한 두 줄로 털어놓았다.

> 악마의 가장 아름다운 책략은 그가 존재하지 않는다고 우리를 설득하는 것이다(Rougemont, 1999, p. 19).

알려지지 않고 이름도 남기고 싶어 하지 않는 악인들 혹은 미친 자들에게 그런 호의를 베풀지 않기 위해서, 나는 철학상담에서 나온 작은 단편들이 비록 익명이지만, 등장 순서에 따라 오래된 고전적 악덕이 발견될 수 있는 것은 아닌지 자문하고 싶다.

- 수퍼르비아SUPERBIA: 완전히 주요한 악덕, 자만, 교만[4]
- 아체디아ACEDIA: 무기력 또는 태만
- 룩수리아LUXURIA: 쾌락 추구
- 이라IRA: 분노
- 인비디아INVIDIA: 질투—이에 대해 독일 철학자 막스 셸러(Max Scheler, 1874~1928)는 매우 현명하게 지적한 바 있는데, 그것이 가장 최악이자 인간에게 내적으로 가장 독성이 강한 "실존적 질투"(Scheler, 1955, pp. 44-45)의 형태라는 것이다. 그리고 마지막으로,
- 아프로시네APHROSYNE: 무분별

차분하게 감히 다음과 같은 테제를 시도해 보자: 더 이상 이야기되지 않

---

4 "인간은 탐욕에서 비롯되는 형벌에 대한 두려움보다는 자만과 오만에서 훨씬 더 굳어지고 완고해졌다. 그리고 죄가 그 사람 안에 더 깊이 있을수록, 그것은 더더욱 말하자면 그 자신의 일부가 되었다. 완고해진 사람에게는 고백이 아니라 먼저 자기 자신을 버리는 것이 너무도 어렵다"(Scheler, 1933, p. 21).

는―덕에 관해서보다 더 적게 이야기되는―악덕들은 그것들이 간과되는 동안, 무성하게 급증한다. 식물학적 이미지로 말하자면, 그것들은 마치 잡초처럼 스스로 자란다.

철학상담자도 정원사가 되어야 하는 것은 아닐까? 그는 무성하게 급증하는 잡초를 밀어냄으로써 덕에게 숨쉴 여지를 제공한다. 그러나 그는 "가지치기"를 하거나 뽑지 않는다. 그가 사용하는 지렛대는 계몽, 의식의 고취를 의미하는데, 이는 종종 숨겨진 것에 이름 붙이는 것을 말한다. 그래서 그는 조심스럽게 간과되었던 것에 주의를 기울인다. 어둠이 스스로에게 남겨 둔 것을 그는 빛으로 가져온다.

철학의 역사에서 일반적으로 유효한 것은 다음과 같다.
네가 소크라테스에 대해 어떻게 생각하는지 말해 준다면
네가 어떤 철학을 지니고 있는지 말해 주겠다.

오도 마르크바르트 Odo Marquard

10장

무엇에 좌우되는가?
무엇이 진정으로 중요한가?
무엇이 궁극적으로 결정적인가?
—철학상담을 주도해 가는 관점들[1]

나는 세 가지 질문을 토론하고 싶다. 그 질문들은 가족 구성원들처럼 서로 닮아 있어서 거의 하나의 질문이라고 말할 수 있을 것이다. 그러고 나서 나는 이러한 세 가지, 아니 한 가지 질문에 대한 답변으로부터 철학상담에 대한 주도적인 관점들이 어느 정도까지 도출되는지 보여 주고 싶다.

무엇에 좌우되는가? 무엇이 진정으로 중요한가? 무엇이 궁극적으로 결정적인가?

이로써 "사태에 대해" 말하고자 한다.

나는 첫 번째 테제를 감히 다음과 같이 시도한다. 나는 이 질문들이 우리에게 우리 상담에서의 주요 지침을 제공할 뿐만 아니라, 진실로 철학의, 적어도 철학적 전통의 진정한eigentlich 질문들이라고 주장한다. 그리고 그것이 철학상담에 대한 자격을 부여하는 것이면서 그와 동시에 우리의 상담을 철학적 시도로서 타당하게 만든다.

나는 그것을 설명하고 싶다. 만약 우리의 철학적 선조에 대한 질문을 받는다면, 누구의 이름을 명명할까? 의심할 나위 없이, 우리 대부분은 소크라테스를 가리킬 것이다. 우리가 그렇게 하는 것은 옳다. 마찬가지로 키케

---

1 이 원고는 2018년 6월 25일 멕시코에서 열린 제15회 국제철학상담학회 개막식에서 강연한 내용이다. 이 강연은 영어 번역으로 진행되었다.

로는 이미 소크라테스를 "모든 철학의 아버지"라고 불렀고, 그에 대해 다음과 같이 아름다운 말로 각인시켰다. 그는 "철학을 하늘로부터 가지고 내려와서 도시들에 정착시켰던" 자였다. 그렇다. 그는 그것을 "더욱이 집 안으로" "도입"했고, "인간들이 삶, 관습들, 선과 악에 대해 묻도록 강요했다"(Cicero, 1952, 5, 10).

여기서 우리는 키케로가 이미 소크라테스에 비추어서 어떻게 중요한 결정에 관여하는지 내지는 그가 무엇에 좌우되는지에 대해 어떻게 말하고 있는지 알아차리고 있는가? 말하자면, "하늘에 있는 사물들을 탐구"하는 것에 좌우되는 것이 아니라 여기 아래, 즉 폴리스에서 인간들에게 중요한 것에 관심을 갖는 것을 말한다.

그런데 이제 말하게 될 것이 중요하다. 원조 철학자인 소크라테스는 사랑하는 동료 인간들이 그들의 일상적인 삶의 산만함 속에서 살았을 때 가졌던 주제와 걱정에 관여하지 않았다. 아니, 그는 오히려 그들이 대체로 몽유병자들처럼 살았고 소모할 가치가 없는 것들에 대해 많은 성가신 일들을 만들었다고 확신했다. 그들은 셰익스피어가 "헛소동Much Ado About Nothing" 이라는 제목을 붙인 바 있었던 연극의 항상 똑같은 장면을 주로 상연했고, 그래서 무엇에 좌우되는지 스스로에게 묻지 않았고, 그 대신 온갖 사소한 것들과 잡동사니에 신경을 썼을 것이다. 그들이 정말로 중요하게 무게를 가지고 있는 것에 대해 걱정하는 대신에 말이다. 그렇기 때문에 키케로는 소크라테스가 인간들이 기본적으로 관여하지 않으려 했던 질문을 스스로에게 하도록 "강요"했다고 말한다. 그래서 그는 그들이 그 당시에 가지고 있지 않았거나 심지어 기피하기까지 했던 생각, 심지어 조심하기 위해 회피하고, 기꺼이 우회했던 생각으로 그들을 밀어 넣었다.

그로부터 어떤 결과가 나오는가? 처음부터 철학은 불편했고, 어떤 사람들은 그것을 성가신 것이라고 느꼈고, 또 다른 사람들은 그들에게 소중한 삶의 루틴을 방해하는 것이라고 느꼈다. 다른 말로 하자면, 철학은 방해공작을 실행한다. 그런데 곧바로 덧붙이자면, 더 이상 그것을 하지 않거나 방해하지 않는 철학은 주의를 기울일 가치가 없다.

로버트 슈페만—처음부터 철학상담의 동반자라고 할 수 있는데—이 이러한 철학의 사태가 "해결책을 더 쉽게 만드는 것이 아니라 과제를 더 어렵게 만드는 것"(Spaemann, 2001a, p. 78)이라고 간명하게 단언했을 때, 그는 전적으로 이러한 소크라테스 전통에 서 있는 것이다. 그리고 이는 소크라테스가 잘 알고 있는 만큼 슈페만도 잘 알고 있는 바이고, 나도 물론 그것을 알고 있다. 대부분의 사람들은 어려움을 덜어 주고 어려운 일을 쉽게 만드는 것을 선호한다는 사실에도 불구하고 말이다.

철학의 이러한 근본적인 특징에 관해서는 이렇게 말할 수 있다. 그 방식은 사람들의 뜻에 따르고 그들에게 봉사하는 대신에 그들을 존중하면서 부담을 지우는 것이다. 이러한 태도에 대해 차례로 한 명씩 증인을 등장시키는 것은 내게 기쁨이 될 것이다. 그렇지만 나는 유일하게 또 다른 한 명의 핵심 증인이자 다행스럽게도 남미인—한동안 여기 독일에 있는 지식인들 사이에서 내부자 팁으로 알려진—이자 최근에 사망한 니콜라스 고메스 다빌라를 인용하는 것으로 제한하고자 한다. 이 멋진 외톨이는 전적으로 철학상담의 의미에서 다음과 같이 설명했다.

> 병든 영혼은 하찮은 갈등에 이리저리 고생함으로써 건강해지는 것이 아니라 고귀한 갈등 속으로 자신을 내던짐으로써 건강해진다(Dávila, 1987, p. 111).[2]

---

2 실제로 여기에 채택된 원래 구절은 다음과 같다. "병든 영혼은 하찮은 갈등을 억압함으로써 치유되는 것이 아니라 고귀한 갈등 속으로 자신을 내던짐으로써 치유된다."이다. 그러나 이것은 번역본이기 때문에, 나는 그 의미를 강화하기 위해 "하찮은 갈등에 이리저리 고생함으로써..."라고 수정해서 사용했다.

그렇기 때문에 여기서 관건은 다음과 같다. 바로 사람들이 실제로, 그리고 궁극적으로 무엇에 좌우되는지에 대해 스스로 질문을 하도록 하는 궤도에 들어서게 하는 것이다. 왜냐하면 우리가 그들을 매우 진지하게 이러한 질문을 하도록 유혹할 수 있는 한, 그들은 이미 평범한 삶, 즉 무의미하며 종종 의미도 없이 산만한 삶으로부터, 그리고 그들의 일상에 놓인 갖가지 잔걱정을 헤쳐 나가는 것으로부터 벗어나기 시작하기 때문이다.

다시 한번 말하지만, 우선 가장 중요한 문제는 사람들이 무엇에 좌우되는지에 대한 질문에 어떻게 대답하는지가 아니라, 이 질문을 스스로 제기함으로써 이미 많은 것을 얻었다는 것이다. 말하자면, 정말로 중요한 것이 무엇인지 스스로에게 물어봄으로써 우리의 삶은 무게를 얻거나—또는 다빌라와 함께: 우리는 "더 고귀한 갈등"에 삶을 내던진다. 하나는 우리가 이것 또는 저것을 "원한다"는 것이고, 다른 하나는 우리가 정말로, 정말로 원하는 것을 스스로에게 묻는다는 것이다. 그런 다음 우리는 "원하는" 것뿐만 아니라 우리의 '원함'을 주제로 삼는다. 즉, 우리의 사유는 더 이상 우리의 바람에 봉사하지 않지만, 우리의 원함과 바람은 우리의 사유 앞에, 더 나은 표현을 하자면, 우리의 심사숙고 앞에 존재해야 한다. 이것은 종종 우리에게 대체로 매우 좋아하게 된 바람의 원칙에 대한 비판으로 귀결된다.

그런데 이제 다음과 같은 것이 중요하다. 그리고 나는 우리의 초기 철학적 스승인 소크라테스에게 돌아간다. 다른 사람들이 그 자신과 함께 그러한 질문의 의미에서 엄격한 심문을 실행하도록 하는 것만으로는 아무것도 일어나지 않는다. 오히려 모든 것은 무엇보다도 이러한 질문의 중요성이 우리 자신에게 명료해지고 이러한 질문에 비추어서 우리 자신의 삶을 영위한다는 사실에 좌우된다. 그리고 이것은 우리가 그 그리스인에 비추어 볼 때 다시 의식될 수 있는, 아주 중요한 이유에서 나오는 것이다.

바로 이것을 설명하기 위해, 나는 조금 더 소급해서 이야기하지 않을 수

철학상담의 철학:
기원과 발전

없으며, 그것이 내가 하고 싶은 일이다.

우선 다음과 같은 것을 확인해 보자: 잘 알려진 바와 같이 자신의 무지를 고백함으로써 다른 사람들을 성가시게 한 소크라테스는 마침내 대부분 힘든 절차를 거친 후에 그들의 지식이 처음에 그들이 생각했던 것만큼 넓지 않다는 것을 시인하도록 강요했다. 소크라테스의 아이러니는 마치 자신이 가르침을 필요로 하는 것처럼 태도를 취했다는 데에 있는데… 이 동일한 소크라테스가 결정적인 순간에, 말하자면 법정에서의 그의 변론에서 무엇이 정말로 중요한지, 무엇에 궁극적으로 좌우되는지, 무엇을 마침내 저울판에 놓아야 하는지를 잘 알고 있었다는 것이다. 또한 그는 조금도 흔들림이나 의심 없이 이것을 알고 있었는데, 그는 오직 그것을 알 수 있는 만큼 그렇게 의연하고 당황하지 않은 채 알고 있었다. 그런데 그것은 무엇을 말하는가? 그는 마지막으로 아테네인들에게 그의 죽음 이후에 자신의 아들들을 계속 훈련시켜 달라는 부탁을 했다. 말하자면, 그가 아고라에서 아테네인들에게 (호되게 문책)했던 것과 똑같은 것을 해 달라는 것이었다.

그에게 사형을 선고한 남성들에게 그가 마지막으로 무엇을 간청했는지 기억하는가?

> 남성들이여, 내 아들들이 자라고 나면 그들에게 너희의 복수를 하라. 그리고 만일 그들이 부나 혹은 그렇지 않으면 덕보다 다른 어떤 것을 위해 노력한다고 생각된다면, 내가 당신을 괴롭혔던 것처럼 그들을 괴롭혀라. 그들이 무엇이라도 된 듯이 생각할 수도 있겠지만, 그들은 아무것도 아니다. 그러므로 그들이 걱정해야 할 것에 대해 걱정하지 않고 또한 그들이 아무 가치도 없는데, 무엇이라도 되는 것으로 자만하는 것에 대해 내가 너희에게 꾸짖었듯이 그들에게 해라(Platon, 1994, 41e).

하지만 그게 다가 아니다! 사실, 소크라테스는 아테네인들에 대한 변론에서 많은 것을 "알고 있었고", 그것을 흔들림 없이 알고 있으며, 사람들이 말하는 것처럼 "바위같이 굳건하게" 그것을 알고 있었다. 그리고 결정적인 것은 다음과 같다. 그는 그것을 너무 잘 알려진 방식으로 논증적으로 또는 변증법적으로 찾아냈을 것이기 때문에 그것을 아는 것이 아니라, 그것은 단적으로 "숙고할 때 그에게 최선의 것으로서 판명되었던" 그의 "확신lógo"이라고 할 수 있다(Platon, 1994b, 46b).[3] 그리고 그는 항상 그것을 지켰다고 그는 말한다.

그러한 "확신들"은 무엇인가? 정말로 가장 기본적인 것들이다. 가령, 그가 수사학적으로 스스로에게 제기한 질문을 생각해 보자. 우리는 죽음을 두려워해야 하는가? 그리고 나서? 그의 대답은 무엇인가? 그는 그 다른 세상, 하데스에 대해 많이 알지 못하지만 한 가지는 잘 알고 있었다고 한다.

신이든 사람이든 잘못을 저지르고 더 나은 자를 따르지 않는 것은 나쁘고 부끄러운 일이라는 것을 나는 안다(Platon, 2011, 29b).

또는: "만일 그에게 [그의] 목숨을 앗아 갈 수 있는 일을 추구하는 것"이 부끄럽지 않느냐고 묻는다면, 그는 이렇게 대답한다.

단지 조금이라도 가치 있는 사람인 그 누구도—그가 무슨 일을 할 때마다, 옳게 혹은 옳지 않게 행동하는지 그리고 마치 단정한 사람처럼 혹은 타락한 사람처럼 행동하는지를 바라보는 대신에—삶과 죽음에 대한 위험을 고려하지 않아도 된다고 네가 생각한다면, 너는 제대로 말을 하는 게 아니

---

3 여기서의 『크리톤(Kriton)』은 슐라이어마허의 번역을 따른다.

다(Platon, 2011, 28b).

그러므로? 소크라테스는 무엇이 올바르고 무엇이 모범적인지 알고 있다. 그리고 더 나아가, 그는 또한 오늘날 우리 대다수가 그와는 결정적으로 다르게 볼 수 있는 것들 그리고 분명하게 다르게 판단할 것들을 "알고" 있다. 거기에는 분명하게 다른 시간, 다른 관습이 적용된다. 그럼에도 우리는 그의 말을 듣는 즐거움을 누려야 했을 것이다. 가령, 그는 "알고" 있다. …

"겁쟁이로 살면서 그의 친구들에 대한 복수를 하지 않는 것"이 아주 부끄러운 것이기 때문에, 아킬레스가 헥토르에게 그의 친구 파트로클로스의 죽음에 대한 복수를 한 것이 옳았다는 것을...(Platon, 2011, 28c).

그리고 그는 알고 있다. 내가 간접적으로 인용하자면,

죽음과 위험은 "수치"에 비하면 아무것도 아니기 때문에 맡겨진 직책의 자리에서 참고 견디어 내야 한다(Platon, 2011, 29a).

더욱이 나는 독일 철학자 프란츠 포네센(Franz Vonessen, 1923~2011)이 소크라테스의 바로 그 문장이라고 말한 한 문장을 남겨 둘 것이다. 그것은 어떤 것인가?

그것은 소크라테스가 아테네 재판관들에게 설명하는 그 문장이다. 그들이 그를, 소크라테스를 죽였다면, 그들은 그를 해치지 않고 그들 자신을 해쳤다는 것이다. 말 그대로 변론에 다음과 같이 적혀 있다.

멜레토스는 내게 아니토스만큼이나 위험하지 않게 될 것이다. 그것은 전혀 그의 힘 안에 있지 않다. 왜냐하면 그것은 더 나은 사람이 더 나쁜 사람으로부터 고통을 경험한다는 것은 신적인 세계 질서와 양립할 수 없다고 생각하기 때문이다(Platon, 1951, 30b-c).

그렇다. 그러니까 이러한 태도—그리고 태도가 관건이다!—를 소크라테스는 몇 줄 뒤에 다음과 같이 설명한다.

물론 [멜레토스는] 나를 죽이거나 추방할 수도 있고, 내 시민의 명예를 빼앗을 수도 있다. 그렇게 아마도 그 자신이나 다른 누군가가 이러한 것들을 큰 악으로 간주할 수도 있겠지만, 그와 반대로 나는 그것이 아니라 오히려 그가 지금 하고 있는 일, 즉 그가 누군가를 부당한 방식으로 죽이려고 감행하는 것이 그렇다고 간주한다(Platon, 2011, 30d).

깊고도 동시에 모든 것을 넘어서는 어떤 확신이 그 뒤에 있는지가 분명한가? 그 확실성은 소크라테스가 고르기아스와의 대화에서 마침내 그의 결론과 확실성으로서 공식화했던 것이다. 그것은 다음과 같다.

사람은 불의를 당하는 것보다 불의를 행하는 것을 [말하자면] 더 경계해야 하며, 사람은 무엇보다도 선하게 보이려는 것이 아니라 선하게 존재하는 것을 지향해야 한다(Platon, 1955, 527b).[4]

나는 나 스스로에게 다음과 같은 질문을 허용한다. 이것이 진정으로 근본적인 확신들, 기본 원칙들, 격언들이라는 것을 시인할 것인가? 그 안에서,

---

4   여기서의 「고르기아스(Gorgias)」는 아펠트(Apelt)의 번역을 따른다.

말하자면 소크라테스가 무엇에 좌우되는지, 그에게 오로지 그리고 궁극적으로 무엇이 중요했는지, 혹은 무엇이 그에게 마지막으로 유효했고 결정권을 주었는지가 가장 바람직하게 명확성을 지니고 말해질 수 있다. 이는 확신들인데, 모자나 돈처럼 지니고 있든지 아니든지 혹은 이 견해나 아니면 다른 견해를 가지는 것과 같은 방식으로는 어떻게든 "가지지" 않는 것이다. 오히려 그러한 하나의 평가―다시 여기 소크라테스의 경우: 불의를 겪는 것보다 불의를 행하는 것이 더 나쁘다―는 세계와 인간적인 것들에 대한 전체적인 시각, 그리고 그 안에서의 고유한 위치에 대한 전체적인 시각을 또 다른, 해명된 빛에 투영시킨다. 거기서 단어가 지닌 정확한 의미에서 무엇인가가 "해명되고" 밝아지는 반면, 통상적인 격언―관건은 그것에서 무사히 벗어나는 것이라는―은 세계를 어스름한 황혼에 빠지게 한다.

여기까지가 소크라테스가 사람들에게 말했던 것이 중요한 게 아니라 그 자신이 누구였는지가 중요하다는 테제에 대해서이다. 그리고 이것을 나는 다시금 다른 테제를 설명하기 위해서 인용했다. 우리에게 오는 사람들에게 우리가 무엇을 말하는지는 부차적이다; 오히려 결정적인 것은 우리가 우리 자신에게 무엇을 "말하도록" 했는가이다.

그렇다면 이제 질문은 다음과 같다. 어떻게 소크라테스는 그렇게 생각하기에 이르렀는가? 그가 이것이 그렇다는 것을 안다고 말할 때, 나는 이제 묻는다. 그는 이것을 어디로부터 아는가? 그는 그에 대한 "이유"를 가지고 있는가? "논증들"이 그에게 이러한 통찰력을 가져왔는가? 대답은 다음과 같다. 아니다, 아니다, 아니다!

오히려 그는 그것을 옹호한다. 그 자신이 그것을 보증한다. 이러한 철학적 명제의 기초는 살아 있는 철학자, 소크라테스 자신이다. 이러한 모토에 따라 살았고 그에 따라 끝까지 살기를 원한다는 것이 그의 고백, 그의 단호한 신조이며, 이 태도를 유일하게 가치 있는 것으로 간주하는 것이 그의 고백이다.

게다가 우리는 다음의 사실을 잊지 않아야 했다. 이것이 소크라테스의 제자들—그중에 얼마나 다양했던 제자들이 있었던가!—을 움직이고 설득한 것이다! 종종 머리를 곤두세우던 그의 논증도, 당시 "변증법"이라고 불렸던 앞뒤를 오가는 토론도 아니다. 그리고 그가 이런 그리고 저런 결론을 위해 잠정적으로 모아서 구성했던 소위 "증명"도 확실히 아니다. 이 모든 것은 그의 경우에 "아이러니"라는 제목 아래 해당한다. 우리 자신에게 물어보자(Platon, 1951, 29a).[5] (나는 하나의 예를 선택한다!) 우리 중 누구 한 사람이라도 영혼불멸에 대한 그의 주장에—그가 '그렇다'고 말하고 고백했다고 해서 그 이후에—설득되었고, 그리고 우리는 불멸을 믿는 사람이 되었을까? 난 결코 그렇게 생각하지 않는다.

그러나 그 아테네인이 자기 시민들이 소위 안전하게 믿던 것을 몇 가지 변증법적 책략으로 혼란스럽게 만들고 나자, 그 결과로 모든 것이 가령 회의론의 산물이 되어 공중에 매달려 있게 되었다면, 문제는 달라진다. 그러므로 그것은 그가 법정에서 죽음을 두려워한다는 것이 "현명하지 않으면서 자신을 그렇다고 간주하는 것 외에는 아무것도 의미하지 않는다."라고 선언했을 경우, 일어난다. 왜냐하면 그것은 "자신이 모르는 것을 안다고 믿는다"는 것을 의미하기 때문이다. 그러나 "죽음이 인간에게 가장 큰 선행이 아닌지"는 아무도 모르지만, 사람들은 죽음이 모든 악 중에서 가장 큰 것임을 완벽하게 알고 있는 것처럼 죽음을 두려워한다.

그렇다. 우리가 알다시피, 알키비아데스(Alkibiades, 450?~404 BC)가 불렀던 대로 이 기인이자 [소크라테스의 별명] 사티로스에게 종종 그렇게 발생하는데, 그 모든 것은 단지 수사학적 말장난이자 아이러니일 뿐이다. 반

---

5 여기서의 『소크라테스의 변명(Apologie des Sokrates)』은 푸어만(Fuhrmann)의 번역을 따른다.

198

철학상담의 철학:
기원과 발전

면에 진지한 것은—바로 이것을 그의 학생들은 놓치지 않았다!—실제로 진지한 것은 소크라테스가 불의를 저질렀다고 알고 있는 그의 고소인들 앞에서 혹여나 그들에게 간청하고 목숨을 구걸함으로써 자기를 낮추지 않는다는 점이다.

내게 중요한 것은 이러한 차이이며 여기서 우리는 아무것도 혼동하지 않는다는 점이다! 죽음에 대한 모든 변증법적 토의는 소크라테스 자신이 분명히 죽음보다 다른 것을 두려워했다는 사실과 관련해 보자면 별반 중요하지 않다. 중요한 것은 그에게 사형을 선고하는 재판관석 앞에서 보여진 그의 대담성, 그의 침착함과 초연함이다. 이와 함께 그는 그의 고소인들에게 그들이 그보다 그들 자신에게 더 해를 끼친다고 설명한다. 왜냐하면 그들은 그들 자신에게 불의를 저지르는데, 그것이 가장 나쁜 것이기 때문이다. 이것은 물론 소크라테스의 제자들을 설득했고 그들을 압도했으며, 그들을 진정시키지 못했고 마침내 철학으로 유혹했다. 왜냐하면 그들은 다음과 같이 생각했기 때문이다. 그토록 끔찍한 상황에서 그토록 침착하고 스스로 초연하게 머물러 있을 수 있는 사람. 그에게서 철학은 강건함 그리고 활력 넘치는 안정을 얻었음에 틀림없었으며, 이는 그들[제자들]도 스스로를 위해 찾았던 바이다. 이것이 바로 내 테제의 내용인데, 아고라에서 초기 철학상담자의 실천적인 영향력이었다. 그리고 그것은 또한 그들이 깨우쳤던 교훈이었다. 덧붙이자면, 나중에 학문적으로 자리를 차지했던 대부분의 철학자들과는 차이 나는 점이기도 하다. 말하자면, 이들이 아직도 그것을 깨우치지 못했기 때문에 나는 내 숙고와 함께 이러한 통찰력을 지금 꼭 홍보할 필요가 있다고 여긴다.

물론 많은 철학자는 훗날 여하튼 우리의 소크라테스가 소위 "유대인의 왕"으로 처형당한 그 또 다른 사람과 가깝다는 것을 알게 되었다. 그들이 무엇을 하고 있는지 알지 못하기 때문에 그를 넘겼던, 그를 괴롭히고 조롱한 자들을 주님이 용서해 준다는 그 엄청난 말씀, 즉 "아버지 저들을 용서해 주십시오! 저들은 자기들이 무슨 일을 하는지 모릅니다"(루카 23, 34). 이 또 다른 말씀은 소크라테스의 대도와 정말로 형제처럼 느끼게 한다.

그리고 내가 이미 그를 한번 언급하고 그를 끌어들였기 때문에 이에 덧붙여서, 마리아와 목수의 그 아들은 또한 지혜로워지는 것이 그들의 목표이자 열망이었던 초기 철학자들과 다양한 방식에서의 영적 쌍둥이라고 말할 수 있다. 그리고 바로 우리가 지금 다루고 있는 질문, 즉 무엇에 좌우되는지, 무엇이 진정으로 중요한지와 연관해서, 그렇다고 할 수 있다. 왜냐하면 부유한 곡물 농부에 관한 그의 가장 유명한 비유는 그가 제자들에게 누군가 "남아돌 만큼" 가지고 있다고 할지라도 그의 생명은 그의 소유에 있지 않다고 경고하는 설명을 하기 위해 이야기되었는데, 이것은 그 아테네인과 그의 후대 제자들의 확신들과 주목할 만한 가치가 있는 유사점 때문이 아닐까? 나는 물론 땅에서 많은 것을 얻었던 부유한 농부의 비유를 말하고 있는데, 이제 그는 스스로 곰곰이 생각했고 다음과 같이 말했다. 내가 무엇을 해야 하는가? 나는 열매들을 모을 곳이 없다. 그리고 말하기를, 그것을 할 것이다. "내가 내 곳간을 헐고 더 큰 것을 짓고 내 곡식과 내 소유물을 그 안에 다 모으고 내 영혼에게 말할 것이다. 사랑하는 영혼아, 네가 여러 해 동안 큰 재고를 비축했다; 이제 쉬고, 먹고, 마시고, 기운 내라!" 그러나 신이 그에게 다음과 같이 말한다. "어리석은 자야! 오늘 밤에 네 목숨을 되찾아 갈 것이다. 그러면 네가 마련해 둔 것은 누구의 차지가 되겠느냐? 자신을 위해서는 재화를 모으면서 하느님 앞에서는 부유하지 못한 사람이 바로 이러하다"(루카 12,13-21).

내가 무엇을 말하려는지 이미 명확한가? 다른 사람들이─소크라테스에게 거꾸로 골칫거리이자 눈엣가시였던 사람들이─완전히 다른 견해를 지니고 있다면 어떨까? 즉, 그들이 고통받지 않는 것이 더 낫고, 최악의 경우 다른 사람의 목숨이 달려 있다고 하더라도 그것을 받아들여야 한다고 알고 있다면, 어떨까? 그에 대한 평이한 버전은 다음과 같다. 각자는 스스로에게 이웃이다.

또는 그들이 "당연하게" 우선적으로 성공, 많은 돈, 권력과 명성, 좋은 평판에 좌우된다고 생각한다면, 그리고 그것이 운명이 아주 좋다는 것을 의미한다면, 게다가 화려함과 외모를 더한다면? 그렇게 선택하는 사람들을 그들의 확신으로부터 마음을 딴 데로 돌리게 하는 것이 반박할 수 없는 논증의 사태라고 진지하게 믿는가?

주님의 비유에 비추어 보아도 마찬가지이다. 누군가 어떤 한 사람의 생각을, 아니, 그가 여기서 좋은 날들을 보내고 있으며 그의 재산이 견고하게 그리고 적절한 이익에 대한 전망을 가지고 투자되어 있다고 하는 한, 소위 "신에게서의 부"를 기꺼이 포기할 생각으로부터 잘된 논증을 통해 도대체 딴 데로 돌릴 수 있었을까? 애시당초—포켓판 책자에서 그 파우스트가 말한다—그는 훗날 천상적인 보상에 대한 막연한 희망으로 여기 지상에서 희생할 것에 대해 별로 생각하지 않을 것이다. 또한 그는 그러한 속임수로 사제들이 불쌍한 영혼을 충분히 오랫동안 속였을 거라는 등등의 이데올로기 비판에 대한 확신을 가지고 있다.

원하는 사람은 논증에 전념할 수 있다! 결국, 그가 아무것도 성취하지 않았다면, 그는 다음과 같은 것을 통찰해야 한다. 그것은 다른 것에 좌우되는데, 말하자면 그 자신이 이 질문에 어떻게 서 있는지에 좌우된다. 그리고 거기 철학작품으로부터 영리하거나 지혜로운 문장들을 인용하여 인상을 얻어 내려 애쓰는 것은 아무런 도움이 되지 않는다. 쇼펜하우어는 이것을 훌륭한 예시와 함께 다음과 같이 매우 적절하게 표현했다.

소화되지 않은 노폐물로 다른 사람을 먹여 살릴 수는 없고, 오직 자신의 피에서 나온 젖으로만 먹여 살릴 수 있다(Schopenhauer, 1991c, p. 426).

나는 그것을 예를 들어 설명하겠디. "성공"에 대한 중독에 사로잡혀 있는 사람이 우리에게 온다고 가정해 보자. 그는 인정을 받기 위해 항상 모든 것을 올바르게 만들려 했고, 낙타처럼 모든 바늘귀를 통해 빠져나왔는데, 천국을 얻기 위해서가 아니라 그가 미리 엿보았던 직책을 낚아채기 위해서였다. 줏대를 보여 줄 용기를 결코 찾지 못해 자신이 다른 사람의 성격으로 [살아가기를] 기대하는 사람, 똑바로 서는 법을 배우지 못했던 사람, 자신의 말을 지키는 것이 무엇을 의미하는지 알지 못했을 사람, 신뢰성을 오래된 문구로 간주하고 정직성을 매우 구식인 이데올로기로 간주하는 사람, 오히려 빠져나가기 위해, 어떤 방식으로든 함께하기 위해, 함께 거기에 있기 위해, 거기에 머물기 위해, 해고되지 않고 관계가 끊기지 않기 위해… 항상 노력만 해 온 사람, 그런 사람을 가정해 보자. 오늘날 이런 유형의 사람이 얼마나 가능성이 높은지 알고 있다. … 우리의 상담에 온 그런 사람은 그 사이에 싸우느라 지치고, 녹초가 되었고, 소진되었고, 타 버렸고, 실망했다. 그러나 여전히 그는 그것을 그의 표현대로 "해냈던" 사람들, 즉 그가 명명한 것처럼, 정상에 "도달"한 사람들, 성공한 사람들, 각광받는 소수, 수요가 많은 사람, 부러움을 받는 사람들, 운이 좋은 사람들을 존경한다.

이제는? 우리는 그에게 무엇을 하고, 무엇을 말할 것인가? 내 생각에, 아무도 그가 빠진 이 함정에서 그를 끌어내지 못한다는 정도까지는 확실하다. 그 사람은 그의 입장에서 그가 지닌 삶의 관심사에서의 성공과 확인을 모두 욕심내고 있거나 아니면 그의 입장에서, 예를 들어 그의 손님이 일어나서 그에게서 멀어지거나 떠날 수 있거나 혹은 그가 화가 날 수 있다고 두려워할 수도 있다. 아니다. 그 사람이 이상적인 경우에 찾아야 할 사람은, 우리의 손님이 견디지 못했던 그 유혹들을 그의 입장에서도 알고 있으면서도 심사숙고해서 명시적으로 유혹을 벗어난 사람, 그러므로 그것들로부터 자신을 해방시켰고 이제 그것들이 그의 남은 생애 동안 면역력을 갖기 위해 한 번은 겪었어야 하는 어린 시절의 질병처럼 그의 뒤에 놓여 있는 사람이다. 그래서 그 대신에 무엇을 할까?

이제 어쩌면 나는 우리의 손님을 시험하고 그가 유머 감각을 가지고 있는지, 즉 그가 비록 자신에 대해 비웃지는 않을지라도 적어도 조금 미소 짓도록 유혹당할 것인지의 여부를 알아보려고 작은 공격을 감행할 것인데, 그것은 하나의 시작이 될 것이다. … 나는 그에게 이러한 목적을 위해—그것이 예외적으로 한 번이라도 자신을 즐겁게 할 수 있을 것이라는 희망을 가져도 된다면—시 한 편을, 철학적으로도 매우 교훈적이라고 참고할 시를 낭송할 것이다. 그것은 로버트 게른하르트(Robert Gernhardt, 1937~2006)에 의해 창작되었으며, 그 제목은 〈언제나Immer〉이다. 그것은 동시에 재미있기 때문에 나는 여기에서 인용하고 싶다.

한 사람은 너보다 언제나 더 민첩하다

너는 기어가고
그는 걸어가고
너는 걸어가고
그는 달리고
너는 달리고
그는 날아간다.

한 사람은 언제나 더 민첩하다.
언제나 한 사람은 너보다 더 재능 있다.

너는 읽고
그는 배우고
너는 배우고
그는 연구하고
너는 연구하고
그는 발견한다.

한 사람은 언제나 더 재능이 있다.
언제나 한 사람은 너보다 더 유명하다.

너는 신문에 있고
그는 사전에 있고
너는 사전에 있고
그는 연보에 있고
너는 연보에 있고
그는 기념비로 기억된다.

한 사람은 언제나 더 유명하다.
언제나 한 사람은 너보다 더 유복하다.

너는 말해지고
그는 읽히고
너는 읽히고
그는 탐독되고
너는 값이 매겨지고
그는 팔렸다.

한 사람은 언제나 더 민첩하다.
언제나 한 사람은 너보다 더 인기 있다.

너는 칭찬받고
그는 사랑받고
너는 존경받고
그는 숭배받고
네 발밑에 사람들이 엎드리고
그를 손으로 받들어 모신다.

한 사람은 언제나 더 인기있다.
언제나 한 사람은 당신보다 낫다.

너는 병약하고
그는 몸져누웠고
너는 죽고
그는 서거했고
너는 심판을 받고
그는 구원을 받았다.

한 사람은 언제나 더 낫다.

언제나
언제나
언제나.

여기까지가 그 시이다. 그러나 이제 추가로 해당되는 사항은 다음과 같다. 이 모든 것은 나 자신이 실제로 시가 준 가르침을 나를 위한 교훈으로 이미 배웠고, 우리에게 올 가상의 손님이 이것을 나로부터 설득력 있게 알아차리고 경험할 수 있으리라는 점에 좌우된다. 왜냐하면 나는 이것을 지금까지 말한 것의 결론으로 다음과 같이 요약하고 싶기 때문이다.

철학상담에서 우리에게 오는 사람은 철학적 가르침을 찾는 것이 아니라 거의 확실하게 철학적으로 사려 깊게 된 사람을 찾는다. 물론 익숙하지 않은 용어이지만, 키르케고르의 의미에서 '철학적으로 교화된 사람'을 찾는다고 말할 수 있다.

물론 나는 지금까지 너무 많이 말하지 않았지만, 내 확신을, 즉 무엇에 좌우되고, 우리에게 상담에서 중요한 것이 무엇인지 말했다고 알고 있다. 나는 그것을 다시 한번 설명하고 싶다.

알다시피, 치료에 대한 연구에서는 항상 치료의 효과에 관한 한, 작업하는 치료 이론의 유형이 아니라 치료사, 즉 그가 어떤 사람인지에 좌우된다는 것이 반복적으로 규명되었다. 그런데 그다음에 좀 더 자세한 설명을 위해 인용된 내용은 심리치료의 환경에 전적으로 완전하고도 수미일관하게 들어맞는다. 거기서 그 다음에 "공감"과 감정이입 능력, 우호적인 이해 준비성 등등에 대해 말해진다. 우리는 내용이 거의 또는 전혀 없지만 이렇게 항상 반복되는 지루한 나열Litanei을 익히 알고 있다. ...

그럼에도 불구하고, 그리고 본질적인 면에서 우리는 철학상담에 비추어서 같은 것을 말할 것이다. 그러니까 중요한 것은 철학상담자의 배경에서 어떤 철학들이 그 역할을 하는지가 아니라 손님이 상담에서 만나는 철학자 자신이다. 그리고 이는 철학상담의 의미에서 주도적인 질문이 더 이상 "철학이란 무엇인가?"가 아니며 이제 그 질문은 "누가 철학자인가?"라는 것을 의미한다. 그러나 상담에서 철학자인 나는 어떤 철학의 "대표자"나 철학적

인 방향 혹은 학파의 "대변인"으로서가 아니다. 대신에 우리에게 본보기이
자 유인책이 되었던 철학과 철학자와의 친분은 우리 안에서 어느 정도 "육
화되었어"야 한다. 철학상담의 손님이 만나기를 희망하는 철학자는 어떤 한
경우에서 제도로서의 철학, 즉 신학적으로 앞서 생각되었고, 여기에 속하는
개념으로 말하자면 철학의 육화Inkarnation이다.

그러나 이제 결론적으로—멕시코 고원에서 전 세계의 철학상담자들의
"정상 회담"에 대한 어느 정도 존경의 표현으로—지금까지 내가 언제나 엄
격하게 회피했던 것을 하고 싶다. 지금까지 나는 이미 "방법"이라는 용어
를 파울 파이어아벤트Paul Feyerabend가 그것을 피했던 것처럼 가장 곤혹스럽
게 기피했다.

그러나 나는 한번 내 자신에게 불성실해지고 싶고, 적어도 우리가 손님
을 "어떻게" 데려올지, 그를 아마도 꾀어 내고, 그를 가능하면 우선적으로
한번은 그가 생각하기에 "낯선" 질문들에 자신을 내맡기도록 어떻게 "유혹
하는지"에 대해 적어도 몇 마디 말하고 싶다.

이러한 목적을 위해 나는 최근 하이데거의 제자인 게오르크 피히트Georg
Picht에게서 (1971년 강의에서) 발견한 생각으로부터 출발한다. 그것은 매우
간단하고 다음과 같은 내용이다.

> 사람은 그 자신이 말하는 바를 이해할 때 교양 있게 된다(Picht, 1971,
> pp. 633-635).

이제, 이 문장이 무엇을 말하는지 이해하는가? 우리가 말하거나 생각하
는 모든 것에는, 즉 우리에게 "의식적"인 것에는 무의식적인 것, "생각을
통하지 않은Nicht-mit-Gedachtem" 것, 이해되지 않은 것의 무한한 깊이와 풍부
함이 근간을 이루고 있다는 깊은 통찰력이 그 문장 안에 표현되어 있다. 무

의식적인 정신, 오인된 로고스 혹은 파악되지 않은 개념에 대해 말할 수 있다. 무슨 말인지 알겠는가? 우리가 말하는 모든 단어, 모든 개념은 그 자체의 역사와 함축성을 가지고 있으며, 그 안에서 형태와 틀을 발견했던 엄청나게 많은 생각을 그 자체로 지니고 있다. 어떤 한 사람이 내리는 모든 판단은 아마도 선사시대까지 거슬러 올라갈 수 있는 긴 역사 속에서만 가능했다. 그리고 다른 것들, 즉 단지 유행하거나 최신 유행 중en vogue oder à la mode 이기 때문에 일상적인 이야기로만 접하는 것들, 심지어 그러한 잡담조차도 어떻게 그것이 그러한 어법의 유행을 일으킬 수 있었는지, 아마도 일으켜야 했는지, 무엇이 그것을 가능하게 혹은 대중적으로 만들었는지를 파악할 때에야, 비로소 이해할 수 있을 것이다.

나는 아주 사소한 예를 들기를 주저하지 않는다. 어떤 이가 "쿨"하다고 말한다면, 어떻게 그가 "쿨"하다고—독일 젊은이들 사이에서 이 문구는 매우 인기가 있고 거의 모든 사람의 입에 오르내리는데...—부를 수 있는 것에 도달했는지를 누가 이미 "이해"했었을까? 그래서? 우리는 감히 이 습관에 대해 우리의 상대방에게 이러한 어법에 속하고 그것이 대표하는 "세계상"이 어느 정도 떠오르도록 해명할 수 있다고 제대로 이해하고 있는가? 그리고 이러한 특정한 세계관은 동시에 무엇에 좌우되고, 무엇이 정말로 중요하고, 궁극적으로 결정적인지를 결정하는 판단을 형성한다는 것을 이해하는가? 이것을 달성하는 것이 바로 철학상담의 기여이자 강조적 의미에서의 계몽의 기여이다.

이제 나는 이 몇 가지 힌트를 통해 피흐트가 자신의 매우 영리한 문장, 즉 "말하는 바를 이해하는 사람만이 교양 있게 된다."라는 문장을 통해서 무엇을 의미했는지를 조금 더 이해할 수 있게 되었기를 바란다. 왜냐하면 그것은 다음과 같이 진실이기 때문이다. 언표된 모든 문장에는 무한한 수의 명제, 생각, 판단, 평가, 견해 등등이 다루어지는데, 그것들은 대체로 숨겨진 보물처럼 그 안에서 놓여 있다. 철학상담자의 과제는 그것들을 들어 올려 구해 내는 것이다.

따라서 고상하고도 매우 야심 찬 목표가 철학상담에 설정되는데, 그 목표 안에서 소크라테스 유산은 수용되기도 하고 수정되기도 한다. 나는 그것을 다음과 같이 요약한다.

사람들이 말하는 바를 이해하도록 이끄는 것이 중요하다. 그러나 이것은 어떤 정신이 "문장들 뒤에(또는 안에서)" 인식되며, 그들을 위해 우선적으로 그 안에 숨겨져 있는지를 그들이 파악하기 시작하는 것으로부터 시작된다. 만일 우리가 이러한 정신을 드러내도록 촉진하고 이제 그것을 우리 손님의 판단에 내맡기도록 하는 데에 성공한다면, 그는 그를 위해 무엇이 결정되었는지, 무엇에 좌우되는지, 무엇이 진정으로 중요한지, 그리고 무엇이 결정적인지를 직시하게 된다. 이제 수정이 시작될 수 있다. 그리고 우리는? 거기서 우리의 표준이 되었던 그것에 따라서 그를 동행하고, 그 안에서 그를 지원할 것이다. 드물지 않게 용기, 즉 자신의 확신을 신뢰하는 용기가 그것에 속한다.

덧붙이자면, 나는 용기를 잃은 자들이 아무것도 얻지 못하며, 심지어 그들에게 조언을 청하는 손님에게도 전혀 다가서지 못한다고 확신한다.

단순히 원하고 할 수 있다는 것만으로는 아직 충분하지 않다.
또한 사람은 자신이 무엇을 원하는지,
그리고 자신이 무엇을 할 수 있는지를 알아야 한다.
그래야 비로소 성격을 보여 줄 것이고,
그런 다음에야 올바른 일을 해낼 수 있다.

아르투어 쇼펜하우어 Arthur Schopenhauer

11장
운명과 성격, 철학상담을 위해
쇼펜하우어로부터 배울 게 많다[1]

쇼펜하우어를 더 자세히 읽을 수 있는 여유를 누렸던 사람이라면(나는 항상 쇼펜하우어를 읽는 것은 스스로에게 무언가를 "베푼다"는 인상을 받았다...), 특히 철학상담에 사로잡힌 관심을 통해 이러한 읽기가 특별하고 새로운 경험이 되도록 했던 사람이라면, 상담에서 증명되어야 하는 철학이 이 철학자로부터 강화와 지지를 기대해야 할 뿐만 아니라 적어도 그에 의해 의문시된다는 것을 알고 있다.

"대학철학"에 대한 쇼펜하우어의 논쟁적으로 충분히 흥미로운 비판에서 철학상담자에게 생겨날 수 있는 의심들은 아마도 여전히 가장 작은 역할을 할 것이다. 그럼에도 대학교수들이 실행하는 철학에 대한 그의 유명한 비판은 그 특별한 논증으로 인해 대학철학 그 자체보다 철학상담에 훨씬 더 심하게 부딪친다는 사실을 간과해서는 안 된다. 왜냐하면 주지하듯이 그가 이 대학철학에 대해 우선적으로 비난했던 바는 철학이 철학에 거리가 먼 관심들에 얽매여서 기꺼이 봉사하고, 무엇보다도 철학자들의 사유에 바탕을 둔 기업을 왜 운영하는지를 잘 알고 있을 고용주에게 고용되어 있다는 것 때문이다. 그래서 쇼펜하우어의 우려는 존경할 만한 철학이

1 이 원고는 1994년 튀빙겐에서 열린 제9회 철학상담학회(GPP) 콜로키움에서 강연한 내용이다.

"빵 장사로 품위를 떨어뜨리자"마자 진리가 "창녀"로 타락한다는 것이었다(Schopenhauer, 1991d, p. 16). 왜냐하면 그의 주저의 제2판 서문에 따르면, "내가 누구의 빵을 먹는가[에 따라] 그의 노래를 부른다는 규칙이 적용되기 때문인데, 고대인들에게는 철학으로 돈을 버는 것은 소피스트들의 특징이었다"(같은 곳).

그리고 실제로 쇼펜하우어의 파토스이자 그 자신이 진리에 대한 접근을 위해 필수 불가결한 조건이라고 간주했던 것은 "사태 자체가 [...] 그 자신 때문에 추구"되어야 하며, 그렇지 않으면 "그것은 성공할 수 없다"는 것이다. 왜냐하면 모든 의도로부터 "통찰력에 대한 위험"(Schopenhauer, 1991d, p. 14)이 도사리고 있기 때문이다.

쇼펜하우어가 우리를 '자기검토Selbstprüfung'의 길로 데려온 데에는 좀 더 의미심장한 우려가 자리하고 있다. 이 우려가 그에게 매우 중요했기 때문에, 그는 그것을 이미 앞서 인용했던, 즉 1844년에 작성되었던 『의지와 표상으로서의 세계』 제2판의 서문의 서두에서 다음과 같이 언급했다. 그것이 "바로 곤궁과 필요성이라는 세계의 저주"인데, "그 세계에 모든 것은 봉사하고 노예화"해야만 한다. 그가 덧붙인 바에 따르면, "그래서 그 안에서[그 세계 안에서] 마치 빛과 진리에 따르는 것과 같이 어떤 고귀하고 숭고한 노력이 방해받지 않고 번성하며, 그 자신 때문에 존재해도 되도록 그것은[세계는] 이루어져 있지 않다"(Schopenhauer, 1991d, p. 15).

이러한 세계와 그 세계의 진리필요성에 대한—가장 유보적인—평가는 그로 하여금 언제든지 사직을 권고하도록 했다. 사태를 진지하게 받아들이고 추구하는 자는 "동시대 사람들의 참여를 기대할 수 없다"는 것을 알아야 한다(Schopenhauer, 1991d, p. 14).

그런데 이제 나는 다음과 같이 말해야 한다. 만약 쇼펜하우어가 옳다면, 철학이 어떤 피해도 입지 않고 이 세계에서 정말로 이방인으로 남아 있어야 한다면, 철학은 자신의 품위를 떨어뜨리지 않고 속이지 않기 위해서 여타의 번잡한 세상사에서 거리를 두며 실제로 논란의 여지가 없는 것으로서 자신을 증명해야 한다. 이러한 요구는 적어도 첫눈에는 모든 사람에게 철학으로의 문을 열고 철학에 제기되는 어떠한 관심도 배제하지 않으려는 철학상담의 의도와 일치시키기 매우 어려울 것이다. 어쨌든 철학상담으로서의 철학은 세계의 소용돌이에 관여하고, 일반 대중을 두려워하지 않으며 포럼과 현대 토론회에서 토론된 질문들에 전적으로 연결된다는 점이 간과되어서는 안 된다. 그 철학은 쇼펜하우어가 진리에 대해 방해받지 않는 의무화라는 관심에서 그것에[철학에] 부과하려 했던 것보다 의심할 여지 없이 덜 금욕적이고 덜 세상을 등지고 있다.

여기까지가 철학상담자가 쇼펜하우어의 철학을 이해하려는 노력에서 직면하게 되는 첫 번째 우려이자 물음표에 대한 것이다. 이 물음표는 철학상담의 과제들이 순진한 것과는 다른 방식으로 완수되어야 한다면 철저히 답변되고 해명될 필요가 있다.

다른 한편으로—쇼펜하우어의 철학에 정통한 사람이라면 누구나 이것도 역시 피할 수 없었을 것인데—우리는 그의 저서에서 다른 몇몇 작품과 마찬가지로 거의 모든 페이지에서 항상 우리 작업의 귀한 사상적 지원으로 증명될 수 있는, 매우 고무적이고 어쩌면 지침이 될 만한 고려 사항들을 만나게 된다.

예를 들어, 그의 서문 서두에서 방금 인용되었던 우려와 직접적인 연관성에서 살펴보자면, 어떤 철학함이 유일하게 다른 사람에게 도움이 될 수 있다고 증명되는지에 대한 그의 설명이 나와 있다. 이 인용문은 대화에서 항상 지향되는 철학함의 필수적인 조건으로서 간주되어야 하는 것을 매우 정확하게 명시하기 때문에 직접 인용하고 싶다.

이제 그러니까 철학적 명상은 특이한 방식이어서, 한 사람이 자신을 위해서 깊이 생각하고 연구한 것만이 나중에 다른 사람에게도 유익하다는 점이고, 원래 다른 사람을 위해 규정된 것은 그렇지 않다는 점이다. 전자는 사람들이 자신을 속이려고 하지도 않고 자신에게 속이 빈 호두를 제공하지 않기 때문에 무엇보다도 일관된 정직성의 성격으로 인식되는데, 이로써 모든 궤변과 말장난은 사라진다(Schopenhauer, 1991d, p. 17).

물론 모든 "말장난"이 사라지는 것이 철학상담에서 중요하다. 왜냐하면 어떤 것이 생각되거나 혹은 다른 사람에 의해 생각되었다는 것이 아니라 그것이 사유된다는 것, 그 생각을 사유하는 자가 그것을 보증할 수 있는 경우에만 설득되기 때문이다.

우리가 쇼펜하우어에 대해 이야기할 때, 이러한 철학상담의 원칙을 상기하는 것은 쉽게 이해된다. 언제라도 사용할 수 있는 인용문의 이런 풍요로움을 과연 어떤 철학에서 이끌어 낼 수 있을까? 그 인용문은 상담에서의 대화들에 매력적으로 뛰어난 광채를 제공할 것이다. 나는 최근 진행한 대화로부터 하나의 예를 빨리 들고 싶다. 그 대화에서는 나이가 들면서 변화된 삶의 상황을 인정하려는 노력이 필요한 것으로 입증되었다. 이러한 목적을 위해 나는 문학적으로 탁월하게 공식화된 삽입구 중의 하나를 쇼펜하우어의 "삶의 지혜에 대한 아포리즘"으로부터, 즉 "연령의 차이"에 대해 다루는 마지막 부분으로부터 사용했다.

인생 전반부에서의 성격은 행복에 대해 채워지지 않았던 동경[...]이라면, 후반기에서의 성격은 불행에 대한 근심이다. 왜냐하면 그와 함께 모든 행복은 허상이지만 고통은 실재적이라는 인식이 다소 분명하게 생겼기 때문이다. 그렇기 때문에 이제는 적어도 좀 더 이성적으로 된 성격들에 의해서 단지 고통 없음과 번거롭지 않은 상태가 향락보다 더 추구된다. 젊은 시절 문에서 벨이 울렸을 때 나는 '드디어 오겠구나.'라고 생각했기 때문에 즐거웠다. 그러나 나이가 들어 같은 상황에서의 내 감정은 '결국 오고야 말았구나.'라고 생각했기에 오히려 공포와 비슷한 것을 느꼈다 (Schopenhauer, 1991b, pp. 470-471).

그리고 이와 마찬가지로 "인간 세계에 관련하여 […] 두 가지 상반되는 감정이 있다. 젊었을 때 사람들은 흔히 그것으로부터 버림받은 상태의 감정을 갖는 반면에 나이가 들었을 때는 그것에서 벗어난 상태의 감정을 갖는다. 첫 번째의 불편한 것은 알지 못하는 것에 근거하고, 두번째의 편안한 것은 그것을 아는 것에 근거한다. 결과적으로 삶의 후반부는 음악의 후반부와 마찬가지로 전반부보다 덜 노력하지만 더 많은 평온을 담고 있다" (Schopenhauer, 1991b, p. 471).

내가 이 경우에 그랬던 것처럼, 쇼펜하우어가 행한 심사숙고의 걸작을 대화에서 사용하고자 노력하는 사람은 누구나 자신의 삶이 여기에 제시된 연령처럼 명시될 수 있는 지점에 도달했는지 스스로에게 매우 엄격하게 자문해야 한다. 그리고 나서야만 그는 감히 그 노인[쇼펜하우어]에게서 말을 빌려야 한다. 그렇다면 물론 그러한 대여에 반대할 이유가 없다. 그것은 다른 사람이 그러한 심오한 유머의 힘을 통해서 전승에 걸맞은 버전으로 그것을 가져오도록 이해했다는 우리의 확신을 약화시키지 않는다.

지금까지 말한 모든 것과 함께 나는 다음과 같은 것에 대해 소개하면서 주의를 환기시키려는 데 의미를 두었을 뿐이다. 철학상담에서 우리의 작업을 적절하고 바람직한 방식으로 어렵게 만드는 우려는 물론이고, 방문자와의 대화에서 다채롭게 우리를 지원할 수 있는 풍부한 자극들과 도움들도 쇼펜하우어에게서 도처에서 발견될 수 있다는 것이다—다시 말하자면,

우리가 그것들 자체를 감당할 수 있고, 우리 삶의 진보가 그렇지 않으면 단지 "말장난"에 불과할 것이라고 증명하는 한에서 말이다.

나는 이 강연에 대해 붙인 부제에서 "철학상담을 위해 쇼펜하우어에게서 배울 게 많다."를 테제로서 공식화했다. 이제 나는 그것을 설명하고 그의 주요 저서에 대한 몇 가지 기억을 통해서 뒷받침하는 작업에 착수하려한다. 무엇보다도 그중에서 네 번째이자 마지막 책에 우리는 관심을 가져야 한다. 쇼펜하우어가 시작하면서 말했듯이, 그 책은 "익숙한 방식으로 표현하자면 [...] 실천철학"에 대해 말하고, 내가 제목으로 계획했던 것, 즉 "운명과 성격의 관계"를 특히 가장 일목요연한 방식으로 전개한다. 그런데 그전에 나는 철학상담자들이 먼저 유의해야 할 타당한 근거가 있는 것에 대해 주의를 환기시키고 싶다.

나는 쇼펜하우어가 그의 첫 번째 책, 즉 『표상으로서의 세계』 첫 번째 고찰을 내놓은 놀라운 상황을 의미하는데, 그 안에서 "표상은 이유율에 종속된다". 그리고 "경험과 학문의 대상"이 논의된다. "익숙한 방식으로 표현하자면", 사람들은 거기서 인식론이 관건이라고 말할 수도 있을 것이다. 그러니까 쇼펜하우어는 스토아주의자의 실천적이고 철학적인 이성에 대해 여기에서 거의 예상하지 못했던 날카로운 대결을 펼침으로써 이 첫 번째 책을 마무리하는데, 그 이후 그는 2권 16장에 "이성의 실천적 사용과 스토아주의에 관하여"라는 제목을 붙였고, 계속 그 논의를 이어 갔으며 훨씬 더 명확하게 했다.

스토아주의자의 삶을 주도하는 이념들과 벌인 이러한 대결은 그 자신의 고유한 실천철학의 기획과 생각될 수 있을 법한 매우 분명한 대조를 드러낸다. 그러한 한에서 쇼펜하우어의 철학적 유산이 두드러지게 되는 배경으로서 거의 필수불가결하기 때문에, 나는 적어도 그의 독특한 스토아 비판에 대해 간략하게 논의하려 한다. 나는 이것을 특히 좋아하는데, 왜냐하면 철학상담이 삶을 지향하고, 삶을 인도하고, 교정하는 권위로서 이성을 복권시키고, 무엇보다도 그로부터 고통과 불운을 극복하는 힘과 효과를 기대하는 것을 과제로 삼고 있다는 추측을 자주 마주치기 때문이다.

쇼펜하우어는 다음과 같이 스토아와의 논쟁을 시작하고, 이미 언급했듯이 이로써 그의 첫 번째 책을 마무리한다.

> 진실하고 진정한 의미에서 실천적 이성의 가장 완벽한 전개는 인간이 단지 그의 이성을 사용함으로써 도달할 수 있고, 동물과의 차이점이 가장 분명하게 드러나는 최고봉인데, 스토아적인 방식에서 이상으로서 표현된다. 왜냐하면 스토아 윤리는 원래 그리고 본질적으로 전혀 덕이론이 아니라 단지 이성적인 삶을 위한 지침일 뿐이기 때문이다. 그 삶의 목표이자 목적은 정신의 안정을 통한 행복이다. 덕스러운 변화는 거기서 동시에 단지 우유적으로per accidens, 목적이 아니라 수단으로서 나타난다(Schopenhauer, 1991d, pp. 135-136).

쇼펜하우어가 스토아주의자에 대한 그 원칙으로부터 나온 결과로서 말하고 있는 것은 오늘날 우리에게 치료적인, 즉 치료에서 실제로 사용되는 권장 사항의 개요로서 아무런 어려움 없이 인식될 수 있다. 나는 그중에서 몇 가지를 쇼펜하우어의 원문에서 인용하고자 한다. 우리에게 관건이 되는 것은 스토아주의자가 아니라 쇼펜하우어이어야 하기 때문이다.

> 사람들은 결핍, 고통이 직접적이고 필연적으로 '소유하지 못함Nicht-haben'에서 오는 것이 아니라 '소유하고 싶은데Haben-wollen' 소유하지 못하는 데에서 비로소 유래한다는 것을 알아챌 것이다 [...] 이 모든 것으로부터 결과되는 것은 모든 행복이 우리의 요구들과 우리가 소유하는 것 사이에 있

는 관계에 기인한다는 점이다. [...] 스토아의 이러한 정신과 목적에 의거하여, 에픽테토스(Epictetus, 55?~135?)는 그의 지혜의 핵심으로서 다음과 같이 시작하고 지속적으로 그것으로 되돌아온다. 즉 우리에게 달려 있는 것과 그렇지 않은 것을 신중하게 숙고하고 구별하고, 그에 따라 후자를 전혀 고려하지 않아야 한다는 것이다; 그것을 통해서 사람들은 모든 통증, 고통과 불안으로부터 확실히 자유롭게 머물 것이다(Schopenhauer, 1991d, pp. 137-139).

스토아 학파의 창시자인 제논에 대해 쇼펜하우어는 오늘날에도 여전히 매우 친숙한 개념, 즉 "최고의 선, 정신의 안정을 통한 행복에 도달하기 위해서, [말하자면] 자신과 일치되게 사는 것"(Schopenhauer, 1991d, p. 140)을 언급한다. 이는 그리고 나서 우선 스토아적인 실천철학에 대한 그의 표상을 다음과 같은 평가와 함께 마무리하기 위해서이다.

전체적으로 볼 때 스토아 윤리는 인간의 위대한 특권인 이성을 중요하고도 유익한 목적을 위해, 즉 모든 생명에 가해진 고통과 통증에서 인간을 낮게 하기 위해 [...] 그리고 그럼으로써 짐승과는 반대되는 이성적인 존재로서 인간에게 부여된 가장 높은 수준의 존엄성을 누리도록 하기 위해 사용하려는 매우 가치 있고 존경받을 만한 시도이다(Schopenhauer, 1991d, p. 140).

여기까지가 쇼펜하우어가 스토아에 대해 동의한다고 일부 사람들이 기꺼이 인용하는 부분이다. 그들은 철학상담을 헬레니즘적인 삶의 가르침의 계승 안에서 보고 싶어 하고 그와 동시에 그러한 근접성에서 도우려는 의도로 실행한 그의 작업을 철학적인 것이라고 명시적으로 명명할 권리를 이끌어 낸다. 그런데 스토아주의자의 야망은 쇼펜하우어에게서 반론의 여지가 없는 것이 아니었다. 나에게는 그가 제기한 반론이 그가 이전에 진술했던 부분적이고 호의적인 인정보다 더 중요해 보인다.

> 고통 없이 살기를 바라는 것에는 [...] 완전한 모순이 있다. 그래서 또한 자주 사용되는 '복된 삶'이라는 말도 그 속에 들어 있다. [...] 이러한 모순은 [...] 순수한 그 이성의 윤리학에서 [...] 스토아주의자가 행복한 삶을 위한 지침(왜냐하면 그것이 항상 그의 윤리로 남아 있기 때문이다.)에 자살 권고를 끼워 넣도록(동양의 전제군주의 화려한 보석과 장비들 사이에 독이 든 귀한 작은 병이 발견되는 것과 같이) 강요된다는 점에서 모순을 나타낸다. 말하자면, 어떤 문장이나 결론으로도 철학함에서 떨어져 나가도록 하는 육체의 고통이 우세하고 치유될 수 없는 경우에, 그 유일한 목적인 행복은 결국 무효로 돌아가고, 고통을 피하기 위해서는 다른 약과 마찬가지로 그저 무심하게 복용해야만 하는 죽음 이외에는 아무것도 없다는 것이다 (Schopenhauer, 1991d, p. 141).

여기까지가 특히 오늘날 "시대에 맞지 않는" 파괴력에 대한 쇼펜하우어의 첫 번째 이의 제기이다. 왜냐하면 고통을 없애는 것이 최후에 당연한 것 중의 하나인 것처럼 보이기 때문이다. 그렇다. 물론 이러한 당연성의 토대에서 사람들이 불평할 때 그리고 자신을 짓누르는 짐을 떨쳐 버릴 방법을 찾을 때, 무엇을 해야 할지 결정할 수 있다고 점점 더 많이 생각한다.

그런데 그의 두 번째 반대는 나에게 훨씬 더 중요해 보이는데, 이는 스토아적인 현자 자체의 이상적인 이미지에 반대하고, 마치 차라투스트라의 조롱을 미리 듣는 것 같다.

그러나 너희 중에 가장 지혜로운 자는 단지 식물과 유령 사이에서 벌어진 분열과 혼혈일 뿐이다. 하지만 내가 너희에게 유령이나 식물이 되라고 명령하는가(Nietzsche, 1988a, p. 14)?

쇼펜하우어는 다음과 같이 말한다.

스토아 윤리가 그 기본 개념에서조차 시달리는 그 [...] 내적 모순[...]은 또한 스토아 윤리의 이상인 스토아 현자가 그 윤리의 표현 자체에서 결코 삶이나 내면의 시적 진리를 얻을 수 없다는 것에서 더 많이 보여진다. 그는 나무로 된, 뻣뻣한 마네킹으로 남아 있는데, 그와 함께 사람들은 아무것도 시작할 수 없고, 그의 지혜로 어디로 가야 할지도 모른다. 그의 완전한 평온, 만족, 행복은 인간의 본질에 바로 모순되고, 우리는 그것에 대한 아무런 직관적 표상을 가질 수 없다(Schopenhauer, 1991d, pp. 141-142).

또한 쇼펜하우어는 결정적인 힌트를 추가하면서 첫 번째 책을 마무리하는데, 헬레니즘적이고—스토아적인 지혜의 나무로 된—뻣뻣한 마네킹을 "그리스도교의 구세주"와 대비시킨다. "심오함이 가득한 삶의 그 탁월한 인물, 가장 위대한 시적 진리와 최고의 의미심장함을 지닌 인물, 그러나 이 의미심장함은 완전한 덕과 거룩함과 숭고함 속에서 최고 고통의 상태로 우리 앞에 서 있다"(Schopenhauer, 1991d, p. 142).

거기, 마지막 문장의 절반에 쇼펜하우어가 스토아적인 고통 회피 프로그램에서 가장 깊은 결점으로 간주했던 것이 언표되었다. 어쩌면 그들은 보았을 것이다. 그것은 (...)

매일 매시간 셀 수 없는 크고 작은 사고(事故)들에 노출되는 도움이 필요한 존재 [...] 그래서 그 존재는 끊임없는 걱정과 두려움 속에서 살아야 하는 존재, 그 인간이 본래 무엇인지를 만약 이성이 그에게 항상 현재로 유지했었다면, 아무도 사고나 불운에 대해 격분하거나 자제력을 잃지 않을 것이다(Schopenhauer, 1991e, p. 174).

그리고 어쩌면 그들은 또한 다음과 같은 경우에 마지막 결론의 지혜로서 에픽테토스가 말하는 "참아 내고 포기하라."에서 명명되는 것도 제대로 보았을 것이다. "실천적인 것에 대한 이성의 그러한 적용"은 우선적으로 "그것이[이성이] 단지 직관하는 인식의 일방적인 것과 잘게 잘라진 것을 다시 재구성할 뿐 아니라[...], 그럼으로써 객관적으로 올바른 결과가 얻어진다."라는 사실에 의해서만 달성되어야 한다(같은 곳).

그러나 쇼펜하우어가 이후의 논의에서 계속하는 바에 따르자면, 우리가 스토아주의자의 저서에서 "우리에게 끊임없이 기대되는, 흔들리지 않는 그 평정심에 대한 궁극적인 근거를 탐구할 경우, 우리는 세계의 운행이 우리의 의지로부터 완전히 독립되어 있으며, 결과적으로 우리에게 닥친 악의 필연성을 인식하는 것 외에는 다른 어떤 근거도 찾지 못한다". 그것은 우리의 요구와 욕망들을 규제해서 그것들이 더 이상 세계의 운행과 부딪히지 않도록 추천하는 것만을 제안한다. 세계가 너에게 제공할 수 있는 것보다 더 많은 것을 기대하지 말아라. 그것이[세계가] 너에게 주지 않는 것에 대해서는 포기하라. 그것이 너에게 요구하는 것을 견디어라. 전적으로 너의 힘 안에 있는 것만을 너에게서 기대하라.

이것은 사실 스토아주의자들이 이러한 원칙들을 가지고 처음 밟은 치료의 길이다. 왜냐하면 그들은—쇼펜하우어를 다시 인용하자면— 우리의 고통이 "항상 우리의 욕망과 세계의 운행 사이의 불균형에서 비롯된다."라고 생각했기 때문에, "이 둘 중 하나는 변경되고 다른 하나에 맞게 적용되어야 한다."라고 매우 일관되게 결론지었다. 그리고 "사물의 운행은 우리의 힘에 달려 있지 않기 때문에, 그러므로 우리는 사물의 운행에 맞게 우리의 원의와 소망을 정비해야 한다. 오직 익지만이 [우리의 힘에 달려] 있기 때문이다"(Schopenhauer, 1991e, p. 182).

이것을 좀 더 느슨하고 가볍게 말하자면, 사람들의 고통은 여기에서 처음으로 그들 스스로 일하도록 인도하라는 초대로서 파악되었다. 당사자들에게는 그들이 만들고 해결할 수 있는 대상이 제공되는데, 그것은 그들 자신이다. 전반적으로 아무것도 이행할 수 없었지만, 해야 할 일은 많다. 그래서 자기 자신과의 작업을 시작한다. 그래서 결과는 무엇인가? 쇼펜하우어가 요약한 바에 따라 진지하게 가까이에서 고찰하자면, 우리는 그 아타락시아átαραξία에서 "운명의 장난에 대한 단순한 경직성과 무감각"(Schopenhauer, 1991e, p. 183)을 인식한다. 질문은 다음과 같다. 무엇이 빠졌는가?

나는 우리가 비로소 이러한 질문을 제기함으로써 고통을 다루는 이러한 방식에 대한 반박이 표명되도록 철학자 쇼펜하우어를 초대한다고 생각한다. 그리고 그와 동시에 사람들을 그들 자신에게 집중시키려는, 혹은 자신으로부터 주의를 돌리는 오늘날의 치료적 노력에 대한 그의 반론도 마찬가지이다.

쇼펜하우어의 대답은 다음과 같다. 이러한 스토아적인 초연함에서 아쉬운 것은 "형이상학적 경향"이다(같은 곳). 다른 말로 하자면 삶의 빈곤은 그들에게 스캔들이 되지 않았고, 그래서 그들은 최선의 가능성에서의 인간을 놓쳤다. 그러나 그것은 나쁜 것을 용감하게 견디거나 격정을 극복하는 것이 아니며, 자신에 대한 돌봄도 아니다. 적절한 거리에서 고찰하면, 그것은 너무나 작고, 그것의 범위가 제한적인 염려, 혹은 제한적이지는 않지만 편협한 염려이다. 그 대신에 쇼펜하우어는 있는 그대로의 세계라는 시선에서 나오는 형이상학적인 욕구를 인간의 가장 가치 있고 최고이며 가장 존경할 만하고 심오한 가능성으로서 보았다.

그래서 쇼펜하우어는 그의 두 번째 책에서 스토아주의와 그 이성의 실천에 할애된 16장에 이어, 실천적으로 종사했던 스토아주의자들조차도 의문으로 떠올렸던 것을 결정적으로 뛰어넘는 17장을 연결했다. 그 제목은 "인간의 형이상학적 욕구에 대하여"이다. 현존재가 인간에게 일반적으로 질문, 수수께끼, 전적으로 이해되지 않았던 문제로 될 때, 인간의 위대함이 증명된다는 것인데, "그는 그에 따라 형이상학적 동물이다"(Schopenhauer, 1991e, p. 185). 이에 대해 다음의 내용이 적용된다.

> 만약 세계의 어떤 바람직한 것이 있다면, 바람직해서 미숙하고 우둔한 무리조차도 그들의 좀 더 사려 깊은 순간에는 은이나 금보다 더 높게 여긴다면, 한 줄기 빛이 우리 현존재의 어둠에 떨어질 것이고, 비참함과 허무함 이외에는 아무것도 분명하지 않은 이 수수께끼 같은 실존에 대한 어떤 해명이 우리에게 주어질 것이다(Schopenhauer, 1991e, p. 189).

그러나 이것은 쇼펜하우어가 모든 영적 훈련과 자신을 위해 일하려는 결심에 내놓는 매우 급진적인 거절이다. 따라서 그가 말했듯이 미숙하고 우둔한 무리조차도 고통받는 사람에게 스스로 일하도록 의무화하는 스토아적이고 치료적인 결심에서 사라진─오늘날 통용되는 개념을 사용하자면 페이드 아웃된─문제에 대해 민감하다.

그러므로 상담을 하려는 결심은 인간들에게 가장 최선이 되는 것을 속이고 있다는 의심에 빠진다. 왜냐하면 영혼이 작업하는 치료제가 반형이상학적인 것으로 입증되었기 때문이다.

나는 분명히 말하고 싶다. 이것이 바로 이성을 실천하는 것에 대한 쇼펜하우어의 반박을 상담소에서의 철학자를 위해 필수불가결한 훈계로 만드는 점이다. 그 이성을 실천하는 것이란 삶을 이끌어 가는 데에 있어서 삶에 슬기롭게 내서하고, 징비하는 '이성적임'만으로 입증된다고 생각했던 셈이다. 왜냐하면 그는 사람들이 걱정을 없애고, 자신을 짓누르는 부담을 없애고, 자신에게 어려운 일을 쉽게 하고, 어쩌면 자신에게 어려운 것으로 보이는 것을 가볍게 여기도록 함으로써 도움을 받는다고 믿었기 때문에, 이를 통해 그는 유해한 방식으로 피상성과 결탁되어 있을 것이다. 그 피상성은 오늘날 이러저러하게 매우 호의적으로 주의를 딴 데로 돌리고 해결책이 없는 질문들을 포기하도록 권유하는 것만을 제공할 뿐이다.

그러나 상담소에 오는 사람들의 질문은 결코 혹은 적어도 단지 "내가 무엇을 해야 합니까?"이거나 "무엇이 나와 함께 시작되어야 하나요?"만이 아니다. 오히려 가장 짧은 공식으로 시도해 보자면 이렇다. "네, 바로 그렇습니다. 그런데 그게 무엇인가요? 어떻게 나는 그것을 이해할 수 있을까요? 어떻게 그게 가능합니까? 어떻게 그게 가능할 수 있나요?"

그것은 행동에 대한 지침이나 이것이나 저것을 하라는 조언으로 전환되어서 일차적으로 답을 찾지 못하는 질문들이고, 세계를 버리고 스스로 변화하겠다는 결단을 통해서 나오지 않는 질문이다. 오히려 철저한 철학적 토의, 사려 깊음 및 우려를 듣고자 하는 질문들이자, 더 정확한 의미에서 아마도 훨씬 더 결정적이고, 더 진전되고, 더 철학적인 질문들이다. 그럼으로써 그 질문들에 부합하는 그 진지함은 인정된다. 왜냐하면 내 인상에 따르자면, 그것이 무엇보다도 중요한 것이기 때문이다. 그것을 기억하는 것이 쇼펜하우어의 중요성이다.

이로써 내가 마지막 부분에서 『의지와 표상으로서의 세계』의 1권의 네 번째 책에서의 몇 가지 논평을 담은 발췌문을 통해서 마무리하면서 여러분에게 과도하게 요구하고 싶은 것이 준비되었다. 가장 짧은 개요를 위해서

−그것은 개념에 대해 약간 부주의하는 것을 통해서만 제공될 수 있는데−
쇼펜하우어가 그의 저서 4권에서 다루는 과제를 여기에 미리 제시하면 다
음과 같다. 첫 번째 책은 인식론, 두 번째 책은 자연철학, 세 번째 책은 미
학을 전개한 반면, 그는 네 번째 책을 이미 언급한 바와 같이 "실천철학"에
할애했는데, 이 중 일부를 이제 언급할 것이다.

　철학자들 사이에서도 쇼펜하우어의 주요 저서는 그에 대해 소개했을 법
한 철저한 연구로부터 확실하게 얻은 것이라기보다는 전설에 가깝다는 것
을 나는 알고 있기 때문에, 어쨌든 이 독특한 마지막 책의 서문을 한번 읽
고자 한다. 나는 철학상담자들이 그것에 대해 무엇보다도 가장 먼저 관심
을 가져야 한다고 생각한다.

　　우리가 하는 고찰의 마지막 부분은 인간의 행위에 관한 것이기 때문에
　　가장 진지한 것으로서 출현을 예고한다. 이는 모든 사람에게 직접적으로
　　관련된 주제이며, 누구에게도 낯설거나 무관심할 수 없다. 그렇다. 다른 모
　　든 것을 그것에 연관시키는 것은 인간의 본성에 맞다. 그래서 그는 모든 관
　　련된 연구에서도 행위와 연관되는 부분 그 자체를 적어도 그것과 같은 것
　　에 관심을 갖는 경우에 그 전체 내용의 결과로서 고찰할 것이고, 그래서
　　비록 다른 부분에는 아닐지라도 그 부분에 진지한 주의를 할애할 것이다
　　(Schopenhauer, 1991d, p. 357).

　다음으로 서두에 인용된, "실천철학"−"익숙한 방식에 따라 자신을 표
현하자면"−이 관건인 문구가 이어지며, 그런 다음에 즉시 뒤따라서 우선
철학상담을 위한 모든 노력에 반대하는 것처럼 보이는 제한이 나온다.

　　그러나 내 생각에 모든 철학은 항상 이론적인데, 그다음으로 탐구할 대

상이 무엇이든 철학에는 처방하는 것이 아니라 항상 순수히 고찰하는 태도를 취하고 연구하는 것이 본질적이기 때문이다. 반면에 실천적이 되고, 행동을 이끌고, 성격을 바꾸는 것은 오래된 요구들이며, 성숙한 통찰력에 도달했을 때 마침내 포기해야 했다. 왜냐하면 여기서, 즉 현존재의 가치와 무가치, 구원과 저주의 문제가 있는 곳에서, 그것의 죽은 개념들이 아니라 인간 자신의 가장 깊은 본질, 즉 그를 인도하는 [...] 다이몬Dämon—칸트가 언표했듯이 그의 지적인 성격—이 결정적이기 때문이다(같은 곳).

그러나 이것과는 대조적으로 철학이 변화하고 개조하면서 실천적으로 활동하기를 원하는 한, 아무런 힘이 없다. 왜냐하면:

> 덕은 천재와 마찬가지로 전혀 가르쳐지지 않는다. 그렇다. 덕에게 개념은 너무나 비생산적이고 단지 그것이 예술에 대한 것과 마찬가지로 도구로서만 사용된다. 그래서 우리는 마치 우리의 미학이 시인, 조각가, 음악가를 일깨우는 것만큼이나 우리의 도덕 체계와 윤리가 덕스럽고 고상하고 성스러운 사람을 일깨울 것이라고 기대하는 것은 어리석은 일일 것이다 (Schopenhauer, 1991d, pp. 357-358).

그리고 내 생각에 이제 철학상담에 대한 작업 지침으로서도 동시에 읽어야 하는 제한 사항이 다음과 같이 있다.

> 철학은 현존하는 것으로서 세계의 본질을 해석하고 설명하는 것 그 이상을 할 수 없다. 즉, 구체적으로 그것을[그 본질을] 모든 사람에게 이해되도록 언표하는 감정으로서 명료하고 추상적인 이성에 대한 인식으로 가져오는 것인데, 그러나 이 인식은 모든 가능한 관계 안에서 그리고 모든 관점으로

부터 나온다(Schopenhauer, 1991c, p. 358).

이것으로부터 무엇이 결과되는가?

> ... 사람들은 이 윤리적 책에서 어떤 규칙들이나 의무에 대한 가르침을
> 기대해서는 안 된다. 그리고: 우리는 또한 '무제약적 당위'에 대해 이야기
> 하지 않을 것이다. [...] 우리는 결코 당위에 대해 말하지 않을 것이다. 왜냐
> 하면 어린아이와 어린 시절의 평민들에게 그렇게 말하지, 성숙하게 된 시
> 기의 모든 교양을 습득한 자에게는 그렇게 말하지 않기 때문이다(같은 곳).

그러니까 요약하자면:

> 우리의 철학적 노력은 인간의 행위, 그것의 살아 있는 표현인 매우 다
> 양하고 상충되는 격언들을 해석하고 설명하는 것까지만 나아갈 수 있다
> —그것의 가장 내면적인 본질을 분명한 ... 인식으로 가져오는 것까지만
> (Schopenhauer, 1991d, p. 359).

그의 세계를 바꾸고 더 낫게 하려는 의지를 이웃의 사랑하는 사람에게
집중시키려는 모든 선의의 결심을 단호히 거부하는 것은 나에게 매우 가치
있고, 철학상담자처럼 자신의 실천적인 야망을 다른 사람에 대한 실천으로
서 펼치고 싶은 유혹을 진작부터 받을 수 있는 소수에게만 관계된다.

그러나 자신의 이익을 위해 사람들을 변화시키려는 이러한 야망에 대해
항상 경계해야 하며, 쇼펜하우어는 그렇게 했다. 그런데 이러한 경계에 대
한 근거는 매우 섬세한 인간 인식의 증거이어서, 심지어 심리학 문헌에서
조차 선의의 가르침의 결과에 대해 이와 비슷하게 정교한 묘사를 찾기 어

려울 정도이다. "자기의식에서 의지의 우위"를 다루는 2권 19장에서는—쇼펜하우어가 종종 특별한 공로로 충분히 인정되었던 정신분석의 훌륭한 예건을 담고 있다—이떠한 윤리학도 불가능하다는 것을 말하는데,

> ... 그것[윤리학]은 의지 자체를 만들고 개선한다. 왜냐하면 모든 가르침은 단지 인식에 의해서만 작용하기 때문이다. 그런데 이것은 결코 의지 그 자체, 즉 의지의 근본 성격이 아니라, 단지 당면한 상황들에 대한 그것의 적용만을 규정한다(Schopenhauer, 1991e, p. 259).

이것은 무슨 뜻인가? 다시금 제한 사항, 또는 다른 말로 하자면, 그 대신 유일하게 주의를 기울여야 하는 지침이다.

> 수정된 인식은 의지가 접근할 수 있는 선택의 대상들을 좀 더 정확하게 증명하고 좀 더 정확하게 판단할 수 있게 하는 정도까지만 행위를 변경할 수 있다. 그것을 통해서 그는 이제 사물에 대한 그의 관계를 좀 더 정확하게 판단하고, 그가 원하는 것을 좀 더 명확하게 보고, 그에 따라 선택에 있어서 덜 오류에 종속된다. 그러나 의지 그 자체, 주요 방향 혹은 그것의 기본 격률에 대해 지성은 아무런 힘이 없다(같은 곳).

그리고 이제 쇼펜하우어가 실천적 요구에 대해 자기를 제한하는 겸손을 내세우고 있는 그와 같은 의무에 대해 제공하는 근거 제시이다. 이것은 그러한 한계를 준수하지 않은 것으로부터 나온 그 결과들을 다음과 같이 전개한다.

> 낯선 훈계에 [...] 의한 가르침을 받은 자, 자신의 성격에 근본적인 결점

을 인식하고 한탄하는 자는 자신을 개선하고 그것을 버리겠다는 확고하고 정직한 결심을 한다. 그러나 그럼에도 다음 기회에 실수가 나온다. 새로운 후회, 새로운 결심, 새로운 위반. 이것을 여러 번 겪게 되면, 그는 자신이 더 나아질 수 없고, 그 잘못이 자신의 본성과 성격에 있으며, 그러니까 자신이 그것과 하나라는 것을 깨닫는다. 이제 그는 자신의 본성과 성격을 인정하지 않고 비난할 것이며, 양심의 가책에까지 올라갈 수 있는 고통스러운 감정을 갖게 될 것이다. 그런데 그는 그것들을 바꿀 수 없다. 여기서 우리는 비난하는 것과 비난받는 것이 분명히 분리되어 있다는 것을 본다. 우리는 전자가 단순히 이론적인 능력으로서, 칭찬하고 따라서 바람직한 삶의 변화를 스케치하고 설정하고 있음을 본다; 그러나 다른 하나는 현실적이고 변경 불가능한 현존하는 것으로서, 전자를 무시하고, 완전히 다른 길을 간다; 그리고 나서 다시 전자는 다른 것[후자]의 상태에 대한 무력한 한탄과 함께 뒤에 머무는데, 그 한탄과 함께 바로 그 슬픔을 통해 자신과 동일시된다. 여기서 의지와 지성은 분명하게 구분된다. 이 경우 의지는 더 강력하고, 억제할 수 없고, 변경할 수 없고, 원초적이고 동시에 중요한 본질적인 것으로서 중요하다; 이와 동시에 지성은 자신의 오류를 한탄하고 인식의 정확성에서 어떠한 위안도 찾지 못한다...(Schopenhauer, 1991e, p. 260).

이것으로부터 우리가 끌어내야 할 결론은 무엇인가? 나는 이렇게 생각한다. 철학상담에서 우리는 한 사람의 생각, 판단, 의견 또는 견해를 다룰 뿐만 아니라 무엇보다도 그 사람 자신을 다룬다. 이것은 특정한 성격이나 인정을 요구하는 실재인 특수한 의지를 다룬다는 것을 의미한다. 그러나 우리 본질을 형성하는 이 의지는 마음대로도 통찰대로도 자유롭게 처분할 수 있는 것이 아니다. 다시금 다른 말로 하자면: 근본적으로 우리는 그 자신 자체가 운명인 사람을 다룬다. 그리고 그에 대한 유일하게 적절한 태도는 우리가 이러한 특수한 성격을 인정하고 계속되는 모든 공동 활동의 토대로서 존중하는 깃이다. 왜냐하면 그것이 토대이기 때문이다.

이제 물론 "예지적 성격"에 대한 쇼펜하우어의 이론을 인간의 최초이자 마지막으로 '삶의 길을 이끌어 가는lebenswegleitend' 규정—이것은 "경험적 성격"으로서 나타나거나 혹은 적어도 추정되는데—으로서 그 제안된 원칙을 선전하기 위해서 상세하게 전개할 필요가 있을 것이다. 그러나 그것은 이 강연의 틀 안에서 가능하지 않다. 그렇기 때문에 나에게 남아 있는 것은 오로지 철학적 조언이라는 상담의 형태에 비추어서, 그것으로부터 어떤 결과를 가져올 것인지의 질문을 바로 이어 가기 위해서 이번에는 그 사태를 정당한 것으로 받아들이는 것이다.

쇼펜하우어의 생각에 동조하는 자는 효과를 발휘하거나 실천적인 영향력을 얻을 수 있는 모든 가능성을 버리는가? 그는 철학을 상담으로서 증명하려는 그의 야망을 철회해야 하지 않을까?

아니다. 오히려 쇼펜하우어의 성격 이론에 대한 인정으로부터 이미 오랫동안 나의 작업을 이끌어 온 상세한 주의력에 대한 요구 사항이 발생한다는 것이 맞다.

이것을 이해하기 위해서는 쇼펜하우어가 "습득된 성격"이라는 제목 아래 진술한 성격의 세 번째 규정에 대해 다룰 필요가 있다. 철학자의 상담에서 이러한—사전에 간단히 말해서—"습득된" 그리고 "습득될" 성격에 주의를 기울여야 한다. 왜냐하면 비로소 그것에 대한 관계에서 철학자는 자신이 필요하고 필요할 수도 있는 자신의 입장을, 어쩌면 도움까지도 발견하기 때문이다. 먼저 "습득된 성격"이라는 얘기가 도입되는 구절을 살펴보자.

예지적이고 경험적인 성격 이외에 두 가지와는 다른 세 번째, 습득된 성격이 언급되어야 한다. 그것은 삶에서, 세계의 사용을 통해서 비로소 얻게 되는데, 성격을 가진 인간으로서 칭찬을 받을 때, 혹은 성격이 없는 것으로서 비난될 때 문제가 된다. 어떤 사람은 예지적인 것의 현상으로서 경험적 성격이 변경 불가능하고, 마치 모든 자연 현상과 마찬가지로 그 자체로 일관되기 때문에, 인간도 항상 자신에게 동일하고 일관성 있게 나타나야 하고 그래서 경험과 숙고를 통해서 인위적으로 성격을 획득할 필요가 없다고 생각할 수도 있을 것이다. 그러나 그것에서는[그 성격에서는] 다르며, 인간은 항상 똑같을지라도 매 순간 자기 자신을 이해하는 것이 아니라 본래적인 자기인식을 어느 정도 습득할 때까지는 자신을 오해하는 경우가 많다 (Schopenhauer, 1991d, p. 396).

그리고 이어서 쇼펜하우어는 이미지를 통해 어떻게 그렇게 "그 자신을 오해하는 것"이 보여지거나 배신하는지를 설명한다. 삶의 길의 이상적인 형태는 직선으로 흐르고, 그 안에서 이 길을 걷고 있는 자가 누구인지 동시에 인식하게 한다. 그러나 아직 자신의 본질에 대한 통찰에 도달하지 못한 사람은 항상 "큰 시장에 있는 아이들처럼 지나가는 동안 자극하는 모든 것을 [붙잡으려는]" 유혹을 느낀다. 우리는 그러고 나서 지그재그로 달리고, 현혹된 불 속에서 이리저리 오가다가 아무 데에도 도달하지 못한다 (Schopenhauer, 1991d, p. 397).

이러한 이미지 안에 많은 사람이 철학상담을 찾아올 때 진술하는 한탄이 요약되어 있다고 말할 수 있다. 그렇다면 철학자의 과제는 무엇인가? 서두에서 말했듯이, 이해하기와 해석하기, 그러고 나서 지식과 통찰력을 얻도록 계몽하기이다. 왜냐하면 내가 동의하는 쇼펜하우어는 다음과 같이 말하기 때문이다.

... 단순한 의욕과 능력도 그 자체만으로는 아직 충분하지 않고, 인간은 자신이 무엇을 할 수 있는지도 알아야 한다. 그래야만 비로소 성격을 보여주고 그래야만 옳은 것을 성취할 수 있다. 그가 거기에 도달하기 전에는 경험적 성격의 자연스러운 결과에도 불구하고 성격이 없다. 그가 전체적으로는 자신에게 충실하고 자신의 다이몬에 의해 이끌려 자신의 길을 달려가야만 하지만, 그러나 그는 기준에 맞는 직선이 아니라 떨면서 고르지 않은 선을 그리며 흔들리고, 일탈하고, 돌아서고, 후회와 고통을 맛본다. 이러한 모든 것은 그가 크고 작은 것에서 인간에게 가능하고 도달할 수 있는 것보다 더 많은 것을 앞에서 보고 있으면서도, 그중에서 무엇이 그에게만 적합하고 그에게 실현 가능한지를, 더 나아가 즐겁기까지 한지를 알지 못하기 때문이다. 그렇기 때문에 그는 많은 사람에게서 상황과 형편들을 부러워할 것인데, 그것은 그러나 그 자신의 것이 아닌 그들의 성격에만 적합한 것이고, 그 안에서 그는 불행하다고 느낄 것이고 아마도 견딜 수조차 없을 것이다. 왜냐하면 마치 물고기는 물속에서만, 새는 공중에서만, 두더지는 땅속에서만 편안한 것처럼, 그렇게 모든 인간에게는 단지 그에게 적합한 분위기에서만 편안하기 때문이다(Schopenhauer, 1991d, pp. 397-398).[2]

---

2 첫 오리엔테이션을 위해 어느 정도 "주요—그리고 참조 텍스트"를 수집하는 것은 아직은 젊은 철학상담의 관심이기 때문에, 나는 여기 각주에 방금 삽입한 구절에 연결해서 더 긴 구절을 추가하여 제시하고 싶다—그 구절은 내 생각에 모든 철학상담에 대한 참조 텍스트로서 존중되어야 한다. "이 모든 것에 대한 충분한 통찰력이 부족하기 때문에 여러 사람들은 모든 종류의 실패하는 시도를 할 것이고, 개별적으로 자신의 성격에 폭력을 행사할 것이지만, 전체적으로는 그것에 굴복해야 할 것이다. 그리고 그가 그렇게 그의 본성에 거슬러서 힘들게 얻은 것은 그에게 즐거움을 주지 않을 것이다; 그가 그렇게 익힌 것은 죽은 채로 남을 것이다; 심지어 윤리적인 견해에서도 순수하고 직접적인 충동에서 나온 것이 아니라 개념 및 교리에서 나온, 그의 성격에 비해 너무 고상한 행위는 뒤따르는 이기적 후회를 통해 자신의 눈에서조차 모든 공로를 잃을 것이다. 원함은 교육될 수 없다(Velle non discitur). 우리가 비로소 타인의 성격들이 지닌 완강함을 경험을 통해서 알게 되는데, 그리고 그때까지는 이성적 표상들을 통해서, 간청과 탄원을 통해서, 본보기와 모범과 관대함을 통해서, 어떤 한 사람이 그의 방식에서 놓여나게 하고, 그의 행동방식을 바꾸게 하거나, 그의 사유방식을 다르게 하거나, 혹은 그의 능력을 확장시키는 데까지 데려갈 수 있을 것이라고 유치하게 믿고 있다; 그렇게 우리 자신에게도 마찬가지이다. 우리는 먼저 경험을 통해 우리가 무엇을 원하고 무엇을 할 수 있는지 배워야 한다. 그때까지 우리는 그것을 알지 못하

따라서 우리는 처음에 쇼펜하우어가 철학상담에 대한 관심에 동의하기를 거절할 것이라고 가정해야 했지만, 반대로 그가 철학상담에 필요한 만큼 정당하게 작업 분야를 할당하는 것을 볼 수 있다. 그 작업 분야는 사실 철학상담자로부터 주로 이해하기, 인식하기 그리고 계몽하기 등의 철저하게 이론적인 역량을 요구한다. 이 역량은 적어도 무엇을 하고 있는지 아는 것을 허용하는 통찰력이 부족하기 때문에 그리고 그러한 한에서 자신의 길을 고민하면서 가고 있는 자를 위해서 삶에서 실천적으로 중요성을 지닌다.

그러나 누군가 이것이 철학자가 실제로 조언을 구하는 사람에게 제공할 수 있는 모든 것이자 전부일 수 없다고 이의를 제기하려 한다면, 나는 적어도 다음과 같이 덧붙이고 싶다. 그에게 요구된 사항에 대해 이제 더 많이 얻어 낸 프로필을 통해서 심지어 쇼펜하우어의 의미에서조차 그가 참여하는 것의 한계는 결코 표시되지 않았다는 점이다. 오히려 그것을 넘어서서 ―그러니까 훨씬 멀리 그것을 넘어서서―드물지만 호의적인 경우에 더 멀리로 가는 문은 열릴 수 있고, 그것은 이러한 한 개인에 대해, 즉 한 사람에게 그의 운명으로서 벗어날 수 없었던 이 특수한 성격에 대해 지금까지 여전히 받아들였던 속박으로부터 자유로운 시선이 될 것이다.

잘 알려진 바와 같이 쇼펜하우어의 본래 의도는 바로 우리 안에 갇혀 있음, 우리에게 빠져 있음, 의지가 자신을 효과적으로 행사하고, 주장하고, 관철하는 형태로서 개별성에 대한 집착함―다른 말로 하자면: 이기주의를 지양하고, 자신의 편협함, 자신의 무분별한 자기실현을 극복하는 것이다. 왜냐하면 그것이 바로 쇼펜하우어의 심오한 통찰, 즉 모든 고통과 불행이 개별화의 원리 속에 계속해서 존속하는 근거와 토대를 가지고 있다

고, 성격이 없어서, 종종 외부의 심한 타격을 통해서 우리 자신의 길로 되돌려져야 한다―그러나 마침내 우리가 그것을 배웠다면, 우리는 사람들이 세계에서 성격이라고 부르는 것, 습득된 성격을 얻었다"(Schopenhauer, 1991d, p. 398, pp. 399-401 참조!).

는 점이기 때문이다. [3]

그러나 거기까지 그를 따라가는 것은 이제 더 이상 가능하지 않다. 그가 나를 그곳까지 데려가게 한다는 것은 내가 이번에 계획했던 것보다 더 나아간 야심 찬 프로그램이 될 것이다.

그래서 나는 쇼펜하우어가 다시 한번 그리고 이제 마지막으로 말하게 함으로써 그와 작별을 고하려 한다.

그의 가르침에서 그는 다음과 같이 요약한다. "성격은 결코 부분적으로 변화"될 수 없고, 그것은 "자연법칙의 결과를 통해서, 전체 속에 있는 자신의 현상인 의지를 개인 안에서 수행해야 한다. 그러나 바로 이 전체, 성격 자체는 완전히 지양[될 수] 있을 것이다"(Schopenhauer, 1991d, 518)—일반적으로 인식의 근본적인 변화라는 조건 아래서이다. 즉, 인식하기에서 가장 먼저 우리 자신에 대한 속박이 극복되어야 할 것이다.

---

3 우리가 [...] 증오와 악의에 제약되는 것을 이기주의를 통해서 보았듯이, 이것[이기주의] '개별화의 원리'에서 인식의 사로잡힘에 기인한다. 그러므로 우리는 정의 [...] 사랑과 관대함의 기원과 본질로서 [...] 그 개별화의 원리에 대한 통찰을 발견했다. 그것만이 자기 자신과 낯선 개인들 사이의 차이를 지양함으로써, 타인을 위해 가장 이타적인 사랑과 가장 너그러운 자기희생에 이르기까지 마음가짐에서 가장 완전한 선량한 마음가짐을 가능하게 만들고 설명한다(Schopenhauer, 1991d, p.487). 그에 따라 그는 도덕의 토대를 "자신의 것에서와 같이 낯선 개인에게서 같은 본질을 알아채는 [...] 인식"으로 간주했다(Schopenhauer, 1991d, p.475).

인간적으로 사물들을 보는 유일한 방식은
그것들을 개별적으로 보는 것이다.

토마스 만 Thomas Mann

12장

심리치료와 영적돌봄에 대한 대안으로서의 철학상담[1]

영적돌봄Seelsorge, 심리치료, 철학상담은 의심할 여지 없이 서로 분명하게 구별되는 세 가지이며, 사람들과 성찰적인 교제에 대한 이 세 가지 형태는 각각 다른 것과 비교를 통해 그 프로필이 드러날 것이다.

그러고 나면 영적돌봄은 어느 정도까지 심리치료가 아니고 철학상담이 아닌지를 명확히 함으로써 윤곽을 갖추게 될 것이다.

심리치료는 그 심리치료의 옹호자가 우리에게 어느 정도까지 영혼이 하늘의 정착지를 잃어버렸고 이제 지상에서만 제자리를 찾아야 하는지, 어느 정도까지 지금 그 상실을 병으로서, 그리고 은총을 건강으로서 읽는지, 그리고 "아버지"는 이제 육신을 지닌 아버지이고, 어머니는 실제로 낳아준 어머니이고 형제와 자매는 영혼에 있는 것이 아니라 태어난 후에 머무는 아이들의 방에서 나온다고 설명함으로써, 자신의 입장에서 자신의 행동과 개념에 대해 이해를 얻을 수 있을 것이다.

그리고 물론 철학상담에 대한 첫 번째 이해도 가능할 것이다. 우리는 보통 비교와 구별을 통해 규정을 내린다.

그러나 영적돌봄, 심리치료, 철학상담이 서로 어떤 관련이 있는지, 그

---

1 이 원고는 1995년 하노버에서 열린 제10회 철학상담학회(GPP) 콜로키움에서 강연한 내용이다.

것들이 서로—다른 형태와 의도를 지니고 있지만—그럼에도, 예를 들어서 유사한 변화를 어느 정도까지 일으킬 수 있는지를 아마도 입증할 수 있을 것이다.

그렇다면 물론, 셋 사이의 관계는 그것들의 통일성과 공통점의 시선에서 해석될 수도 있다. 그리고 몇몇 사람들은 아마도 이런 방식으로 본질적인 것이 결정될 수 있고 그 옆에 남겨진 것은 단지 부차적인 사태일 뿐이라고 생각할 것이다.

나는 다르게 접근하고자 한다. 영적돌봄, 심리치료, 철학상담을 역사적으로 바라봄으로써 다른 시각으로 옮겨 놓고 싶다. 왜냐하면 그것이 우리에게 공통점과 차이점을 동시에 인지하게 해 주는 시선이기 때문이다. 그리고 시간적으로 촉박하게 할당된 강연에 마땅한 것처럼, 나는 가볍게 대략적인 윤곽이 잡힌 짧은 이야기의 형태로 이 시도를 해 보고자 한다.

이는 프레젠테이션의 간결함 탓으로 돌림으로써 약간의 과장과 지나치게 강한 강조를 관대하게 봐주는 선에서 여러분의 적극적인 협조를 전제로 한다.

이제—간략하게 요약된 개요의 역사는 의심할 여지 없이 영적돌봄에 의해 오프닝되지는 않았고—적어도 고도의 문화 환경에서 가장 먼저 등장한 것은 철학이다.

그리고 그것은 사려 깊고 이성적인 삶의 방식에 대한 노력으로 나타나며, 결코 삶과 그 삶의 성공에 개의치 않는 관심, 세계지식에 대한 순전히 이론적인 관심으로 나타나지는 않는다.

그에 상응하여 고대 그리스에서도 "지혜"가 중심에 있었다. 지혜는 지식의 진리로서만이 아니라 무엇보다도 삶의 성공으로서, '삶을 이끄는 신중함Besonnenheit der Lebensführung'으로서—소크라테스의 말을 빌리자면 "검토된" 삶으로서 스스로를 증명한다.

그래서 처음부터 철학은 주로 실천이었다. 이는 삶에 실천적으로 중요한 통찰의 훈습, 고행이었고, 그리고 피에르 아도Pierre Hadot는 철학함의 이러한 초기 형태의 철학을 "지혜의 [영적] 훈련Exerzitien"이라는 제목 아래 분류했다(Hadot, 1991, p. 99).[2]

동시에 철학은 이로써 오늘날뿐만 아니라 이미 스토아 철학자 크리시포스(Chrysippus, 279?-206? BC)에 의해 "치료법Therapeutikos"이라는 타이틀이 지닌 과제를 부여받았다. 그것은 이미 소크라테스의 경우처럼 정신의학medicina mentis으로서 존경받았으며, 세네카와 마르크 아우렐리우스 황제에 이르기까지 헬레니즘에서 영혼의 인도자였다.

내가—언급되지 않은 많은 이름 대신—지금 플루타르크(Plutarch, 46?~119?)를 언급한다면, 주로 철학상담에서 얻은 경험의 배경에서 나에게 떠오르는 두 가지 소견을 추가하기 위해서이다.

알다시피 나는 공적인 철학의 주목받는 중심에 있지 않은 철학자들에 대해 기억했다. 세네카는 디드로의 뛰어난 후기 작품에 의해서 처음으로 복권되었고(Diderot, 1984, pp. 239-584), 플루타르크는 여전히 괴테에 의해 높이 존경받았고, 에라스무스에 의해 유일한 작가로 높이 평가되었다. 그의 글은 성경에 가장 가깝게 "거룩한heilig"이라는 속성을 얻었다. 플루타르크는 몽테뉴와 같은 사람에게 없어서는 안 될 존재로 알려져 있다.

나는 힌트를 주기 위해 이러한 세부 사항들을 언급하는데, 철학상담은 철학적 전통에 대한 우리의 관습적인 가치평가를 수정하도록 가르쳐 줄 것이다. 지금까지 과소평가되었던 사상가들이 색다르고 새로운 시각에서 나타난다. 나는 플루타르크의 단 하나 인용문으로 그것에 대한 아이디어를

---

2 나중에 추가적으로 아도는 1996년에 매우 자료가 풍부한 연구인 『내면의 성(城). 마르쿠스 아우렐리우스 독해 가이드』를 출간했고, 이를 보충하여 1999년에 『지혜로 가는 길 또는: 고대 철학은 우리에게 무엇을 가르쳐 주는가?』를 출간했다. 두 책 모두 위에서 인용한 그의 테제를 강력하게 입증한다.

제공하려고 노력할 것이다. 그의 논문「마음의 고요에 대하여」(474.15)에서 이렇게 간결하게 말한다.

"인간의 삶에서 순수하고 단순한 것은 없다."

나는 이 문장을 그가 말하는 온전한 의미로 풀어낼 재능이 있는 사람이라면, 철학적 존경을 받는 철학상담의 토대를 마련했을 것이라고 주장한다.

물론 나는 두 가지 소견을 추가하려 했었는데, 여기에 그 두 번째가 있다. 무엇보다도 우리가 위대한 철학의 근본적인, 그러니까 기초적인 선택지들이 이후의 철학들에 의해 효과 면에서 전폭적으로 의문에 처해지고, 그것들에 대한 타당성의 요구를 박탈당했다는 것을 알아차리자마자 그 경험들은 우리가 철학적 전통의 다양성에 대해 바쳤던 가치평가에 대해 수정을 촉구한다. 바꾸어 말하자면: 지식의 '진리−요구들Wahrheits-Ansprüche'은 지속되지 못했다. 영원성을 위해 사유되었지만, 그것들은 예외 없이 시간에 예속되었다. 또는 헤겔의 용어로 표현하자면, 철학사의 단순한 계기로 전락해 버렸다.

그와 달리 실천적 철학의 '방향성−요구들Orientierungs-Ansprüche'은 상황이 다르다. 그것들은 이론적 철학의 주장들에 비해−노화에 대한 내성이 매우 뛰어난 것으로 입증되었다. 이런 자각이 설명되기를 원하는 사람은 데카르트의 〈임시적인 도덕〉을 다시 읽기 바란다. 데카르트는 자신이 아직 실천철학을 위한 신뢰할 수 있는 기초를 찾지 못했다고 믿었기 때문에, 긴급하게 실천적 관심사에서 "예비적이고", "잠정적인" 방향으로 빠져나오는 것이 필요하다고 느꼈던 반면에, 오늘날의 독자는 의심할 여지 없이 데카르트가 의심에서 벗어났다고 믿었던 것이 다시금 곧바로 의심스러운 것으로 증명되었다는 결론에 도달할 것이다. 그가 잠정적으로 감히 전달하고자 했던 것은 반대로 변함없고 낡지 않은 것으로서 증명되었다. 여기까지가 내가 삽입하도록 허용했던 두 소견이다.

이로써 떠나왔던 맥락으로 되돌아가, 짧은 역사로서 우선적으로 실천철학, 영적돌봄, 심리치료 및 철학상담의 역사적 관계를 개략적으로 요약하려 한다. 철학은 그리스도교의 등장과 함께 영혼의 인도자로서의 그 확고한 지위를 잃었다. 명백하게도 이것은 전기적인 이야기로서 아우구스티누스의 『고백록』에서 전형적으로 추적된다. 그의 우울함을 치유한 것으로 증명된 것은 철학이 아니라 믿음이었다. 희망은 "구세주"에게 있다. "왜냐하면 나의 병을 치유하는 의사는 오로지 당신이었기 때문입니다"(Augustinus, 1959, [IV, 3, 5]).

『역사와 현재의 종교』에서 읽을 만한 가치가 있는 "영적돌봄"이라는 항목에서는 실천적이고 철학적인 삶의 지도로부터 사목적인 삶의 지도로의 이러한 전환에 대한 부차적이지만 멋진 다음과 같은 메모를 찾을 수 있다.

> 교양 있는 가정에서는 사목자가 가정철학자를 대신했다(Betz, 1965, Spalte. 1641).

직위교체의 경우인데, 철학자의 자리를 사제가 대신한다.

그러나 이제 동시대 사람들이 그곳에서 일어난 일을 제대로 파악하는 것은 아마도 지나친 요구일 것이다. 그리고 그들 대부분은 이 과정에서 "인사이동"으로서의 그 이상을 인지하는 데 거의 성공하지 못할 것이다. 예를 들어, 적어도, 몇 세기 동안 '믿음에 대한 믿음'이 '이성에 대한 믿음'과 비교해서 "더 효과적인" 것으로 증명되었지만, 그러고 나서 계몽주의가 진입했고, 그와 함께 '믿음에 대한 믿음'에서 믿음은 철수되었다 등등... 이러한 정신사적인 격변의 급진성을 은폐하는 것은 심리학적 시선일 것이다.

그렇게 심리학적 시선에서 본래적으로 항상 사태에 있는 차이는 그것에 대한 평가의 차이 뒤로 사라지고, 진리에 대해서는 아무것도 말할 수 없는 의견들과 소견들만 남았다. 프쉬케[심리적인 것]Psyche가 이러한 혹은 저러한 의견에 도달했는지에 따라 그것의 상태만이 판단될 수 있다.

이 시점에서 실천적인 철학으로부터 사목적인 종교로의 전환에 대해 조금이라도 이해하기 위해서 필요하다고 보이는 하나의 보충설명을 삽입하는 것을 허용해 주기 바란다. 그것은 우리 세기의 편견인 심리학적 편견이 이에 앞서 혼란스럽게 되지 않으면 성공하지 못하기 때문이다.

결혼의 유대로 서로 결속된 두 사람이 당신의 상담에 왔다고 생각해 보라. 그 둘은 결혼의 일상에서, 즉 동거의 루틴에서 처음에는 눈에 띄지 않게, 그러고 나서는 점점 더 노골적으로 실패했고, 그들의 공동생활은 어느 순간 균열이 생겼고, 그 균열을 통해 점차 고립된 개인들에게 가장 직접적이고 가장 중재될 수 없는 이해관계들이 침투되었고, 그들은 마침내 서로에 대한 법적 요구들로 무장되었고 이제 그들은 상호적으로 파국을 인정한다. 그들은 마지막 시도를 하려 한다. 그렇기 때문에 그들은 당신의 상담소에 와 있다.

그리고 지금 당신은 다음과 같이 더 생각해 보라. 이 두 인간 자녀 중 한 명이 가톨릭 종교의 신앙 안에서 엄격하게 자랐다면, 결혼을 신성하게 여기고 결혼을 "신에 의해 성사"되고 "규정된" 것으로 여기며, 그에 따라서 신앙이 증언하는 것처럼 풀 수 없는 것으로 여긴다. 즉, 신 앞에서 맺어지고, 그의 축복으로 시작되었고, 절대적인 주인인 죽음이 그것을 해체할 때까지 "좋을 때나 나쁠 때나" 맺은 언약에 충실할 것이라는 약속으로 봉인되었다.

이제, 이러한 확신으로부터 상대방의 이혼 요청에 동의하지 않을 일이 결과적으로 발생한다. 오히려 부부의 불행은 시험으로 해석되고, 불행의 심각성은 그 안에서 자신을 증명하기 위한 요구로 해석된다.

반면에 부부의 나머지 절반은 (더 이상 그렇게 자각하지 않는데) 다른 확신에 차 있다—그러나 그 경우의 이러한 다른 평가에 대한 스케치를 나는 생략할 수 있다. 그것은 우리 모두에게 친숙하다. 여기저기서 그것은 약간 개별적으로 채색될 수 있지만, 전반적으로 현재 일반적이고 관습적인 사유를 나타낸다.

그리고 그것은 두 가지 의견, 두 가지 견해, 아마도 두 가지 특징의 차이로만 인지된다. 그 두 특징은 기껏해야 그 기원에서 해명될 수 있어서, 한 사람은 왜 이렇게, 다른 사람은 저렇게 다르게 생각하고 느끼는지를 말할 수 있다. 둘 중 한 명은 매우 엄격하고 정통적이며 매우 가톨릭적인 방식으로 교육받았고, 반면에 다른 한 명은 자유주의의 분위기에서 자랐다.

이 경우에 나는 여기서 그러한 해석이 훨씬 더 미묘하고 어떤 면에서는 더 섬세하게, 따라서 지적으로 더 만족스럽게 성취될 수 있다고 어림잡아 말할 수도 있다. 왜냐하면 그것은 중요하지 않기 때문이다. 오히려 결정적인 것은 오직 단 한 가지인데, 논쟁의 여지가 있는 본래 질문, 즉 결혼이 무엇인지에 대한 질문, 그러니까 사태에 대한 논쟁은 그와 함께 옆으로 치워놓았다는 점이다. 그것[본래 질문]은 어떻게 결혼에 대해 생각하는지, 그리고 그것이 어디에서 오는지, 그리고 그것으로부터 무엇이 뒤따라오는지에 대한 질문 뒤로 사라진다. 그 심리학적 시선에서는 다른 어떤 것도 가능하지 않다. 왜냐하면 "사태 자체"에 대해 결정하려는 것이 "독단적"으로 보일 것이기 때문이다.

이 경우에 그가—몇 가지 개연성과 함께—피하고 있는 것은 바로 그 자신이 이 사태에 대해 독단적으로 결정했고 그 당사자라는 통찰력이다. 왜냐하면 두 배우자 사이의 쟁점이 되는 질문은 결혼이 견해의 사태인지 혹은 아닌지, 주체에 대해 결정 내리는 타당성이 그것[결혼]에 부합하는지—주체가 결혼에 적합한지 혹은 아닌지에 따라서—혹은 그 주체가 결정하고 그 타당성이 그에게 적합한지 아닌지에 따라 판단하는지의 여부에 있기 때문이다.

나는 당신이 그 사이에 왜 내가 이러한 보충설명을 포함시키려고 결정했는지 알기를 바란다. 나에게 관건이 되었던 것은 예를 통해 다음의 사실을 보이려는 것이었다. 삶의 기예Lebenskunst에 대한 헬레니즘 철학을 장려하는 것으로부터 영혼에 대한 종교적 관심, 즉 영혼의 구원과 영원성, 저주 또는 은총, 최고의 심판자 앞에서 설 수 있는 능력에 대한 종교적 관심으로 변천되어 온 것의 중요성은 심리학적으로 해석되는 한, 따라서 통상적이고—현대적인 방식으로 "이해"되는 한, 파악되지 않는다. 왜냐하면 이러한 이해의 자부심이란, 바로 이해되지 않음이란 것이기 때문이다. 그리고 우리는 그것이 무엇을 초래했는지 알고 있다. 오늘날 영적돌봄은 좋지 않은 상태에 있다. 신학에서 전제 조건이 사라졌는데, 신학은 그 전제 조건인 믿음이 없이는 희극이 되고 만다. 철학자에게 사태를 다음과 같이 표현하는 것은 쉽게 이해된다. 모든 형이상학의 전제 조건들이 없어졌다.

그것을 나는 단 하나의 관점에 대한 지적과 함께 설명하고 싶다. 나는 그 지적과 동시에 철학과의 관계에서 종교가 능가하는 힘을 형성했던 바를 다시 한번 명시하고자 한다.

물론 이성도 곤궁에 처하거나 힘들 때 평정심과 기분의 안정을 허용하는 삶을 유지하도록 훈련시키고 조언을 줄 수 있다. 그러나 사람들이 위로받고 싶었을지라도 그것은 믿음의 관점에서 볼 때 '위로가 되지 않는' 위로였다. 사람들은 침착하게 죽음을 기다렸다가 마침내 스토아적인 존엄을 지니고 죽는 것을 배우고 싶었을 것이다. 그 사태 자체에서, 즉 인간을 유한성과 돌발사건으로 격하시키는 전례 없는 터무니없는 사실로서의 죽음 자체에서 이로써 아무것도 바뀌지 않았다.

오로지 믿음만이, 즉 마음이 그것에[그 믿음에] 회심하는 한, 자신의 연습에 의해서가 아니라, 죽음의 가시가 실제로 부러졌고 죽음 그 자체가 죽었고 그 왕국이 무너졌다는, 위로를 하는 확신에 의해서 마음의 안정에 도달할 수 있었다.

이제 모든 중요성은 진리가 진리인지의 여부에 대한 한 가지 질문에 달려 있다.

그러나 이것을 결정하는 것은 우리의 정서상태와 판단력이 아니라 그 반대이다. 우리의 정서상태와 판단력을 결정하는 것이 진리이다.

다시 다른 말로 하자면: 믿음 안에서 인간은 유보하에 자신을 알게 되고, 그에 대해 결정이 내려질 것을 알고, 그의 올바름은 의문시된다. 믿음에서 자신을 해방시켰던 인간에게는 이 관계가 역전된다. 유보하는 자는 그이고, 믿음의 올바름을 그의 편에서 결정하는 것도 바로 그다. 간단히 말해서: 요구들을 관리하는 자는 그다. 이제 질문은 인간이 그의 신 앞에 서 있을 수 있는지의 여부가 아니라 신이 우리 앞에 서 있을 수 있는지의 여부이다. 그 이후로 신은—바로 그 인간에 관한 한...—그 인간의 은총으로 살고 있다. 이로써 영적돌봄은 설 토대를 잃었다. 그리고 심리치료의 토대가 마련되었다. 믿음에서 믿음을 해고하는 전제는 이제 심리치료에 대한 믿음을 정초하는 전제와 동일하기 때문이다.

그러나 내가 여기서 스케치한 지성사의 과정은 너무나 강력해서, 나는 그사이에 영적돌봄과 사목신학도 효과적이어야 한다는 압력하에 오늘날에도 오랫동안 심리치료를 지향해 왔다는 인상을 받았다. 이것은 내게 개신교 성직자들과의 여러 대화에서뿐만 아니라 무엇보다도 가톨릭 사제들과의 대화에서 두드러졌다. 공식적으로 믿고 알려진 신에 대해서는 심각한 문제가 발생하지 않는다. 그들은 그들의 신이 아니라 교회 당국과 문제가 있다. 정당성 혹은 적법성의 질문이 가장 우선적이고, 법적 요구들이 중요하며, 독신주의는 단순히 "유행하는à la mode" 것이 아니라고 할지라도 건강을 유지하려는 선략에 따라 혹은 정신위생적으로 판단된다.

누군가 어떤 면에서 "경직"되거나 억제 속에서 삶을 사는 것을 피하기 위해 서약을 깬다는 사실이 결정적이다. 그러한 자신에게 전권을 위임하는 일이 신에 대한 본래적 반란, 죽을 죄, "성령에 대한 죄"라는 생각은 심지어 더 이상 이해될 수조차 없다. 그래서 질문은 다음과 같다. 그곳에서 무슨 일이 일어났는가?

지금까지 거의 눈에 띄지 않았지만, 일어났던 바는 전해 내려온 인간상의 혁명적인 단절이다. 다른 말로 하자면, 인간은 자기 자신에 대해 다르게, 그러니까 원칙적으로 다르게 생각한다.[3]

우선 인간은 노력하는 한에 그가 무엇이 되도록 결정한 바로 그것이 된다는 사실이 유효했다. 이 말은, 성공하는 삶은 누구에게도 저절로 수중에 들어오는 것이 아니라 스스로에 대한 노동의 대가로서 여겨진다는 의미이다. 이는 동시에 다음의 사실을 말한다. 영리함과 심사숙고 없이, 통찰력과 자신에 대한 거리 없이, 본래적이고 마침내 인간적인 최종 권위로서 이성과 경험의 지혜가 이러한 삶을 이끌지 않고는 실패하거나, 가난하고 맥빠지게, 진부하고 얕게 머문다—그것은 정념의 순간적 요구에 빠지고, 이리저리 찢기고, 아무런 형태를 찾지 못한다. 이러한 전제 조건하에서 철학자들은 삶의 인도자이자 조언자였다.

그다음에는—사제들이 영혼을 돌보는 역할을 정당화하고 필요하게 만

---

3 이어지는 내용에서는—면책 요청과 함께—내가 『철학상담과 덕』에서 영적돌봄을 통해 철학에서 심리치료로 가는 세 단계로 제시했던 "형이상학적 짧은 역사"를 (3년 후) 버전에서 다시 한번 "자부심 있는", "겸손한", "비참한" 세 가지 "인간상"의 명칭으로 보완한 것이다. 이전 콜로키움 강연에서도 나는 여전히 이러한 특징적인 제목을 찾고 있었다.

드는 것이 전제 조건이었다는 게 맞았다. 인간은 하늘의 유보 아래 서 있고 은총에 내맡겨졌다. 왜냐하면 스스로의 능력으로는 좋은 삶을 마스터할 수 없기 때문이다. 그는 스스로 아무것도 할 수 없는데, 인간은 그가 걷고 서 있을 때나 본성적으로 있을 때, 무엇보다도 죄인이고 타락한 피조물이며 길을 잃고 부패했고 그래서 구원이 필요하다. 현재 가장 중요한 반동주의자 중 한 명인 니콜라스 고메즈 다빌라에게서 나는 이러한 인간상이 간결하게 표현된, 격언으로 핵심을 찌르는 다음과 같은 생각을 발견했다. "인간은 인간적인 해결책이 없는 문제이다."[4]

이러한 인간상을 근대Moderne―루소는 그 길의 개척자 중 한 명이었다―는 무효화했다.

그것은 너무 불편하고 성가셨으며, 그 밖에도 인간이 이 세계에 있는 그대로 그리고 우연이 그를 지금 만들었던 그대로 이미 괜찮다고 기꺼이 믿고 싶어 하는 인간의 허영심을 상하게 만들었다. 그래서 그들은 모든 것이 "정상적으로" 돌아가는 한, 삶은 저절로 성공할 것이고, 만약 성공하지 않는다면, 거기에 방해하는 어떤 것이 있기 때문이라는 생각에 빠졌다.

근대적 신념은 다음과 같다. 인간은 선한데, 만약 그가 선하지 않다면 그는 타락한 것이며, 그는 희생자이고, 트라우마를 겪고, 신경증에 걸렸다. 그러므로 그가 선한 상태에 있지 못하게 방해하는 것이 그에게 일어났고, 그가 스스로 전적으로 확신하는 것, 즉 정상적이고, 선하고, 올바르고, 건강하고, 쾌활하고, 평화를 사랑하고, 온화한 그 인간, 모든 이의 친구이자 자신과 평화로운 사람이 되지 못하게 하는 상황을 찾아야 한다.

나는 근대성과 함께 이루어진 종속관계가 뒤집히는 일이 분명해졌기를

---

4 반동적이라는 것은 인간이 인간적인 해결책이 없는 문제라는 것을 알아차리는 것을 말한다(Dávila, 1992, p. 267).

바란다. 결국 인간이 자유로워졌다는 인상들은 통상적으로 우리의 종속관계의 교환에 빚지고 있다.

그러므로 인간은 이로써 이미 치료의 경로에 도달했는데, 자율성을 달성할 목적으로 타율성이라는 추적의 길에 접어들게 된다. 그는 자신을 낯선 자에 의해 소외된 인간, 타인에 의해 자신을 박탈당한 존재로 이해하는 데에 의존하고, 그리고 나서 부정의 부정을 통해서 자신에게 낯선 것을 층층이 제거하기 위한 시도를 한다. 파묻힌 모든 것 아래에서 결국 본래적이고, 참되고, 해방되고, 그럼으로써 건강한 자아가 드러날 거라는 희망을 지닌다. 대부분 치료법의 기본이자 안내하는 아이디어는 아마도 "자기 스스로에게 오는 것"일 것이다. 그러나 그것은 하나의 희망인데, 그것의 정당성은 인간이—모든 과도한 소외를 제거한 후에—선하다는 사실에 결부되어 있다.

이렇게 현재 지배적이면서 자명한 것으로 여겨지는 인간상은 아놀드 겔렌이 한때 다음과 같이 개념화했던 이전의 확실성과는 매우 날카롭게 대조를—다시금 시작을 상기해 본다면—이룬다. 인간은 단순히 사는 존재가 아니라 자신의 삶을 "이끄는" 존재이다(Gehlen, 1961, p. 38). 이것이 맞다면, 자연스럽게 이어지는 질문은 어떻게 삶을 주도하는 데 필요한 능력이 습득되게 하는가, 그러니까 어떻게 자신의 삶을 의미 있게 이끌 수 있도록 만드는가였다. 그 경우에 실천적 철학자들이 도움이 되었다.

마찬가지로 인간에 대한 근대적인 자기평가도 과거의 종교적 전제와 극명하게 대조를 이룬다. 인간이 회개를 통해서만이, 자신의 직접적인 본성으로부터 전향(轉向)하는 것을 통해서, 그러므로 죄의 용서와 속죄의 길에서 구원될 수 있다는 지식이 그것이었다.

그러나 두 기억 모두 단지 회고일 뿐이었다. 그리고 여러분은 이제 가장 최근의 대안으로서 철학상담이 개괄된 역사적 전개와 그것의 선택적 방식으로 강조된 형태인 "영적돌봄", "심리치료"와 어떤 연관이 있는지에 대해 매우 정당하게 질문할 것이다.

여기서 아무리 철학이 무엇보다도 지나간 것들을 현재 유지하려 결단 내리고, 그래서 근대적 처분의 오만함에 반대할지라도, 내 평가는 우선적으로 스토아적으로 훈련된 영혼의 균형과 우주의 균일성이라는 고대 전통에 간단히 그리고 직접적으로 다시 연결될 수 없다는 것을 말하고 있다는 것을 알아차리게 될 것이다.

그리고 소위 "삶의 기예Lebenskunst"로 시도되고 검증된 것이 결코 모든 신뢰성을—개별적으로—빼앗기지 않는다(Achenbach, 1991, pp. 231-238). 그것과는 별도로, 적어도 현재에 개별적인 소수의 '삶을 주도하는 엘리트Lebensführungseliten'들에게는 헬레니즘의 정신적 윤곽들이 새로이 그럴듯하게 다시 나타난다는 점이 언급되어야 한다. 그럼에도 철학상담은 고대의 본보기들을 손상 없는 것으로서 현대적으로 취급하려 한다고 가정하면, 무지에 의존하는 셈이 될 것이다.

이러한 중간언급 이후에 이제 철학상담과 영적돌봄 사이의 관계에 대한 질문으로 넘어가 보자. 이것은 복잡한 주제이다. 그럼에도 나는 그것에 대해 적어도 조금은 말하려고 시도할 것이다.

이미 상담에서 나는 키르케고르의 경우처럼 독서와 연구를 통해 내게 잘 알려진 상황에 처한 경우가 많다. 신앙의 내용과 엄격함, 가령 『이것이냐-저것이냐』에서의 날카로움은 자신을 위해—절망적인 거리에 남겨져서—실존의 진지함으로 돌파할 수도 없었고, 동시에 피상적인 안정으로 도망가지 않았던 사람들에 의해 가장 잘 기억될 수 있다.

첨예화시켜 말하자면, 많은 경우에 철학상담은 영적돌봄의 대안이 되기도 했다. 왜냐하면 철학상담에서는 기쁜 불신앙이나 우울한 불신앙의 톤이 아니라 비록 신앙에 이르는 길을 찾지 못하더라도 그것을 저버리지 않는 정신이 주도하기 때문이다. 철학상담에서 신앙은 의심의 조건들과 수천 가지의 질문이라는 어려운 조건들 속에서 산다. 반면에 개의치 않고 독실한 신앙, 아무런 질문도 없는 보호와 구원의 확실성에 있는 정신적 삶은 오늘날 이런 종교적으로 더 민감한 사람들에게는 진지한 관심사에서의 용납할 수 없는 순진함으로 보인다. 그들에게는 걱정들을 실제 걱정으로 이해하고 그것들을 존중하는 귀가 부족한데, 이것이야말로 모든 숙고의 시작이다.[5]

그리고 또 다른 질문은 철학상담이 심리치료의 대안이 될 수 있는 범위와 방식이다. 지금까지—주로 역사적 관점에서—제시된 것의 배경에서 이제는 철학상담자가 새로워진 인간상, 즉 이전과 다르고 대안적인 인간상에 대해 표현하고, 그로부터 해결되지 않은 문제들을 가지고 그를 찾아오는 사람들과 변화된 교제 방식의 토대를 발전시킬 것으로 기대될 수 있다. 그리고 많은 것이 실제로도—비록 처음으로 시도되었다가 유감스럽게도 다소 분산되기는 했지만—이러한 견해에서 나로부터 시도되었다. 예를 들어, 지난 제9회 콜로키움에서 했던 "운명과 성격"에 대한 내 강의가 기억난다.

나는 또한 우리의 행동을 정초하려는 의무, 즉 심리적 동기를 추적하는 데에 대해 집중하다가 길을 잃어버릴 위험에 처해 있는 그 의무를 복원하려는 미하엘 세프치크Michael Schefczyk의 헌신적인 시도를 기억하고 싶다. 그는 "충동운명Triebschicksale"의 옆에서 지금까지 삶의 중요성에서 과소평가되

---

5 여기서 말하는 태도, 즉 대화가 가능한 신앙을 만드는 태도는—키르케고르와는 별개로—『작가의 일기』에서 도스토예프스키가 "어린아이 같은 신앙은 아니지만, 나의 마지막 소설에서 악마가 자신에 대해 말한 것처럼, 나의 호산나는 의심이라는 거대한 연옥을 통과했다."라고 특히 분명하게 고백했던 태도일 것이다 (Dostojewski, 1973, p. 620). 현재 여기서 의미하는 태도는, 예를 들어 신을 믿지는 않지만 그를 "그리워한다(vermissen)"는 자기선언을 선호하는 마틴 발저(Martin Walser)가 대표적이다. 줄리안 반스(Julian Barnes)는 그의 소설 『아무것도 두려워할 것이 없다』(2008)에서 "나는 신을 믿지 않지만 그가 그립다."라고 말문을 열었다. 조던 피터슨(Jordan Peterson)은 최근 다음과 같이 멋진 변주를 발견했다. "나는 신자는 아니지만 신이 존재한다는 것이 두렵다"(Peterson, 2018, p. 131).

어 온 사유와 이해의 운명으로서 "개념운명Begriffsschicksale"의 중요성을 강조했다(Schefczyk, 1991).

그러나 여기서 이번에 나는 다른 것을 강조하고 싶다. 우선, 철학상담은 원칙적으로 끝이 없는 부정들의 풍부함에 의해 규정된다. 헤겔의 의미에서 스스로 타당성을 주장하고 싶어 하는 모든 특수한 것은 자신의 특수성, 그에 따른 유한성과 제한성의 지위에 대해, 그러므로 자신의 기껏해야 상대적이고 잠정적인 타당성에 대해 해명될 것이다. 그런데 확립된 치료법에 그것의 정체성과 방향성을 부여하는 것은 바로 특수성들이다.

반면에 철학상담의 경우 논쟁적인 풍미를 부끄러워하지 않기 위해 다음과 같이 적용된다. 그것의 적(適)은 특수한 것에 대한 경직성을 통해서 자신 있게 드러나는 정통함 혹은 편협함이다.

이것은—심리치료에 대한 엄격한 대안으로서—자기의식적인 심리치료적 작업의 전제 조건을 위해 규칙적으로 만들어지는 방법들을 인정하는 것과 연관된다. 각각의 방법은 볼 것을 가르치지만, 또한 다른 것을 간과하게 한다. 철학상담은 그렇기 때문에 방법을 통해서가 아니라 방법에 대해 작업한다. 방법이 사태를 올바르다고 규정하는 것이 아니라, 철학의 방법 비판적인 관점에 의해서 사태가 방법을 바로잡을 권리가 있다.

이것은 의심할 여지 없이 이해를 더 어렵게 만들고, 철학상담에서 문제가 되는 것이 무엇인지에 대해 쉽게 다룰 수 있는 아이디어를 거절한다. 그러나 그것은 참을 수 있다. 나는 비교를 통해 왜 그런지에 대해 다음과 같이 말한다. 절차의 노선을 따라 전개되는 대화는, "좋은 소설"이 어떻게 쓰이는지에 대해 이미 그전에 알려진 규칙에 따라 쓰여진 소설에 비교될 수 있다. 어쨌든 그 결과는 하찮은 소설이 될 것이고 분명히 예술작품은 아닐 것이다.

그러나 차츰차츰 개별적이고 뚜렷이 구별되는 얼굴을 부여하는 어떤 규칙을 찾을지가 개별적인 상담에서 비로소 나온다는 사실은 예술작품과의 비교를 불러일으킨다. 그 예술작품은 규칙에 복종하지 않고, 규칙들을 개별 시례에서 설정하거나 혹은 하나의 사례에서 그럴듯하게 되도록 만든다.

이제 다음과 같은 것이 적용된다. 그러니까 인간이 어떻게 이해될 수 있을지에 대한 규칙들도 인간의 이해를 방해한다. 오히려 이해하려는 노력은 이해 그 자체의 전제 조건을 움직이도록 해야 한다. 규칙이 인간상을 형성하도록 허용되어서는 안 되며, 오히려 이해되어야 할 그 인간에게서 우리의 이해 규칙을 수정할 수 있는 활동의 여지가 허용되어야 한다. 우리는 이해의 전제 조건들을 교환하지 않으면 안 된다는 것을 깨달을 때, 한 사람을 이해하기 시작한다. 파울 파이어아벤트Paul Feyerabend에 따르면, 한 사람을 이해한다는 것은 하나의 "역사적인 작은 전통"을 이해할 수 있다는 것을 의미한다(Feyerabend, 1979, p. 101). 이러한 확신에 대한 존경할 만한 선구자로서 라 로슈푸코La Rochefoucauld가 지명될 수 있다.

> 유일한 한 인간보다 인간들을 알아 가는 것이 더 쉽다(La Rochfoucauld, 1973, p. 83).

물론 이 모든 것은 "[일반] 사례"가 아닌 개별 사례에서만 실제로 분명하게 될 수 있다. 아도르노의 명언에서처럼, 철학상담이 실제로 성공하는 곳에서는 구체적인 것에 대해서가 아니라 구체적인 것으로부터 나와서 철학함이 중요하다는 것을 알 수 있다.[6]

두 번째 실마리에서 나는 철학상담이 자신에 대해 긍정적이고 결정적으로 진술을 하자마자 왜 원칙적으로 배반당하고 오해되는지, 무엇 때문에

---

6 철학함이란 구체적인 것에 대해서가 아니라, 오히려 그것으로부터 나오는 것이다(Adorno, 1970, p. 41).

철학상담의 철학:
기원과 발전

그것은 익숙한 정보에 대한 기대들을 실망시키는 것을 고집하는지 보여 주려 한다.

만약 여러분이 철학상담이 무엇인지, 어떻게 그것이 작동하는지, 그것의 절차가 무엇인지, 그것의 관심들과 목표가 무엇인지, 그것이 어떤 전망을 달성하고자 하는지, 그것이 무엇을 달성하고자 착수하는지를 어떤 특정 방식으로 말하려는 유혹에 빠진다면, 여러분이 그것을 시도했다면, 여러분 자신과 철학 자체를 바보로 만들었을 것이다. 왜냐하면 철학상담이 개별 상담에서 그런 것처럼, 철학은 항상 개별 작업에서만 규정되었고, 또한 규정될 수 있는 형태로 되기 때문이다.

논쟁의 여지가 없는 철학 문헌의 고전 작품 중 하나인 『정신현상학』을 참조하여 동일한 것을 증명할 수 있다. 사람들이 이 작품과 그 저자에게 다음의 질문을 한다고 생각해 볼 수 있을 것이다. 어떤 토대에서 도대체 이 작품에서의 작업이 이루어졌는가?: "의식"의 토대, "감각적 확실성", 회의주의, 스토아주의, 교양 있는 정신, 종교적인 [...]의 토대에서?

이 힌트로 나를 이해할 수 있었던 사람은 내가 다음과 같은 사실에 연결해서 보충하는 것도 이해할 것이다. 절반 완성된 것은 절반의 길에서 완성되게 하고 잘못 완성된 것은 다시 움직이게 하는 것이 바로 철학상담의 야심이다. 그래서—다시 한번 그 이미지에서 말하자면—철학상담은 길 위에 있다. 그들의 동력은 목표에 도달하는 것이지만 그들의 힘은 그 길에서 견디어 내는 것이다.

그럼으로써 철학상담은 부정 신학이 신에게 발견한 진리와의 관계를 유지한다. 그 신학은 그 진리를 알지 못하지만 그것을 버리지 않는다. 잘 알려진 공식에 따르면, 그들의 지식은 그들의 무지, '무지의 지docta ignorantia'이다.

모든 학문적 심리학은 본성상 잘못되었다.
왜냐하면 그것은 주체가 되는 데에 그 본성이 있는 것을
대상으로서 파악하려 하기 때문이다.

니콜라스 고메즈 다빌라 Nicolás Gómez Dávila

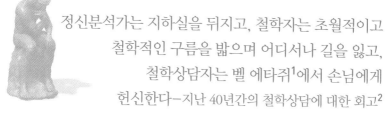

13장

정신분석가는 지하실을 뒤지고, 철학자는 초월적이고
철학적인 구름을 밟으며 어디서나 길을 잃고,
철학상담자는 벨 에타쥐[1]에서 손님에게
헌신한다–지난 40년간의 철학상담에 대한 회고[2]

미리 보낸 짧은 메시지:

치료 문화가 일상적인 관심사에 훼방꾼으로 개입하는 무의식의 알려지지 않은 후손들로부터 인간이 고통받고 있다는 가정에 기반하고 있는 것처럼, 철학상담으로부터의 경험은 인간의 장애가 "파악되지 않은 것", "이해되지 않은 것", "간과된 것"의 결과, 그러므로 통찰력의 부족이라는 것을 우리에게 가르친다.

이에 상응하여 치료사는 환자의 좁은 내면과 그가 이전에 지나온 역사에 몰두하는 반면, 철학상담자는 그것을 넘어서서 손님과 함께 세계여행을 떠나며, 고갈되지 않는 (뒤따르는) 사유의 역사를 위해 노력한다. 왜냐하면 극복해야 할 것은 충동의 운명이 아니라 개념의 운명에서 벗어나는 것이기 때문이다.

왜 우리가 "우리 자신의 집에 있는 주인"이 아닌가에 대한 질문은 새로운 대답을 찾는다. 인간들의 머릿속에는 지하실에서 온 소란스러운 유령 이외에 무엇보다도 일반적인, 특히 시대에 어울리는 세계의 왕래에서 비

---

1 역자 주: 벨 에타쥐Bel Étage는 건물의 가장 중요한 층을 의미하는 프랑스어로, 주로 전망과 채광이 좋은 우리나라 식에서는 2층을 가리킨다.

2 이 원고는 2021년 7월 27일 생 페테르부르크에서 열릴 예정이었던 제16회 국제철학상담학회의 개막식을 코로나19로 인해 온라인으로 진행할 때 강연한 내용이다. 참가자들에게는 영어번역본이 제공되었다.

롯된 유령들도 깃들어 있다.

철학적인 계몽의 빛에서 그것들은 밝은 햇빛 속에서의 램프 빛처럼 사라진다.

러시아에 있는 우리 친구들에게 먼저 '여기 상트페테르부르크에서'라는 문구로 연설하는 것이 가능하고 허용되었더라면 얼마나 좋았을까! 그러나 우리의 악화된 건강상태에 대해 많은 곳에서 우려를 품고 있으며, 고위당국의 [코비드] 규제로 인해 실제적인 재회, 즉 동료끼리의 친교를 나누고, 육체적인 친밀감으로 새로워질 수 있는 재회와 진심 어린 친분을 쌓을 기회가 방해를 받았다. 그래서 우리는 이제, 임시변통이지만 서로 전자적으로 "네트워크화"되어서, 철학상담을 촉진하기 위한 이 16번째 국제행사의 개최장소에 대해 사유해야 했다. 그래서 우리는—훌륭한 플루타르크의 말에서—"꿀벌은 떫고, 건조한 허브인 백리향에서 꿀을 모으듯이, 종종 가장 곤란한 상황에서 유용하고 좋은 것을 얻는" 철학자의 방식과 같은 태도를 유지하려 한다(Plutarch, 2013, [467/6]). 플루타르크의 후손이자 그의 태도에서 분명히 그와 닮은 것을 알 수 있는 알랭은 그의 책에서 좀 더 건조한 어조로 근본적으로는 같은 내용을 반복했다.

언어적 관습에서는 언제나 모든 돌발사건에서 최고의 면을 얻어 낼 줄 아는 사람을 철학자라고 부른다; 유일하게 그것만이 도움이 되기 때문이다(Alain, 1979, p. 156).[3]

덧붙여 말하자면, [프랑스 철학자] 에밀 샤르티에(Émile Chartier, 1868~

---

3 그의 책이 지닌 프랑스어의 원제는 『Propose sur le bonheur』이다.

철학상담의 철학:
기원과 발전

1951)는 자신을 알랭Alain이라 불렀고, 70년 전에 사망했다. 그를 감사하게 기억해야 하는 또 하나의 이유는 그가 철학상담에 대한 특별한 생각의 공급자라서이기도 하다.

그런데 나는 그와 플루타르크의 인용에 드러난 격려를 고수하고 싶다. 만약 우리가 지금—불리한 상황으로 인해—우리 행사의 고유한, 의도되었던 장소에 대해 사유해야 한다면. 그것은 동시에 우리에게 사유의 환상적인 성취를 기억하게 할 수 있다. 왜냐하면 실제로 특히 부재하고 있는 것을 현재화하는 것은 사유의 뛰어난 능력인데, 반면에 우리의 감각은 현재적인 것에 노예처럼 묶여 있기 때문이다. 또한 그래서 나는 좀 더 엄격한 학계에서 유감스럽게도 거의 잊혔거나 그저 간과되었던 체로네이아의 플루타르크가 이 세상에서 우리보다 거의 정확히 이천 년 전에 살았음에도 불구하고 마치 우리 중 한 명인 것처럼 함께 이야기하게 할 수 있었다. 그러므로 우리는 근대성에 순종하면서 사유가 곳곳에서 일어나는 것처럼, 사유를 폄하하지 않도록 하자: 먼 곳에서 그리고 모든 역사적 과거에서 집같이 편하게 있을 수 있는 정신은—헤겔의 문구에 따르면—"다른 사람 안에 자신과 함께 있는" 정신과 마찬가지로 사유와 연결되어 묶여 있다. 이것은 아마도 상담하는 철학자와 그의 손님 사이의 만남을 특징짓는 것을 묘사하는 데에 사용될 수 있는, 가장 세련되고 적절하며 동시에 가장 간단한 공식이다. 그는 조언을 구하는 자를 "그[조언을 구하는 자]의 입장에서 사유"할 수 있음으로써 이해하는데, 즉 우선적으로 그 다른 사람에게서 집같이 편안하게 되도록 노력함으로써 이해하는데, 그리고 나서—가능하다면 그리고 바람직하게—그와 함께 더 넓은, 아마도 더 유용하거나 더 과도한 요구가 많은 지역으로 출발하기 위해서이다. 그런데 그러한 규정들은 마치 내가 철학상담의 전체적인 이론적 부담을 몇 문장에 부과하려는 것처럼 들리겠지만, 이는 결코 내 의도가 아니다.

그러나 나는—특히 러시아 친구들이 나에게 그렇게 하도록 요청했기 때문에—이 강의를 통해 다음의 사실에 대해 기억하고자 한다. 공동의 아이디어, 공유 프로젝트의 의미에서 그리고 설립된 기관들의 산하에서 우리 모두를 하나로 묶는 철학상담은 올해 40세가 되었다. 아마도 그 사실이 인간의 나이와 함께 측정될 수 있다면, "성인이 된erwachsen" 것으로 간주되는 기대를 정당화할 것이다.

그러나—신중하자면—스스로를 상담으로서 이해하는 철학의 "성인이 됨"이라는 상태가 그동안 어떠했는가라는 질문은 단지 질문으로 남겨 두고, 대신에 철학상담이 그의 "40번째 생일"을 축하한다고 말해도 되는지를 물어보자. 다시 말해, 아이디어도 "태어난" 것인가?

나는 은유를 수줍어하지 않는 사람—철학상담자는 그러한 수줍음을 감당할 수 없는데, 왜냐하면 그에게서 아마도 가장 미묘하고 도움이 되는 이해의 수단을 빼앗길 것이기 때문이다—인데, 의미론적 다리를 건너는 데에 익숙한 사람이라면 누구나 잠시 동안 임신한 후에 아이디어가 "세상에 나온다."라고 말하는 것이 결코 부적절하다고 간주하지는 않을 것이다. 그러니까 40년 전 1981년이었다. 물론 비정상적으로 긴 임신기간이 지나고 나서, 그래서 사람들은 내가 2년 동안의 임신기간을 잘 견딘다고 알려진 암코끼리일 거라고 생각하고 싶었을 것이다.

그때 나는 말 그대로 "성숙한 숙고"를 거쳐 철학상담이라는 아이디어를 "생명으로 불러내기ins Leben rufen"로 결정했다. 사태를 "생명으로 불러내다."라는 기이한 어법은—그 위에 즉시 다른 질문으로 이어질 수 있는데, 그것은 다음과 같다: 그것은 또한 "불러낸 것처럼wie gerufen" 오는가?[4] 우리가 그

---

4 "철학상담(Philosophische Praxis)" 항목에 대해서는 Marquard(1989, Spalte, 1307-1308) 참조. 이 외에도 다음 참조. "Chronik der Philosophischen Praxis. 1981-1994": www. achenbach-pp.de/ papers/ archiv_chronik_philosophische_praxis_1981-1995.pdf.

철학상담의 철학:
기원과 발전

사이에 제16차 국제철학상담 회의를 위해 여기에 모이고 있다는 사실은 아마도 우리로 하여금 대답할 수 있게 해 줄 것이다. 그렇다. 그것은 실제로 "불러낸 것처럼" 왔다. 우리는 이러한 신출내기를 우리의 비호 아래 데려왔으며 이제 그와 함께 어떻게 계속 가야 하는지, 갈 수 있는지, 뭔가 했어야 할지를 서로 합의하고 있는데, 추측건대 그것은 적어도 우리를 위해 불러낸 것처럼 왔다.

그렇지만 좀 더 많은 질문이 생긴다. 우리가 철학상담을 환영했다는 것과 함께, 세계에서 그것의 현존재는 이미 "완결된 사태"인가? 그것은 의심할 나위 없는 현실의 지위를 가지고 있는가? 그 경우에 그것이 본래 질문하고 있는 바, 즉 실재로서 인정되는가? 왜냐하면 정신적인 현실로서 그것이 실재로서 인정을 누리는 한, 실재적이라고 할 수 있기 때문이다. 그렇다면: 철학상담은—이 학회가 재차 증명하듯이 심지어 전 세계적으로—의심할 나위 없이 존재한다. 그렇지만 그것은 또한 남아 있게 될 것인가? 그것은 성장하고, 증가하고, 발전하고, 추가로 더 배우고, 자신에게 고유한 의미에서 어쩌면 미리 결정된, 그렇기에 적절한 자신감을 찾게 될 것인가? 다시 말해, 사람들이 자기 자녀의 아이들을 위해서 바라는 것처럼 내가 그것에 바라는 것, 즉 훌륭하고 희망찬 미래를 그 자신 앞에 가지고 있는가? 여러분과 그리고 그럼으로써 우리가? 그것은 이미 공헌했던 것만큼 인지되고 있는가, 아니면 당분간 이러한 공로를 얻을 수 있기를 희망해야 하는가?

이제, 이러한 생각들은 마침내 내가 처음부터 본래 가고 싶었던 곳, 말하자면 사상가들 사이에서도 그 특별한 경우이자 천재적인 게오르크 크리스토프 리히텐베르크(Georg Christoph Lichtenberg, 1742~1799)의 간결한 메모로 나를 데려간다. 그것은 빌린 머리 장식으로서, 따라서 모토로서 내가 여기서 시도하고 싶은 숙고를 훌륭하게 장식했을 것이다. 이제 나는 그의 경구를 본문 중앙에 삽입하는데, 왜냐하면 그것이 거기에 잘 보존되기

때문이다. 여기 최초의 실험 물리학 교수이자 『메모책』의 저자로서 최초의
독일 격언가인 리히텐베르크가 있다.

> 한 사람은 생각을 낳고, 다른 사람은 그것을 세례받게 하고, 세 번째는
> 그와 함께 자녀를 낳고, 네 번째는 임종할 때 그를 방문하고, 다섯 번째는
> 그를 묻는다(Lichtenberg, 1967, p. 73).

아름답고 위안이 되는 전망들인데, 결국 많은 사람이 언제나 반복되는
방식으로 끊임없이 아이디어에 몰두하고, 모든 사람이 최선을 다해 자신
의 일을 한다. 나는 이러한 것을 숨기고 싶지 않은데—우리 회의도 그것을
대표한다—본의 아니게 리히텐베르크가 거장답고도 침착하게 말한 문장을
나는 그 당시 내가 낳고 삶에 끼워 넣은 그 생각의 역사와 연관시키려 한
다. 그 밖에도 나는 바로 그 아이의 이름을 받는 세례식에 그를 데려갔던
영광을 누렸다고 할 수 있다. 자, 그리고 철학상담의 개념이 그사이에 다
른 사람들과 힘을 합쳐 어떤 면에서 아이들을 낳았다면, 이것은 확실히 내
도움 없이는 이루어지지 않았다. 그래서 지금은? 이제 나이가 들어감에 따
라 나는 리히텐베르크를 따라 단편적으로 얻은 지혜의 모습을 하고서 철
학상담의 임종을 맞이할 "네 번째"를 기다려야 한다. 침착하게 연습하자고
말한다. 그가 오도록 하자! 여기서 분명히 하자면, 나는 단지 그것의 장례
식에 적어도 아직까지는 동의하지 않는다.

그러나 지금으로서는 모든 개인적인 관심사는 놔두고, 그 대신 우리는
리히텐베르크의 장대한 문장의 진가를 그 내용 면에서 대규모 계몽주의 아
이디어로서 함께 인정해야 한다. 그것은 도대체 무엇을 말하는가? 아이디
어들, 심지어 생각들조차도—한때 신들이 그랬던 것처럼—죽는다는 사실이
다. 말하자면 그렇다. 그것들은 만약 그것들이 스스로를 관철하고 주장하

는 몫이 할당된다면 일어나고, 그런 다음 맞붙어 싸우고, 어느 시점에서－
이것은 리히텐베르크가 훌륭하게 보고 생각한 것인데－그것들은 더 이상
스스로의 힘으로 자신을 주장하지 않지만, 일이 잘 풀린다면, 그것들은 다
른 생각들과 함께 연상되었고, 더 많은, 새로운 생각들과 아이디어들을 위
한 자극이 되었는데, 그것들과 함께 합쳐지고 더해지고, 그러고 나서－내
가 말하고 고백했듯이 이 모든 경우에서 철학상담에 대해 생각한－그 근본
아이디어는 단지 여전히 지하에 숨어서, 아마도 익명으로inkognito, 더 나아
가 아마도 다그치고 소란을 부추기는 효모로서 작용한다.

그런데 우리는 그것이 무엇을 의미하는지 이해하는가? 헤겔이 파악했듯
이, 모든 것은 역사라는 매체에 잠겨 있다. 즉, 그것은 오고 가며, 바뀌지
않는 한, 머물러 있지 않는다. 혹은 성서적인 어조에서 의미하는 것처럼,
그것은 열매를 맺기 위해서는 소멸해야 하는 씨앗처럼 소멸한다. 그리고
이미 앞서 사용된 그 문구, 즉 철학상담이 "생명으로 불러내겼다"는 것은
성서적인 창세기의 장엄하고 엄숙한 어조를 상기시켜, "낙원 그 이후"에는
가장 오래되고 고대의 확증된 율법에 따라 그러한 창조된 이후의 삶과 동
시에 그것의 몰락과 죽음이 승인되어야 한다고 말할 수 있지 않는가?

나는 이번에는 이 질문에 답하지 않은 채 놔두고, 그 대신에 작은 일
탈이나 보충설명을 허용하려는데, 이는 훌륭한 [니콜라우스] 쿠자누스
(Nicolaus Cusanus, 1401~1464)의 생각을 세계창조의 성서적 신화와 여기에
서 우리가 관여하고 있는 철학상담 아이디어의 "탄생"과 연결할 것이다.
이것은 어떻게 연결될까?

통상적인 해석에서 벗어난 쿠자누스의 아이디어가 담고 있는 내용은 다
음과 같다. 처음에는 신성한 권능으로 한 존재가 계획되어 부름을 받았다.
그는 단지 이 세계 안에서 그의 입장에서 상응하도록 행동하고 한때 함께
제공된 규정에 따르는 "피조물"에 불과한 창조물로서 사는 게 아니다. 거

기서는 그의 입장에서 창조적으로 되는 존재가 부름받았다는 것이다. 이는 인간이 정신을 가진 존재, 더 정확하게는 정신이다라는 것을 말한다. 다시 말하자면, 쿠자누스가 파악했듯이, 인간은—오늘날 다양한 목소리로 가르치는 것처럼—세계에 대한 책임이 있고, 또한 그 세계를 보존해야 할 뿐만 아니라, 예를 들어 제도, 법률 시스템, 예술 작품을 불러냄으로써 올바른 정신으로 창조를 계속하도록 부름받았다는 것을 의미한다. 혹은 마찬가지로 그는—놀라운 자기능력의 행위!—철학상담을 "생명으로", 즉 어떤 것, 그때까지 존재하지 않았고, 전적으로 "생각—된 것"이며 우선적으로 그것은 단순한 아이디어, 표상, 고안된 것에 불과했던 것을 이제 실재로 불러낸다. 그러나 그러한 생각이 실제로 실재가 될 수 있었고 또한 되었다는 사실은—거기서 나는 다시 리히텐베르크의 문장의 경우로 다시 되돌아가는데—새로운 실재가 자신을 창시한 사상가에 대한 의존에서 벗어날 수 있고 점차 독립적으로 되어 자신의 삶을 영위하기 시작하고 그와 동시에 고유한 길은 간다는 것을 확실히 인식하게 한다. 곁들여 말해 두지만, 항상 "창조자"라는 의미에 그러한 존재들만 있는 것은 아니다.

물론 그것은 우리가 돌이켜 볼 때 우리가 당연히 겪어야만 했던 경험 중 하나라고 옳게 말할 수 있다. 왜냐하면 경험들은 종종 만들어진 기대에 대한 실망으로부터 떨어져 나오는 것이기 때문이다. 그러나 습득한 경험의 이러한 중요성을 침해하지 않고, 리히텐베르크에 대한 또 다른 훌륭한 생각이 적용되는데, 이 또한 철학상담에 모토로 맨 앞에 두기에 적절하다.

새로운 것을 보기 위해서는 새로운 것을 해야 한다(Lichtenberg, 1992, p. 321 [No. 1770]).

내 생각에 이것은 수년간 철학상담자들의 사이에서 확인된 사실이며,

우리는 이에 대해 감사할 수 있다.

그러나 나는 내 입장에서—그것이 지난 40년간을 뒤돌아보는 것으로 기대되었기 때문에—우리가 하고 있는 새로운 일의 결과에 뒤따라서 새롭고 다른 방식으로 보는 것을 배웠던 것에 대해 보고하고자 한다. 다른 말로 하자면, 내가 얻은 경험들의 일부를 보고하고 싶다. 혹은 지난 수십 년 동안 내가 기대했던 것과 다르게 일어난 일은 무엇인가? 사람들이 말하는 것처럼 내가 "예상"하지 않았던 것, 또는 무엇보다도 나를 놀라게 한 것은 무엇인가?

이제 나는 다음의 사실보다 더한 것은 없다고 생각한다. 나는 곧 상담에서의 경험을 통해 인간들이 훨씬 더 독특하고, 좋은 의미에서 더 고집이 세며, 관습적인 어법으로는 더 개성 있고, 몇몇은 내가 이전에 상상할 수 있었고 그래서 기대했던 것보다 훨씬 더 독창적이라는 것을 인식해야 했고, 그것의 진가를 인정하는 법을 배웠다.

그 결과? 그 사이에 나는 다른 사람이 유일무이하다einzigartig는 사실을 보는 눈을 얻지 않는 한, 그 누구도 다른 사람을 이해하지 못했다고 생각한다. 그런데 이 경험은 나에게 그동안 다음과 같이 공식화될 수 있는 원칙이 되었다. 내가 만남을 시작할 때에 의심할 나위 없이 존재하는 한 인간의 많은 면들, 즉 그가 다른 사람과 나누고, 그를—오늘날 그중에서도 특히—"동시대인"으로서 재인식되게 하는 그 측면들을, 그러니까 그러한 측면들을 그에게서 너무 분명하게 어쩌면 지나치게 분명하게 인지하려는 유혹을 받게 되면, 그러고 나서 내게 전적으로 일어나는 바인데, 그 경우에 나는 그에게서 오류를 범했고, 분명하게 중요하지 않은 것에 내 눈을 멀도록 했다는 것을 알게 된다. 왜냐하면 원칙으로 다듬어서 표현하자면, 유형화는 인간에 대한 인식의 파산이기 때문이다. 그 유형은 코미디에 속한다. 전형적인 것은 이상하고 최악의 경우 우스꽝스럽다. 여기까지가 진단이라고 저기서 불리는 범주에 따라 환자를 평가하는―더 나쁘게 말하자면, 평가하는 것뿐만 아니라 "다루는"―심리치료적 관습의 시선에 비추어 본 힌트라고 할 수 있다.

덧붙이자면, 이 경험은 모든 이론이 바로 그 개인을 도식화하는 한, 모든 이론에 대해 회의적이라는 나의 원칙을 언제나 다시금 새롭게 강화시킨다. 또한 그것은 이론들 모두가 다 하는 것이다. 이론들은 말하자면 달리 할 수 없다. 이로써 내가 철학상담에 추가적인 모토로 삼았던 하나의 문장을 털어놓을 적절한 순간이 왔다. 우리는 그것을 괴테에게 빚지고 있다.

이론들은 대개, 현상들을 없애고 싶어 하는 참을성 없는 오성의 성급함이며, 그렇기 때문에 그 자리에 이미지들, 개념들, 종종 단어들만 삽입한다 (Goethe, 1981, p. 440 [No. 548]).

그리고 나는 다른 사람들의 생각이 각자의 맥락에서 그들의 방식으로 함께 말하도록 초대하는 것을 매우 좋아하기 때문에 괴테의 명언에 두 가지 격언을 더 추가하고 싶다. 첫 번째 격언은 프랑스의 도덕주의자 라 로슈푸코(La Rochefoucauld, 1613~1680)가 썼으며 다음과 같은 내용이다.

유일한 한 인간보다 인간들을 알아 가는 것이 더 쉽다(La Rochefoucauld, 1973, p. 83).

또 하나의 두 번째 격언은, 특히 간단하고 매우 간결하고도 경건한 단어들의 조합인데, 시몬 베유(Simone Weil, 1909~1943)의 영적 멘토인 구스타브 티본에게 빚지고 있다.

철학상담의 철학:
기원과 발전

신이 근본적으로 다양하게 갖고자 원했던 바를 보편적인 방식으로 다루지 않는다(Thibon, 1957, p. 44).

두 문장 모두 유효한 격언의 확고한 목록에 포함될 가치가 있다. 그러나 어쨌든 그것들은 철학상담의 확신에 속하며 내게 확고한 원칙으로 타당하다.

이제 가장 특이한 방식으로, 우리가 만나는 사람의 근본적인 개성에 대한 이 확신은 또 다른, 고맙게도 다른 방향에서 우리에게 오는 생각과 연결된다. 말하자면, 그 생각은 쇼펜하우어가 그의 "개인의 운명에서 있을 법한 의도성에 대한 초월적 사변"을 통해서, 즉 그가 매우 모범적이게 회의적으로 고지했고 철저한 유보와 함께 수행했던 그 사변을 통해서 제시했던 것이다. 그 멋지고 신비에 찬 텍스트에는 플로티누스의 신비로움에 손색없을 한 문장이 모토로서 앞에 놓여 있는데, 다음과 같이 번역된다.

우연이 아니라 단지 조화와 질서만이 삶에 존재한다(Plotinus, 1956, [IV, 4, c.35]).

내게 가르쳐 준 것은 다음과 같다. 그것은 내가 그러한 가정ㅡ그러니까 개인에게 다가오는 운명에 속하는 쇼펜하우어가 언급한 그 의도성이라는 가정과 함께ㅡ을 가진 사람에게 나 자신을 헌신한다면, 이것은 내게 사람들이 접어드는 종종 기이한 길을, 즉 그들의 특징들과 특색들을 촉진시키는 존중을 통해서 대할 수 있게 해 주고, 우선적으로 그들을 있는 그대로, 그러니까 그들이 되었던 그대로 존중하고, 인정하고, 타당하도록 하게 해 주었다. 다른 말로 하자면, 첫 번째이자 모든 것이 좌우되는 한 가지는 우리에게 오는 사람들을 그들이 우리에게 보내진 방식대로 이해하는 것인데,

그러고 나서 두 번째 단계에서는 그들 자신에 대해 계몽하기 위한 것이다. 이는 물론 경험이 가르치는 바와 같이 아름다운 규칙성을 통해서 그들의 삶에 움직임을 가져오는 것이다.

이것을 특별한 경우에서 살펴보자. 조언을 구하기 위해 우리에게 오는 그 인간은 짓눌려 있다. 그렇다면 철학상담자의 첫번째 임무는 그를 짓누르는 것이 무엇인지를 이해하는 것이다. 두 번째, 이미 더 까다로운 것은 그가 얼마나 그를 누르는 것에 짓눌렸는지 이해하는 것이다. 그리고 특히 세 번째로, 철학상담자는 그의 고통을 결코—경험상 심지어 단지 극히 드문 경우—"내생적"이거나 "자가제작hausgemacht(심리학 사용자가 대개 환자에게 부담으로 부과하는 것과 같은 부담)"된 것이 아니라, 오히려 객관적인 세계과정의 주관적인 계기의 한 가지로서 파악하고 또한 새롭게 이야기하라는 요청을 받는다. 그럼으로써 개인적인 역사는 시대적인 역사에 속하는 것으로 읽힐 수 있다.

그 밖에도 짓눌린 사람에게 도움이 되는 것으로서 증명된 것은, 그에게 삶이 힘들었다고 하더라도, 그것이 결단코 그에게 불리한 것을 말하는 것이 아니라는 것을 전달하는 데에 우리가 성공했을 경우이다. 아니다, 그와 정반대로: 철학적 심성의 성미에는 예로부터 가볍게 여기기의 거장들이 들어맞지 않았다.

이것은 또 다시 한번 다른 생각을 초대할 수 있는 기회이다. 신학자 헬무트 틸리케(Helmuth Thielicke, 1908~1986)가 그의 입장에서 평생의 경험에서 얻어 낸 것이자 그의 지혜로운 요약을 담고 있는 그의 메모는 다음과 같다.

인간의 위험가능성은 예외 없이 [내가 좀더 조심스럽게 말하건대, 자주] 그의 크기와 지위의 이면이다. 그의 위대함과 불행은 함께 속한다. [...] 그러므로 실패의 형태, 실존의 실패는 열등한 영역, 말하자면 늑대가 울부짖는(니체), 소위 동물적인 지하실에서 유래하는 것이 아니라 인격성의 '벨-에타쥐', 즉 인간이 자신의 자유를 남용하고 자신의 운명에 따르는 특권을 낭비하는 곳에서 발생한다(Thielicke, 1981, p. 818).

나는 이 구절을 다시 읽을 때마다, 1936년 프로이트의 80번째 생일에 루드비히 빈스방거가 했던 축사에 대한 지그문트 프로이트의 대답을 떠올려야 했고, 이런 식으로 내가 스스로 선택한 내 강의의 제목이 어쨌든 가리키는 곳, 즉 거기에 인용된 "반지하실Souterrain"과 "벨 에타쥐"에 도달하게 된다.

그 당시 그 대가는 그의 조심스러움 덕분에, 철학에서 달리 돌이킬 수 없을 정도로 헌신적이었던 친구의 연설을 몸소 경청하는 것을 영리하게 피했다. 그가 알렸던 대로, 그는 건강이 좋지 않았기 때문에 행사에서 멀리 떨어져 있었다. 하지만 그러고 나서 그는 적어도 빈스방거가 사유할 수 있는 가장 진지하고 고귀한 방식으로 정신분석적 사유의 한계를 명명했던 연설을 나중에 읽을 수 있었다. 나는 이 기회에 이 훌륭한 텍스트를 읽는 것을 추천하고 싶은데, 그 텍스트는 정통적인 정신분석에 대한 현존재 분석—철학상담의 그 존경할 만한 선구자—의 위치를 정확하게 표시한다. 그 연설의 제목은 "인간학에 비추어 본 프로이트의 인간에 대한 견해"이다. 빈스방거가 정신분석에 대해 그 안에서 제시하는 분석의 모든 것을 정초하는 근본 테제는—적어도 최소한 인용하자면—다음과 같다.

호모 에테르누스homo aeternus [영원한 인간] 또는 첼레스티스 [천상의] 인간으로서 그리고 역사적 인간 또는 호모 유니베르살리스homo universalis [보편적 인간]으로서의 본질Wesen에 대한 수천 년의 전승과 정반대로 대립해서, 그리고 간결한 의미에서 '역사적' 실존, 호모 엑시스텐시알리스

homo existentialis [실존적 인간]로서의 인간에 대한 근대의 존재론적-인간학

적 견해와 마찬가지로 대립해서, 프로이트에게는 자연적 피조물Geschöpf

로서, 자연으로서의 인간, 호모 나투라라는 학문적 아이디어가 관건이다

(Binswanger, 1947, p. 159).

이로써 빈스방거는 은총에 충만한 아포리즘 사상가Aphoristiker가 다시금

정제하고 농축하여 공식으로 가져왔던 것을 올바르게 해석했는데, 그 공

식을 통해서 이제는 정신분석뿐만 아니라 학문적 심리학이 일반적으로 언

급될 수 있다. 그것을 우리는 최근에 사망한 독특한 니콜라스 고메즈 다빌

라에게 빚지고 있다.

모든 학문적 심리학은 그 본성상 잘못되었다. 왜냐하면 그것은 주체

가 되는 데에 그 본성이 있는 것을 대상으로서 파악하려 하기 때문이다

(Dávila, 2006, p. 44).

다시 프로이트로 돌아가자. 그러니까 그는 매우 의심스러운 친구인 빈스

방거의 강연을 읽고 나서, 그에 대해 답장으로 감사의 뜻을 전하고 싶었으

며, 물론 이제—이번 기회에—자신의 입장에서 그에게 자제하도록 요구해야

겠다고 느꼈다. 다른 말로 하자면, 빈스방거가 프로이트의 일생에 걸친 작

업 뒤에 던졌던 근본적인 물음표는 표적화된 반격의 방식으로 근절되어야

했고, 그렇지 않을 경우 예상될 수 있는 정신분석학의 피해를 막아야 했다.

1936년 10월 8일자 지그문트 프로이트가 비엔나에 있는 9지구의 베르가

세 19에서 보낸 이 편지는 가히 "역사적"이라고 명명될 필요가 있다. 덧붙

이자면, 내 제목의 문구도 거기서 가져왔다. 나는 인용한다.

철학상담의 철학:
기원과 발전

친애하는 친구!

당신의 강연은 사랑스러운 놀라움을 주었다! 그 말을 듣고 나에게 보고
했던 사람들은 눈에 띄게 건드려지지 않은 채로 남아 있었다. 그것은 물론
그들에게는 너무 어려웠을 것이다. 그것을 읽는 동안, 나는 당신의 아름다
운 말투, 당신의 학식, 당신이 지닌 지평의 범위, 반대의견을 말하는 데에
서의 세심함을 즐겼다. 알다시피 칭찬할 게 셀 수도 없이 많다.

물론, 그렇긴 하지만 나는 당신을 믿지 않는다. 나는 건물의 1층Parterre
과 반지하실Souterrain에만 체류했다ㅡ당신은 만약 관점을 바꾸면, 종교,
예술 그리고 다른 사람들과 같이 저명한 손님들이 살고 있는 위층도 보
인다고 주장한다. 당신은 그 안에 있는 유일한 자는 아니며, 호모 나투
라Homo natura[자연인]에 속하는 대부분의 '문화적 표본에 해당하는 자들
Kulturexemplare'도 그렇게 생각한다. 당신은 그 안에서 보수적이고, 나는 혁
명적이다. 내가 여전히 직장생활을 앞두고 있었더라면, 나는 또한 감히 그
'신분이 높게 태어난 사람들Hochgeborene'에게 내 낮은 집에 거처를 정하도
록 했었을 것이다. 나는 '인간의 신경증'이라는 범주를 접한 이후로, 종교
에 대해 이미 그것을 발견했다. 그러나 우리는 아마도 서로를 지나치며 말
하고 있을 것이고 우리의 분쟁은 수세기 후에야 조정될 것이다.

진심 어린 우정으로...(Freud & Binswanger, 1992, pp. 236-237).

프로이트가 더 높은 인간의 능력을 심리학자에게 집같이 편안한 지하
실에 그렇게 배치한 것에 대해서 어떻게 생각했는지는 1913년 4월 비엔나
에서 프로이트를 방문했다고 보고했던 그의 친구 빈스방거에 의해 다시금
우리에게 전달되었다. 그 당시 그는 오늘날 많은 사람이 발터 벤야민과의
우정 때문에 기억하는 철학자 파울 해베를린Paul Häberlin과 함께 프로이트를
방문했다. 해베를린은 그의 입장에서 이 방문에 대한 기억을 남겼는데, 빈

스방거는 그의 소책자 『지그문트 프로이트에 관한 기억』에서 그것을 우리에게 전했다. 나는 인용한다.

해베를린은 대화 중에 "프로이트가 양심 현상('검열')을 파생시키는 것에 반대"했지만, 프로이트는 자신의 견해를 고수했고, 그는 그의 입장에서 그의 손님에게 "칸트의 '물 자체'가 그(프로이트)가 무의식 아래서 '이해한' 것과 같은 것은 아닌지"—해베를린은 웃으면서 부인했던 것이 자명한데—묻고 난 이후, 그는 "'철학은 억압된 섹슈얼리티를 승화시키는 가장 점잖은 형태 중 하나이며, 그 이상은 아니'라고 표현했다". 그 점에 대해 해베를린은 "학문, 특히 정신분석적인 심리학은 무엇인가?"라는 "반문"을 제기했다 (Binswanger, 1956, pp. 19-20).

여기까지가 작고 재미있는 막간극이다. 그런데 이와 동시에 이러한 갈등—또는 프로이트가 말했듯이 "불화"—의 상태에서 내가 빈스방거와 그의 현존재 분석이라는 측면에 서 있을 수 있다는 것을 설명할 기회로 이용하고 싶다. 그러니까 인간이 지하실에 속하는지, 즉 같은 집에서 평생 지하실에 사는 아이라는 거주자로서 이해되어야 하는지, 아니면 철학자가 그에게 전망과 용의주도함을 제공할 수 있는 곳, 즉 '벨 에타쥐'의 더 밝고 환한 방에서 그를 환대했어야 하는지에 대한 질문에 비추어 보려는 것이다.

그러나 무엇보다도—나는 최악의 경우 심층 심리학적으로 지향된 심리 치료에 대한 선전포고로 파악될 수 있는 테제를 이 공간에 제시하도록 하는데—다시 말해서, 그러나 무엇보다도 저 위, 그 높은 층에는 프로이트가 그의 애처로운 어조로 제안하고 싶었던 것처럼 결코 "저명한 손님"만이 등장하는 것이 아니다. 거기에 사는 그들 중에는 냉소주의자들, 교활한 자들, 양심도 없이 약아빠진 자들, 뻔뻔한 자들, 몹시 기분 나쁜 자들, 삶에 환멸을 느낀 자들; 부르주아적 예의 바름의 외관 뒤에 있는 세상이 다 아는 무뢰한들; 그들 중에는 현존재를 망친 자들 그리고 모든 것을—그리고

—각각을 부정하는 자들이 있다; 겁먹은 자들과 절망한 자들; 겪었던 경험으로 살아갈 용기를 빼앗긴 자들; 거기에는 모든 것을 다 끝냈고 모든 것이 지났다고 생각하고, 어쩌면 평생 그 자신을 지나쳐 걸어왔고 이제는 더 이상 자신을 찾는 것을 알지 못하는 그런 사람들이 있다; 거기에는 실망하고 환멸을 느낀 자들도 있는데, 그들은 이제 그들의 동의를 얻고 더 나은 미래에 대한 전망을 제시할 삶으로 돌아갈 어떠한 길도 찾지 못한다; 그리고 거기에서 덕들이 악덕에게, 후자가 전자에게 보다 훨씬 더 자주—원한감정의 허튼 정신으로—맞선다(해당 개념들이 더 이상 유행하지 않더라도...); 거기에는 자신의 약함으로 고통받는 약한 자들과 자신의 강함으로 아무것도 시작할 바를 알지 못하는 강한 자들이 있다; 가장 단순한 삶의 지혜가 부족해서 일상적으로 실패한 자가 된 소위 매우 재능 있는 자들과 교육이 부족한 전문가들이 있다. 그곳에서 우리는 밀교의 미로에서 길을 잃었던 종교적으로 황폐해진 사람들을 만난다—누가 상담하는 철학자에게서 도움, 충고를 찾는지, 그리고 무엇보다도 그가 어떻게 곤경에 빠졌는지에 대한, 또한 그의 딜레마에서 벗어날 수 있는 방책이 발견될 것인지의 여부에 대한 계몽과 해명을 찾는지는 이렇게 더 계속될 수 있고 열거될 수 있다. 특히 거기 위, 격조 높고 고상한 층에는 언제나처럼 각종 뉘앙스에서의 선과 악이 있다.

그러나 이 모든 것은 최악의 경우 비극적인 느낌을 불러일으키는 갈등을 낳는데, 그것을 비극적인 갈등으로 파악하고 따라서 그것의 진가를 인정할 것을 우리에게 요구한다. 물론 이것들은 아래의 힘들, 그러니까 지하실과 반지하실 권력들의 충돌에서 발생하는 갈등이 아니라, 실제로 그 위층에서 또는 "인격성의 '벨 에타쥐'"에서 그 "위에서 태어난 자들"이 이러한 갈등에 휘말리게 되어 있다. 이와 함께 의미하는 바는 그것이 정신의 충돌들, 즉 견해들, 판단력들, 자아상들 그리고 이 세계의 의미와 과정에 대한 가정들의 충돌이라는 점이다. 그것들은 가장 넓은 의미에서, 특히 세계 관적인 논쟁들인데, 여기에 보충되어야 할 것은 "세계관들"은 무해하지 않은 것이 아니며, 단순한 "이론"도 아니라는 것이다—왜냐하면: 내가 세계를 어떻게 보고, 세계를 어떻게 이해하느냐에 따라, 즉 그에 따라 나는 행동할 것이고, 내가 어떤 사람들에게 속한다고 느낄 것이고, 다른 사람들을 낯설다고 거부할 것이기 때문이다.

그런데 상담에서 이것이 의미하는 바는 다음과 같다. 인간들을 갈등에 휘말리게—틸리케도 말했듯이—하고, 많은 경우에는 그들에게 삶을 더 어렵게 만들고, 어쩌면 삶을 견딜 수 없게 만드는 것이 종종 그들의 가장 좋은 면, 가장 단호하고 정당한 확신들, 심지어 그들의 본래적인 도덕적 자질들인데, 이는—삶의 균형이라는 게으른 평화 때문에—치료적 절제가 필요한 게 아니라, 그들에게 신의를 지켜 오던 삶이 바로 그것에 의해 비극에 연루된다면, 어쩌면 바로 강화가 필요하다.

내가 처음에 모토를 빌리려고 했었던 게오르크 크리스토프 리히텐베르크Georg Christoph Lichtenberg를 다시 인용하기에 좋은 기회이다. 나는 그를 너무 적게 인용하지만, 나는 그에게 너무 많은 빚을 지고 있다. 그렇다. 뛰어난 리히텐베르크에게 철학상담은 또 다른 원칙들을 빚지고 있다. 내가 상담에 참여했던 40년간의 경험은 그것들[원칙들]을 강화시켰고, 그래서 이제 그 어느 때보다 그것들이 훨씬 더 견고하고 흔들리지 않게 유효하다고 나는 생각한다. 리히텐베르크 자신은 내가 그로부터 기본 원칙으로서 인용하고 싶은 것을 "황금률"이라고 부른다. 그리고 그 내용은 다음과 같다.

> 황금률: 사람들을 그들의 의견에 따라 판단해서는 안되며, 그 의견들이 그들에게서 무엇을 만드는지에 따라 판단해야 한다(Lichtenberg, 1992, p. 789 [No. 966]).

이러한 현명한 권유의 첫 번째 요점을 벗어나지 않으려면 어쩌면 두 번 귀를 기울여야 할지도 모른다. 그것은 바로 사람들이 품고 있는 의견들이 "그들에게서 무언가를 만든다"는 것이다. 그리고 그것은 맞다. 그 경우 이 것은 반대로 다음을 의미한다. 우리가 한 인간을—가령 통찰력이라는 방식 으로, 즉 다른 안목, 말하자면 삶을 더 다양하게, 더 다채롭게, 아마도 서 로 다르며 서로 보완적인 관점에서 보도록 가르치는, 사물에 대해 좀더 세 분화된 안목을 통해서 얻는다면—우리가 한 인간을 그의 의견과 견해를 수 정하고, 세련되게 만들고, 민감하게 하고, 그것들[의견과 견해]의 원을 넓 히고, 그것들의 시선을 더 넓은 지평에 끼워 넣는, 그러한 방식에서 얻는 다면, 그와 동시에 우리는 그를 변화시키고 그렇게 그의 장점들을 촉진시 킨다. 말하자면, 그의 최고의 덕들, 그리고 그것들은 예로부터 존경받았던 것들: 심사숙고함, 신중함, 용의주도함, 현명하게 검토할 능력과 준비성, 옳다고 인식된 것을 옹호하고 좋은 것으로 간주되었던 것에 용감하게 머물 려는 결단력을 말한다. 그가—가장 양심적인 검토에 따라—궁극적으로 그 리고 전체적으로 좌우되는 바, 그가 실제로 그러니까 단호하게 원하는 바 에 성실함을 유지하는 것이다.

하지만 가장 좋은 경우에 이것은 그가 '그것은 나에 의해 원해질 것이다' 라는 사실을 이해하는 것을 말한다. 그것은 단순히 원한다는 것 그 이상이 다. 이 말이 의미하는 것은 '내게 생각된 것을 이행한다'는 것이다.

이 모든 것은 마빈 민스키Marvin Minsky의 섬세한 생각을 교정하기에 이른다.

사유하기Denken는 우리의 생각들에 영향을 미친다(Minsky, 1990, p. 58).

나는 이미 맞다고 말할 작정이다. 그러나 그 반대도 사실이고, 철학상담 과 연결되는 진정한 희망이다.

생각들은 사유하기에 영향을 미친다.

이것을 이해하고 철학적 사유의 풍요로움으로부터 영감을 받도록 했던 실천하는 철학사는 그 정신에 의해 감동받으며, 그의 입장에서 감동시키고 손님의 삶을 환기시킬 것인데, 노발리스의 언어 이미지를 빌리자면 "의기소침에서 벗어나는 것이고 생기 있게 하는 것이다"(Novalis, 1978, p. 317). 좀 더 평범한 말로 하자면: 그는 활기차게 하고 도약하는 것을 돕는다. 그리고 그렇게 그는 영향을 미칠 것이다.

지금까지는 좋다고 말하고 싶은 기분이다. 그런데 제목으로 발표된 "초월적 구름을 밟는 자들"에 대해서는 아직 한마디도 하지 않았으며, 그것은 내가 아는 한 나의 선생님이신 오도 마크봐르트(Odo Marquard, 1928~2015)에게 빚지고 있는 신조어이다. 그러나 이것은 어둡고 어쩌면 슬픈 챕터이다. 이론에 만족하고, 주로 그 자신 자체에 대해 종사하는 학술적 철학과 함께 누구를 의미하는지 물론 철학상담자들에게 상세하게 설명할 필요는 없다. 그들은 인간적인 것의 지하층에 대해 아무것도 모르고 그것에 대해 아무것도 알고 싶지 않으며, 벨 에타쥐에서 자기들끼리만 만나는데, 그것은 고상한 어조와 존경하는 동료애의 분위기로 화합하고 일부 사람들에게는 오래된 길드의 행복을 기억나게 할 수 있다. 아마도 나는 우리와 비교되는 이 고상하고 정확한 동료들과 관련해서, 무엇이 나를 한때─철학상담의 아이디어를 임신했을 그 당시─그들의 정교한 분야에서 도망치게 만들었는지를 간단한 암시와 함께 남겨 둘 것이다. 이것은 내가 융C. G. Jung에게서 우연히 들었던 생각인데, 그 의미는 다음과 같이 표현될 수 있다. "불충분한 이론을 가지고도", 우리가 그것을 상담에서 테스트하지 않는 한, "아주 오랫동안 용인되게 할 수 있다"(Jung, 1995, p. 40).

자, 철학상담은 이제 그것[철학]에 의지하고 종종 많이, 때로는 너무 많은 것을 기대하는 사람들과 만남에서 스스로를 증명해야 하는 한, 철학의 시금석이며, 이로써 철학의 중대사안이다.

쾨니히스베르크인[칸트]의 의미에서 격려를 위한 충분한 동기가 될 수 있는 바는 다음과 같다. 습득된 철학적 능력이 요청되는 곳에서 [그것을] 사용할 용기를 가져라.

우리가 인간들을 단지 있는 그대로 받아들인다면,
그럼으로써 우리는 그들을 악화시키는 것이다.
우리가 그들을 마치 그들이 존재했어야 했던 바대로 대한다면,
그럼으로써 우리는 그들을 데려가야 할 곳으로 데려가는 것이다.

요한 볼프강 폰 괴테 Johann Wolfgang von Goethe

14장

철학의 유산을 습득하는 것은 철학상담의 사명이다
—자살철학에 대한 기여[1]

    소중한 축제모임에 모인 친애하는 동료 여러분, 앞으로 45분 동안 내가 하고자 하는 것은 "철학의 유산을 습득하는 것이 철학상담의 사명이다."라고 선택된 제목으로 충분히 요약되어 있다.

    내가 독일어를 대표하는 드라마로부터 절반의 인용을 통해서 허용했던 그 암시를 들었는가?

> 네가 네 조상들에게서 유산으로 받은 것...
> 그것을 소유하기 위해 그것을 습득하라(682f).[2]

    이것은 괴테의 『파우스트』에서 가져온 것이다. 비극의 첫 번째 부분과 "밤"이라는 제목의 첫 번째 장면으로부터 마치 저자가 현재 철학자들의 콜로키움에 대한 인사로 우리에게 보낸 것과 같은 전주곡을 들을 수 있다.

> 아, 나는 철학, [...]

---

1 이 원고는 2022년 10월 22일 렘샤이트/레네프(Remscheid/Lennep)에서 열린 철학상담학회와 국제철학상담학회(GPP/IGPP) 40주년 기념 콜로키움의 개막식에서 강연한 내용이다.

2 역자 주: 모든 『파우스트』의 공통된 표기여서 독일어 원서의 전거 제시를 그대로 남겨 둔다.

뜨거운 노력으로 철저히 공부했다.

나는 지금 바로 거기_da_에 서 있다, 불쌍한 바보,

그리고 니는 이전처럼 그렇게 똑똑하다(354)!

나는 인용문에서 대가가 졸업했던 법학, 의학 및 신학의 전공들을 언급하기를 생략했는데, 그 전공들도 삶에 실천적이기에는 실망스러운 결과를 가져옴으로써 어떤 것도 개선하지 않았을 것이다. 나중에 같은 장면에서 마기스터씨가 지구의 정신을 불러낸 뒤, 그리고 이러한 고양되고 큰 타격을 준 환상을 겪은 이후 그의 파물루스 바그너, 즉 "건조한 음흉한 자"의 짧은 방문에서도 살아남은 뒤, 파우스트는 다음과 같이 결산을 총평한다. 거기에 천 권의 책과 온갖 더 이상은 유용하지 않을 먼지투성이의 실험실 장비 아래에 반쯤 관에 갇힌 채, 그는 지금 앉아 있고, 그리고 기껏해야 그가 자신에게 말하는 훈계를 하나 더 알고 있다.

네가 네 조상들에게서 유산으로 받은 것...

그것을 소유하기 위해 그것을 습득하라(682f).

[활용하지 않은 것은 무거운 짐이다.

단지 순간이 만들어 내는 것만을 활용할 수 있다.]

그러나 파우스트 박사의 경우, 이렇게 잘 고려된 치료법은 분명 더 이상 효과가 없었고, 그래서 절망적으로 잃어버린 삶, 잘못 인도된 삶으로부터의 치명적인 구원으로서의 자살에 대한 생각이 그를 사로잡는다.

그런데 왜 내 시선은 그 자리에 달라붙어 있는가?

그 약병에는 눈을 위한 자석이 있는가?

왜 내게 갑자기 달콤하게 밝아지는,

마치 밤의 숲에서 달빛이 우리를 휘감는 것처럼(680)?

그런 다음 우리는 자신의 가장 고유한 결심으로부터 파우스트가 "급하게 취하게 만드는" 갈색주스를 플라스크에 어떻게 준비하는지 목격자가 된다. 역설적인 약, 그것을 그는 아침에 "마지막 음료"로서 성대하게 마시기로 결심했다.

이런 식으로 거행된 삶의 졸업 축제는, 특히 철학상담자들인 우리에게 흥미롭다. 결국, 그 학자는 잘 고려된 논거들, 심지어는 어차피 성공의 전망을 제공하지 않았을 철학적 출처를 지닌 논거들의 설득력에 의해 그의 계획을 단념하지 않는다. 그렇다. 그리고 잘 알려진 바로 심지어 믿음도 아니라, 멀리서 들려오는 "천상의 소리", 부활절 찬송을 노래하는 소리가 그를 다시 삶으로 데려온다.

그리스도는 부활하셨다!

죽어갈 자에게 기쁨이 …

전해진다.

나는 그 소식을 잘 듣지만, 오로지 나에게만 믿음이 부족하다(765).

이제 내가 묻고자 하는데, 무엇이 도대체 삶에 지친 그 사람을 그토록 심하게 경멸했던 땅으로 되돌려 놓았는가? 괴테는 그 대답에 당황하지 않는다. 그를 "삶으로 돌아가"라고 불렀던 것은 "젊은 시절부터" 그에게 친숙한 종소리였다. 그리고 파우스트 자신도 다음과 같이 설명한다.

기억은 지금 나를 붙잡는다, 어린애 같은 감정으로,

마지막 진지한 발걸음부터 되돌아서(781f).

그런데 파우스트 비극의 이 시작 장면이 왜 그토록 내게 환영받는지 누설하고자 한다. 그것은 여러분이 내게 확실히 기대했던 기억의 의무를 자연스럽게 이행할 수 있게 해 준다. 그러니까 우리의 시선을 1982년 10월 10일로 되돌리게 하는데, 그날 철학상담학회GPP와 이후 결성된 국제철학상담학회IGPP가 40년 전 베르기쉬 글라드바흐에서 10명의 창립 멤버에 의해 설립되었다. 그 서클 중 한 명인 토마스 마호Thomas Macho—나중에 문화사 교수이자 베를린 훔볼트 대학의 문화학 연구소 소장—는 이미 카발라[중세 유대교 신비주의]와 거리를 두면서도 관심 있는 친밀한 관계를 유지했는데, 카발라적 관점에서 볼 때 창립 당일에 있어서 사태가 유리한 예후로 시작되었기에 "하나의 완벽한 사태"라고 설명했다. 어째서 그럴까? 날짜 자체에는 이미 4×10이 포함되어 있고 10명의 창립 멤버가 참여하여 5×10이 되지만 5는 다시 10의 딱 절반이다 등등—여러분은 이미 짐작했을 것이다.

물론 이제 완전성을 기하기 위해서 보완되어야 할 것은 다음과 같다. 우리는 처음부터 창립 선언문에 서명한 10명이 아니었고, 실제로 처음에는 11명이었다. "11"은 알다시피, "악마의 숫자"였다. 그런데 왜 11이 악마의 숫자로 불신받는지도 알고 있는가? 열두 제자 중 한 명인 이스카리옷 유다가 적대자의 속삭임에 굴복하여 나사렛 사람을 배반한 후에, 오직 열한 명만 남았기 때문이다. 여기까지가 잠시 덧붙인 것이다.

그러니까 그 창립 행사에 한 철학 동료가 나타났는데, 그는 이미 서독 대학에서 몇 년 동안 "실천적 철학" 분야의 교수직을 맡고 있었고, 그 분야를 그의 철학 학파적인 특성에 따라 주로는 아니더라도 우선적으로, 합리성의 옹호자로서의 배타성을 강조하면서 대표했다. 신화적 전승에서 차용하는 것을 꺼려 하지 않는다면, 동료 G.는 아마도 미래 철학상담자들의 가장 가까운 서클에서 합리적 담론을 위해 싸우고, 협회 수준에서 철학적 문제 해결의 유일한 합법적인 수단으로서 규범적 타당성을 부여하기 위해 "트로이 목마"로 도착했다고도 말할 수 있을 것이다.

그런데 처음으로 다룬 것은 가상의 "사례"였고, 그 사례에서 동료 G.는 학문적 철학자의 능력에만 상응하는 합리적인 치료의 필요성을 입증하려 했었다. 그것은 한 인간이 자살을 결심한 가상의 경우였다. 그러니까 이제 여러분은 괴테의 파우스트의 장면이 나에게 얼마나 환영받았는지, 그리고 내가 얼마나 자기 만족적인 기분으로 파우스트가 부활절 종소리에 의해 다시 살아났다고 느꼈는지에 대해 발표하는지 알게 될 것이다—그러니까 그는 그러한 선포에 대해 불신앙을 자백했음에도 불구하고 그것을 느낀 것이다. ...

이제 40년 전 그날 저녁으로 돌아가 보자. 그러니까 대화를 위해 우리는 자살하기로 결심한 한 인간을 가정했다. 그리고 우리 철학자들이 우리 자신을 관계자 내지는 자문을 하게 된 증인으로서 생각하기로 했다. 그래서 어떻게 되었을까?

안타깝게도 나는 10월 9일 토요일, 그날 저녁 대화의 진행 과정을 더 이상 자세히 요약할 수 없는 상황이다. 그렇지만 나는 그 당시 처음에는 여전히 수줍어하다가 나중에는 더 단호하게, 사람들이 삶의 유혹에 무감각해졌다거나, 삶이 그들에게 "싫어"졌다거나, 또는 그들이 평범한 삶의 과도한 요구에 대해 반항하면서 상처 입고 살았을 수도 있다는 것이 일어날 수 있고, 그리고 이제 그들이 마지막 탈출인 이것 외에는 탈출구를 알지 못했을 경우에, 우리를 삶에 머물게 하는 어떠한 "좋은 논증"은 없다는 견해를 표명했다고 기억한다. 그러고 나서 나는 철학상담자에게 다음의 질문들이 제기될 것에 대해 생각해 보라고 했다. 즉, 어떻게 이 슬픈 사람을 새로운 삶의 자신감으로 감염시킬 수 있는지, 어떤 에로틱한 에너지로 그를 다시 삶으로 유혹할 수 있다고 이해하는지, 어떻게 삶을 그에게 다시 "매력적으로" 만들 수 있는지, 어떻게 다시 한번 그에게 관심사에 대해 삶을 고무시키는 영감을 일깨울 수 있는지, 어떻게 그가 잿더미로 타 버린 것처럼 보이는 삶에서 처음에는 수줍은 미광을, 잘한다면 새롭게 타오르는 불씨를 다시 한번 점화할 수 있는지 등등.

그런데 이미 짐작했겠지만, 그러한 숙고들로 G 교수의 생각을 바꾸거나 그렇게 불확실하고 개념적으로 불결한 지형에 들어가도록 그를 움직이는 것은 허용되지 않았다. 내가 기억하는 한, 대화는 밤새도록 지속되었으며 중부 유럽 표준시 오전 7시경의 이른 아침에 비로소 끝났다.

그런데 그 전에 뭔가 감동적인 일이 일어났다. G 교수는 지난 밤에 확실히 현저하게 많은, 실제로 과도한 양의 와인의 도움을 받아서―알다시피: 와인 속에 진리가 있다―그가 얼마 전에 아들과 나눈 수많은 대화가 명백하게 위험에 처한 그 소년이 자살하는 것을 단념하게 할 수 없었다고 자백했다. 그래서 그 아들은 자기 손으로 목숨을 끊었다. 그리고 살아남은 그의 아버지는 다음과 같이 결론 내렸다. 철학은 그렇게 심각한 경우에 도움이 되기에 부적합하다는 것을 알 수 있다.

우리의 가능성을 제한하는 이러한 매우 강력한 테제는 물론 나에게 지속적으로 영향을 끼치면서 감동을 주었던 경험, 즉 불과 그보다 1년 전인 1981년 5월에 철학상담을 창립할 용기를 발견하도록 했던 경험과는 상반되는 것이었다.

무슨 일이 있었을까? 그 몇 달 전, 내가 아는 예술가의 당시 17세였던 딸은 자살을 시도했다가 다행히 실패했고, 그 행위를 저지른 이후에 그러한 상황에서 관습적이고 법적으로 규정되는 바에 따라 정신과로 옮겨졌다. 그러나 그곳에서 전문가들의 용어에 따르면 "비협조적"이라고 판명되었는데, 즉 그녀를 위해 일하는 정신의학적인 전문의사들이나 관련된 심리치료사들과 함께 작업하려 하지 않았다. 간단히 말해서, 그녀의 아버지가 보고한 그대로 그녀는 노골적으로 침묵했다. 그래서 이제 그녀의 아버지는 유별난 설명을 하면서 나에게 왔다. 즉, 나는 철학자이고, 그의 딸과 이야기할 수 있어야 한다는 것이었다. 그리고 내가 했던 바는 클리닉에서 담당하는 전문가의 동의하에 이루어졌다. 왜냐하면 그들이 이 환자에게 분명히 실패했기 때문이었다.

그 당시 내가 그 소녀와 나눈 대화는 실제로 그녀가 불행한, 무엇보다도 불행하다고 자각되고 불리하게 평가된 상황으로부터 벗어나는 데 도움이 되었다. 그녀는 일상적 삶의 단조로움으로 되돌아갔고, 나중에 성공적으로 공부도 했고, 결혼도 했으며, 아이도 낳았다. 그녀가 죽지 않았을 테니까—희망컨대 내가 계산해 보니, 그녀는 이제 57세가 되었을 것이다!—오늘날 여전히 오스트리아 어딘가에 살고 있을 것이다.

이제 나는 그 대화가 그 당시에 어떻게 진행되었는지, 그리고 그녀의 만족스러운 출구를 어떻게 찾았는지 자세히 설명하려는 것은 아니다—이것은 시간적인 제약을 초과할 것이다; 게다가 그 당시 나는 여러분도 알다시피 초보자였으며, 박사논문을 마치느라 바빴고, 철학상담에 대한 아이디어에 대해서는 그 당시 한동안 단지 "아이디어"만이 나를 움직였다. 그러나 나는 그 불행한 소녀와 나눈 대화에 대해 일반적인 스타일로 다음과 같이 말할 수 있다. 나는 내가 할 수 있는 한 매우 단호하게, 매우 상세하게, 매우 면밀하게 이 인간인 아이에 대해 관심을 가졌다. 즉, 그녀의 동인들에 대해, 그녀가 지닌 기분의 색깔에 대해, 그녀가 지닌 감정의 색조에 대해, 기껏해야 그녀에게 반쯤 의식적인 삶에 대한 개념과 삶에 대한 그녀의 희망을 걱정하는 표상에 대해, 그녀 자신이 찾고 있는 자기이해, 그녀가 꿈꾸며 예감하는 기대와 조용히 가슴에 간직한 소원의 시나리오들, 단어를 찾기 어려운 그녀의 두려움과 억압적인 우려들에 대해, 그녀를 괴롭히는 체험들에 대해, 그녀가 당한 것들과 그녀가 과도하게 기대했던 것에 대해, 그녀가 부응하려 노력했던 기대에 대해―다른 사람들이 그것을 그녀에게 맡겼든, 그녀 자신이 그것들에 내맡겨 부응했든 간에 그녀의 주변 상황들에 대해, 그리고 그녀가 지금까지 자신에게 지나왔던 길들과 오솔길들에 대해, 또는 아마도 자신이 거기서 느꼈던 바와 같이 지금까지 자신이 지나쳐 살았던 길들과 오솔길들에 대해 관심을 가졌다. 그런데 그 당시 내가 경험했듯이, 그것은 그녀에게 완전히 새롭고 예상치 못한 경험이었다. 그녀가 말했듯이 그리고 내가 나중에 상담에서 자주 듣게 되어야 했던 바와 같이, 그녀는 한 인간에 의해 진지하게 받아들여졌고, 이것을 그녀는 행운으로 또한 그렇게 체험했고 그렇게 느꼈다. 반면에 병원에서 그녀는 "치료에 저항적"이라고 입증되었고, "비협조적으로" 행동했다. 그러니까 그녀는 마치 하나의 대상이자 하나의 사태, 마치 하나의 물건처럼 간주되었다. 즉, 그녀와 함께가 아니라 그것에 대해 이야기되는 하나의 사태였다는 인상을 받았다.

게다가 그녀는 직접적인 경험의 양태로 무언가를 체험했는데, 그것을 우리는 바로 니콜라스 고메즈 다빌라가 가장 성공적으로 격언을 통해 첨예화한 형태에서 드러난 통찰력에 빚지고 있다. 나는 인용한다.

> 모든 학문적 심리학은 본성상 잘못되었다. 왜냐하면 그것은 주체가 되는 데에 그 본성이 있는 것을 대상으로서 파악하려 하기 때문이다(Dávila, 2006, p. 44).

이미 열일곱 살의 그 소녀는 그것을 섬세한 본능으로, 그리고 자기 자신을 경시하는 것으로서, 자신의 곤궁에 내몰린 상태에서 민감하게 체험했다. 여기까지가 다이다. 그리고 나는 그것을 실제 그 당시의 창립 행사에서

철학상담의 철학:
기원과 발전

나온 이러한 기억의 파편들로 놔두고 끝낼 수도 있었을 것이다. 만약 우리에게 역사가 된 그날 저녁이 40년 후 지금 여기 우리에게 다시 작업해야 할 주제에 대한 접근, 즉 철학상담자로서 우리가 철학의 유산을 습득하는 것이 우리의 사명이라는 것에 어떻게 부응하는가라는 질문에 대한 접근을 내게 그와 동시에 오프닝하지 않았다면 말이다. 기억하는가?

네가 네 조상들에게서 유산으로 받은 것...
그것을 소유하기 위해 그것을 습득하라.

지금까지 보고된 모든 것을 종합하자면, 철학적 사유의 역사에서 지금까지 자살에 대해 어떻게 생각되고 판단되었는지 둘러보는 것은 이와 연결해서—이 특정 주제의 시선에서—"철학상담자가 해당되는 고려 사항의 상속자로서 위대한 철학의 진가를 어떤 방식으로 평가하고 그러한 유산을 받을 자격이 있음을 증명할 수 있는가?"라는 질문을 숙고하기 위해서 수긍이 가지 않는가? 내 생각에는 그렇다.

그러나 이러한 시도를 하는 자는 누구에게나 강력한 테제를 제시한 것으로 유명한 알베르 까뮈(Albert Camus, 1913~1960)의 철학적이고 문학적인 에세이 『시지프의 신화』의 매우 유명한 첫 문장을 거의 놓칠 수 없을 것이다.

진정으로 가장 중대한 철학적 문제가 단 하나 있다. 자살이다.

물론, 그렇다. 그러나 이것을 곧바로 추가하자면: 우리가 학술 세미나 테이블에서 구속력이 없는 대화 라운드의 비호 아래 자살에 대해 자기 전공 얘기만을 늘어놓고, 누군가가 그 맥락에서 잘 교육받았고 이론적으로 지식이 풍부한 토론자로서 부각되는지, 혹은—내가 41년의 철학상담 속에서 이것을 여러 번 겪었던 것처럼—삶을 끝마쳤거나 삶에 지쳤거나, 그의 고통이 그를 녹초로 만들었던 그 인간, 즉 일상의 물레방이에 보조를 맞출 힘이 사라졌다고 느끼거나, 경보를 울리면서 버겁게, 세계의 진행과 모든 것들의 과정에 대해 그 자신의 절망을 표현할 수밖에 없어서 그 자신의 자기소멸 계획을 가지고 [상담소를] 찾은 그 인간이 내 건너편에 얼굴을 맞대고 앉아 있는지의 여부는 엄청난 차이—속담에서처럼: "생사가 걸린 전폭적인 차이"—이다. 예를 들면, 루마니아의 철학자이자 수필가 시오랑(E.M. Cioran, 1911~1995)은 평생 자살을 미루는 강박 속에서 그의 생각을 "실패한 창조" 또는 "결점으로 태어남" 또는 "시간으로의 추락"과 같은 제목으로 공표했으며, 또는 독일의 철학자이자 시인 필립 마인랜더(Philipp Mainländer, 1841~1876)와 같은 사람은 그의 화려한 주저『구원의 철학』의 막 인쇄된 사본이 도착하기 전날인 1876년 4월 1일에 목을 매 자살했는데, 울리히 호르스트만Ulrich Horstmann은『세계와 다른 잔재의 소멸에 관하여Vom Verwesen der Welt und anderen Restposten』라는 제목으로 그의 작품 중 일부를 출판했다. 아니면 알프레드 자이델Alfred Seidel과 같은 사람은 29세의 나이에 그의 작품『비운으로서의 의식』(Seidel, 1927)을 완성한 후 그의 멘토 프린츠호른Prinzhorn에게 (1924년 10월 20일에) 그의 책 출판을 부탁하는 유서를 썼다. 이 위대한 예외적 정신과 의사는 그것을 했다. 단지 희망 그 이상의 철학자이자 "허무주의의 허무주의자"인 자이델은 서기 1924년 스스로 죽었다.

이제 플라톤과 아리스토텔레스로부터, 그러고 나서 특별한 전통을 형성하는 아우구스티누스에 대한 강조와 함께, 그리고 오늘날까지 유명한 철학자들이 입증한 입장 표명들이 마침내 제출되고 인식될 수 있을 거라는 사실이 지적될 수도 있을 것이다. 만일 그렇다고 가정하면, 인간들이 절망에 빠져서 절반은 이미 죽음의 팔에 안겨서 아마도 어두운 마음으로 취해진 그들의 결정을 다시 한번 확신하기 위해, 혹은 어쨌든 그들이 생각하는 것처럼 가망 없는 상황에 대한 이해를 희망하면서 철학자에게로 향했을 때, 철학자로서 잘 준비되어 있는 셈이다.

그 밖에도, 자발적인 삶의 종결에 대한 탁월한 철학적 입장들에 대한 개요를 얻고 싶은 사람은 나의 오랜 친구이자 동반자인 토마스 마호의 『자살하다. 근대에서의 자살』(Macho, 2017)이라는 출판물을 참조하기 바란다. 토마스는 이 상세한 논문에서 발터 벤야민이 남긴 그의 『아케이드 프로젝트Passagen-Werk』로부터 암호 같은 단어를 드러내 보였다.

그래서 자살은 근대성의 정수로서 나타난다(Benjamin, 1991a, p. 455).

그러나 이런 방식으로 우리가 상담에서의 요구에 대해 자신을 준비시키기 위해서 철학적 사유의 역사를 둘러보았을 거라고 한다면, 그 결과는 어떻게 될까? 우리는 도움이 되도록 "습득"할 수 있는 유산을 발견했을 것이고, 그래서 그것이 우리 자신의 것이 되고 슬픔 가득한 손님에게 도움이 될 수 있었을까?

예 그리고 아니요—그리고 유감스럽게도 대부분의 경우 우세하게는 '아니요.'이다. 왜 그럴까?

물론 시대의 추종자로서 너무도 현대적인 사유와 판단에서 편안하게 자신을 확립한 사람은 처음에는 거의 모든 위대하고 강력한 거장 철학자들이 자살을 정당화하기를 거부했고, 부분적으로는—스토아 학파와 몇몇 다른 헬레니즘 철학 분파들을 제외한다면—아예 범주적으로 배제했기 때문이라고 확실히 생각할 것이다. 여기서 이러한 결과에 대한 우리 동시대 사람들 사이에서 가장 그럴듯한 놀라움은 자살의 정당화가 근대성의 표시라는 벤야민의 수수께끼 같은 말을 부수적으로 증명한다. 그런데 그것만은 아니다. 오히려 철학적 전통은 주로 우리가 마주 앉은 우리 손님이 삶에서의 이탈을 겪을 경우 내맡겨진 것으로 보이는 도전에 직면해서 우리에게 아무런 도움이나 지원이 되지 않는다고 내가 말했을 때, 그 근거는 결코 전통에서의 자살이 매우 시대에 맞지 않는다는 비난을 의미하는 것이 아니다. 다시 말하지만, 그게 아니다. 오히려 철학사적으로 전해지는 목소리들은 주로 자살이 "허용"되는지 아닌지, 혹은 그것이 도덕적으로 정당화될 수 있는지 아닌지, 혹은 그것이 인간적인 결정으로 존중되어야 하는지 또는 자살 시도가 거부되어야 하는지 여부의 관점에서 자살에 대한 질문을 주로 바라보았다. 종종 우리의 삶이 궁극적으로 또는 처음으로 누구에게 "속하는지", 따라서 누가 전권을 지닌 소유자인지, 그리고 그에 따라 삶을 마음대로 할 수 있는지, 법적인 것에 준하는 질문이 토의의 중심에 있었다.

여러분은 다음과 같은 사실을 알아차릴 것이다. 그러한 질문들이 어떻게든 배웠던 '논증하기Argumentieren'로, 그러므로 당시 우리의 손님이었던 G 교수가—비록 그 결과에 비추어서 성공하지는 못했더라도—그렇게 전문적이고 훌륭하게 이해했던 그 업무로 즉각적이고 주저함 없이 초대한다는 것이다.

그러나 전통에 맞게 이런 방식으로 제기된 질문은 삶에 지친 사람들을 움직이는 것—내지는 더 심각하게: 더 이상 움직이지 않는 것—을 지나쳐 버린다. 우리에게 조언을 청하고 우리에게 오는, 곤궁에 처한 인간은 상담하는 철학자로서 우리를 찾고, 우리에게 요구하는 자—그리고 확실히 많은 사람이 우선적으로 과도하게 요구하는 자—로 질문Frage 그 자체인데, 이는 이론적인 형태의 해결책이 아마도 여전히 논증적인 방식에서 찾아지는 소위 그런 "문제Problem"는 아니다.

여담을 하자면, 거기 있는 인간이 우리가 만나는 "질문"이지 말로 표현된 "문제"가 아니라는 이러한 흔치 않은 이 문구는 별난 자기공개에 비추어서 해석될 수 있다. 그것은 그 죄수가 심문 중인 총독 빌라도에게 "자신이 진리이다."라고 말했을 때 제공한 것인데, 그 로마인이 "진리란 무엇인가?"라는 간결한 항변으로 일축했던 것으로 유명하다. 이것은 단지 부수적 언급이다. 따라서 떠나왔던 사유 과정으로 되돌아가 보자.

나는 철학사적으로 전승되었던 자살에 관한 코멘트들을 직접 채택하는 것은 상담에서 말을 건네는 철학자들에게 거의 도움이 되지 않을 것이라고 말했다. 왜냐하면 그것들은 인간의 삶의 곤궁들과 그로부터 나오는 죽음의 곤궁들에 있어서 인간의 정당한 관심사를 주목조차 하지 않았기 때문이다—하물며 그것들을 실제 "질문"으로 인식하는 것은 더더욱 아니었다. 따라서 참고로, 국제적으로 통용되는 "응용 철학"이라는 문구는 거부된다.

그러나 철학의 역사가 삶과 멀리 떨어진 성찰이라는 면에서 우리에게 전해 준 그 유산의 예가 필요하다면, 나는 그 당시 임마누엘 칸트가 제기했던 그 올바른 고려 사항보다 더 설득력 있는 것을 알지 못했을 것이다. 그것은 『도덕형이상학』의 제2부에서 "덕론의 형이상학적 기초원리"에 헌정된 내용인데, 거기에 나온 "윤리학적 요소론"에서 첫 번째 책은 "자기 자신에 대한 완전한 의무"에 해당한다. 거기에 다시 첫 번째 주요 부분은 "인간이 동물적 존재로서 자기 자신에 대해 갖는 의무"이고, 그 안에서 마침내 첫 번째 장은 "자기 생명의 박탈에 대하여"라는 제목으로 찾을 수 있다. 당신은 기억하는가?

칸트는 거기서 우선적으로 자명하게 진술한다.

a) 자기 생명의 박탈은 범죄(살인)이다.

그리고 나서 그는 타인에 대한 다양한 의무(예를 들어, 배우자, 부모, 자녀, 공권력, 마지막으로 신에 대한)들을 전혀 고려할 필요는 없지만, 유일하게도 "자신에 대한 의무 위반"이 가능하다는 것을 문제 삼는데, 즉 "인간은 [...] 그의 삶을 보존하기 위해, 오로지 인격으로서의 그 자질에 의해서만 구속되어 있기에 이 점과 관련해서도 자기 자신에 대한 하나의 (그러니까 엄격한) 의무를 인정해야 하는지만 문제 삼는다."(Kant, 2009, [A72 VI 423]) 라고 명시한다.

나는 그의 깔끔한 문장구조에서 매우 탁월하게 직관되는 칸트식의 정돈됨을 좋아한다.

왜냐하면 그것은 다음과 연결되는 것을 의미하기 때문이다. 칸트는 스토아를 오히려 수사학적인 반격을 통해서 재빨리 언급한 후, 다음과 같이 말한다. 스토아는 "차분한 영혼을 지니고 (담배를 피우는 방으로부터 나오는 것처럼) 삶에서 벗어나는 것을 현자의 '이점'으로서 간주했던 것으로 유명한데, 왜냐하면 그는 더 이상 그 안에서 아무런 쓸모가 없기 때문이다". 나는 다음과 같이 말 그대로 인용한다.

> 인간이 의무에 대해 이야기하는 한, 결과적으로 그가 살아 있는 한, 인간은 인격을 단념할 수 없으며, 모든 구속성을 회피할 수 있는 권한, 즉 행동에 대한 아무런 권한이 필요하지 않은 것처럼 자유롭게 행동할 수 있는 권한을 갖는 것은 모순이다. 도덕성의 주체를 그 자신의 인격 안에서 파괴하는 것은 도덕성이 목적 자체인 데에도 그 존재에 따른 도덕성 그 자체를 그가 할 수 있는 만큼 세계에서 제거하는 것과 같다; 그러므로 자기 자신을 임의의 목적을 위한 단순한 수단으로 처분하는 것은 인간(homo phaenomenon, 현상계 인간)이 보존을 위해 위임받은 그의 인격(homo noumenon, 예지계 인간)에서의 인간성의 품위를 떨어뜨리는 것을 의미한다(Kant, 2009, [A 73, VI 423]).

그렇다면 이제 유산으로서 넘겨받은 그러한 사유를 철학상담의 의미에서 자기 것으로 하는 시도, 파우스트의 말로 하자면, 그것을 소유하기 위해 "습득"하는 시도는 과연 어떻게 보일까? 우리가 철학의 실제적인 중대 사안으로서 간주할 수 있는 경우, 즉 말하자면 우리 앞에 앉아 있는 사람이 스스로 자살을 시도하고자 하면서 혹은 절망적인 상황으로부터 최후의 탈출구라고 간주하기 때문에 자신의 삶에 이러한 공격을 계획하려고 하면서 스스로 삶에서 벗어나려 하는 경우라면—이러한 경우에 칸트적인 결단성이 우리를 계속 도울 것인가?

내가 감히 위대한 칸트와 모순된다는 비난에 나 자신을 경솔하게 노출시키는 대신에, 또는 그것이 정말로 삶을 결정하는 질문이 관건인 경우에 가장 심각한 발언을 거부함으로써 거의 동일한 결과가 나오게 하는 대신에, 나는 칸트 자신이 한때 클라겐푸르트인이었던 마리아 폰 헤르베르트에게 제공했던 "철학적 조언"에 대한 암시를 탈출구로 선택하려 한다. 그녀는 양심의 갈등 속에서 쾨니히스베르크인[칸트]에게 편지를 보내 그에게 "위대한 칸트"라는 인사말을 쓰면서, "마치 믿는 자가 그 자신의 신에게처럼 도움, 위로 또는 죽음에 대한 정보를 얻고자" 한다면서 그를 불러냈다. 칸트가 곤궁에 처한 그 부인에게 철저한 세부 사항을 담아 편지로 제공했던 이 "상담"은 치명적으로 끝났다. 1803년 5월 23일, 편지를 쓴 불행한 여성은 드라바강의 물결에서 죽음을 맞이했고, 그녀는 "그녀의 운명을 견딜 수 없었기 때문에" 스스로 죽음이라는 유죄판결을 내렸다. 미래의 철학상담자라면—발터 벤야민의 말을 따라서—"사랑의 조언자로서의 칸트"가 스스로를 증명하려고 시도했던 이러한 이야기를 좀 더 자세히 들여다보고 그것에 대해 숙고해 볼 만한 가치가 있을 것이다(Wilhelm et. al., 1989).[3]

---

3 이 책 안에 아헨바흐가 마르텐스의 "철학과 행위방향"에 대해 쓴 편지도 포함되어 있다.

이 자리에서 나는 철학적인 사상의 전통이 "자유로운 죽음Freitod"[4]이라는 주제에 대한 코멘트로서 얼마나 유익한지를 알아보기 위해 그 전통에 대해 간략한 김도를 하려 했다—그런데 마치 근대적인 언이감독Sprachaufsicht이 유통시켰던 바와 같이, "자유로운 죽음"이라는 단어의 선택은 자기소멸 행위der Akt der Selbstauslöschung인데, 의미론적으로 꾸며지고, 극적인 요소를 상실한 채, 공포적인 면이 벗겨졌다. 반면에 그러한 과정은 오스트리아 작가 장 아메리(Jean Améry, 1912~1978)가 많은 주목을 받은 결산보고서에서와 같이 "자신에게 손을 얹는 것"이라는 제목이 붙여졌다. 게다가 아메리 자신은, 특히 그러한 "자신에게 손을 얹는 것"에서의 "손으로 잡을 수 있는" 경우로서 대장장이의 이야기를 퍼뜨림으로써 이 제목이 나타내는 완곡 어법을 보여 주었다. 그 대장장이는 "바이스Schraubstock의 블록들 사이에 그 자신의 머리를 넣고 두개골이 부러질 때까지 오른손으로 장치를 돌렸다"(Améry, 1976, p. 638).

나는 주로 우리에게 실제로 도움이 되는 방식으로 자살이라는 주제에 대해 진술했던 세 명의 목소리를 회상해서, 우리가 상속인으로 정정당당하게 그들과 연계할 수 있도록 하고 싶다. 그들은 칼 뢰비트Karl Löwith, 파울 루드비히 란츠베르크Paul Ludwig Landsberg, 루드비히 비트겐슈타인으로, 먼저 칼 뢰비트이다.

그의 교수자격 논문 「동료 인간의 역할에서의 개인」에서 뢰비트는 인간이 "본질적으로 부자연스럽다."라는 인간학적 문구에서, 인간의 "의심스럽고 애매한 부자연스러움"의 가장 급진적인 "표현"은 오로지 인간에게만 내맡겨진 특정한 "자살 가능성"이라는 결론을 도출한다. 나는 인용한다.

4　역자 주: 여기서 "자유로운 죽음(Freitod)", "자기소멸 행위(der Akt der Selbstauslöschung)", "자신에게 손을 얹는 것(Hand an sich legen)", 이후에 나오는 "자기청산(Selbstliquidation)"은 모두 '자살'을 의미한다.

명백히 자연적 생명체는 자신의 고유한 삶을 부정할 수 없다. [...] 순전히 자연으로부터 살면서, 단지 자연적으로만 죽을 수 있다. 그렇게 존재함으로써, 그것은 이미 존재해야 한다. 그러나 인간은 살아 있다는 사실과 함께 아직 당연히 존재해야 하지는 않는다. 그리고 그가 자연적으로 살아 있다는 것이 이미 곧바로 그의 존재하려는 바람Sein-Wollen과 일치하지 않기 때문에, 그는 그의 정신적 실존에 따라 그의 자연적 존재를 부정할 수 있기 때문에, 그는 그가 존재하려고 원하는 한에서만, 안전한 방식으로 살 수 있다. 자신의 삶으로 존재하려고 원한다는 것이 명시적으로 의미하는 것은 주어진 것을 인수하는 것이다(Löwith, 1969, p. 22).

그리고 더 추가하자면:

그러므로 자살에 대한 생각도 [...] 인간에게 자연스러운 부자연스러움이다. 오직 그 안에만 자신의 삶에 대해 찬성하거나 반대하는 실제적인 결정을 인간이 내리기 위한 실제적인 가능성도 있다. 그에 대한 긍정적인 결단을 철학은 전제할 수 없다. 또한 그것은 항상 그렇게 하지도 않았다.

그리고 나서 철학자가—까뮈가 개선해서 표현한 대로—"진정으로 가장 중대한 문제"를 만나는 한, 즉 더 이상 존재하지 않으려 하고, 자신의 현존재를 부인하려는 준비가 되어 있는 인간을 만나는 한, 그 결정적인 문장은 우리를 철학상담의 현실 한가운데로 옮겨 놓는다. 여기서 뢰비트는 "철학"이 결정을 내릴 것은 아무것도 없다고 설명한다. 그 대신에 나는 내 생각에 가장 중요한 문장을 인용한다.

이 질문은 오로지 "나 자신"에 의해서만 결정될 수 있다(Löwith, 1969

p. 23).

그렇다. 친애하는 동료들인 여러분이 알다시피, 이로써 칼 뢰비트는 올바르게도 책임을 그것이 속한 곳으로 옮겼다. 왜냐하면 어떠한 철학도 우리에게서 우리의 사유와 선택에 대한 책임을 빼앗지 않기 때문이다. 그러므로 뢰비트는 다음과 같이 결론을 내릴 수 있다.

> 자살 문제에 대한 철학자의 각 입장은 인간적인 삶 그 자체에 대한 그의 견해를 보여 주는 확실한 지표이다(같은 곳).

이 말은 철학상담의 철학자로서 우리가—학자가 자신의 진지함에서 봉사하는 자신의 학문에 대한 대변인으로서 기꺼이 들으려는 것처럼—"철학의 대표자"로서 질문을 받지는 않지만, 우리 자신으로 질문받고 있다는 것을 뜻한다. 한 인간, 철학자가, 한 인간, 즉 그의 손님으로부터[질문받고 있다].

두 번째로 나는 위대한 에세이 『죽음의 경험』의 저자인 철학자 파울 루드비히 란츠베르크를 언급했다. 소책자 『자살의 도덕적 문제』는 에두아르트 츠비얼라인Eduard Zwierlein이 빌헬름 캄라Wilhelm Kamlah의 『죽음의 명상Meditatio Mortis』과 함께 출판했다. 나는 마테스와 제이츠Matthes & Seitz(베를린) 출판사가 출간했던 이 소책자를 읽어 보기를 추천한다. 란츠베르크도 역시 자살이라는 주제에 대한 유명한 철학자들의 저명한 코멘트들을 개괄하는데, 그러고 나서 괴테의 "베르테르"로부터 특이한 단어를 삽입함으로써 방향을 급선회하여 완전히 새로운 어조를 내놓는다.

그 구절에서 베르테르는 알베르트에게 이렇게 말한다.

공감하는 한에서만, 우리는 한 가지 사태에 대해 말하는 영예를 가진다.

그러나 이러한 괴테 구절에서 "공감"에 대해 말한다면, 우리가 다음의 사실을 "상상"할 수 있는 지의 여부를 염두에 둔다.

평소에는 즐거운 삶의 짐을 벗어 던지기로 결심한 기분에 빠진 사람에게 어떤 일이 있을 수 있는지(Goethe, 1982b, p. 48).

그렇다. 나는 이제 저항할 수 없이, 그 구절 앞에 있는 대화의 또 다른 작은 부분을 인용해야 한다. 마침내 나는 괴테와 함께 시작했고, 거기서 그로 하여금—이제 거의 마지막에—항상 가장 성공적이고, 그래서 다루기 힘든 젊은 소설로 다시금 말하게 하는 것은 당연지사이다. 장점으로 말하자면, 여기서 우리는 물론 여전히 자살과는 거리가 먼, 베르테르가 사랑하는 롯데의 합법적인 약혼자인 알베르트와 대화하는 것을 듣는데, 그는 나중에 베르테르가 자신을 쏠 권총을 빌려준다. 그러니까 그 이전의 구절에서 자살에 대한 이야기가 나오고, 알베르트가 즉시 입을 연다.

"나는 인간이 어떻게 자신을 쏠 정도로 어리석을 수 있는지 상상할 수 없다. 단지 생각만으로도 혐오감을 불러일으킨다."

"너희들은"이라고 내가 소리쳤는데, "한 가지 사태에 대해 말하려면, '저것은 어리석은 것이다, 저것은 현명하다, 저것은 선하다, 저것은 악하다!' 하고 즉시 말해야 한다. 그런데 이 모든 것이 무엇을 의미하는가? 그렇기 때문에 너희들은 행동의 내적인 조건들을 탐구한 것인가? 너는 왜 그 행동이 일어났는지, 왜 일어나야 했는지 확실히 그 원인들이 발전하는 과정을 알고 있는가? 그랬다면 그렇게 성급하게 판단하지 않았을 것이다."

알베르트는 "어떤 행동은 어떤 동기로 그것이 일어나기를 원하든지 간에 부도덕한 채로 남아 있다는 것을 너는 나에게 동의할 것이다".

잠시 후, 알베르트는 외칠 것이다—그리고 그 안에서 그는 근대성의 조건하에 앞서 탈영웅화되고, 탈범죄화되고, 결국 탈도덕화된 이후, 말하자면 자살의 "병리화"와 함께 자살에 대한 평가에서의 전체적인 정신사적 전환을 적절하게 표현한다. 스스로 목숨을 끊는 사람은 혼란스러운 열정에 압도당하거나 혹은 한마디로 "술에 취한 자", "미친 자"와 같다. 이에 대해 베르테르는 다음과 같이 말한다.

"오, 이성적인 사람들! [...] 열정! 음주! 광기! 너희들은 너무 태연하게 거기에 서 있기 때문에 참여하지 않고, 도덕적인 너희들은 술꾼을 꾸짖고, 무의미한 것을 혐오하고, 제사장처럼 지나가고, 바리새인처럼 신께서 너희들은 그들 중 하나처럼 만들지 않으신 것에 대해 감사한다. 나는 한 번 이상 술에 취했고, 나의 열정은 결코 광기에서 멀지 않았으며, 그 두 가지는 나를 후회하게 하지 않는다. 왜냐하면 나는 사람들이 무언가 위대한 것, 무언가 불가능한 것들을 실행했던 모든 비범한 인간들을 항상 술 취한 자와 미친 자로 소문내는 것을 어느 정도 이해하는 법을 배웠기 때문이다. [...] 부끄러운 줄 아시오, 냉정한 자들이여, 부끄러운 줄 아시오, 현명한 자들이여"(Goethe, 1982b, p. 47).

글쎄, 내 마음이 딴 데로 가 있게 되었는데, 괴테가 대화에 들어오자마자 정기적으로 나에게 일어나는 일이다. 왜냐하면 우리는 파울 루드비히 란츠베르크와 함께 있었는데, 그는 내가 말했듯이 괴테의 인용문으로 새로운 어조를 제시했기 때문이다. 이와 동시에 그는 어느 정도 "공식적인"

철학적 목소리를 통해 자기 말로 다시 하는 것을 마무리했다. 란츠베르크의 말을 몇 문장 더 들어 보자면, 여러분은 1944년 4월 2일 작센하우젠 강제 수용소에서 세례받은 유대인으로서 굶주림, 탈진, 질병으로 사망했던 이 철학자가 오늘날 철학상담이 빚지고 있는 그 정신의 초기 동반자였음을 알게 될 것이다. 란츠베르크는 다음과 같이 썼다.

> 자살하려는 매우 강한 유혹을 경험하는 사람을 상상해 보라. 그가 가족을 잃고, 그가 살아야 하는 사회에 절망하고, 그 사회 안에는 모든 희망을 빼앗아 가기 위해 온통 잔인한 고통들이 쌓여 있다고 상상해 보라. 그의 현재는 끔찍하고 미래는 암울하고 위협적이다. 그가 신의 계명을 지키기 위해, 자신에 대한 사랑으로 죄를 짓지 않기 위해, 사회와 가족에 대한 의무를 다하기 위해 그리고 마침내 신이 결정해야 할 문제를 자신의 의지로 결정하지 않기 위해 살아야 한다고 그에게 말했을 때, 이것이 그의 고통과 불행 속에 있는 사람을 설득할 수 있을지 나는 물어본다. 나는 그러한 질문에 주저하지 않고 "아니요."라고 대답한다. 그는 이러한 논거들이 우스꽝스럽거나 의심스럽다는 것을 발견할 것이다. 그는 기술적인 어려움 때문에, 의지의 약함과 비겁함으로부터, 특정한 삶의 충동을 근거로 자살로부터 거리를 취할 수도 있을 것이다. [...] 그러나 전통적인 논거들은 여전히 무력하게 머물 것이다. 그러므로 또한 추상적인 주장이 아니라 오히려 예가 필요하다. 그리고 여기서 나는 가장 위대하고 가장 유효한 예가 실제로 존재한다고 믿는다(Landsberg, 1973, pp. 32-33).

그러나 그가 이 '가장 타당한 예'로서 인용한 사람을 나는 여기서 언급하지 않을 것인데, 내가 그 당시 군복무를 거부하기로 한 나의 양심적 결정의 타당성에 대해 위원회 앞에서 종교적 논거들로 내 자신을 변호하기를 거부했던 것과 같은 이유로 여기에서 언급하지 않겠다. 그러나 독실한 유대인 부모를 둔, 결국에 천주교로 개종한 이 아들이 자살 문제에 대한 진정한 대답으로서 이해했던 사람, 즉 고통이 삶을 반박하지 않는다는 사실을 옹호했던 그 사람이 누구인지 당신은 아마도 짐작했을 것이다. 이런 의미에서 —파울 란츠베르크를 다시 인용하자면—다음과 같이 적용된다.

> 행복이 삶의 의미라면, 그것은 터무니없고 궁극적으로 참을 수 없는 사실일 것이다. 그러나 그 의미가 고통에 의해 부인될 수 없다면 그것은 아주 다르다.

마침내 란츠베르크는 쇼펜하우어가 그보다 앞서 이미 도달했던 곳에 도달했다. 그는 스토아 철학에 대한 진정한 비판을 했는데, 그 철학은 고통을 현명하고 행복한 삶의 파기로서 간주했고, 이러한 가시를 에픽테토스처럼 제거하고자 시도했다. 에픽테토스는 아름다운 규칙성과 함께 자신의 철학적 설교를 다음과 같은 추천과 함께 끝냈다. 항상 '기억하라', 문은 열려 있다. 쇼펜하우어는 이러한 태도에 대해 다음과 같이 코멘트했다.

> 고통 없이 살기를 원하는 것, 그 안에는 완전한 모순이 있다(Schopenhauer, 1991b, p. 141).

내가 덧붙이자면, 이것은 철학상담에서 우리의 작업에 토대로서 견고한 지지대를 줄 수 있는 근본이자 기본 고백이다.

그러나 동시에 다음과 같은 것이 타당하다. "고통 없이 살기를 원한다"는 바로 이러한 "완전한 모순"이 근대성에 대한 거의 타의 추종을 불허하는 '지도-이념'이 되었으며, 이는 다시금 건강경영을 포함한 건강경제에 수문을 열었다.

그러나 발터 벤야민이 다시금 말하게 한다면, 다음과 같다.

> 인간적이고 인본주의적인 관점에서—거의 평신도의 관점이라고 말하
> 고 싶은데—인간을 연구하고자 하는 사람은 누구나 확실히 그를 충만하
> 게, 확실히 즐겁고, 건강하고, 지배적인 존재로 묘사해야 할 것이다. 그러
> 나 신학적 천재성에서 보자면 물론 예로부터 인간존재는 고통에서 가장 심
> 오하게 개시된다(Benjamin, 1988, p. 216).

나는 다음과 같이 덧붙인다. 즐겁고, 건강하거나 두뇌가 이미 시간이 흐
르면서 성공적으로 세척된 사람들은 우리의 상담소에서 우리를 찾지 않는
다. 오히려 벤야민이 말했듯이 자신들의 고통 속에서 우리로부터 이해되
어야 하는 사람들이 찾아온다.

존경하는 동료 여러분, 나는 루트비히 비트겐슈타인의 엄청난 말 속에
예약해 두었던 결론에 이르렀다. 비트겐슈타인은 언젠가 친구에게 "평생
동안 자살에 대해 생각하지 않은 날은 거의 하루도 없었다."라고 고백한
적이 있는데(Macho, 2017, p. 130), 그의 가족 중 세 명의 형제를 자살로 잃
었다. 한스 형제는 25세에 자살했고, 루돌프는 23세에 음독자살했으며, 마
침내 그의 형제 쿠르트는 제1차 세계 대전에 장교로서 참전했다가 1918년
11월 스스로에게 총을 겨누었다.

여기에 비트겐슈타인이 1917년 1월 10일에 기록한 말이 있다.

> 자살이 허용되면 모든 것이 허용된다. 만약 허용되지 않는 어떤 것이 있
> 다면, 자살은 허용되지 않는다. 이것은 윤리의 본질을 밝혀 준다. 왜냐하면
> 자살은 말하자면 근본적인 죄이기 때문이다(Wittgenstein, 1988, p. 187).

비트겐슈타인이 모든 것이 허용된다는 도스토예프스키의 엄청나게 유명한 구절에 대해 이러한 가혹한 말로 반응한다는 것은 건성으로 듣고 넘길 수 없다. 그리고 실제로, 근대의 문턱에 있는 그 누구도 자살을 이 러시아인만큼 무자비할 정도로 깊고 심오하게 파악하지 못했을 것인데, 말하자면 앞서 인용한 벤야민이 말한 문장의 의미에서, "근대성의 정수"는 자살에서 나타난다.

그러나 그와 반대로 비트겐슈타인은—그 이전의 키르케고르와 니체처럼, 근본적으로 철학상담의 길을 닦는 한, 모든 새로운 철학의 형태가 그렇듯이—자살을 "반시대적unzeitgemäß"이라고 간주한다.

그리고 비트겐슈타인은 자신의 방식으로 위대한 철학의 유산을 다시 한번 개인적으로 짊어진 한 사람으로서 자기청산Selbstliquidation에 대한 이러한 별난 거부를 말했다.

그는 이것을 논증적으로 옹호할 수 없었을 것이다. 그는 그것을 시도조차 하지 않았다. 그리고 그의 고백도 "논증"이 아니다. 그러나 생각해 볼 것이 있다. 그리고 그것이 우리가 철학자로부터 기대하는 바이다. 특히 곤궁에 처한 사람들을 위해 거기에 있기로 천명한 철학자로부터는 더욱 그렇다.

오늘날 철학을 가르치는 사람은 다른 이에게 음식을 주는데,
그것이 그의 입맛에 맞기 때문이 아니라 그의 취향을 바꾸기 위함이다.

───

루드비히 비트겐슈타인 Ludwig Wittgenstein

15장

철학을 하도록 젊은이들을 데려오는 것은
그들을 철학으로 유혹하는 것을 의미한다—
젊은이들과 함께 철학함에 대한 몇 가지 단상

감동시키는 자가 젊은이를 얻는다. 단지—"감동시킨다begeistern"란 무엇을 의미하는가? 나는 그것을 순서대로 시도해 보고자 한다. 그래서 첫 번째:

스스로 감동한 사람이 다른 사람을 감동시킨다. 그런데 이것은 또 무슨 말인가?

아니면 최악의 오해를 배제하기 위해 감동을 주지 않는 것, 예를 들어 죽은 물건인 것을 설명하는 것이 먼저일까? 비록 그것들이 벌거벗은 채일지라도 사실들Tatsachen, 아무리 정확하게 산출되더라도 팩트들Fakten, 직접적이든 간접적이든 정보들, 심지어 "과학적으로 입증된" 것으로 간주될 수 있더라도 인식들Kenntnisse, 당신이 어딘가에서 얻었거나 "세계 네트워크"에서 건져 올렸던 소위 "지식Wissen", "어떻게"(얼마나 오래, 얼마나 짧게, 얼마나 많이, 얼마나 높게, 얼마나 깊게, 얼마나 느리게, 나 때문이라면 또한 얼마나 빨리)에 대한 질문들의 답변들 그리고 소수점 이하 숫자가 있든 없든 숫자들의 형태로 제시되는 설명들. "전체…의 57.3%는…" 57.9는 아니라는 것인가? 어쩌면 100명 중 60명이 아닐까?

한때 다른 곳에서 다 타 버린 화재에 대한 냉철하고 무심한 보고조차도 우리를 차갑게 한다. 다른 사람에게 이미 이전에 떠올랐던 가장 가치 있는 통찰력에 대해 정신의 회계담당자들die Buchhalter des Geistes이 보고할 경우, 그것은 더 이상 아무것도 살 수 없는 쓸모없는 동전이 되고 만다. 아니면: 누군가 전복시키는 생각을 했다—그래서? 이에 대한 정보를 제공하는 정돈된 발표가 그 자체로서 이미 감동의 불을 붙였는가? 아니다. 발표지가 스스로 "불을 붙인" 것이 아닌 한 [감동의 불을 붙일 수 없다]. 스스로 무언가를 위해 불태우고 타오르는 사람만이 다른 사람을 감염시킨다. 한때 떠오른 아이디어는 그를 "사로잡았음"에 틀림없다. 왜냐하면 감동하는 자는 사로잡힌 자이기 때문이다. 자신의 편에서 사로잡힌 자만이, 또다시 말하지만, 스스로 감동한 자만이 다른 사람들을 감동시킨다.

그 결과, 젊은이들과 함께 철학을 하는 사람은 다른 사람들이 생각했던 것에 대해 그들에게 강의할 필요가 없다. 젊은이들은 그들과 말하고 있는 너가 무엇을 생각하는지 너로부터 알고 싶어 한다. 그러니까 철학자나 철학에 대해 말하지 말고 철학자로서 그들에게 말하라. 또는 만약 너가 그것을 원치 않거나 할 수 없다면, 가서 너 같은 사람들과 이야기하라, 왜냐하면 거기서 너는 항상 잘 대접받고…—안전하기 때문이다.

그러나 너가 감히 그것을 젊은 사람들과 함께—아직 강의실 벤치에 가만히 앉아 있는 것이 익숙하지 않고, 세미나 테이블에서 위대한 텍스트나 철학적 유산들을 곰곰이 생각하도록 훈련받지 않은 사람들과 함께—하고자 감행한다면, 다음과 같은 것이 너에게 적용된다.

사페레 아우데Sapere aude—스스로 철학자가 될 용기를 가져라.

이제 사람들은 나에게 이렇게 말할 것이다. "그럼 누가 여전히 교사인가? 우리가 철학자라고? 그건 너무 무리한 요구다! 그건 불가능하다! 우리는 철학을 가르치고 단지 전문가일 뿐이다. 우리는 지식을 전달하고, 지식을 테스트하고, 지식을 채점한다. 그러나 우리가 그렇기 때문에 철학자인가? 근처에도 못 간다! 우리는 스스로를 우스꽝스럽게 만들 것이다. 그런 일은 우리에게 무리다. 게다가—그들은 교훈적인 방식으로 덧붙인다—:

자신의 한계를 알아야 한다. 그렇지 않으면 교만해진다."

그래서? 나는 다시 묻고 다음과 같이 따라가 본다. 아마도 오해가 있는가? 너희들은 도대체 철학자인 누군가가 자신에게서, 자신의 (불행하게도 너무 작은) 머리에서 모든 것을 끄집어내야 한다고 생각하는가? 도대체 다른 모든, 그 "위대한 철학자"들은 어떻게 그것을 가졌고, 도대체 어떻게 그것을 유지했을까? 그들은 또한 그들 이전의 다른 사람들이 생각했고, 발견했고, 추측했고, 아마도 뒤집었고, 논쟁했고, 의심했던 것으로부터 배웠고, 이익을 얻지 않았는가? 그렇다. 그들은 그랬다. 단지 그들은 앞서간 사람들에 대해 "정통하다는 것"에 만족하지 않았다. 오히려 그들은 고대인들이 생각했던 것을 받아들였고, 그것을 전유했으며, 또한 일부를 거부했다. 까다로운 위는 소화할 수 있는 것과 소화할 수 없는 것을 구별한다. 그러나 그 위가 받아들인 것은 자신의 것으로 만든다.

따라서 철학자는 단지 분야에 대한 "전문가Kenner"가 아니다. 철학자로서 나는 철학자에 대해 강의하는 게 아니라 그들과 함께 생각한다. 나는 선하고 엄격한 칸트가 무엇을 내지는 어떻게 생각했는지를 이해한 것에 만족하지 않고 그의 사상을—내게 가능한 한 그리고 내가 소화할 수 있는 한—내 것으로 만들었다. 나는 헤겔이 세계사의 변천을 어떻게 바라보았는지를 바라보는 것뿐만 아니라 이제는—아마도 조금은 단지—나의 눈이기도 한 그의 눈으로 사건들의 변천을—가능한 한—본다. 철학자 중 최초이자 위대한 철학자인 해방된 노예 에픽테토스는 이에 대해 해당되는 이미지를 다음과 같이 찾았다.

양들은 먹이를 다시 내뱉음으로써 그들이 얼마나 먹었는지를 목자에게 증명하는 것이 아니라 양털을 지니고 있고 우유를 제공한다(Epictetus, 1978, p. 47).

그런데 젊은이들과 철학적으로 성찰하고 토론하고 논쟁하려는 우리는 어떠한가? 에픽테토스의 정신에 따라 철학적으로 전해 내려온 것들을 "자료"로서 섭취하는 것을 부끄러워하지 말라. 그것은 우리에게 영양분을 공급하고 강화시키며, 그것을 먹고 살기 위해서는 소화시켜야 한다.

여기까지 교사로서의 철학자이자 단지 철학자로서 감동한다는 것이 무엇을 의미하는지에 대한 첫 번째 실마리가 발견되었다. 모든 것은 내가 나의 열정으로 다른 사람에게 전염시키기를 희망하기 전에 나를 움직이는 것이 무엇인지에 달려 있다.

그러나 더 나아가서, 열광하고, 영감을 받고, 불, 불꽃이 되는 것은—거기서 나를 붙잡은 자료는 사태 해명에 유용하게 고찰되는 것도 아니고, 단지 정식으로 이해되는 것도 아니다, 그리고 나서—교육적으로 준비되고, 교수법적으로 조리되고—그것으로부터 전문적인 "수업자료"가 되는 것이 아니다; 그 자료가 내 안에서 점화되고, 내 안에서 불이 붙고, 이제 타오르고 있으며 젊은이들이 깨닫는 것은 다음과 같다. 그 사람—나를 의미하는데 …—은 사태를 위해서 불타오른다. 그래서 그들은 놀란다. 그는 "시원하지cool" 않고 뜨겁다. 그게 나에게 맞다.

그러나 교육학 수다쟁이가 등장해서 나를 가르쳤다. "그러나 오늘날 젊은이들은"…—그리고 나서 시작된다. 파토스는 곧 그들에게 의심스럽고, 바로 "시원함Coolness이 유행하는" 것은 우연이 아니다. 이것이 청소년 전문가의 말이다. 다른 말로 하자면, 교사로서 또는 나이 든 자로서 거기서 너무 피치를 올리는 자는, 젊은이들이 "도가 지나친" 것으로서, 능력이 없는 사람으로서 그를 어떻게 비웃는지 보게 될 것이라고 그들은 말한다. 그래서 이미 그는 실패했다는 것이다.

나는 그 표제어를 기다리고 있었다. … 그렇다면 그것은 젊은이들을 그들과 같은 사람들만이 감동시킨다는 뜻인가? 그들을 얻으려는 자는 그들처럼 되어야 하는가? 당신은 단지 나이가 지긋하고—그들의 신선함과는 대조적으로—이미 늙어서 곰팡이가 났을까? 어째서 그런가? 그렇다면 젊은이들은 결국 자신에 대해 감동받을까? 그게 사실일까? 아니다, 나는 그렇게 생각하지 않는다. 거꾸로: 나는 오히려 그들이 지루해하고 단지 그냥 계속 졸고 있다고 생각한다. 깨우는 정신이 그들 안으로 들어갈 때까지; 사람들은 그것을: "영감을 주는inspiriert"이라고 명명한다. 그러나 나를 휘몰아치는 질문은—나는 아직도 여전히 시작 단계에 있다!—다음과 같다. 그들에게 "영감을 준다"거나 혹은 같은 의미로 그들을 감동시키는 데에 부름받은 자는 누구인가?

젊은 대중들이 이미 알고 있는 것만 소화하고, 그것은 또한 단지 교수법적으로 한 입씩 분배된다고 말하는 교육감독관과 달리, 나는 한 가지를 알고 있는데, 내 주장은 미리 씹어 놓은 것은 식욕을 돋구지 않는다는 것이다. 오히려 "수용적이고" "말 걸 수 있도록", 즉 그들의 자장가—젊은이들이 이미 귀에 들리는 멜로디만 부르는 한, 필연적으로 가라앉는 것—로부터 깨어나도록 하기 위해서는 그러한 것들과 전혀 다른 것이 좋다. 그것이 아니라면 그들에게는 말하자면, 낯선 것, 당황하게 하는 것, 놀라운 것, 그들을 자극하고 요구하는 것, 그러니까 친숙하고 익숙한 것보다 젊은 사람들이 말하듯이 오히려 미친 것, "말도 안 되는 것", 간단히 말해서, 그들과는 결정적으로 다른 무언가 또는 어떤 사람이 필요하다. 왜냐하면 오로지 그 사람만이 젊은이들을 그들 자신으로부터 벗어나도록 하기 때문인데, 그 젊은 사람들이 그 자리로부터 일어나 움직일 수 있게 하기 위해서는 움직임이 필요하며, 그것 없이는 어떠한 출발도 없기 때문이다. 반면에 "그들 중 하나"로 그들에게 다가서려 하는 사람, 그들과 친구가 된 사람은 그 대신 그들을 "조용히 내버려" 둔다. 그러나 우리는 이미 긴 잠을 연습하고 있는 노인들을 고요하게 내버려 둘 것이다.

이와 달리 젊은이들이야말로 철학자들, 특히 고대 그리스에 있던 그 선구자들에게서 가장 먼저, 바로 첫 관심사의 자리를 차지하고 있었다. 그것은 잠자는 자로 생활하는 사람들, 몽유병자처럼 하루를 공상으로 보내거나 헛되이 보내는 사람들—은어로: "그들의 엉덩이를 높이 들지 못하는" 사람들—을 깨우고, 그들이 깨어날 때까지 자극하고 간지럽히는 것이었다. 거기에다 정처 없이 구석에 매달려 있는 사람들, 즉 모든 종류의 일상적인 일로 바쁘고, 기껏해야 약간 재미있고 주위를 돌리게 하거나 산만하게 하는 도구들에 빠져 있는—그들에게 필요한 것은 무엇인가? 텍스트들? 심각하고 철학적으로 벌이가 되는 이론들? 아니다. 그 전에 무엇보다도 먼저 소크라테스가 그 당시에 이해한 것처럼 자신의 사명과 직무를 이해하는 사람이 필요하다. 이 원조Proto 철학자는 신이 마치 쇠파리처럼 아테네인들을 성가시게 하기 위해서 그를 보냈다고 자신의 철학적 명령을 설명했는데, 이는 아테네인들이 스스로에게 돌아오고 마침내 다음의 질문들을 스스로에게 물을 때까지였다. 내가 여기서 도대체 무엇을 하고 있는가? 이 모든 것은 도대체 무엇인가? 그리고 나와는 무슨 상관이 있는가?

이로써 무엇이 시작하게 만들고, 무엇이 준비를 위해 필요한지 명확한가? 당혹Irritation이 무엇보다 가장 먼저 발생한다. 그들이 걸려 넘어지는 무언가를 그들의 발 앞에 은밀히 두어야 한다. 더 나쁘고 더 심각한 것은 그들이 실패하게 해야 한다는 것이다. 그것은 모든 철학자의 아버지인 소크라테스의 기예였다. 그는 우리에게 다음과 같이 시범을 보였다. "세상에서 가장 거리낌 없는 방법으로 그는 사람들의 지붕 위로 올라갔고"(헤겔이 그에 대해 설명했듯이) 그들이 당연하게 여겼던 것이 "자명한" 것이 아니라는 것을 그들에게 분명히 밝혔다. 소크라테스식의 작고 섬세한 대화, 그렇게 안전해 보였던 것이 실제로는 흔들리는 땅에 있음이 분명해진다. 결과는 무엇인가? 인간은 질문에 접근할 수 있게 되고, 심사숙고한다. 그러니까 거기로 우리는 그 인간을 데려가기를 원했던 셈이다.

처음에 생각할 거리를 제공하는 재료는 예상치 못한 것, 비정상적인 것, 파악할 수 없는 것, 개념화되지 않는 것, 예측할 수 없는 것 그리고 그래서 혼란스러운 모든 것이다. 그것은 편안한 의견을 가진 사람들을 자극하고, 확신에 찼던 사람을 혼란스럽게 하며, 자기만족에 빠졌던 사람을 난처하게 만들고 그리고 가장 정보를 잘 알고 있던 사람들, 즉 고개를 높게 들고 있는 소위 숙달된 자와 지식 보유자에게 덫을 놓는다. 그러나 우리는 올바르고 유일하게 타당한 신념의 옹호자들에게 충격을 주려는 것인데, 감시를 받지 않고 생각하는 자유가 어떤 것인지를 보여 주려는 것이다. 그렇게 철학으로 유혹된다.

그러나 다시: 왜? 왜냐하면—그렇게 젊은이들이 생각한다면, 그렇게 그들은 어느 정도 결론을 내려야 한다—결정적으로 일탈하는 사람은 "미친" 사람이거나 특별하고 강력한 이유가 있기 때문이다. 그래서 다음의 질문이 생긴다. 그가 "여전히 정상"인가?—아니면 모든 사람이 실제로 당연하게 여기는, 일상적이고 "정상"이라고 간주되는 것이 진실로 관습, 몽유병, 생각 없음에 불과할 가능성도 있는가?

그러고 나면: 남과 다른 사람은 자신을 정당화해야 하고 자신을 설명해야 한다. 반면, 다른 모든 이들처럼 그것을 하는 사람은 그러한 소모적 노력 없이도 헤쳐 나가겠지만 또한 흥미롭지도 않다.

왜냐하면: 철학적인 심사숙고는 진정으로 많은 이들, 대부분의 것들, 일반적인 추세와 "주류(主流)"에서 벗어나는 사람들에게만 필요하기 때문이다.

그와 정반대로:

철학의 유혹에 넘어 간 사람은 무리에서 이탈하며, 더 이상 '단순 가담자'로서는 유용하게 될 수가 없다.

여기에서 얻을 수 있는 교훈은 다음과 같다. 젊은이들을 감동시킴으로써 철학을 하도록 그들을 데려오려는 자는 실패하는 방식에서의 "이론"이 아니라 이야기로 시작한다. 소위 "이론들"—철학적 영역에 그런 것이 있었다면—과 함께가 아니라 철학자들, 그들 중 적지 않은 사람들이 결정적으로 외톨박이인데, 그들과 함께 시작한다. 그렇다. 심지어 그들 중 몇몇은 다수로부터 떨어져 나오기를 강력히 조언했다. 예를 들면 세네카인데, 그에게서 몇 가지 문장을 인용하고 싶은 유혹이 생긴다. …

앞서 달리며 무리를 이룬 가축 떼의 방식에 따라가는 것보다 더 조심해야 할 것은 없다. 그러면 우리는 가장 자주 들어선 길만 선택하고 올바른 길은 선택하지 않을 것이다. 왜냐하면 보편적으로 갈채를 누리는 것이 가장 좋은 것이라는 대중의 평판을 따라가는 것보다 더 큰 재난에 우리를 연루시키는 것은 없기 때문이다. 군중이 많이 모여서 스스로를 짓밟는 치명적인 사람들의 쇄도하는 무리에서, 다른 사람을 동시에 함께 끌어내리지 않고는 아무도 넘어지는 사람이 없는 것처럼 [...] 어떤 사람도 자기 자신만을 위해 잘못하는 것이 아니며, 그와 동시에 다른 사람도 잘못을 저지르도록 이유와 동기를 제공한다. [...] 그러나 우리는 치유방법을 찾을 수 있다; 오로지 우리는 큰 무리로부터 떨어져 나와야 한다.

삶의 행복에 관한 한, 이러저러하게 마치 상원 투표에서 흔히 볼 수 있는 것처럼: "이쪽에 다수가 있는 것 같다."라는 답변으로 네가 내게 와서는 안 된다. 왜냐하면 바로 그래서 그것들은 더 나쁜 것이기 때문이다. 인간성의 문제에 관한 한, 우리는 다수가 더 나은 것을 좋아한다고 말할 수 있는 운 좋은 위치에 있지 않다. 대중의 관점은 바로 우리가 최악의 것을 결론짓도록 허용할 뿐이다. 그러므로 우리는 가장 비난받을 만한 진리의 해석자인 큰 무리에게 가장 많이 통용되는 것이 아니라 무엇을 하는 것이 가장 최선으로 알맞은지를 물어야 한다. 그러나 나는 가운을 입은 사람들만큼 왕관을 쓴 사람들도 큰 무리에 속한다고 여긴다(Seneca, 2023, pp. 3-5).[1]

젊은 사람들은 이에 대해 어떻게 여길까? 젊은이에게는 "현존하는 것", "확립된 것", 지금 있는 것과 같은 "정황들"에 반항하는 것이 어느 정도 "본성으로부터" 내재되어 있지 않은가? 모든 전해진 것, 어른들의 생활세계에 따른 루틴, 단순한 관습, 모든 관례적인 것에 대해 철저하게 "아니요."라고 말하는 것이 예로부터 그들의 특권이 아니었는가? 따라서 그 젊은 반란, 즉 모든 견고한 것, 벽으로 둘러싸여 있는 것, 경직된 것, 좀먹지 않은 것, 썩은 것에 대한 이러한 반항을 한 사람 안에 구현했던 한 "이탈자"를 찾는 것이 그들 자신의 이익이 되어야 하지 않을까? 그렇게 "우리"에게는 한 사람이, 즉 젊은 사람들에게 말걸 수 있기 위해 타고난, 그런 한 사람이 있다.

존경받는 신들의 어머니인 키벨레 신전 앞 고대 아테네의 공공 광장에서 철학자 디오게네스는 술통 앞에 앉아 자위를 한다. 지나가는 사람들은 놀라고 당혹해하고 일부는 겁에 질린다. 저기 저 사람은 무엇을 하는 것이냐고 그들은 질문을 한다. 그런데 그는 어떤가? 본능의 균형을 위해서 그가 연출한 관심에 대해 다음과 같이 언급함으로써 코멘트를 한다.

배를 문지르는 것을 통해서라도 배고픔을 몰아낼 수 있다면 뭐가 문제야(Diogenes, 2008, VI, 46).[2]

---

1 인용 내용을 다소 수정했다.
2 유사한 내용은 Diogenes(2008, VI, 69) 참조.

뛰어난 퍼포먼스다! 우리는 "모든 사람처럼" 되고 싶어 하는 오늘날—최근에 읽은 것처럼—많은 사람에게 바로 이 수준의 이야기를 발 앞에 던져야 한다. 우리는 그들에게, 예를 들어 디오게네스가 적당히 구걸했을 뿐이라고 말한다. 그러나 한번은 누군가가 적선할 돈을 꺼내는 데 너무 오래 걸렸을 때, 그는 참을성이 없어졌다. "이봐, 나는 장례식이 아니라 음식을 구걸하고 있어"(Burckhardt, 2007, p. 419).

젊은이들이 이런 말을 들었을 때 가장 먼저 그들에게 떠오를 수 있을 질문은 "철학"이나 "철학함"이 무엇인지가 아니라, "도대체 이 철학자들은 어떤 타입의 사람들인가?"이다.

그게 좋다! 우리가 그것을 했다면, 젊은이들에게 이러한 질문이 마치 첫 번째 빛처럼 떠오른다면, 시작은 이루어진 것이다. 이에 덧붙여서 하나의 큰 주제를 생생하게 제시하는 경험이 그와 연결될 수 있다. 나는 철학적인 것과 종교적인 것이 서로 연결되는, 심오한 친화력을 말하려는 것이다. 나는 그것을 다음과 같이 보이고자 한다.

이러한 최초의 견유학파에 대해 그들이 이야기했던 가장 잘 알려진 일화는 위대한 알렉산더의 방문에 대한 보고였다. 그는 통 속의 철학자에게 "나는 알렉산더, 위대한 왕이다."라고 말했다. 디오게네스는 "그러면 나는 디오게네스, 개다."(Diogenes, 2008, VI, 60)라고 대답했다. 당신이 아마도 말했듯이, 이런 "받아치기"조차도 젊은이들에게 흥미를 불러일으키는 재미를 제공할 수 있을 것이다.

그러고 나서 알렉산더가 그에게—그가 원하는 대로—소원을 들어 주겠다고 제안했을 때, 위대한 위엄의 빛으로 가득 찬 철학자는 "나를 위해 태양에서 나가라 Geh mir aus der Sonne."(Diogenes, 2008, VI, 38)라고만 말했다.

여기 있는 한 노인이 그 많은 젊은이의 꿈인 바를 끄집어냈던 것일 수 있을까? 그런데 그러고 나니까 우리는 또한 그에게 정말로 특이할 정도로 정신적인 친족이라고 할 수 있는 위대한 한 성인에 대한 일화도 이야기해야 했었을 것이다. 그는 그리스인이 아니라 그리스도교에 속하는 인물이다. 사막의 남자이자 은둔자, 성 안토니오에 관한 것이다. 어느 날 한 황실 사자(使者)가 그를 찾아와 콘스탄티누스 황제의 초청장을 전달했다고 한다. 그는 콘스탄티노플의 통치자를 방문하라는 초대를 받았던 것이다. 안토니우스는 어떻게 하는가? 손사래를 치며 말한다. "은둔자는 도시에 속하지 않고, 사막에 속한다."[3]

그리고 루터는 어떤가? 만일 어떤 한 사람이 있다면, 이 비범하고, 전례 없는 선구적 요구를 하는 자, 반란자, 수도사인데, 만약에 마치 현재 모든 곳에서의 관례에서처럼 "예수는-우리를-사랑한다Jesus-hat-uns-lieb."의 선포자로서 그를 정당화하려 시도하지 않았더라면, 혹은 도덕적으로 미세하게 조정된 안경을 통한 시선으로, 그리고 나서 깜짝 놀라서-오 맙소사!- 우리 동시대인이 그보다 윤리적으로 훨씬 더 능가해서 지니는 민감한 양심을 그가 가지고 있지 않았다는 것을 보기 위해서 검열하지 않았더라면, 그는 젊은 사람들에게 "전율"을 불러일으킬 수 있을 것이다.

아니, 나는 이러한-특히 오늘날 전혀 들어 보지 못한-인간에 대해 젊은이들에게 제공할 수 있는 다른 것을 알고 있었다. 예를 들어, 루터가 수도원에서의 시간을 뒤돌아보고 유명한 대수도원장이자 교사인 스타우피츠Staupitz에 대해 회고하면서 작은 서클에서 [비밀을] 발설한 것이다. 나는 인용한다.

내가 수도사였을 때, 나는 스타우피츠 박사께 자주 편지를 썼고, 한 번

---

3 이 내용에 대해서는 인터넷에 있는 다음 참조. www.heiligenlexikon.de/Stadler/ Antonius_der_Grosse. html.

은 그에게 '오 나의 죄, 죄, 죄'라고 편지에 썼다. 이에 대해 그는 나에게 이렇게 대답했다. "너는 죄가 없기를 원하지만 그 어떤 올바른 죄도 가지지 못한다. 그리스도는 의화(義化)하는 죄를 용서한다. 마치 부모를 살인하고, 공개적으로 모독하고, 신을 경멸하고, 간음하고, 그러한 것들이 올바른 죄들이다. 만일 그리스도가 너를 도와야 한다면, 너는 의화하는 죄에 들어 있는 목록을 가지고 있어야 한다; 너는 그런 서툰 행위들과 꼭두각시 같은 죄를 다룰 필요도 없고 모든 포격으로부터 죄를 만들 필요가 없다!"(Luther, 1917, p. 16).

그런 다음 나는 디오게네스가 자신 술통 앞에 앉아 있는 것을 본다. 그는 기뻐하며 손으로 자신의 발가벗은 똥배를 찰싹 때린다.

덧붙이자면, 나는 젊은이들을 "감동"시키도록, 같은 말이지만 그들에게 "영감을 주도록" 부름을 받은 사람이 누구인지가 아직 밝혀지지 않았다는 사실을 결코 잊지 않았다. 그들에게 그러한 일화와 전설을 전달하는 것으로 충분할까?

아니다. 결코 충분하지 않다. 오히려 그들은 오늘날까지 이 특별한 것들을 극복하지 못한 것이 바로 너du라는 것을 파악해야 한다. 중요한 것은 너가 이러한 용기, 이러한 자의식, 이러한 논란의 여지가 없는 태연함의 문을 열고 끝까지 버틸 수 있었을지 너 자신이 자문해 보는 것이다. 사람들이 너에게서 다음의 사실을 알아차리는 것이 중요한데, 너 자신이 결코 달성하지 못할 것이 너를 매료시킨다는 것이다. 그러나—그리고 그것은 너를 대변하고, 너를 사로잡는다—너는 평범하고 많은 이들과 완전히 다른 이 인간들에게 경탄하고, 존경하며, 이들은 너에게 깊은 감명을 준다. 그들, 즉 젊은 사람들은 너에게서 그것을 알아차리고 그것은 그들을 주목하게 만든다. 너에게서 규칙이 아닌 예외가 주목할 만한 경우들이 있다는 것이 그들에게 분명해진다. 그리고 이러한 타입의 경우, 그들은 우리를 매료시키고 올바르게 우리를 감동시키는 것이다. 이러한 통찰이 싹트는 곳에서 우리의 관심을 끌 만한 많은 것을 얻게 된다.

다른 예를 들자면, 많은 사람이 움직이고 있다. 그러나 이상하게도 그들은 모두 왼쪽에서 오른쪽으로 행진하는데, 단 한 명은 오른쪽으로부터 와서 행진하는 사람들을 향해 왼쪽으로 간다. 이번에는 무엇을 말하려는가? 물론 무엇이 이 모든 사람으로 하여금 대규모의 무리를 지어서 왼쪽에서 오른쪽으로 달리게 하는지도 관심사이다. 그것은 진지한 학자, 사회심리학자 또는 대중 이론가의 관심사이다. 그 밖에도 그것은 환영할 만한 학문적으로 각성된 근면성이고, 감정 없이, 거리감 있게, 안전한 거리에서의 건드려지지 않은 냉정한 시선이다. 그 시선은 또한 "감동"을 진단할 수도 있는데, 왜냐하면 움직이는 대중은 그들 자신과 함께 대중들을 끌어당기고, (분위기를) 달구고, 자극하고, 흥분시키고, 도취시키기 때문이다; 더욱이 거기에서 본능이 축제를 벌이고, 거기에서 그것은 들끓고 깊이에서부터 거품이 나고, 엄청난 양의 맥주원료와 증기에서 벗어나려는 욕구가 활기를 띠기 시작한다. "유혹"은 끔찍하면서도 두렵고 위협적이며 공허한 곳에서도 작용한다―저항하는 사람들에게 중압감을 야기했던, 기만적인 해방에 빠졌던 무절제가 거기서 자유분방하게 요동친다. 그러한 집단적 히스테리를 명명하기 위한 언어가 "감동"이라는 단어를 이미 포함한다는 것은 한탄스러운 일이다. 왜냐하면 내가 여기에서 철학적 관심의 선구자로서 진가를 인정하는 감동과 거대한 동물의 황홀한 포효는 아무런 공통점이 없기 때문이다.

젊은이들을 철학자의 길로 유인하고 그들이 숙고하도록 유혹하는 사람은, "좁은 문"과 "좁은 길"로 인도한다고 한다. 그에 대한 코멘트로서; "그것[그 길]을 찾는 사람들은 적다." "그러나 멸망으로 이끄는 길은 넓고, 문은 커서 거기로 가는 자가 많다"(마태. 7,13-14).

거기서 우리는 다음과 같은 것을 본다. 철학적이고 종교적인 조성을 하나의 분위기로 조율하는 끈이 견유학파와 사막의 은둔자를 연결시킬 뿐만 아니라 팔레스타인의 남자[예수]는 바로 그의 동시대인 세네카[4]가 철학자로서 연주했던 그 톤의 소리를 내도록 한다.

우리의 예에서 보자면: 철학적으로 우리를 매료시키는 것은 다수—일반적으로 쉽게 예측 가능하고 계산 가능한 것이고, 그에 대해 "설명"과 "이론"이 준비되어 있다—가 아니라, 이상한 방식으로 함께 하지 않고, 저항하고, 유혹에 빠지지 않고 함께 가지 않는 어떤 한 사람이 있다는 것이다. 무엇이 그를 움직일 수 있을까? 이 질문은 철학자가 자신에게 묻고 자신의 입장에서 그를 움직이는 질문이다. 이제 우리는 여기에서 어떤 정신을 가지고 있는지를 구별할 수 있는 것을 보게 된다. 규칙, 모든 일반적인 것, 일상적이고 관습적인 것보다 철학적 심성은 규칙에 대한 예외에 관심을 가진다. 그 예외가 바로 그가 그것에 대해 감동하고 그것이 그를 감동시키는 것이다—그래서 그는 우리가 찾고 있는 자이고, 감동한 자이고, 그의 입장에서 젊은이들을 감동시키도록 부름받은 자이다.

이에 대한 예로 세계적으로 유명한 소크라테스의 재판을 들 수 있다. 아테네에서 소크라테스를 심판하는 500명의 사람들에 대해 누가 감동을 받을까? 근본적으로 그들은 저 인간전문가에게 수수께끼를 내지 않는다. 겁내지 않는 한 개인이 그들을 자극한다면, 그들은 마치 군중이 반응하는 것처럼 반응한다. 거기에는 경탄할 것도 이상할 것도 없고 감탄할 것도 없다. 아니, 오직 한 사람만이 우리의 관심을 사로잡고 우리에게 생각할 거리를 준다. 저기 있는 노인, 소크라테스, 그는 굴복하지 않는 철학자, 저항하는 철학자, 그에 대해 판단하는 자들을 여전히 비꼬고 예민하게 자극하는 철

---

4 기원전 4년 코르도바에서 태어났는데, 아마도 그해에 근동지역에서 마리아의 아들이 태어났을 것이다.

학자인데, 책략과 의미심장한 유머를 통해서 결국 그들로 하여금 그에게 사형 선고를 판결하도록 한다.

또는 이미 그[소크라테스]에 대해 이야기가 나왔으니까 좀 더 이야기하자면, "30인"은 쿠데타로 정권을 잡았고, 이제 대대적인 숙청이 시작된다. 비호감인 사람들은 추방되지만, 정직하고 용감한 시민들은 돌격대로 보내진다. 그들은 범죄자들을 엄습해서 폭군의 이름으로 체포하고 처형하기 위해 데려오도록 명령을 받는다. 그들을 항상 5명 단위로 보내고, 그들을 시스템의 협력자로 만든다. 죄를 짓는 사람은 누구나 거기에 속한다. 이것은 잘 알려진 바와 같이 오늘날에도 여전히 많은 곳에 적용되는 논리이다. 그래서 엄선된 4명의 다른 사람들과 함께 소크라테스도 살라미스에서 레온을 데려오라는 은밀한 명령을 받는다. 그런데 어떻게 되었는가? 5인이 파견되었을 때, 5인 중 4인은 레온을 데려와 그를 넘겨주기 위해서 살라미스로 갔지만, 소크라테스는 조용히 집으로 돌아갔다—30인의 폭정이 얼마 지나지 않아 전복되지 않았다면, 필경 이 사실은 그의 죽음을 의미했을 것이다. 소크라테스에게만은 다행스럽게도 비껴갔다.

그렇다면 이제 질문은 다음과 같다. 누가 우리를 감동시키는가? 네 명의 부하, 협력자인가? 그들은 무리로, 그리고 전 세계에, 즉 모든 곳에 존재하는 것처럼, 오늘날, 그리고 누가 알겠는가, 어느 때나 [존재할 것이다.] 아니면 이 함께 참여하지 않은 사람인가? 그 질문만으로도 충분하다.

젊은 사람들에게 디오게네스와 소크라테스와 같은 그런 사람들을 알게 만드는 것보다 그들을 주목하게 만들고 그들의 관심을 불러일으킬 수 있는 더 나은 방법은 없다—그리고 다시 한번: 우선적으로 그것은 어떠한 "교리"도 아니고, 매혹하거나 설득하는 "이론"이 아니다. 그것은 그들이 보여준 [실제] 사례Beispiel이다. 그래서 소크라테스는—크세노폰의 "회고록"에서—히피아스에게 이렇게 말한다.

히피아스여, 내가 옳다고 생각하는 것을 보여 주는 일을 결코 멈추지 않는다는 것을 너는 어찌 눈치채지 못했는가? 말로가 아니라 행동으로 나는 그것을 보여 준다. 그리고 행동은 말보다 더 나은 증거가 아닌가?

이것은 비범한 한 사람의 고백이다. 그의 삶은 한편으로는 분명하고 단순하지만 동시에 우리가 쉽게 의견의 일치를 이룰 수 없을―그렇다. 아마도 결코 아니다―수수께끼를 던지는 자이다. 그가 우리에게 그의 삶으로 제시한 사례는 우리를 내버려 두지 않는다. 동시에 우리를 부끄럽게 만들고, 우리의 소심함과 부패함을 분명하게 보여 주고, 우리가 눈에 띄지 않게, 생각 없이, 편안하고 방해받지 않고 잔걱정들을 헤쳐 나갈 수 있기 위해서―우리가 모두인 것처럼, 모두가 우리가 되도록―"타인"에게 우리를 순응하게 하고 그래서 우리를 안전하게 데려가는 우리의 유전적으로 타고난 경향을 조소한다. 오늘날 젊은이들에게서 "모두처럼" 되고자 하는 바람이 증가하고 있다는 것을 읽을 수 있다. 그 바람은 그새 많은 사람의 욕구일 뿐만 아니라 점차 대부분의 사람들이 지닌 욕구이기도 하다. 우리는 그들을 "철학적으로 도달할 수 없는" 사람들 그 자체로서 놔두어야 할까? 아니면 우리도 그들에게 철학적 식욕을 돋구고, 그들이 맛 들이도록 그들을 "시험하고", 그렇다, 그들을 "유혹"하려고 시도해야 할까? 아마도 그들은 더 달라고 할 때까지 물어뜯고 싶은 충동을 가질 것이고, 결국에는 힘든 음식조차도 멸시하지 않는 것을 배울 것이다. 그런데 왜 그럴까? 모든 것을 소화하기 쉽지 않다는 것을 이해했기 때문이다. 그리고: 이 세상에서 어떤 것도 깨짐 없이 나타나지 않는다. 오히려: "매끄러운" 모든 것은 의심스럽다. 심지어 "수천 년 동안/이러한 딱딱한 음식을 씹는다"는 메피스토펠레스, 그 매우 환영할 만한 보증인도 다음과 같이 알고 있었다. "요람에서 무덤까지/그 어떤 사람도 묵은 누룩을 소화하지 못한다!"

그것은 대가인 파우스트 박사처럼—"이제 주의하세요! 아! 철학도…"—
단념해야 하고 독약을 섞을 계기이어야 할까? 아니, 그와 반대이다. 그것은
우리가 젊은이들 사이에서 전혀 드물지 않게 마주칠 수 있는 '아홉 살짜리
정도의 영리하고 건방진 태도'[5]를 처음으로 저지하는 통찰력이다. 차가운
주둥이 또는 쿨한 지성의 몸짓으로 자신이 좋아하는 것과 동시에 주머니에
물건이 있는 것처럼 억지로 꾸민 태도를 보여 주는 것, 그런데 물론 누구도
속이지는 않는다. 이런 식으로 훈련된 젊은이들이 보여 주는 건방짐의 무
기고는 참으로 우스꽝스럽다. 보토 스트라우스Boto Strauss는 그의 최근 에세
이『지능의 개혁Reform der Intelligenz』에서 이에 대해 적절한 경멸의 공식을 사용
했다. 그것은 "코그니티오 프래콕스cognitio praecox[설익은 인식]—뚫고 들어가
기 전에, 인식한다"(Strauss, 2017). 이 경우, 나의 해독제란 충분한 양의 반
대되는 독을 쓰는 것이다.

그리고 그것은: 항상 생각의 도입부였으며 모든 고정된, 너무 빨리 모든
것을 "완성시키는" 영리함과 일차원적 합리성으로부터 전향(轉向)하는 일,
즉 경탄함이다.

페터 슬로터다이크가 그랬듯이, 사람들은 이 오래된 토포스, 즉 경탄하
는 의식에 대해 경외심을 품고 존중하는 데에 이의를 제기하고, 그것을 허
구라고 비웃을 수 있다. 단 한 인간을 빼고, 그에게 "누군가가 진지하게 그
들이 정신적인 활동을 시작하는 것이 경탄에 놓여 있다고 주장할 수 있는
사람은 결코 아무도 만나 본 적이 없다". 슬로터다이크는 우리에게 확신시
켰고, 그러고 나서 그 소견을 다음과 같이 논평했다. 심지어 "제도로 굳어
진 철학도" 그새 "놀라운 것에 대항하는 캠페인"을 하고 있고, 그래서 "지

---

5 역자 주: 예를 들어, 8~9세의 어린이들은 이미 자신이 모든 것을 알고 있으므로 스스로 영리하다고 생각하지만
   실제로는 전혀 그렇지 않은데, 그와 같이 고의적이지는 않은 어린이 같은 태도를 말한다.

식인들은 인상적일 수 없는 마스크 뒤에 숨어 있는데," 이는 때때로 "놀라움의 저항력"으로서 칭송되기도 한다. 슬로터다이크는 다음과 같이 덧붙인다.

> 우리 시대 어디에서나 전례 없는 대상 앞에서 놀라서 멈춤의 흔적, 근원적인 타우마제인이라고 추정되는 흔적이 드러나야 했다면, 그것은 외딴곳에서 나온 목소리이거나 비전문가의 말로 소급되어야 한다고 확신할 수 있다—전문가들은 어깨를 움찔하고 평소 업무로 넘어간다(Sloterdijk, 2011, pp. 7-8).

특히—외딴곳에서 나온 목소리이거나 만약 우리가 그 덕분에 놀라움의 계기를 지니게 되는 그 비전문가의 말이라는—그의 추정에 관한 한, 그것은 다음과 같이 실현되었다. 바로 소설가 데이비드 포스터 월리스(David Foster Wallace, 1962~2008)인데, 그는 2005년 5월에 오하이오주 갬비어Gambier에 있는 케니언 대학Kenyon College의 졸업생들에게 연설을 했다. 이 대학은 중서부의 2,000명이 조금 넘는 영혼들의 슬픈 보금자리였다. 그의 연설은 이후에 세계적으로 퍼져 있는 네트워크를 통해 거의 전례 없는 성공을 거두며 전해졌다. 특히 월리스가 첫 문장부터 문학적으로 세련되게 만들었고 근원적인 경탄을 자극하는 것을 이해하고 있었기 때문에 그의 연설은 이러한 특별한 인기를 얻었을 것이다. 그는 잃어버린 재능에 대해 경탄하는 것을 자극하는데, 그것을 통해 뒤늦게 얻은 어리석음이 스스로를 부인하도록 만든다. 그들에게 아무것도 빠진 것이 없는가? 바로 그거다! 그들에게는 자신이 부족한 것에 대한 통찰력이 부족하다. 하이데거는 이에 대해 "곤궁 없음의 곤궁Not der Notlosigkeit"이라는 세련된 표현을 찾아냈다. 다음은 월리스가 젊은이들에게 인사말로서 분명하게 의도했던 그 이례적인 연설의 서막이다.

두 마리의 어린 물고기가 길에서 헤엄치다 우연히 반대 방향으로 가고 있는 늙은 물고기를 만난다. 그는 그들에게 고개를 끄덕이며 말합니다. "안녕, 젊은이들, 물은 어때?" 두 마리의 어린 물고기는 한동안 계속 헤엄치다가 마침내 한 마리가 다른 한 마리를 바라보며 말한다. "도대체 물이 뭐야?"(Foster, 2016, p. 9).[6]

외딴곳에서 나온 목소리―여기서는 더욱이 수중 코멘트로서―를 이보다 더 적절하게 생각하는 것은 쉽지 않다. 그 덕분에 우리는 경탄의 계기를 지니게 된다. 윌리스가 거기서 허락한 미묘한 농담을 이해할 수 있는 젊은이라면―그 물고기에 대해 그리고 동시에 자신에 대해 […]―아마도 처음으로 고개를 흔들고, 편안하게 첫걸음을 내딛었을 것인데, 그 걸음과 함께 우리는 철학적 개념의 영역에 들어간다. 우리가 물속의 물고기처럼 의문도 없이 헤엄치는 전체das Ganze는 무엇인가? 이로써 윌리스는 생각 없는 사람들의 자기만족에 반대하며 그리스인들 이래로 철학적으로 추진되었던 본래적인 공격 노선을 모범적인 예시로 기억하도록 만들었다. 윌리스의 설명에 따르면, 앞서 언급한 물고기 이야기의 "요점"은 "가장 명백하고 어디에나 있고, 가장 중요한 사실들은 종종 인식하고 토론하기 가장 어려운 것"(Foster, 2016, p. 10)이라는 점이다. 이로써 윌리스는 실제로 철학적 우려가 기인하는 첫 번째 필수 불가결한 충동을 명명했었을 것이다. (외견상으로는) 의문의 여지가 없는 것, (외견상으로는) 자명한 것, 너무나도 가깝

---

6 영어 원문은 다음과 같다: There are these two young fish swimming along and they happen to meet an older fish swimming the other way, who nods at them and says "Morning, boys. How's the water?" And the two young fish swim on for a bit, and then eventually one of them looks over at the other and goes "What the hell is water?"

거나 혹은 알려진 것, 너무나도 알려진 것으로 간주되지만 결코 인식되지 않는다는 사실(헤겔에 따라 자유로이 의역하자면)은 우리가 그것에 대해 생각하도록 유혹한다. 그러한 진통 속에서 철학은 세계로 나온다.

진정으로 독창적이고 이미 뿌리부터 철학 천재인 비트겐슈타인은 그의 놀라운wundervoll "윤리학" 강의에서—나는 여기서 "놀라운"이라는 단어를 명시적이고 책임감 있는 의미로 넣었다—거의 같은 내용을 물론 다른 단어들로 표현했다. 그가 "세계가 존재한다는 사실에 경탄한다"는 "체험"에 대해 보고할 때, 그것이 본래 무엇을 의미해야 하는지(의미할 수 있는지) 숙고했을 때 말이다. "무언가 존재한다." 또는 "세계가 존재하기로 되어 있다는 것이 얼마나 놀라운지".[7] 그리고 나서 그는 이 문장을 통해서 우선적으로 그러한 문장의 "의미"를 논박하는—그것들은 "학문적"이 아니며 어떤 방식으로든 우리가 즐겨 증명한다고 인정할 수 있는 의미가 없다라는 식의—몇 가지 논리적 테스트를 수행한다. 그러나 결국 비트겐슈타인은 감히 다음과 같은 신조를 내세운다. "세계의 존재에 대한 경탄"은 그럼에도 "기적으로서의 세계를 보는 경험"으로 묘사될 수 있는데, 이는 "학문은 기적이 존재하지 않는다는 것을 증명했다."라는 입장을 기꺼이 지닌 터무니없는 테제로는 결코 처리될 수 없을 견해의 방식이다. 왜냐하면 "실제로 사실을 고찰하는 학문적인 방식은 도대체 그것을 기적으로 간주하는 방식은 아니기" 때문이다.

마지막으로, 비트겐슈타인은 그의 논의에 한 가지 고려 사항을 추가하는데, 마치 그것을 위장하고 싶어서 눈에 띄지 않는 메모의 어조로 내놓았

---

7 나는 1968년 1월 14일 Neue Züricher Zeitung에서 발행된 프란츠 부름(Franz Wurm)의 번역본에 실린 비트겐슈타인의 강연을 1991년 비엔나에서 빌헬름 바움(Wilhelm Baum)에 의해 편찬된 비트겐슈타인의 『비밀일기』 출간본에서의 텍스트를 인용했다. 물론 더 쉽게 접근할 수 있는 요아킴 슐테(Joachim Schulte)에 의해 편찬된 『윤리학강의와 다른 소품저작들』에 대한 1989년 책도 있다.

철학상담의 철학:
기원과 발전

지만, 실제로는 그것의 무게가 엄청나다. 그가 자신의 "체험"에 대해 보고한 것과 같은 문장들을 말하는 것인데, 이는 "어떤 의미에서 우리의 지식에 아무것도 추가하지 않"지만, 그럼에도 그것들은 "내가 높이 존중하지 않을 수 없고 그것에 대해 내가 어떤 대가를 치르더라도 조롱하고 싶지 않은 인간에게 있는 경향에 대한" 문서일 것이다. 이로써 그는 자신의 삶에서 했던 한 번의 그리고 유일한 (출판되었던) 그 강의를 마친다.

이 모든 것이 '어떻게 젊은이들을 철학으로 유혹하는 데에 성공할 수 있는가'라는 우리의 논의와 무슨 관련이 있을까? 아주 많이 있다! 나는—비트겐슈타인에 이어서—그 연관성을 칸트의 시선에 비추어서 이해할 수 있게 만들고자 시도할 것이다.

궁극적으로 중요한 그 질문 그리고 말하자면 내가 숙고하기 시작하자마자, 즉 내가 단지 안경을 쓰고 옷을 입은, 유용성을 위해 학교에서 길들여진 동물 그 이상이 되자마자 내게 제기되는 그 질문들을 나는 다음과 같이 말할 수 있을 것이다. 결코 그리고 아무도 실제적이고, 구속력 있는 최후의 "지식"으로 옮긴 적이 없었던 그 질문들은 처음부터 철학자들을 휘몰아치고 생각하도록 만들었다. 다시 말해, 그것은 철학자들의 일이었고, 철학이 스스로를 배반하지 않는 한, 그것은 여전히 그렇고 앞으로도 그럴 것이다. 이로써 모든 철학적 노력과 함께 비트겐슈타인은 그것에 대해 "높이 존중"하지 않을 수 없다고 고백했다. 그럼에도 거기서 "결과"로서 무엇이 나오든 그것은 결코 반박할 수 없고 타당하며 의심할 여지가 없는 "지식"은 결코 아니었다. 그 말이 의미하는 바는 다음과 같다. 완성된, 사유된 구조물로서 철학은 이제 가르칠 수 없거나, 또는 그와 마찬가지로, "배울" 수도 없다.

이제 칸트는 쾨니히스베르크(1765/66)의 강연에서 우리의 질문, 즉 어떻게 "젊은이"를 철학으로 인도할 수 있는지에 대해 상당히 명확하게 표현했다. 학교로부터 "배우기"에 익숙해진 그는 이제 "철학을 배운다"고 생각할지 모르지만, 칸트에 따르면 그것은 "불가능"하다. 왜냐하면:

> [다른 학문과 마찬가지로] 철학을 배우기 위해서는 먼저 실제 철학이 현존해야 할 것이다. 사람들은 책을 보여 주며 다음과 같이 말할 수 있어야 할 것이다; 보라, 여기에 지혜와 신뢰할 만한 통찰력이 있다; 그것을 이해하고 파악하는 것을 배우고, 미래에 그것을 기반으로 구축한다면, 너희들은 철학자이다(Kant, 2012, A 5-6).

그런데 철학 도서관에 소장된 책들이 결코 적은 양이 아니라고 할지라도, 그러한 책은 존재하지 않는다. 단지 수용해야만 하는 "다른 사람들에 의해 고안된 [...] 다 준비된 세계지혜"는 존재하지 않는다. 그러므로 철학 교사의 임무는 젊은 사람에게 "사유된 것Gedanken이 아니라 사유하기denken"를 가르치는 것이다. 즉, "그는 이제 철학하기를 배워야 한다."와 같은 의미이다. 칸트를 따르는 이미지로는 다음과 같다. 젊은이를 [...]

> "... 운송해서는 안 되고, [그를] 인도[해야] 한다. 그가 미래에 ... 스스로 잘 판단해서 걸을 수 있기를 원한다면."

그러나 도대체 왜 젊은이가 "스스로 걷기"를 배워야 하는가?—비트겐슈타인이 그의 윤리학 강의에서 말하듯이—어떤 것이 "절대적으로 옳은 길"인지를 규정할 수 있는 것은 고사하고, "논리적 필연성으로" 그에게 말할 수 있는 어떠한 최종 권위도 존재하지 않기 때문이다. 나는 같은 것을 감히 간단한 독일어로 다음과 같이 말한다. 올바른 삶에 대한 학문은 존재하지 않는다. 혹은: 어떻게 올바르게 살아야 하는지를 구속력 있게 말할 수 없다. 그러나 그것을 아는 것이 정말로 중요한 지식일 것이다.

모든 다른 지식은 어떤 학문의 전문 분야에 해당한다. 예를 들어, 이 곤충 또는 저 곤충이 어떻게 번식하는지, X라는 요소는 그것이 U라는 조건에서 Y라는 요소를 만났을 때 어떻게 대처하는지, 우주의 진화에서 "암흑 물질"이 어떤 역할을 하는지 등등—학문들이 이미 존재하는 질문에 답을 산출하는 것보다 학문적으로 다룰 수 있는 훨씬 더 많은 질문을 (오늘날 가장 좋아하는 단어로) "발생시키기" 때문에, 이제 무한히 많은 수의 항목을 여기서 나열할 수 있다. 그러한 모든 종류의 지식이 "흥미로울" 수도 있고, 우리의 호기심을 충족시키거나 심지어 유용할 수도 있다. 그러나 나는 그것에 의존하지 않고, 이것을 알 필요가 없으며, 그것을 돌보는 것이 학문적 업무인 사람들에게 양심껏 종사하도록 맡길 수 있다. 내가 그 수공업을 직업으로 삼지 않는 한, 어떤 수공업의 지식도 가질 필요가 없다.

그리고: 나는 철학을 공부하고 시험에서 해당 질문에 대한 답을 제공할 수 있는지 확인하려 하지 않은 한, 이 철학자나 저 철학자가 무엇을 생각했는지 알 필요가 없다. 그러나 그때에도 헤겔이 XY질문에 대해 쓴 것이 무엇인지에 대해 시험관의 질문에 대답하는 것은 나의 자유로운 결정으로 남을 것이다. "헤겔? 누구죠? 들어 본 적이 없어요." 왜냐하면 아무도 내게 검증된 지식으로 시험에 합격하거나 좋은 성적을 받도록 강요할 수 없기 때문이다. 기껏해야 다음과 같이 말할 수 있다. 이 텍스트 또는 저 텍스트에서 무엇을 읽을 수 있는지 아는 것은 바람직하다.

왜 그럴까? 모 철학자가 이런저런 생각을 했다는 것을 안다는 것은 이것이 이제 그러므로 "참"이라고 하면서, 비트겐슈타인의 인용 문구를 사용하자면 "우리 지식에 무언가를 추가한다"는 것을 의미하는 것은 아니기 때문이다.

나는 이를 명확히 하기 위해 예를 들겠다. 그래서 나는 비트겐슈타인이

1917년 1월 10일에 다음과 같이 썼다는 것을 "알 수" 있다.

> 자살이 허용되면 모든 것이 허용된다. 만약 허용되지 않는 어떤 것이 있
> 다면, 자살은 허용되지 않는다. 이것은 윤리의 본질을 밝혀 준다. 왜냐하면
> 자살은 말하자면 근본적인 죄이기 때문이다(Wittgenstein, 1988, p. 187).

그래서, 나는 지금 그것을 "알고 있다". 나는 그것을 찾아보았다. 그것
은 8권으로 된 전집의 1권 187쪽에 있다. 그래서? 나는 이제 자살에 대해
어떻게 생각해야 하는지 "알고" 있는가? 아니면 비트겐슈타인이 나에게 그
것과 연관해서 "생각할" 무언가를 "오로지" 주지 않았는가? 내가 자살하려
는 유혹을 받았다면 그 단계가 "허용"되었는지 아닌지를 아는 것은 중요하
다; 그런데 적어도 그 결정이 "허용되는지" 또는 "허용되지 않는지"는 다음
질문과 관련해서 의미가 크다. 나는 내 삶을 끝내야 하는가, 아닌가? 그것
은 물론 정말로 중요한 지식, "결정적인 무게"의 지식일 것이다.

단지: 그러한 "지식"—X라는 요소가 U라는 조건에서 Y라는 요소를 만날
때 등등 기대되는 바에 대하여 학문적으로 알게 된다는 의미에서, 즉 필연
적이고 부인할 수 없는 지식—은 자살에 대한 것과 같이 그런 긴급한 삶의
질문에서는 존재하지 않는다. 칸트가 공식화했듯이 나는 "이 길"을 "스스
로 가야" 한다.

그래서? 나에게— 혹은 우리가 철학으로 유혹하고 싶은 젊은이들에게
도움이 되지 않을까? 다른 말로 하자면, 우리는 그들을 '철학함philosophieren'
으로 유혹하려는 것인데, 즉 심사숙고하고, 신중히 생각하고, (자살에 관한
질문과 같은) 질문을 가능한 한 철저하고 다양하게, 그리고 여러 측면에서
고려하고, 그것들과 씨름하고, 그것들을 배경에 두고, 그 깊이를 재고, 그
심연과 얕음을 부끄러워하지 않고, 그것들을 다른 질문과 연관시키고, 그
것들을 전통에서 내려왔던 견해들에 비추어 보고, 그것들을 대화의 방식

에서 앞뒤로 움직여 보는 것이다. 그렇게 해서 철학은 그와 같은 질문에서 내게 더 도움이 되지 않을까? 본래 모든 사람에게, 그리고 나에게 철학작품 전체에서 구속력이 있는 것으로 찾아지는 "결정"이라는 의미에서는 아니다. 확실히 아니다.

그러나 한 철학 논문의 유명한 도입 문장을 인용하자면, 알베르 카뮈는 "시지프 신화"에서 마치 망치처럼 두드리는 문장으로, "진정으로 가장 중대한 철학적 문제가 단 하나 있다. 자살이다."라고 주장하지 않았는가?

여기서 나는 다음과 같이 묻는다. 도대체 까뮈는 문제를 "해결"했을까? 아니다, 우리가 예상한 대로: 그는 그것을 당연하게 "해결"하지 않았다. 적어도 자신의 목숨을 걸고 있는 누군가에게 그의 계획에 대해 어떻게 생각하는지가 이제 구속력 있게 설명될 수 있다는 의미에서는 아니다. 그러나 까뮈는 자살에 대한 질문을—비트겐슈타인이 질문을 공식화한 것을 다시 한번 상기시키자면—다른 연관성에서 제기했다. 그는 "허용되는지", "허용되지 않는지"를 묻지 않았고, 자살을 결정하는 데 근본적으로 놓인 "문제"가 그러니까 "삶이 살 가치가 있는지 아닌지"에 대한 그 "진정으로 심각한 단 하나의 철학적 문제"라고 설명한다. 왜냐하면 그것은 "철학의 근본적인 질문"이기 때문이다.

그러나 이제: 내가 삶이 "살 가치가 없다"는 결정에 이르렀다고 가정한다면, 그렇다면 자살은 불가피하며, 말하자면 "옳고" 유일하게 시종일관한 결과일까?

나는 다시 한번 시작점, 즉 "철학의 아버지", 소크라테스로 되돌아간다. 우리는 그가 아무것도 모른다는 것을 알았다는 그의 가장 유명한 고백을 아이러니하게 적용된 지렛대, 즉 그것으로 그가—"알고 있는" 척을 하는—대화 상대를 미끄러운 비탈로 유인하여 거기서 떨어지도록 하는 것으로서 간주해야만 할 필요는 없다. 오히려 우리는 그와 동시에 철학적 노력의 전체 역사에 대한 가장 심오한 선취로서 그의 모토에 감탄할 수 있다. 2,000년 이상의 역사가 지난 이후, 우리는 실제로 소크라테스가 시작한 통찰에 이르지 않을 수 없다. 학문들의 지식과 동등한 "지식"을 철학, 철학자는 성취하지 못했다. 그렇다. 우리는 그사이에 철학과 철학자가 그것을 성취하지 않는다는 것을 안다.

물론 이러한 결과에는 논평이 필요하다. 소크라테스가 가지지 않았던, 그가 결코 도달하지 않았던 그 "지식"이란 그에게 삶에서 실천적으로 중요한 지식, 즉 우리를 위해 "우리 삶의 문제들"을 결정하는 지식, 게다가 이제 부인할 수 없고 흔들리지 않는 근거가 있는 지식, 또는 오늘날 우리가 말할 수 있는 것처럼 "증명된" 것으로 타당해야 하고 따라서 우리가 그것에 동의하지 않을 수 없는 지식을 의미했다. 위대한 칸트의 어휘에서 이것은 "신, 자유, 불멸"에 대한 전통적인 질문일 것인데, 우리는 알베르 카뮈가 선택한 단어를 다음과 같이 추가한다. 삶이 살 가치가 있는지 아닌지, 그리고 나서 우리가 그에 따라 자살의 선택에 대해 어떻게 생각할 것인지이다. 어쨌든 칸트는 "사변적 이성"이 이러한 질문에 대답할 수 없다는 것 그리고 왜 그런지를 알고 있다고 파악했고 다음과 같이 결론을 내렸다. 그러므로 그는 "신앙의 자리를 마련하기 위해서" 이와 연관하여 실제적인 "지식"을 얻으려는 (기만적인) 희망을 "지양"(Kant, 2018, B XXXI)해야 했다.

그러나 거기 "신앙"에서, "확고한 신념"에서 삶을 주도해 가는 확실성으로서의 그러한 질문은 이미 소크라테스에게서 자리를 잡았고, 그는 무엇이 중요한지 전적으로 알고 있었다. 물론 그에게는 그러한 지식을 확신이나 고백, 아마도 그의 태도와 같은 것으로 표현할 자격만이 있었다. 그는 자신이 죽은 후에 그의 도시 시민들에게 그가 그들에게 [쇠파리처럼 성가시게 함으로써] 부담이 되었던 것처럼 그의 후손들에게 "같은 방식으로 부담이 되어 달라zur Last zu fallen."라고 요청했을 때, 실제로 이것은 아테네에서 변론

연설의 끝에 했던 것과 같은 것이었다. "너희들은 그들이 돈이나 덕(그러므로 그러니까, 스스로 선한 것, 특히 선해지는 것)보다 다른 것에 더 신경을 쓴다는 인상을 받자마자, 그리고 그들이 자신이 아닌 바를 주장하자마자, 그러고 나서 그들을"—철학자는 자신에게 사형을 선고한 동료 시민들에게 요청한다—"비난하라. 왜냐하면 그들은 옳은 것들에 신경 쓰지 않고 그것들이 아무짝에도 쓸모없는 것들임에도 불구하고, 그것들을 믿었기 때문이다." 아무것도 알지 못한다고 주장할 수 있는 사람이 그렇게 말하는가?

그렇다. 왜냐하면 그리고 결정적인 것은 다음과 같기 때문이다. 소크라테스에게는 이러한 확신들에 대한 충분한 "최종 논증"이 없었으며, 우리가 그의 확신들을 공유하지 않으면 안 될 증거는 전혀 없었다. 소크라테스는 자신의 관점이 유일하게 증명 가능한 "옳은" 것이라는 것을 다른 사람들에게 표명하기 위해 어떤 것에도 의지할 수 없었다.

그럼에도 이 사람은 확실성과 내적 확신, "지식"—그는 중요한 것이 무엇인지 아주 잘 알고 있었다—도 가지고 있었다. 그 지식은 소크라테스가 보증한 바이자 그가 삶으로 옹호했던 것인데, 그의 삶 안에서 그리고 그러한 원칙에 따라 삶을 주도하는 것이 그의 삶에 의미하는 바가 증명되었다. 그리고 우리가 알다시피, 많은 사람을 설득했고 그들을 철학으로 유혹했던 것은 바로 이러한 증거였다. 실천적으로 중요한 철학의 역사는 그에게서, 그러고 나서 그를 통해 다음과 같은 이들로부터—그러니까 플라톤, 아리스토텔레스, 견유학파 디오게네스, 그런 다음 에피쿠로스와 그의 상대편인 제논과 스토아, 회의주의자들Pyrrhonikern로부터—시작되었다.

그리고 우리는 알고 있다. 철학의 이러한 아버지이자 지혜의 에로티시스트Erotiker—젊은이를 지혜로 유혹해야 한다는 것을 이해했고, 그러니까 이런 의미에서 그렇게 실제로 "젊은이를 유혹했던" 자—는 그가 주문을 걸고 철학을 위해 얻은 많은 사람—무엇보다도 대가로 성장한 그의 제자 플라톤—을 "논증적으로" 설득하거나 그를 따르도록 강요한 것이 아니라, 오히려: 그의 삶과 그의 모범은 그들에게 깊은 인상을 주었고 [그들은] 그의 확신, 그의 대도에 사로잡혔다. 그래서 그들은 그들의 방식으로 그러면서도 그의 발자취를 따라 계속 걸어갈 힘과 결단력을 찾았다.

그래서 나는 마침내 확신, 신앙, 태도로서 증명되는 특별한 종류의 철학적 "지식"을 마치 종교의 형제자매처럼 옆으로 치워 놓은 데에까지 다다랐는데, 그곳에서 철학은 정말로 이미 항상, 최소한 그러나 이미 오랫동안 자신의 자리를 찾았다. 여기, 신앙인들, 의심하는 자들과 찾고 있는 자들의 무리에서, 그리고 마지막으로 아마도 신을 믿지 않지만 그를 그리워하는 자들의 무리에서 사람들은 이미 오래전부터 중요한 것으로서, 의미심장한 것으로서 아마도 심지어 "구원에 필요한 것"으로서 간주되어야 했던 모든 것에 대해, 이것과 관련해서 학문이 계속해서 작동하도록 하는 "지식"이 존재한다는 주장은 철회되어야 한다는 것을 깨닫고 있었다. 철학자들 사이에서 여전히 배울 수 있을 그러한 사람들을 찾을 수 있을 것이다.

어떤 한 사람—업계로부터가 아니라 오히려 "외딴 곳으로부터 나온 목소리"—은 오늘날 젊은이들에게 그들이 주의를 기울이고 숙고하기 위해서 무엇을 전제해야 하고, 그러고 나서 그것으로부터 마침내 철학함의 매력에 대한 취향이 발전될지도 모를 것을 배웠고, 그로부터 결론을 도출했다.

먼지가 많은 오하이오에서 대학 졸업생들에게 향했던, 이미 인용했던 그 강의에서 데이비드 포스터 월리스는 우리에게 그의 두 번째 이야기를 들려주었는데, 이와 함께 나는 끝맺고자 한다.

월리스는 여전히 "작은 교훈적인 우화"를 이야기하려 한다고 하면서 덧붙인다. 그것은 다음과 같이 진행된다. "두 마리의 어린 물고기가 함께 헤엄치고 있다. ..."라고 두 마리의 물고기와 함께 첫 번째 이야기가 시작된 것처럼, 그렇게 그는 이제 말문을 연다. "알래스카 황무지의 선술집에 함께 앉아 있는 두 사람이 있다." 번역하자면 다음과 같다.

두 남자가 알래스카 황무지 어딘가의 선술집에 앉아 있다. 한 사람은 종
교가 있고 다른 한 사람은 무신론자이며, 두 사람은 말하자면 네 번째 맥주
를 마신 뒤에 오는 독특한 고집과 함께 신의 존재에 대해 토론한다. 무신론
자는 이렇게 말한다. "내가 신을 믿지 않을 합당한 근거들을 갖지 않은 것
은 아니라는 사실을 주목해 주기 바라. 말하자면, 나는 신이나 기도를 실험
해 본 적이 없다는 것이 아니야. 바로 지난달에 나는 캠프에서 멀리 떨어진
끔찍한 눈보라에 휘말려 앞을 볼 수 없었고 영하 40도에서 완전히 길을 잃
었어. 그래서 그때 나는 그것을 했고 시험해 보았지: 나는 눈 속에서 무릎
을 꿇고 소리쳤어: '당신이 존재한다면 신이여, 당신이 나를 도와주지 않으
면 나는 이 눈보라에 갇혀서 죽게 될 것이다!'"

그 선술집에 있던 종교인은 당황해서 무신론자를 바라본다. 그는 "그럼
너는 이제 결국 그를 믿어야 해."라고 말한다. "어쨌든 너는 여기 살아서
앉아 있잖아."

무신론자는 종교인이 마치 마지막 멍청이인 것처럼 째려본다. "이 사람
아, 헛소리하지 마. 그때 에스키모 몇 명이 우연히 지나가다가 내게 캠프로
돌아가는 길을 보여 줬어"(Foster, 2016, pp. 12-13).[8]

이렇게 정교하고도 교훈적으로 잘 짜인 이야기는 아마도 어떤 어린 "소
년"에게서는 그들을 유혹하는 의도가 실패할 것인지를 보여 준다. 그리고
내가 예언하건대, 거기서는 철학하는 에스키모인들조차도 아무런 도움이
되지 않을 것이다.

---

8 이 책에서 영어 원본은 다음 참조. pp. 39-41.

어떠한 것도 철학에서 나오는 것만큼
실재에 적용할 수 있고 정당화되는 것은 없으며,
바로 그보다 더 개별적이고,
생기 있으며 지속할 수 있는 것도 없다.

게오르그 빌헬름 프리드리히 헤겔Georg Wilhelm Friedrich Hegel

우리의 전기가 우리가 조언하는 방식에 어떻게 영향을 미칠 수 있을지에 대한 질문에 답변하기[1]

　여러분의 회의 주제는 좋은 조언이 무엇인지에 관한 것이다. 매우 광범위한 주제이다. 여러분은 우리의 전기Biographie가 조언을 제공하는 방식에 어떻게 영향을 미칠 수 있는지 나로부터 알고 싶어 한다.

　그래서 나는 한편으로는 여러분이 나에게 "의무"로 부여한 특별한 질문에 몇 가지를 기여하려고 노력할 것이고, 다른 한편으로는—"자유종목"이라고 하자—회의의 전체 주제를 질문으로 받아들이고 대답하려는 좀 더 일반적인 형태에 대한 몇 가지 생각을 발전시키기 위해 노력할 것이다.

　이제 나는 의무적인 의식하에 우리의 전기가 우리가 조언하는 방식에 어떤 영향을 미치는지에 대한 질문으로부터 시작한다.

　"우리의 전기"란 무엇인가? 그것은 우리가 누구인지에 대한 정보를 제공하는 이야기Geschichte이다. 그에 따라 전기들은 이야기된다. 그렇기 때문에 나는 당신에게 여기서 관건이 되고 있는 질문을 세 개의 짧은 이야기 형식으로 제시하고 싶다.

1　이 원고는 2016년 독일 교양상담 및 직업상담을 위한 협회의 창립기념 연차 학술대회에서 강연한 내용을 요약한 버전이다. 내가 이 강연을 선별한 것은 상담 세션의 단편적인 보고서가 포함되어 있어 실무적인 인상을 전할 수 있기 때문이다. 직업상담자의 관심사를 염두에 두고 사례들이 선별되었다는 것은 두말할 필요가 없다.

이론 분야에서 이야기는 무엇을 위해 사용되는지

내가 그것을 시작하기 전에 여기서 먼저 첫 번째 설명, 그러고 나서 다시 두 번째 설명이 필요하다. 설명해야 할 것은, 말하자면 언급되었던 이야기들이 어떤 기능을 충족해야 하는가이다. 여기에 우선적으로 첫 번째 해명은 다음과 같다.

학계에서 이야기들은 보통 주장이나 테제 또는 이론을 논증하기 위해 사례를 들어서 시도하는데, 그 경우 이는 일반적으로 그 주장이나 그 테제 또는 해당 이론을 확인하기 위한 것이다. 이러한 집단에서의 관례적인 언어 사용에 개의치 않고 다음과 같이 말할 수 있다. 학문적 담론에서 이야기들은 해당 테제, 제시된 논거나 주장된 이론에 대한 동의를 얻기 위한 것인 한 홍보 목적으로 사용된다.

반면에 내가 전기의 내용을 뚜렷이 드러나게 하는 몇 가지 짧은 이야기를 여러분에게 감히 시도한다면, 그것들은 어떤 것에 대한 예가 아니라 단지 심사숙고하기에 적절한 것이어야 한다. 그리고 우리가 상담에서 우리의 태도에 대한 전기적 특징의 매우 다양한 영향들과 함께 그것들을 어떻게 다루어야 하는지가 그 사례들에서 분명히 보여져야 한다. 여기까지가 첫 번째 설명이자 해명이다.

이제 다른 이야기이자 두 번째 이야기이다. 내가 가져온 이야기가 삶과 죽음에 관한 이야기라도 놀라지 마라. 그것은 충분한 이유가 있다. 우리는 더 약한 형태로─덜 극적인 조건에서 일어나고 있는 일을 극적인 첨예화에서 가장 많이 배운다. 더욱이, 그것이 당신에게 좋든 싫든, 이러한 노심초사가 당신에게 준비되든 아니든, 그것이 당신의 양심에 부담이 되든 아니든, 교양 및 직업상담은 때때로 삶과 죽음의 문제이다. 철두철미하게 불안정하게 만들 수 있을 상황이다. "잘못된" 직업에 갇히고 거기서 (아마도) 헤어날 수 없다는 절망이 매년 자살에서, 그러니까 전체 사망 중 가장 흔한 방식의 하나에서 과연 얼마를 차지하는지에 대해 우리에게 알려 주는 통계가 있는가? 한 사람과 또 다른 사람을 절망에 빠뜨리고, 결국에는—탈출구가 없는 것처럼 보이는 탈출구로서—아마도 자살로 몰아가는 기분 아래서 종종 자신에게 어울리지 않는 잘못된 장소나 어딘가에 들어갔다는 인상을 받고는 한다. 게다가 거기에서 사람들은 아마도 실제로 속할 수 없을 것인데, 그렇기 때문에 그런 사람들은 고립되고, 아마도 정리되었다고 느끼는데, 그들은 자기 자신을 "정리해 냄"으로써 스스로 목숨을 끊게 된다—그들이 자신의 고유한 삶을 지향한다는 것을 그렇게 명명하기 위해서… 그리고 당신은 소위 "경력"의 실패가 그에 따른 사회적 평판 및 가치평가의 상실이 뒤따르게 되고, 자살로 이어지는 동기들 중에 얼마만큼이나 크게 관련될 수 있는지를 알게 될 것이다. 내가 그것을 제대로 읽고 기억한다면, 특히 나이 든 동료 시민들 사이에서—55세 이상의 남성이 여성보다 4배 이상 더 많게 그들의 전기 아래에 마지막 줄을 그린다—힌트가 다음과 같이 포함되어 있다. 직업과 관련하여 발생한 불행의 이야기가 자주, 매우 자주 있다.

그러나 이로써 예고된 이야기들로 돌아오자면, 여기서 순서에 따라 첫 번째인데, 그것은 당신이 곧 듣게 되겠지만—일종의 이중 이야기이다.

첫 번째 이야기

몇 년 전 나는 대규모 회의의 일환으로 (오스트리아의 남부 주) 캐른텐의 공개 패널에 앉아 있었고 내 옆에는 오스트리아에서 잘 알려진 산부인과 의사이자 교수가 앉아 있었는데, 그는 다음과 같이 말했다. 태어날 때부터 맹인이었던 한 부부가 그에게 와서 맹인보호 기관에서 만나 사랑에 빠졌고 이제 이 사랑이 결실을 맺었는데, 다른 말로 하자면 그 여자가 임신했고 아이를 기다리고 있었다고 한다.

양쪽의 부모에게서 발견된 이러한 특정한 실명의 경우에, 이제 예상되는 자녀도 동일한 유전적 실명을 앓을 것이라는 통계적으로 매우 개연성이 있는 전망이 있었고, 이로 인해 의사로 하여금 부모에게 임신중절을 권했고, 성공했다.

그러나 얼마 후 같은 커플이 다시 아이를 기대하며 두 번째로 그의 병원에 나타났다. 이번에는 이 여성, 즉 예비 엄마는 남편의 전폭적인 지지를 받았고, 이번에는 임신중절에 다시 동의하지 않고 아이를 가질 것이라고 선언했다.

그리고 나서 산부인과 의사가 보고할 수 있었던 결과는 다음과 같다. 태어난 소년은 태어날 때부터 결코 눈이 멀지 않았으며 전례 없는 방식으로 부모의 "눈"으로 성장했다. 그는 부모들이 볼 수 없었던 것을 그들에게 이야기하고 묘사했으며, 그 사이에 오스트리아 전역을 넘어서는 성공적이고 존중받는 작가가 되었다. 그 의사는 다음과 같은 코멘트와 함께 자신의 결론을 보충했다. 그는 이 가족과 비교할 수 있을 만큼 설득력 있고 심지어 감동적이라고 평가할 수 있는 어떤 가족도 만난 적이 없다는 것을 깨달았다.

이제 우리는 무엇을 생각할 것인가? 임신중절에 대해 "예." 또는 "아니요."가 관건이기 때문에 이 의사에게 그 이후의 사례에서 이 이야기가 그의 상담의 태도에 영향을 미쳤을까?

이 이야기와 경험에서 무엇이 그렇게 흥미로운지 여러분은 알고 있는가? 이 의사에게—그를 흔들었던—그런 어떤 이야기도 생겨나지 않는 한, 그는 통계와 확률에 대한 고려에 지향점을 두었다. 이해해 보라: 통계적으로 산출된 확률은 이 두 번째 경우에도 실명 출생에 대해서 말했다. 그러나 이제 이러한 하나의 이야기, 이 유일무이한 이야기를 통해서, 그것을 겪은 사람, 그러니까 상담하는 그 의사는 심사숙고하게 된다. 그리고 '그 첫 번째 아이가 맹인으로 태어날 수 있을 위험 때문에 어떠한 주저함도 없이 임신 중절을 시도했던가?' 하는 질문이 그를 괴롭히기 시작했다. 거기에는 두 번째 경우에 임산부가 흔들리지 않았기 때문에 좋은 결말을 가져왔다는 기쁨이 아니라, 정말로 걱정스런 질문이 놓여 있었다.

나는 패널로 참여했던 행사가 끝난 다음에 그 의사와 오랫동안 이야기를 나눴다. 그리고 그때, 이어진 대화에서 그는 다음과 같이 말했다. "근본적으로 나는 그 부모들이 기대했던 첫 아이와 그 당시에 내 앞에 앉아 있던 그들에게 이렇게 말한 셈이다. 당신이 존재하지 않았다면 더 나았을 것이다. 그것이 내게 이제 생각할 거리를 준 것이다."

추가 이야기

몇몇 사람은 이제 왜 내가 당신에게 "하필이면" 그러한 극적인 임신중절 이야기를 감히 했는지 아마도 자문할 것이다. 자, 내가 보고했듯이, 나는 수년 전에 그 의사를 우리가 캐른텐의 연단에 함께 앉게 되었을 때 만났다. 그리고 여러분은 그사이에, 그 행사의 주제가 무엇인지 추측할 수 있을 것이다. 관건이 되었던 것은 임신중절 그리고 이에 대해 격앙된 시대에 그와 관련된 모든 것이었다.

여러분도 기억하겠지만, 당시 극도로 흥분된 논쟁에서 도덕적 입장과 평가에 방향을 지시했던, 새로운 관심들이 우세하고 있었다. 그렇다. 오늘날 우리는 그것에 대해 어느 정도 거리를 둔 채로, 그 당시 관계자들에게 자백을 강요했던 신념들의 싸움이 관건이었다고 말할 수도 있다.

그러나 내가 지금 여러분에게―그 의사의 이야기에 대한 일종의 쌍둥이 이야기로서―이에 대한 나 자신의 자시전적 기여를 할 수 있는 바를 짧게 이야기한다면, 내가―여기 이 강의에서―여러분에게 "하필이면" 그러한 임신중절 이야기를 제시하는 것이 어떤 의미를 지니는지가 즉시 분명해질 것이다. … 그것은 내 자신의 삶과 결정적으로 관련이 있다. 그에 대해 간단히 말하자면…

1972년 당시 내 약혼녀는 거의 "하루아침에" 사람들이 말하듯이 심각한, 결코 치유되지 않는 정신병, 특히 불안 공황, 편집증과 조현병의 중증 상태에 빠졌다. 평소 지속되는 무시무시하고 불안한 상태가 아주 오래되고 독특하게 남아 있던, 거의 순간적인 밝아짐에서, 이 끔찍한 고통이 발생한 지 약 9개월이 되어서 단 한 번의 성교가 이루어졌다. 그것은 확실한 의학적 예후에 따라서 "결과 없음"으로 남았어야 좋았을 것이다. 왜냐하면 그러한 경우에 흔한 것처럼, 병이 시작된 이후로 월경이 없었기 때문이다.

그럼에도 거의 불가능의 가능성을 입증하는 것은 이 유일한 "동침"―고어에서 그렇게 불리듯이―이 임신으로 이어졌다는 것이다. 내 아내는 생명이 위태롭게 되었고, 그녀의 의지에 반해서 환자를 진정시킬 수 있기 위해서는 주치의로부터 정신병동에 강제입원하라는 법적 명령이 내려질 정도의 위중한 상태에 빠졌는데, 그때가 임신 4개월 말이었다. 그 당시 그녀는 며칠 동안 혼수상태에 빠졌다. 그러나 그 후 의학적 전문의에 따르면 태아에 대한 심각한 손상이 상정될 수밖에 없었을 것이고, 그 외에도 임신이 유지될 경우, 필요하다고 여겨지는 고효능 약물로도 치료는 불가능할 것이라고 했다. 결과적으로 치료하던 의료진은 임신중절을 시행해야 한다는 데 동의했는데, 그것의 시행은 곧 환자가 유산함으로써 아이를 잃게 될 것이라는 슬픈 사실을 내포하는 것이었으며, 이러한 사실을 이해시키도록 하기 위해서 유명한 정신분석가이자 최면술사에게 의뢰해야 했다.

보고를 요약하자면: 내 양심에다 호소하는 의료계의 끈질긴 저항에 맞서서—나는 내 마음을 바꾸기 위해 보건부에 두 번 소환되었고, 그곳에서 사람들은 내 결정이 무책임하다고 확신시키려고 노력했다—나는 계획된 임신중절에 반대했다. 내 큰딸인 그 아이는 건강하게 태어났고 임신과 연관해서 터무니없이 작은 부상을 입긴 했지만, 그것은 물리치료사와 함께 몇 가지 신체 운동으로 완전하게 극복될 수 있었다. 그녀는 쾌활한 아이로 성장했고 나중에는 훌륭한 학생이 되었다. 김나지움에서 학생회장으로 선출되었고, 최고 성적으로 졸업시험Arbitur을 통과했으며, 오늘날 성공적인 자영업 사업가 여성이 되었으며, 무엇보다 언급할 가치가 있는 것은 내가 손주로서 소중하게 여기는 세 아들의 어머니이다.

여기까지가 "이중 이야기"라고 불릴 자격이 있는 첫 번째 이야기이다.

내 전기에 속하는 이 사건과 산부인과 의사가 이야기했던 다른 이야기를 연결하는 것이 무엇인지 번거롭게 설명하지 않아도 될 것이다. 그리고 내 삶에서 중요한 역할을 하는 이 이야기가, 여러 번 일어났던 것처럼, 젊은 여성들이—발생된 임신 사건에 대해 어떻게 느껴야 할지 확신이 서지 않는—철학상담에서 나에게 연락했을 때 어느 정도까지 개입하는지 여러분은 생각해 볼 수 있을 것이다. 물론, 나의 특수한 이야기에서 어떤 직접적인 조언이나 결정적인 도덕적 입장에 대한 정당성도 도출될 수 없다는 점을 강조해야 한다! 그러나 한 여성이나 아마도 미래의 부부는 그런 이야기에 대해 나 같은 사람에게 조언을 청하거나, 특별한 방식으로 심사숙고하는 사람이자 이와 동시에 슬로건과 또 다른 주저 없음에 대한 모든 신념에 걸맞은 성향을 잃어버렸던 사람에게 연루될지도 모를 일이다.

반대 이야기의 구성

그리고 이제 나는 여러분이—보충을 위해—그러한 질문과 다른 곳에서도, 아니, 주로 관련이 있는 상담의 일상적인 경우로 넘어가도록 하겠다.

생각해 보자—이것은 더 이상 내가 여러분에게 말하는 이야기가 아니다. 그것은 단지 가상적인 삽입일 뿐이다...—"프로 파밀리아Pro Familia"의 상담원을 생각해 보자—나는 이 서클의 분위기가 제법 좋다고 안다...—그녀의 생각에 따르면 그녀는 전기에 기록될 만한 복잡한 사정들과 부담으로 인해—한 번, 아마도 두 번, 어쩌면 여러 번 임신중절을 했으며, 그 외에도 그녀 자신이 지닌 여성적 전기로의 시작을 바로 그날, 즉 여성해방의 공적인 선언이 법적 우려가 없는 임신중절 권리와 연결되었을 때 했다. 여러분은 기억할 것이다.

여러분이 그녀의 임신상담에서 너무 미묘한 고려 사항 심지어 도덕적인 혼란을 허용한다면, 여기서 한번 상상해 보았던 상담원은 주저함에서 무엇을 감수하게 될 것인가?—나는 이 질문에 개입하는 것으로 충분하다고 생각한다.

이중 이야기와 그 반대 이야기로부터 나온 몇 가지 결론

그렇다면 이러한 가상의 반대 이야기로부터 이론적으로 중요한 결론을 도출해 보겠다. 이 마지막 경우(여기서만 가정되었던)에 전기적 사건의 영향력 행사와 내가 처음 두 이야기 혹은 그 이중 이야기를 근거로 보여 주었

철학상담의 철학:
기원과 발전

던 영향 사이의 근본적인 차이점은 무엇인가?

나는 다음과 같이 결론을 내릴 수 있다고 생각한다. 나 자신의 경우와 마찬가지로 그 의사의 경우에 경험하고 겪은 일의 결과로 인한 깊은 혼란과 좋은 의미의 불안정성은, 태어날 아기를 유산 시켜야 하는 임산부처럼 그러한 결정의 어려움을 상담자가 수용하도록 만든다. 반면에 "프로 파밀리아"에서의 상담자의 가상 사례에서는 그녀의 과거 이력으로 인해 그녀의 상담 활동이 (비록 의식적이진 않더라도) 자신의, 한번 취해진 결정의 후속적인 정당화에 기여하게 될 위험이 있다.

이 이야기들 안에서 그리고 이 이야기와 함께 나에게 임신중절의 문제가 관건이 되고 있는 것이 아니라는 것을 분명하게 이해하기를 바란다. 내게 관건은 그러한 사례들에서 전기적 사건이 우리의 생각과 입장에, 즉 곤궁에 처해 있는 다른 사람들을 도울 준비 태세에 어떻게 다양한 방식으로 영향을 미칠 수 있을지를 오직 설명하려는 것이다.

그래서 예고된 다음 이야기로 넘어가기 전에 전해진 이야기들로부터 또 하나의 결론을 내리고 싶다.

나는 서두에서 우리의 전기는 우리가 말하는 이야기이며 우리가 누구인지에 대한 정보를 제공해야 한다고 말했다. 이것은—이전에 전달된 이야기에 비추어 볼 때—이제 더 진전된 생각으로 보완되어야 한다. 우리의 삶이자 우리가 상담하는 방식에서 어떤 형태로든 함께 관철될 이야기는 단순히 모든 전기적 사실, 사건, 일어난 일, 다른 사람과의 만남 그리고 사람들이 우리를 경청할 때 우리가 보고할 기타 있을 수 있는 모든 것의 합계가 아니다. 그것은 우리가 경험한 것들만도 아니다. 그런데 동시에—그리고 더 중요한 것은—우리가 그것으로부터 배운 교훈들이 있다. 우리가 경험한 것은 우리의 생각을 형성한다. 여기까지는 분명하다. 그러나 그 반대도 다음과 같이 타당하다. 경험자에 대한 우리의 생각, 우리의 평가, 우리의 입장은 비로소 우리에게 마침내 우리인 것이 되게 한다.

그것은 우리에게 하나의 사례를 설명한다. 경험은, 사람들이 말했듯이, 기대에 대한 실망을 처리하는 것이다. 이해하는가? 모든 것이 그들이 생각했고 기대했던 대로 진행되는 한, 여러분은 어떠한 경험도 하지 못하고, 그러한 한 그들은 조용히 그들의 삶을 계속 놓칠 것이다. 여러분에게―그래서 사람들이 말하기를―맞지 않는 일이 일어나면 비로소 그때, 여러분의 세계관을 교정하거나 혹은 여러분은 심사숙고하게 된다.

단순한 세부 사항처럼 보이는 것을 내가 언급하는 이유는 무엇일까? 나는 다음과 같이 테제를 말하려는 경향이 있기 때문이다. 실로 우리 사건의 이러한 결과, 여러분에게 뒤따르는 이러한 심사숙고는 대체로 사람들이 당신과 상의하러 상담에 왔을 때 도움이 된다. 여러분 자신에게 그리고 여러분과 상담하는 사람들에게 도움이 된다.

그런데 마지막 문장에 대해 내게 약간의 짧은 보충설명을 허용하기 바란다. … 우리 언어가 우리를 위해 이미 붙잡고 있는 그 아름다운 힌트에 대한 여담은 "누군가와 상(相)담하다 sich beraten mit jemandem."를 의미한다. 누군가[내담자] 다른 사람과 상의하러 온 이러한 과정에서, 그[상담자]가 [내담자와] 상담을 함으로써 그[내담자]와 말하는 조언자[상담자]가 그[내담자]의 삶에서 경험한 것 혹은 그렇지 않으면 그의 이력서에 있는 사실들에 존재할 수 있는 것을 체험했던 것이 곧바로 도움이 되는 것이 아니라, 그가 이것을 어떻게 "처리했었는지", 그가 그것으로부터 얼마나 통찰력을 얻었는지, 그리고 다시 한번: 그가 그것에 대해 심사숙고하게 되었는지의 여부가 도움이 된다. 왜냐하면 그것을 통해서 비로소 조언자[상담자]는 조언을 구하는 사람의 질문과 문제가 깨질 수 있는 공명체가 되기 때문이다―그러고 나서 그것은 마치 조언을 구하는 사람이 프리즘을 통해 사물들에 대한 자신의 시선을 보내는 것과 같다. 그 프리즘에서 그가 지닌 걱정의 단조

철학상담의 철학:
기원과 발전

로운 빛은 도움되기에 충분한 생각들이 연결될 수 있는 관점들의 다채로운 다양성으로 펼쳐진다—하지만 그것은 너무 은유적 표현 안에 있는 것일까?

두 번째 이야기

이제 곧장 두 번째 이야기로 넘어가겠다. 내가 수년 전에 철학상담에서 마주쳤던 이야기이다. 그것은 다시 한 산부인과 의사의 이야기인데, 그것에 대해 여기서는 가장 적은 부분만—확실히 너무나 짧게—공유될 수 있다.

가톨릭에서 운영하는 산부인과 병원의 원장이 방문자로 왔는데, 그의 정보에 따르면 그는 수년 동안 폐경기 여성에게 자궁과 난소의 완전한 적출을 권유했고 직접 수술까지 했다. 항상 이러한 근본적인 개입이 필요했을 명확한 진단이 제시되지는 않았을지라도 말이다. 병원 운영의 관행에서 이것은 그 당시의 관례로서 확립되었을 것인데, 그것은 유리한 수치의 형태로 경제적인 대차대조표에 나타날 뿐만 아니라 대개 좋은 점유율을 보장했으며, 또한 수술 경험을 제시해야 하는 승진할 젊은 의사들을 위한 수술 활동 영역으로 보태지고, 보여 줘야 한다는 점에서 환영받았다.

그러나 어느 날 그의 치료를 받은 한 여성이, 병원 복도에서 흰 가운을 입은 사람들 사이에서 내부적으로 말하는 것처럼: "내장을 제거"했는데, 그 이후 정신적으로 그 처치를 극복하지 못했고 스스로 목숨을 끊었다. 이것은 그가 연구 결과에 따라 절대적으로 필요한 수술적 개입만 그의 병원에서 허용하기로 결심했을 때까지 그를 진정시키지 못했다.

그 결과는 무엇이었을까? 정평이 났던 운영은 중단되었고, 병실들이 비었고, 빈 병상에 대한 불만이 제기되었고, 대학에서 밀려오는 젊은 의사들은 문서로 제시해야 할 수술의 필요한 숫자를 더 이상 그때까지 익숙했던 빠른 속도로 잇달아 입증해 보일 수 없게 되었다—이전과 비교해서 병원의 대차대조표의 수입 부분에 나타난 부정적인 결과는 제외하더라도 말이다.

상담에서 이 경험을 나에게 맡긴 그 의사는 그 외에도 병원의 경영진이 마침내 그로부터 야기된 재정 적자를 어떻게 바로잡을 수 있었는지에 대해서도 보고했다. 가톨릭 병원의 책임자들은 이제 수년 동안 심각한 직무 태만으로 이전에 말이나 코멘트 없이 용인했던 한 가지 상황에 대해서 마치 이 스캔들이 될 만한 곤란한 상황을 전혀 알아채지 못했던 것처럼 기분이 상했다. 그러니까 이제야 비로소 알려지게 된 이 상황은 다음과 같다. 그들의 산부인과 병원 원장이 이혼한 남자로서 사실은 결혼하지 않은 여자와 그의 삶을 공유했다는 것이다. 이 스캔들을 이제 더 이상 간과할 수 없게 된 이후, 무엇을 해야 했을까? 그러한 "합법적이지 않은" 관계는 특수한 직업법과는 합의될 수 있지만, 가톨릭 기관의 윤리적 원칙과는 합의될 수 없다고 밝혀졌다. 그것은 그때까지 관례적이고, 고수익 관행을 달갑지 않게 거부하는 사람을 해고하는 법적인 동기를 제공했다.

여기까지가 두 번째 이야기이다.

전기적 사건으로부터 어떻게 배우는지

우리 주제—전기가 우리의 상담에 어떤 영향을 미치는지—에 대한 수요와 함께 들었던 이야기를 풍요롭게 만들기 위해 나는 다음의 고려 사항을 그것과 연결하고 싶다. 어떤 이야기들인가? 전기에 들어갈 만한 이야기들에는 우리가 존재하는 그 인격Person으로서 주조하는 힘이 있고, 우리를 흔들고, 의심으로 떨어뜨리고, 넘겨받은 관습과 루틴에 대해 회의적으로 되도록 만들어서—우리가 지금부터 어쩌면 다른, 더 세련되고, 더 용감하고, 더 신중한 조언자가 되는, 아마도 우리를 개조할 힘도 있다. 그 의사의 경우에 우리는 그러한 반전(反轉)에 대한 예의 진가를 인정할 수 있을까? 그는 해고 직후 철학상담에서 몇 번의 대화를 한 뒤 자신의 조직학Histologie[2] 연구소를 설립했는데, 거기서는 그 오용을 방지하는 방식에서의 [의학적] 소견들이 제시되고 전달되었다.

여러분은 여러분 학회의 틀 안에서 전기적 사건들과 인격성 사이의 상호 작용에 대해 질문하고 있기에, 아마도 그 산부인과 의사에 의해 고무된 지금이, 우리에게 필요한 차별화를 촉구하는 테제를 제시할 적절한 순간이라고 할 수 있다. 어떤 주목할 만한 의미에서 "인격성Persönlichkeit"에 대해 우리가 말해야 하는 유일한 경우는 우리가 그것을 실제 성격과 관계할 때이다. 그러니까—많은 이와 함께 달리고, 다른 사람들처럼 존재하는 것 대신에—자신의 고유한 축에 매달려 있고, 순전히 다른 사람들이 그에게 기대하는 것의 의미에서 기능으로 기능하는 것을 그가 하지 못하도록 방해하는 그 원칙의 확고함에 도달하고, 그럼으로써 그 스스로 의무적이라고 알고 있는 양심을 스스로 허용할 만큼 자유로운 사람과 관계할 때이다.

우리가 성격으로서 칭송하는 그런 인물과 달리 "페르소나"는 단지 성격의 마스크일 뿐인 것으로 알려져 있다. 왜냐하면 그곳, 무대로부터 그 개념이 유래했기 때문이다. 현대적 용어로 번역하면 다음과 같이 말할 수 있을 것이다. "페르소나"에 불과한 자는—연극에서와 마찬가지로—역할만을 수행할 뿐이다. 그러나 그의 "역할"은 그가 종사하는 작품을 결정한다. 은유의 이쪽 측면: 사람들이 그에게 기대하기 때문에 그가 수행하는 역할은

---

2 역자 주: 조직학(Histologie)은 생물학적 조직을 연구하는 과학으로, 의학 및 생물학, 더 정확하게는 해부학 및 병리학의 부분 영역이다.

회사, 관청, 그가 직업적으로 속한 기관이 지시하며, 그 감독은 상사 혹은 어떤 "상급자"의 책임이다.

좋은 조언이 무엇인지에 대한 간단한 대답

이제 여러분이 바로 듣게 될 세 번째 이야기를 나는 예고했는데, 그것은 여러분이 교양 및 직업상담의 틀 안에서 매일 종사하고 있는 것과 관련이 있는 문제이다. 왜냐하면 사실 그 이야기는 잘못 결정된 직업 선택의 운명, 어려운 조건들에서 얻은 지식, 점차 성숙해진 통찰, 새로운 전망을 여는 것, 그리고 마지막으로 마침내 어떻게 용기를 찾고 확신을 얻었는지에 대해 다룬다. 그 확신이 없었다면 구원으로 열리는 새로운 시작이 결코 감행되지 않았고, 결코 시작되지 않았으며, 지속되지 않았을 것이다.

그런데 이 마지막 이야기는 몇 개의 짧은 문장으로 서두를 장식해야 할 것인데, 내 생각에 "좋은 조언"이라고 이해될 수 있는 것을 이론적인 외관을 갖추어 집약적인 형태로 공식화할 수 있을 것이다. 어떤 의미에서 이제 뒤따르는 문장들은 추후에 이루어진 소위 "추상"의 기능을 충족하는데, 그 추상은 마지막 이야기와 관련하여 그리고 그 시선에서 "살과 피"를 얻게 될 것이고, 그러니까 인간의 운명에 대해 신뢰성과 구체성을 얻게 될 것이다.

그래서 여기에 우선적으로 "좋은 조언"으로 간주될 수 있는 것을 간단한 단어들로 규정하려는 시도의 짧은 버전을 다음과 같이 제시한다.

상담이 당신을 잘못된 길에서 해방시키고, 출구를 열어 주고, 길을 내는 한, "좋은gut"이라는 표창을 받을 만하다. 때로 그것은 목적지에 이르는 우회로를 동반하기도 한다. 그런데 그 조언이 생각을 품게 하고, 대안에 대한 접근을 제공하고, 통찰력을 촉진하고, 결심들을 성숙하게 하며, 무엇보다도 결단을 내리도록 격려함으로써 목표로 하는 바가 밝아 오고 마침내 두드러지게 나타나기 시작한다.

세 번째 이야기

이와 함께 예고된 세 번째이자 마지막 이야기로 넘어가자. 그 이야기로부터 방금 요약된 좋은 조언의 원칙들을 어느 정도 끌어낼 수 있을 것이다. 단지 개요 때문에, 나는 결과를 먼저 앞에 놓았고, 그것에 기초가 되는 구체적인 이야기를 이제 따라가도록 했다.

40대 초반의 한 남자, "가스화 기술"—예를 들어, 갈탄 정제를 위한 처리와 같은—을 전문으로 하는 엔지니어가 삶의 전기와 다양하게 연관되는 고충을 가득 가지고 나를 찾아왔다. 다양한 질병 진단에 따르는 잦은 휴식 시간, 그와 함께 연관해서 그동안 고용주의 잦은 교체—그들 중에는 아헨공과대학에서 공부를 마친 한 사람이 지원했었던 높은 전문성 때문에 NRW에서는 아주 소수만이 존재하는데…—알코올 남용, 불만족 그리고 그 결과로 이 모든 것으로부터 그러는 사이에 위기에 몰린 가족 상황 등이 있었는데, 가족에는 어린 시절에 각기 다른 가족으로부터 입양된 두 명의 아들이 속했다.

이 사람은 어떻게 그의 가장 특별한 직업을 선택하게 되었을까? 그는 그의 부모와 함께, 다른 문명에서 멀리 떨어진 극도로 외로운 위치에 있는 훈스뤽Hunsrück의 계곡에서 은빛 여우 농장을 운영하는 조부모에게서 자랐다; 이 동물의 가죽은 그 당시 매우 값이 높았다.

이제 부모의 야망은 다음과 같았다. 공부하는 데에 그리고 가족 중 첫 번째 학자로서 지위가 높아지는 데에 공공연하게 "필요한 자질을 가졌던" 소년은 이 숲의 고독에서 벗어나 큰 세상으로 나아갈 자신의 길을 찾는 기회를 가져야 했다. 이와 동시에 그의 학업은 "뭔가 구체적으로 확인할 수 있는 것etwas Handfestes"을 가져와야 했다. 그래서 [그의 전공]은 공학Ingenieurswesen이었다. 그리고 나서 아헨 대학교의 한 교수는 외로움에서 벗어난 젊은 학생을 "자신의 날개 아래" 데려갔고 그의 능력에 따라 그를 후원했는데, 여기서 의미하는 바는 그[교수]는 그[학생]에게 노르트라인-베스트팔렌Nordrhein-Westfalen: NRW 주에서, 특히 갈탄 노천 채굴의 틀 안에서 매우 수요가 많았던 전문 분야로의 길을 열어 주었다는 것이다.

나는 얼마 후 그 남자와 함께 훈스뤽에 있는 조부모님의 집을 방문할 수 있는 초대를 수락했는데, 그때서야 이전 대화 과정에서 오래전에 얻었던 내 인상이 확인되었다. 이 남자는 그의 능력과 재능에 따르자면, 특수한 전문가와는 정반대였다. 나는 이것을 다음과 같이 묘사하고 싶다. 만약 그가 1세기 전에 캐나다로 이주했었더라면, 그는 개척자 중에 확실히 이미 재빠르게 비교적 최고의 시작 조건을 만들었을 것이다. 나는 거기서 자신의 손재주로 통나무집을 만들고 개간을 통해 농사에 필요한 경작지를 얻었을지도 모를 놀라운 사람을 만났다. 그리고 밭의 열매들, 나무 또는 관목에 달린 과일, 채소에 관해서든 혹은 동물 사육 및 먹이에 관한 것이든, 이 사람은 확실히 모든 것을 할 수 있었을 것이다. 그리고 그가 여전히 이해하지 못했던 것이 있다면, 아마도 그는 빨리 배웠을 것이다. 그런데 그러한 사람이 이제 책상에 묶여 있었고, 거기서 개관할 수 있는 수의 특별한 질문들을 해결해야 하는 임무를 수행해야 했다.

거기에 덧붙여서, 이 사람의 성격적 성향에 관한 한, 그는 자신이 결심한 것들의 주인으로 일하도록 허용된 곳에서 아주 명백하게(사람들이 소위 그렇게 명명하듯이) "활짝 꽃을 피웠다". 그와 달리 그가 단지 마지못해서 의견을 말하거나—아마도 이것은 어린 시절의 외로움의 결과일까?—혹은 명령이나 기대에만 따랐던 것들도 있었다.

결국 중요한 전기적 전환으로 이어졌던 철학상담에서의 대화가 어떻게 진행되었는지에 대해서 내가 실제로 제공했던 상세함과 함께 보고하려 했다면, 내 강의에 설정된 틀을 넘어서야 할 것이다. 그래서 나는 결과에 대한 몇 가지 메모만을 전달하는 데 제한하고자 한다.

우리의 대화의 틀 안에서, 그리고 확실히 그 대화의 영향을 받아서 그 남성은 나이가 들었음에도 다시 한번 다른 견습 과정을 하기로 결심하기에 이르렀다. 즉, 복원전문가가 되기로 한 것인데, 그 직업에서 그의 탁월한 다재다능함과 그의 수공업적인 재능이 적절한 활동 분야를 찾았을 뿐만 아니라 그 외에도 여기에 그가 오랫동안 교육받아 온 역사적인 관심도 마침내 제자리를 찾았다.

그러나 가족을 부양해야 하는 "가장(家長)"의 과제와 의무에 대해 확고하게 지녔던 이해가 이처럼 급진적인 새출발을 결심하는 데 가장 큰 걸림돌로서 입증되었다. 이것은 견습 기간 동안 벌 수 있는 빈약한 수입으로 보장될 수 없었다. 그래서 숙련된 서점주인 아내가 "개입"해야 했고 과도기 동안 가족의 재정적인 생계를 도맡았어야 했다. 부수적으로 알게 되었는데, 그 여성에게 이러한 새로운 재정적 조정 과정은 전적으로 알맞았으며 환영할 만했다. 반면에 상담에서 내 손님에게 이 부분은 그가 받아들여야 했던 가장 어려운 장애물이었는데, 그러니까 그가 그때까지 경시했던 관계들을 불가피하게 구출을 위한 조건으로 수용해야 했다.

보고서를 결론짓자면: 공학 석사로서 그는 2년 만에 견습을—게다가 탁월하게—마칠 수 있었고, 그의 탁월한 기술에 대한 재빠른 증명과 더불어서 관련 공예실에서 일한 제출 서류들은 1년 후에 이미 장인이라는 타이틀을 획득할 수 있게 했다.

그리고 운명의 특성이 자주 그렇듯이, 올바른 길을 택하고 용감하게만

한다면, 이제 모든 것이 제자리를 잡았다. 운명은 함께했고 그 역할을 잘 수행했다. 그 남자는 연방 정부가 통일로 인해 본Bonn에서 베를린으로 수도를 이전했을 때 자신의 회사를 막 설립했는데, 그 결과 많은 전직 특별 당국의 건물들, 예를 들어 대사관의 별장도 비게 되었고, 막 복원되어야 했다. 이 모든 것은 본 도시의 한 외곽에 세운 이 남성의 신생 회사와 잘 맞아 떨어졌다. 그러니까 비즈니스 조건으로는 이보다 더 행복할 수 없었다.

그 결과: 삶을 살아가는 데 지장을 주는 장애들, 질병, 과음, 불만족 등등은 더 이상 이야기되지 않았다. 그렇다. 우리는 파란색 코트를 입고 배송 차량의 운전대를 잡은 "행복한 사람"을 상상할 수 있다. …

철학상담의 철학:
기원과 발전

교양 없는 자들은 어디에서나 개별적인 것만을,
절반의 교양 있는 자는 규칙을,
교양 있는 자는 예외를 본다.

프란츠 그릴파르처 Franz Grillparzer

17장
철학상담을 위한
커리큘럼의 주요 특징[1]

　나는 이탈리아 대학에서 "철학상담" 석사 과정을 개설하기로 한 여러분의 결정을 환영한다. 동시에, 나는 여러분이 여러분의 양심에서 얼마나 벅찬 기대로 가득하고 다루기 힘든 프로그램을 추진하고 있는지 잘 알고 있으며, 여러분 중 일부는 이 단계에서 불가피하게 수반되는 책임을 받아들이기를 망설이고 있다고 생각한다.

　그리고 여러분의 제자가 철학적 대가의 텍스트에 대한 모호한 해석으로 자신을 당황하게 하든, 엉성한 논증으로 주의 깊게 듣는 사람들에 의해 논박되든, 기대되는 지식의 영역에서 큰 격차를 보이는지의 여부와 이와 달리 곤경에 처한 사람이 그[당신의 제자]에게 찾아오는 다음의 경우에서 실패하는지의 여부는 실제로 중요한 차이이다. 즉, [그 찾아온 사람은] 절망적이고, 어쩌면 쓸쓸하고 삶에 실망하고, 자신의 삶에서의 잘못된 길로부터 아무런 탈출구를 찾지 못해서 낙담했을 수 있고, 자기가 엉망이라고 생각하는 자신의 삶을 끝내기로 반쯤 결심했을 수도 있고, 아내와 아이들을 떠나려 할 수도 있고, 아마도 그녀가 수십년간 함께 살았지만 이제는 다른

1　이 원고는 2005년 10월 5일부터 8일까지 사르데냐 칼리아리에서 "인간의 인식과 철학상담(I saperi umani e la consulenza filosofica)"이라는 주제로 열린 학회의 개막식에서 강연한 내용이다. 같은 해 하노버에서 열린 IGPP 콜로키움에서의 강연에 수정되어 사용되기도 했다.

이유로 남편을 외면하려는 여성일 수도 있다. 가혹하고 냉혹한 운명에 짓눌린 채, 용기도 잃고 아무 위로도 받지 못한 채 여러분의 제자 중 한 사람의 상담에 왔던 그 사람은 깊은 슬픔에 빠졌을 것이다. 왜냐하면 그는—이 경우 그녀는—그녀가 아이를 가질 수 없는 행로에서 삶을 보냈고, 이제는 아이를 갖기에는 너무 늦었기 때문이다. 그녀는 자신의 삶을 허비했다는 생각에 의해 고문을 당한다. 직업에서 성공했지만 그와 동시에 그 성공이 그를 인간적으로 망쳐 놓았고, 그가 생각하는 것처럼 그 잔해만이 그에게 남았던 사람이 아마도 당신의 학생을 찾아왔을 수도 있다. 아마도 불행에 대해 보고하는 한 인간, 즉 누구에게도 존중받지 못했고 누구에게도 거의 주목받지 못하며, 누구에게도 사랑받지 못한 한 인간, 그가 시도했던 것에 실패했고 그 대신에 감히 용기를 냈던 것조차 허사로 돌아가서 이제는 외롭고 비참해진 한 인간이 아마도 그[제자]에게 올 수 있을 것이다. 아마도 그의 딸이 도둑질을 하고 나쁜 환경에 빠지겠다고 위협하고 있는, 저명하고 존경받는 한 시민인 어떤 사람이 그에게 올 것이다. 아마도 그의 아들이 마약 현장에서 길을 잃고 결국 마약 과다 복용으로 사망한 또 다른 사람일 수도 있다; 그러나 여러분 제자의 손님은 그가 아버지로서, 또는 그녀가 어머니로서 실패했다는 환상에 괴로워하며, 그들은 자녀의 운명으로 나타나기 시작한 것을 외면했고 인정하고 싶지 않았고, 그렇지만 그들이 바라보았을 때 그들은 불행을 피할 수 있을 그 어떤 것도 할 수 없었을 수도 있다. 아마도 한때 의사로서 많은 돈을 벌었지만 어느 날 투자 회사의 사기에 속아서 전 재산을 잃었고, 아무런 성공도 없이 세 번째 소송을 제기함으로써 그에게 남아 있던 얼마 안 되는 것조차도 잃었던 한 인간이 당신의 제자에게 올 수 있다—또 다른 콜하스 그리고 마지막으로 또 따른 욥일 수도 있다. 왜냐하면 그의 비참함 속에서 마침내 그의 아내가 그를 떠났고, 게다가 그는 수많은 질병의 희생양이 되었기 때문이다. 아마도 투시력이라는 끔찍한 재능을 가지고 있다는 의심에 시달리고 있는 한 인간이 당신의 제자에게 올 수 있다. 그러고 나서 그 여성은 충격적인 환상 속에서 그녀에게 이미 사건들이 예견되었다고 하고 나서 그녀 자신이 마녀인지를 스스로 지금 묻고 있다고 이야기한다. 아마도 자신을 도울 아무런 방도를 모르는 채 술에 의해 망가졌다고 자신의 곤궁을 시인하는 한 인간이 나타날지도 모른다. 아니면 또 다른 남성은 그가 사랑했던 여성이 그를 떠났기 때문에 끝없는 슬픔에 빠졌다. 그리고 다시 또 다른 남성은 제정신이 아니고, 겁에 질리고, 믿을 수 없는 파탄에 빠진 상태에서 보고하기를, 그의 아내가 그를 경찰에 신고했는데, 그들의 공동 자녀이지만 아내에게 속하는 자녀 중의 한 명과 성관계를 가졌다고 비난했다는 것이다; 그러나 그것은 사실이 아니며, 그것은 불명예스럽고, 이러한 의심은 그를 지옥으로 떨어지게 하고, 그를 파괴하고, 그를 영원히 파멸시킬 것이라고 한다. 그러나 또 다른 경우에, 한 여성이 당신의 제자에게 올 것이고, 그녀는 그에게 실패했던 치료들에 대해서, 그리고 클리닉에서의 체류에 대해 이야기한다. 거기서 그녀는 거의 완전히 자신이 파괴된 존재로서의 체험을 해야 했다. 왜냐하면 어린 소녀로서 그녀가 그녀의 아버지로부터 학대를 당했다고 젊은 치료사가 그녀에게 말했고, 그녀는 그것을 믿었기 때문이다. 그러나 이제 그녀에게 가장 끔찍한 의심들이 찾아왔고 그녀는 더 이상 아무것도 알지 못하며 실제로 그녀는 단 한 가지, 끝내기만을 원한다는 것이다.

알다시피, 이러한 작은 선택만으로도 여러분 중 한 사람 또는 다른 사람이 철학자 제자로 하여금 다음과 같이 하도록 준비시키는 것이 매우 부담스러운 책임으로 여겨질 수 있다는 것을 이해하기에 충분할 수 있다. 즉, 이와 같은 상황과 사태에서 그러한 문제로부터의 도전에서 생존해야 하고 적어도 아무런 잘못도 하지 않을 뿐 아니라, 실제로 더 많이 돕고, 해결책을 찾아서 짓눌린 사람들에게 전달하고, 그를 위로하고, 그를 격려하고,

그에게 자신의 삶에 대해 계몽해서 그가 자기 자신과 그리고 그의 운명과 화해하는 것을 극복하고 마스터할 수 있도록 하고, 아마도 그 자신을 넘어서도록 돕고, 마침내는 그에게 완전히 새로운 삶의 길을 열고, 간과된 관점들을 새롭게 주목하고, 희망이 정당화되는 한 이를 불러일으키고, 두려움이 정당화되지 않는 한 이를 흩어 내고, 생계에서 불안들을 없애고, 어두침침한 것을 밝게 하고, 안개를 몰아내고, 망상을 잠재우고, 격정을 가라앉히고, 선입견을 뒤흔들고, 예감을 말하도록 하고, 감정을 존중하고, 통찰력을 소중히 여기고, 판단을 정당화하고, 경우에 따라서는 또한 질문도 제기하고, 등등.

나는 무엇이 철학상담자에게 그의 상담에서 기대되는지, 무엇이 그를 요구하고 시험대에 올려놓는지, 이러한 암시들과 힌트들의 갤러리에 남겨두고자 한다. 덧붙이자면 여기서 중요한 것은 예외 없이 사람들이 실제로 내 상담에서 나타냈던 문제들이라는 점이다.

그리고 이제 나는 상담자가 자신에게서 무엇이 기대될지 모른다는 것, 그러므로 모든 것에 현명한 방식으로 준비해야 한다는 것을 예시했기를 바란다. 이는 철학이 전문화를 통해 그 유능성을 획득할 수 있는 학문 분야가 아니기 때문에, 그것을 상담에서 증명하는 것이 당연히 관건이 된다.

그러나 철학을 전공하는 학생이 어떻게 그러한 시험에 대비할 수 있을까? 예고한 대로, 나는 이것에 대해 적어도 몇 가지 힌트를 과감하게 제공하려 한다.

첫 번째 힌트는 전승되어 온 철학의 학술적 영역에 적용되는데, 이에 대해 철학상담이 지닌 관심의 시선에 비추어 볼 때 더 이상의 교정이나 보충이 실제로 필요하지 않다고 가정할 수 있다. 즉, 내가 의미하는 바는 철학의 역사이다. 철학상담을 준비하기 위해서 대학에서 이러저러하게 진지하게 일어나는 것과 달리 철학의 전통으로부터 무엇이 다르게 전달되어야 할까?

이제 한편으로 전승된 역사에 대한 재평가는 철학상담으로부터 학술적 철학에 대해 새롭게 제기되는 요구에서 비롯된다. 지금까지 근본철학의 관점에서 오히려 부차적이거나 그다지 독창적이지 않거나 너무나 독자적이지 않아서 2순위나 3순위로 밀려났던—그런 다음 거기 "잊힌 존재" 또는 "간과된 존재"의 주위에서 그들의 일목요연한 작은 분야Kleinstbiotop를 찾았던 주변부의 전문가들만이 그들을 다루었던—사상가들은 철학상담의 출현을 통해 새롭고 합법적인 관심을 얻는다. 나는 단지 몇몇의 예만을 명명하려 한다. 대표적인 예로서 세네카, 에픽테토스, 마르쿠스 아우렐리우스 또는 키케로와 플루타르크 및 헬레니즘 철학 학파 전체, 그리고 후대의 몽테뉴와 프랑스 도덕주의자들이 여기에 속한다. 내가 부차적으로 작은 메모를 달자면, 기초철학의 관점에서 그다지 요구가 많지 않은 이러한—전문적인 철학에 의해 드물지 않게 간과된—철학들의 현재성Gegenwärtigkeit이 놀라운 방식으로 보존되었던 반면, "최초의" 철학자들의 근본 요구들은 대체로 매우 빠르게 시대에 뒤떨어졌고 이제는 철학 박물관에서만—말하자면, 철학사에서만—살아남았다.

철학사적인 관점에서 철학상담의 출현으로 설득력 있게 되었던 관심의 변천에 대한 두 가지 예를 더 들자면, 나는 계몽주의의 소위 대중철학과 물론 철학적으로 중요성을 지닌 문학도 전체적으로 주목할 가치가 있으며, 미래의 철학상담자에게 수준 높은 작업을 그가 준비할 것을 언급하고 싶다.

대중철학에 관한 한, 철학상담의 의도가 그 자체로 "대중적인" 철학이 되는 것은 아니다—우리가 그것을 자신에게 접근시키려는 그 누구도 거부하지 않는 철학이라고 이해하지 않는다는 말이다—그러나 대중철학이 삶을 주도하는 원칙들에 대해 자신을 표현하고, 삶의 경험을 재고하고, 삶의 해석과 태도를 제시하고, 삶의 심적 상태를 생생하게 만들고, 경우에 따라 운명에 의해 흔들렸던 삶의 일상을 성찰하고, 역경에 부서진 삶의 현명함 등을 성찰하는 한, 대중철학에 대한 자신의 입장을 분명히 해야 할 것이다. 예를 들어, 그라시안으로부터 크니게, 리히텐베르크, 알랭, 카뮈의 소실에 이르기까지 풍부한 문학을 생각해 볼 수 있다.

그러나 철학상담의 요구 사항에 대해 철학전공에서 학문적으로 검증된 졸업생들이 준비하는 경우에 있어서도 물론 광범위하게 철학적으로 진지하게 여겨지는 문학은 상당히 중요한 역할을 한다. 고대 비극에서 시작해서 셰익스피어를 넘어서, 레싱, 괴테의 작품들, 쉴러의 에세이, 뷔히너의 희곡들, 노발리스의 단편들, 도스토예프스키나 토마스 만 또는 옛 폰타네—나는 그를 "스테클린"이라고 부르기를 선호하는데—의 소설, 무질의 소설이나 카프카의 섬뜩함, 베케트의 심연, 그리고 많은 다른 작품에 이르기까지.

전문 철학의 산물이 아닌 작품과 전승들에서 철학적 "내용"을 얻으려는 의도는 키르케고르의 현명한 격언에 의해 이끌어질 수 있다.

> 발람의 나귀가 말을 하든, 웃는 경련을 일으키는 웃음 중독자든, 사도와 천사든 상관없이, 참된 것을 전유하는 사람의 인격성Persönlichkeit만이 성숙하게 되었다(Kierkegaard, 2003, p. 299).

그러나 무엇보다도 그러한 작품들과 작가들이 중요한데, 철학상담에서는 다른 사람들을 철학적으로 가르치는 것이 관건이 아니라, 오히려 철학자로서 불행이나 행복의 별자리, 또는 당한 일들, 사건들 및 상황의 앙상블이든 간에 이야기들, 얽힘들, 운명들을 철학적으로 이해할 수 있고 그런 다음 삶을 촉진하거나 삶의 주도성에 봉사하도록 처리하는 능력이 관건이기 때문이다.

그 외에도—철학이 평상시에 철학 전통을 수용하던 방식을 교정하기 위해 필요한 추가적인 힌트로서—지금까지 익숙했던 철학사를 기록하는 정전에 전혀 속하지 않았던 뛰어난 삶의 숙달과 삶의 지침을 보여 준 인물들은 주목할 만하다. 나는 단지 몇몇 이름을 언급하려 한다. 예를 들어, 공자, 부처, 나사렛 사람, 아시시의 프란치스코.

또한 철학상담의 출현을 통한 철학의 전승사에 대한 재평가와 새로운 평가에는 철학적 작품들의 특별한 전통이 우선적으로 주목할 가치가 있다는 사실이 속한다. 철학적 고백이 담긴 저술 내지는 자서전의 전통을 의미하는데, 그것은 아우구스티누스에 의해 본보기가 되어 전승되어 왔고, 몽테뉴의 에세이가 역사를 이어 나갔으며, 나중에는 루소가 다시 한번 대가다운 무대를 선보였다. 그러나 동시에 철학상담자라는 직업을 준비하는 데에 있어서 선별된 철학자와 다른 사상가의 서신을 참조하는 것에 대해서도 생각해 볼 필요가 있다. 왜냐하면 그 안에서 그렇지 않으면 원칙적인 사상가로만 알려진 자의 머리가 아닌 마음 쪽을 드물지 않게 보게 되는데, 그와 가까운 사람들의 걱정들과 필요에 대한 도움으로 가득 찬 이해를 인식하게 되고 어쩌면 이를 모범으로 삼게 되기 때문이다. 이러한 중요성은 전기들에도 부여될 수 있다. 나는 유일한 예로서 [독일 작가] 에른스트 허하우스(Ernst Herhaus, 1932~2010)의 뛰어난 소설『항복. 질병의 출현Kapitulation. Aufgang einer Krankheit』을 언급하려 한다. 그 안에는 막스 호르크하이머가 알코올 중독자와 어떻게 교제할지 알았고 그를 지속적으로 돕는 것을 이해했는지가 감동적이고도 생생하게 묘사되어 있다. 그렇다고 하더라도 호르크하이머가 그렇게 할 수 있었던 것은 대학에서 배운 것은 아니었지만, "철학이라는 고등 교육기관"이 상당히 기여했다고 할 수 있다.

그러니까 철학적 저자의 중요한 전기의 의미가 이미 고려되고 있기 때문에, 서신 문학과 일기의 풍요로움에 대한 힌트도 빠뜨려서는 안 된다. 나는, 예를 들어 괴테가 그의 친구 쉴러와 주고받았던 특별한 서신교환,

또는 일기에 관한 한 키르케고르, 헤벨, 카프카와 같은 인상적인 일기저술가들을 언급하고자 한다.

'철학사가 실천적 의도로 어떻게 생산적으로 만들어질 수 있는가?'라는 측면을 보충하기 위해서, 나는 주목할 만한 일련의 저자들이 철학상담의 관심에 의해 재배치될 뿐만 아니라 우리가 보통 이름으로 명명하는 특정 철학 내에서도 다른 강조점이 설정된다는 것을 언급하고 싶다. 예를 들어, 칸트를 언급하자면, 나는 철학전공생이 자신의 공부하는 과정에서 이 주요 사상가에 대해, 즉 그의 위대한 비판에 대해 철저히 친숙해졌다는 것을 우선 전제해 본다. 그러나 이 장래의 철학상담자는 이러한 것들을 넘어서서 특히 『실용적 관점에서 본 인간학』을 더 잘 알고 있을 충분한 이유가 있다. 이를 칸트는 모든 학부 및 기타 이해 관계자를 위한 강의로서 반복적으로 행했고, "세계 지혜의 박사"라는 제목으로 여전히 광고했던 것들을 수행했다. 또한 장래의 철학상담자로 하여금, 예를 들어 칸트가 폰 풍크 von Funk 부인에게 보낸 애도의 편지("고귀하게 태어났던 그녀의 아들 요한 프리드리히 폰 풍크가 때 이른 사망에 이르렀을 때, 고귀하게 태어났던 여성 아그네스 엘리자베스 부인, 미망인이었던 리트마이스테린 폰 풍크 부인, 즉 그녀는 폰 도르퇴젠이라는 이름으로 태어났는데, 쿠르란트의 카이벤셴 및 카렌 영지의 상속녀이자 신의 가호를 받으며 고인이 된 자에 대한 깊은 슬픔에 잠긴 바로 이 어머니에게 임마누엘 칸트가 썼던 편지"[2])에서의 생각들을 철두철미하게 고려해 보도록 하는 것도 바람직하다. 또는 마리아 폰 헤르베르트와 서신을 교환하는 가운데에 최선의 의도를 담았지만, 분명하게도 치명적으로 실패했던 쾨니히베르그인[칸트]에 대한 비판을 시도하도록 권유

---

2 역자 주: 이 문구는 당대의 부고에 사용되는 것으로 오늘날 어색한 표현을 담고 있다. 칸트는 자신의 뛰어난 제자인 프리드리히 풍크가 이른 나이에 사망하자 그의 어머니에게 깊은 위로의 편지를 보냈다.

할 수도 있다(Wilhelm et al., 1989).

덧붙여서, 여기서 특정 철학을 바라보는 데에 문제가 되는 관심의 변화에 대한 특히 인상적인 예는 쇼펜하우어의 경우이다. 그러므로 설명이 필요치 않은 이유에서 철학상담자는 그의 중요한 주저의 두 가지 버전보다 훨씬 더 후기『삶의 지혜에 관한 격언』에 특별한 관심을 가지게 된다.

그리고 마지막으로 예를 들자면, 키르케고르의 경우, 거의 관심을 받지 못했던『작가로서의 내 효율성에 대한 관점에 대하여』는 철학적 효능에 대한 질문이 가장 높은 수준에서 성찰되기 때문에 매우 중요성을 갖는다.

또한 몇 가지 암시들과 함께 철학사를 거칠게 훑어보는 작업을 마무리하면서, 현대 철학과 그 학파에 대해 시선을 던지기 전에, 나는 두 가지 예를 근거로 해서 어떻게 철학적 전통에 대한 입장이 철학상담을 통해 더욱 날카롭고 더 많은 요구를 담는 윤곽을 지님으로써 변화되는지 설명하고 싶다.

첫째로, 나는 소크라테스를 살펴보도록 충고하고 싶다. 철학전공생은 대체로 특히 플라톤의 펜에서 나온 소크라테스 대화 중 일부에 몰두했을 것이다. 그런데 그는 그것에서 어떤 이익을 얻었는가?

고대, 헬레니즘, 후기 로마 학파—특히 철학을 삶의 방식으로 연마하려 했던—사람들은 소크라테스를 삶에 실천적으로 매우 중요한 철학의 창시자로서, 다양하긴 하지만 전적으로 동의하는 방식으로 언급했을 수 있다. 반면에 철학상담은 자신이 이 가시가 많은 선조stachelicher Urahn의 직계 후계자로서 간주될 수 있다고 믿었더라면, 용납되지 않는 순진함의 의심에 노출되었을 것이다. 오히려 그것은 더 새로운, 특히 소크라테스에 비판적인 헤겔, 키르케고르, 니체, 비트겐슈타인 등의 사유에 의해 불안해질 것인데, 그들에게서 철학적 사유의 소크라테스적 동인(動因)에 비추어 볼 때 사유 그 자체가 문제시되었기 때문이다. 소크라테스적인 철학함의 가장 내적인 추동력이 전해 내려온 타당성 요구와 그 반대 의견에 대한 검토이었다고 하는 한, 철학상담은 소크라테스 철학에 여전히 충실할 것이다. 그러나 후기 플라톤 이후의 사유 경험을 돌아볼 때, 철학상담의 관점에서 소크라테스적 사유가 단순하고 분명한 개념을 인식으로 성취하는 데에 두었던 자신감은 수정될 필요가 있다. 따라서 당시에 제기되었던 개념 대 신화, 아이디어 대 내러티브 등의 구별은 상담과 관련된 이성적인 내러티브의 아이디어와 관련하여 새롭게 문제시되어야 한다. 그렇게 함으로써, 예를 들어 전통적으로 익숙한 읽기 방식에 반대하여—"파이드로스" 대화편에 대한 편견 없는 해석에 의해—플라톤적인 소크라테스 자신은 개념적으로 정돈되고, 합리적으로 논쟁하는 의식이 지닌 위험한 결과를 이미 파악하고 있었다는 점이 예시될 수 있다. 그 의식은 "신화의 계몽"으로서 이해되었는데, 그 일방적인 이성에 대해 합리적인 대안으로서 "신화를 통한 계몽"이 충분히 생각될 수 있을 것이다. 이 외에도 철학상담의 수용에 대한 관심은—"파이드로스"에서 소위 "글쓰기에 대한 비판Schriftkritik"을 바라보며—아마도 플라톤이 시적으로 형상화했던 사유된 것들을 연출하는 일들Inszenierungen이 단순히 부수적인 형태가 아니라 사유된 것 그 자체에 속하며, 거기에[그 사유된 것에] 특히 철학상담에서 바람직한 것처럼 그 효능을 부여한다는 것을 보여 줄 수 있을 것이다.

덧붙이자면, 철학상담과 함께, 철학함의 형식의 문제—플라톤에게서는 그것은 문체적이고 작가적으로 중요한 것과 같이—에 주목할 만한 가치가 있는데, 교제, 재치, 공손함 등의 문제는 철학적인 "첫 공부 과정"—내가 그렇게 감히 명명하건대—에서 등한시되거나 또한 등한시될 수 있다.

여하튼 소크라테스로 되돌아가자. 확실히 철학상담에 없어서는 안 될 것은 '단지 검토된 삶만이 인정될 가치가 있는 삶'이라는 주도적 이념, 그리고 삶의 주도성이라는 질문에 대한 소크라테스적인 철학함에 근본적으로 놓여 있는 주의력이다. 그러나 훌륭하고 성공적인 삶이 무엇인지는 오늘날―2000년 이상된 해석의 역사에 의해 풍부해졌다고 하더라도―새롭게 숙고되어야 한다. 마지막으로, 철학상담에 대한 적절한 자기이해를 발전시키기 위해서는 소크라테스에 대한 논의에다가 지혜개념에 대한 문제사를 연결하는 것이 필요한데, 그 문제사는 근본적인 교정을 거쳤으며, 특히 오늘날 철학상담자의 자기이해에 해당하는 것이다. 예를 들어, 니체가 다음과 같이 말하는 것이다.

> [...] 오늘날 우리에게 철학적으로 산다, 현명하다는 것은 무엇을 의미하는가? 나쁜 게임에서 잘 벗어나기 위한 수단이 아닌가? 일종의 탈출? 그리고 그렇게 외떨어져 있고 단순하게 사는 사람은 자신의 인식에서 아마도 가장 좋은 길을 보여 줬을까? 그는 자신의 가치에 대해 말하기 위해 개인적으로 100가지 방식에서 삶과 시도했어야 하지 않을까? 우리는 경험으로부터 커다란 문제를 판단하기 위해서, 어떤 자가 무엇보다도 덕을 갖추고 수줍어하는 자로서가 아니라 기존의 개념들에 따르자면 전적으로 '비철학적으로' 살았어야 한다고 믿는 것만으로 충분하다. 가장 광범위한 체험을 지닌 사람, 즉 그 체험들을 일반적인 결론으로 압축하는 자가 가장 강력한 인간이어야 하지 않는가? 사람들은 지혜로운 자를 너무 오랫동안 학문적인 사람과, 그리고 더 오랫동안 종교적으로 고귀한 사람과 혼동했다 (Nietzsche, 1988e, p. 519).

또는 유고(遺稿)에서의 메모:

> 가장 지혜로운 인간은 모순에 대해 가장 풍부한 자, 말하자면 모든 종류의 인간들을 위한 감촉기관들을 가진 자일 것이다[...](Nietzsche, 1988e, p. 182).

거기에 미래의 철학상담자가 자신의 어려운 과제를 준비할 수 있도록 우려하는 질문들이 메모되어 있다.

부록으로 덧붙이자면, 전통적인 역사 철학에서 간과되지 않았지만 아마도 너무나 "역사적"으로 평가되었던 챕터는 철학상담과 함께 대단한 시급함을 얻는다. 여기서 의미하는 바는 소크라테스적이고 플라톤적인 사유가 소피스트 철학을 극복(또는 적어도 능가)함으로써 철학을 정초했다고 근본적으로 확언하는 것을 말한다. 그에 반해, 현재의 시각에서 볼 때, "소피스트 철학의 해결"은 철학이 한 번 이룸으로써 언제까지나 유효하게 된 것이 아니라는 테제를 주장하는 것이 가능할 수도 있다. 특히 철학상담을 통해, 오래된, 결코 "해결되지 않은" 질문은 특별한 새로운 의미를 얻으며 이제는 다음과 같이 불린다. 진리근접성Wahrheitsnähe 또는 "참된" 통찰력의 획득이 철학상담의 정당성을 결정하는가, 아니면 그것은—진리에는 무지하지만 효과적인 심리 치료의 대다수와 마찬가지로—관심들에 이끌린 목적에 따라 측정되는 성과에 의해 정당화되는가?

예고된 두 번째 예는 아우구스티누스의 입장에 관한 것이다. 나는 철학상담을 준비하고 있는 철학전공생이 아우구스티누스에 비추어서 다음과 같은 문제를 철저하고도 생생하게 작업을 했어야 하며, 이 작업의 과정에서 해명에 도달했어야 한다고 생각한다.

삶을 돕고, 삶을 인도하고, 삶을 완성시키는 고대의 모든 실천적인 철학과 아우구스티누스의 단절이 반론되지 않은 채 남아 있어야 하는 한, 철학상담은 도대체 가능할 것인가? 아우구스티누스는 모든 철학이 그 자체에 제한되어 머무르기 때문에 원칙적으로 위로를 줄 수 없는 것이라고 인식했다. "이교도적인" 인간상은 너무나도 무해한 것처럼 보이는데, 심지어 그것은 인간을 근본적으로 "옳음의 능력을 지닌" 존재Wesen이며 따라서 자신의 규정성을 채우기 위해서 철학적이고 교육학적 지원과 보충수업 외에는 더 이상 필요치 않다는 점에서 순진하기까지 하다. 그러나 만약 인간이—그의 자연적인 상태에 따라—"타락하고", 길을 잃고, 구원되지 않고, 심연에 빠지고, 은총에 내맡겨지고 그래서 구원이 필요한 존재, 자신의 힘이 닿는 한, 기껏해야 "성공적인 삶"의 가상을 얻는 것을 알고 있는 존재라면, 어떨까?

자신을 통해 스스로 나아갈 수 없는 인간의 존재 상태에 대한 아우구스티누스의 통찰이 정당화되는 한, 이것은 동시에 삶의 주도성에 대한 모든 낙관주의를 급진적으로 거부하는 것, 즉 헬레니즘적인 "삶의 양식 철학"뿐만 아니라 치료문화들을 발전시켰던 것과 같은 삶의 개선에 대한 현대의 수많은 개념을 급진적으로 거부하는 것이 될 것이다. 또한 이와 동시에, 철학자들이 오늘날 사람들에게 줄 수 있을 모든 자기확신에 찬 조력자 태도와 쾌활한 자신감도 의문에 처해질 것이다. 인간이 자신의 삶에서 성공한 경우 스스로 자축할 수 있는 존재가 아니라 감사하는 방식으로만 자신의 현실을 발견할 수 있는 존재라면, 철학상담은 (철저히 세속화된 시대에 "겸손"에 대해 말하지 않기 위해) 자기겸허를 찾아야 할 것인데, 그것의 중요성과 결과의 풍부함은 지금까지 거의 얕잡아 볼 수 없을 것이다.

지금까지 언급된 두 명의 주요 인물인 소크라테스와 아우구스티누스에 대해 마무리하는 언급은 다음과 같다.

철학상담에 대한 적절한 개념을 준비하기 위해, 이 두 철학적 창시자—소크라테스와 아우구스티누스—의 강력한 대결을 감히 시도하는 것, 그리고 장래의 철학상담자에게 이러한 대항을 예상하는 것이 의미 있는 것으로 입증될 것이다. 아이러니하게 시작되었지만 그와 동시에 가장 심오했던 소크라테스의 아무것도 몰랐다는 통찰력은 그러므로 인식된 결핍이 행위와 존재의 결핍된 결과로 인한 지식의 결핍이었다면, 이것을 아우구스티누스의 통찰력은 뒤집는데, 인간의 원천적 결함[원죄]은 그의 존재와 행위의 전도(顚倒)Verkehrtheit이며 그 지식의 결핍은 그것의 결과로 파악된다.

그러므로 이 두 명의 뛰어난 인물에 비추어 볼 때, 철학상담은 결정해야 할 대안 앞에 서 있다. 소크라테스적인 혹은 아우구스티누스적인 길이 열려 있다.[3] 철학상담이 첫 번째 길을 간다면, 그것은 자신을 지식의 노동자로서 이해할 것이며, 따라서 그가 그렇게 해명한 사유의 무능력에 대한 통찰력을 필요로 할 것이다.

철학상담이 아우구스티누스의 길을 따른다면, 그것은 자신을 한 인간(손님)과 한 인간(철학자)의 만남으로서 이해할 것이며, 따라서 우리가 그렇게 해명한 인간성의 무능력에 대한 통찰력을 필요로 할 것이다.

이제 나는 관념론 이후의 철학과 그 학파에 대한 시선을 예고했고, 이로써 현대 철학사에서 철학상담에 대한 일종의 자기 위치 정립을 위한 방식을 암시적으로 말하고자 한다. 물론 이것은 시간 제약으로 인해 단지 매우 피상적으로만 실행할 수 있다. 하지만 나는 그 질문을 완전히 제쳐 두고 싶지 않다.

따라서 철학상담은 (다른 것들 중에서) 포이에르바흐의 전통에 서 있다는 것이 언급되어야 하는데, 그와 함께 "나-너 철학"(너 없이, 나도 없는), "우리", "대화", "만남의 철학"이 시작되었기 때문이다. 이와 연결된 사유 경험들은 손님에 대한 상담자의 관계를 명확히 하기 위해 포기될 수 없다. 어쨌든, 장래의 철학상담자는 철학상담의 토대를 해명하기 위해서 포이에르바흐와 헤겔에서 시작하여 그리스바흐, 에브너, 빈스방거, 뢰비트, 부버, 토이니센 등을 거쳐 내려온 "대화하는 사유"의 역사를 견고한 범위에

---

3 내가 여기서 제기한 것처럼, 파스칼은 이 질문을 유사하게 근본적인 양자택일로 설명했다. 즉, 퐁텐 비서가 기록했던 "에픽테토스와 몽테뉴에 관한 드 사시(de Saci)와의 대화"에서, 파스칼은 물론 에픽테토스의 스토아주의와 몽테뉴의 회의론과 대조적으로 아우구스티누스의 입장을 (불분명하게) 스스로를 위해 남겨 둔다. 이 대화를 철학상담자에 대한 오늘날까지 미완성된 도전으로 철저히 이해할 것을, 나는 철학상담을 준비하는 모든 학생들에게 요구하고 싶다.

서 잘 알고 있어야 한다.

"슐라이어마허와 해석학"이라는 제목을 달 수 있는 전통에 대해서도 동일하게 적용된다. 이해를 개연적이지 않은 경우로서 파악함("진정한 대화"의 철학)으로써 이해의 문제를 열었던 자는 본래 슐라이어마허였다. 바로 그 이해하기가 철학상담의 중심에 서 있다.

더욱이 철학상담은 물론 해석학의 역사(딜타이, 로트하커, 가다머, 리꾀르)에 특별한 관심을 가지고 있다. 그런 한에서 철학상담과 학문의 관계에 대한 질문만이 아니라 이해의 기초에 대한 그리고 이해를 가능하게 하는 대화에 대한 질문, 특히 철학상담의 윤리적 기초에 대한 질문까지도 명확하게 될 수 있기 때문이다.

현대 철학이라는 배치 속에서 철학상담자의 방향 설정에 관한 한, 나는 단지 조심스럽게, 그리고 아주 적은 언급만을 감행하려 한다. 마치 니체가 ─철학상담의 관심사에 명백하게 근접성을 지닌 마지막으로 우뚝 솟은 인물로서─물론 철학상담자의 첫 번째 보증인인 것처럼, 그는 [독일 사회학자] 게오르그 짐멜(Georg Simmel, 1858~1918)과 함께 (외견상으로) 사소한 것의 의미에 대한 그의 시선을 훈련할 수 있을 것이다. 현상학(후썰 및 다른 사람들)이 이미 몇몇 현존재 철학을 추구하는 사상가와 치료사에게 그 중요성과 필수 불가결성을 입증했다는 사실은 철학상담에 대한 그것의 필요성을 강조하기에 충분하다. 그러한 상황에서는 하이데거의 초기 작품에서 현존재 분석의 중요성에 대해서는 별도로 광고할 필요가 없으며, 사람들이 상투적으로 말하듯이, "자명한 일이다". 특히 후기 비트겐슈타인은 철학상담자가 자신의 과제를 대처해 나가는 데에 도움이 될 수 있을 의미, 실천적인 질문에 대한 고유한 의미를 발전시켰다는 것도 똑같이 자명한 것으로서 타당하다고 할 수 있다.

"포스트모더니즘적인" 사유가 철학상담의 가능성을 어느 정도까지 열어 주는지(또는 필요한 윤곽을 가져오는지)—유명한 이탈리아 철학자의 말을 인용하자면—"강한" 또는 "약한" 사유가 철학상담에 더 적합한지[4] 또는 "분석적" 사유에 대한 훈련이 문제를 상기시키는 데에 어느 정도까지 도움이 될 수 있는지에 대한 질문은 그에 걸맞은 해명이 필요할 것이다.

물론 지금 여기에서는 내가 철학의 현재에 대한 철학상담의 위치를 더 자세히 논의하는 것이 허용되지 않지만, 그 해명은 환영받을 만하고 중요할 것이다.

그 대신에 나는 철학의 특별한 "분야"—윤리학을 의미하는데—에 비추어서 철학상담이 어느 정도까지 익숙한 지각과 과제 설정에 대한 방향 전환을 권하는지 (다시금 선택적으로만) 보여 주려 하는데, 그것은 "철학상담" 석사과정을 위한 커리큘럼에 반영되어야 할 것이다. 모토를 소개하면서 첨가하기 위해 나는 아리스토텔레스의 말을 인용한다.

> 우리는 용기가 무엇인지 알려고 하지 않고, 용감해지기를 원하고, 정의가 무엇인지 알려고 하지 않고 정의롭고자 원하는데—마찬가지로 우리는 건강이 무엇인지를 인식하기보다는 건강하기를 원하고, 편안하게 느끼는 것이 무엇인지 알기보다는 그렇게 느끼기를 원하는 것과 같다(Aristotle, 1982, 1216b 22-24).

윤리에 대한 (부지런 떠는) 망각—철학상담이 발견하도록 규정되었던 바—이 존재한다. 윤리는—양피지에 쓴 고문서Palimpsest와 비교해서—지식으로서의 윤리를 주장하거나 추구하는 담론들로 덮어 씌어짐으로써 잊혀진다.

---

4 물론 이것은 이러한 구별을 옹호하는 지아니 바티모(Gianni Vattimo)를 의미한다.

그런데 도대체 왜 윤리는—철학상담의 시각에서 제안한 바와 같이—"지식"이 아닌 다른 것이어야 하는가? 전통적인 방식에서 그것이 도덕이나 도덕성의 성찰로서 타당하다면 그것은 "지식"이 아닌가?

만일 그렇다면: 그것은 사랑, 이해, 용서, 자비, 꺼림, 기쁨과 불쾌감, 명랑함과 짜증, 자신감과 비관주의, 삶의 용기 또는 위축 등에 대한 성찰인가? 다른 사람들을 우리에게서 배제하는 우리의—아마도 무의식적인—경향에 대해 성찰하는 것이 "윤리적"인 것일 수 있을까? 아니면 다른 사람들의 간섭으로부터 우리의 이익을 확보하려는 우리의 경향에 대해 성찰하는 것이 그럴까? 윤리적 성찰은 우선적으로 (또는 배타적으로) 생각, 의도, 의지의 결단을 통제하는가? 아니면 그것은 감각에 대해 성찰하는 주의력인가? 아니면 (예를 들어) 우리 '세계-내-존재'의 상태에 대해서 숙고하면서 깊이 생각하는 것인가? 어쩌면 다른 사람에 대한 우리의 입장을 함께 규정하도록 하는 기분 같은 상태, 우리를 그에게서 차가운 거리를 유지하도록 하거나 혹은 그에게 걱정스럽게 가까워지도록 하는 기분 같은 상태에 대해서?

윤리적 질문이 무엇인지에 대한 질문은 아직 구속력 있게 대답되지 않았다. 그것은 전통적인 칸트식의 '나는 무엇을 해야 하는가?'라는 질문인가? 아니면 쇼펜하우어식의 '나는 누구인가?'라는 질문인가? 그렇다면 우리는 우선적으로 우리의 행위를, 아니면 오히려 우리의 존재를 책임져야 하는가? 윤리적 질문은 정당화 혹은 비난하는 판단에 대한 정초 가능성에 대한 질문인가? 행위규범의 타당성을 결정할 수 있는지에 대한 질문인가? 성공적이고 좋은 삶에 대한 고대의 질문인가? 어쩌면 보여질 수 있는 삶에 대한 어떤 질문인가? 만약 그렇다면 누구 앞에서? 그것은 의무, 덕, 격률에 대한 질문인가?

철학상담은 윤리학을 소개하고 지시하는 전통적인 질문과 주저 없이 심지어 일방적으로 연결되어서는 결코 안 되며, 철학상담을 통해서 '윤리가 어떤 질문에 대한 답이 될 수 있을까?'라는 질문이 새롭게 제기된다. 이에 내해 장래의 철학상담자는 설명할 수 있어야 한다.

또한 최소한 어떤 주제와 문제제기가 철학상담의 현재와 관련해서 비로소 중요해지는지를 암시하기 위해서 적어도 몇 가지가 언급되어야 한다.

> 명확하게 밝혀 주는 성찰들이 다음과 같은 것에 대한 정보를 제공해야 한다. ...
> 말하기와 듣기의 에토스
> 철학상담의 손님이 어떻게 간주되는지
> 인간에 대한 인식과 교제의 에토스
> "다른 사람 안에서 자기 자신과 함께" 한다는 것이 의미하는 바
> 고통과 위로
> 희망, 삶의 용기, 신뢰
> 용서의 정신에 대하여
> 죄책감과 수치심
> 인정, 선의 그리고 공감
> 사랑
> 다른 사람을 "대표자"로서—가령 신의 생각으로서 보는 것이 무엇을 의미할지
> 손님으로서 철학상담을 찾아온 "인간의 존엄성"은 침해될 수 없다(그러한 한에서 침해되어서는 안된다)는 것이 무엇을 의미하는지
>
> "윤리적 비판"은 다음과 같은 질문과 주제에 대한 명확성을 제공해야 한다.

한 인간이 다른 인간에게 던지는 단순히 "이론적" 시선의 상황적인 부적절함

자기 자신을 "이론적으로" 여기는 인간이 갇혀 있는 슬픈 얽힘에 대해

다른 사람을 판단하는 "도덕적" 시선의 비난 가능성에 대해

인간이 자신을 "도덕적이라고" 여기며 고집하는 데에 놓여 있는 구제불능에 대해

자신의 부끄러움을 부끄러워하면서도 그것에서 달아나고 싶어 하는 데에 놓인 뻔뻔함에 대해

가르치는 것의 유혹에 대해

사람들을 변화 ("개선")시키려는 오만불손함에 대해

태도로서의 에토스

철학상담의 새로운 관심사를 통해 성찰과 주의력으로 결과되는 바에 대해 한 가지 예를 들어서 조금이나마 암시하기 위해서, 나는 "용서하기의 정신"이라는 주제에 대한 몇 가지 언급을 삽입하고자 한다.

마치 개인 도서관에서 우연히 발견되는 것과 같이, 철학적 참고 문헌의 작은 컬렉션을 한번 둘러볼 경우, 엄청나고도 실제로는 갑갑한 결과가 나온다. "용서하다Verzeihen"(혹은 "용서Verzeihung")라는 키워드로 다음의 자료들이 찾아진다.

Friedrich Kirchner: Wörterbuch der philosophischen Grundbegriffe, 5. neu bearbeiten Auflage, Leipzig 1907 – 항목 없음(kein Eintrag)

Rudolf Eisler: Wörterbuch der philosophischen Begriffe, 2. völlig neu bearbeiteten Auflage, Berlin 1904 – 항목 없음(물론 "Hist.Wb.Phil" 제3판에서는 오늘날 아주 간략한 항목이 있기는 하다.)

Fritz Mauthner: Wörterbuch der Philosophie, 2., verm. Auflage, Leipzig 1923 – 항목 없음

Max Müller, Alois Haldcr: Philosophisches Wörterbuch, Freiburg 1988 – 항목 없음

Johannes Hoffmeister: Wörterbuch der philosophischen Begriffe, 2. Aufl. Hamburg 1955 – 항목 없음

Handbuch philosophischer Grundbegriffe, 6 Bde., hg. v. H. Krings u. a., München 1974 – 항목 없음

Europäische Enzyklopädie zu Philosophie und Wissenschaften, hg. v. H.J. Sandkühler, 4 Bde., Hamburg1990 – 항목 없음

Heinrich Schmidt: Philosophisches Wörterbuch, 11. Aufl. Stuttgart 1951 – 항목 없음

Walter Brugger, Philosophisches Wörterbuch, Freiburg-Basel-Wien 1976 – 항목 없음

Religion in Geschichte und Gegenwart, 6 Bde., 3. Aufl. Tübingen 1962 – 항목 없음 (여기에 덧붙이자면, 이 개신교 신학 백과사전에는 "용서"에 대한 항목이 없다 – 그러나 "보복"에 대한 항목은 있다!)

Handbuch theologischer Grundbegriffe, 4 Bde., München 1962 – 항목 없음

1985년 킨들러 출판사에서 "킨들러 백과사전 인간"을 10권의 대형 사전 제본으로 출판했다. 마지막 권에 제공된 작은 글씨로 된 3단의 주제어 색인은 인쇄된 101페이지로 구성되어 있다. "주제어" 용서Vergebung는 누락되었고("보복"과 "보복이론들"은 여러 참조들과 함께 나열되어 있다), "용서" 혹은 "용서하다" 항목도 없다(사람들은 "뒤틀림의 가정Verwringungshypothese[5]"과

"절망Verzweiflung"사이에서 헛되이 검색한다).

그 결과는 놀라운 게 틀림없다. 헤겔이 그의 "현상학"의 여섯 부분 중 네 번째 부분을 "정신"에 헌신했고, "그 자체로 확실한 정신", 즉 "도덕성"으로 결론짓고, 이를 다시 "용서의 정신"에서 절정에 이르도록 한 것을 어떻게 간과할 수 있었을까? 거기에는 "정신을 버리고 정신을 부인하는 의식"으로서 나타나는 "완고한 마음"이 있는데, 왜냐하면 그것은 정신이 그 자신의 절대적인 확실성 안에서 모든 행동과 실재성에 대한 주인[이며], 그것들을 내팽개치거나 일어나지 않게 만들 수 있다는 것을 인식하지 못하기 때문이다(Hegel, 1986b, p. 491). 반면에, 용서의 정신에 대해서는 다음과 같은 것들이 적용된다.

> 정신의 상처는 흉터가 남지 않게 치유된다; 그 행위는 불멸하는 것이 아니라 정신에 의해 그 자체로 철회되는데, 그 안에서 개별성의 측면은, 의도로서 혹은 현존하는 부정성이자 그와 같은 한계로서 현존하든지 간에, 즉시 사라지는 것이다(Hegel, 1986b, p. 492).

또는—선함을 실재적으로 가능하게 하는 것으로서 용서의 정신을 파악했던 헤겔을 간과할 수 있다면—더욱이 키르케고르와 그의 『사랑의 행위 Der Liebe Tun』[6]가 어떻게 동시에 간과될 수 있을까? 그 안에 2부 8장 "극복한 자를 이기는 사랑 안에서 화해의 승리"에서 용서는 가장 철저히 문제점을 드러내는 것을 통해서 그 궁극적인 실재성으로 정화되었고, 그 실재성은 마침내 사랑이 없는 사람들에게 자신의 완고함을 포기하고 자신의 가장 고

---

5 역자 주: 수학적 용어로 몸부림의 양을 측정하는 매듭이론(Knotentheorie)의 가설을 의미한다.

6 역자 주: 한국어로 나온 번역서의 제목은 『사랑의 역사(役事)』이다.

유한 운명으로서 사랑으로 되돌아오게 한다.

"도덕 수립에서 분노"의 극복으로서 용서하기에 대한 쉘러의 철두철미하게 섬세한 이해―이는 동시에 니체에 대한 답변인데―도 간과되어 왔다; 물론 『회개와 재탄생』[7]에 대한 그의 연구도 같은 맥락에 속한다.

그러한 망각과는 대조적으로, 나는 (예를 들어) 철학상담을 통해 용서하기에 대한 논의가 윤리학으로서 타당하게 되어야 하는 바에 대한 새로운 초안을 필요로 한다는 테제를 감히 내세운다. 이를 암시적으로 설명하기 위해 나는 다음의 숙고 사항을 추가한다.

한 사람이 상담소에 찾아와서 그가 "문제"를 가지고 있다고 보고하거나―혹은 인식하게 된다. 그러면 이제 어떻게 되는가? 상담자는 "인격성 Persönlichkeit을 가지고 있는 문제"[8]―헤겔의 용어를 자유롭게 변형한 단어로 말하자면―를 다루는데, 그는 그것을 인식하고, 파악하고, 가능하면 분류하고, 그러므로 재인식한다. 그러면 이제 그는 그를 찾아온 사람이 누구인지 아는가(Hegel, 1986a, p. 353)? 그는 문제의 시야로부터 그 사람을 인식하는가? 또는 그는 보고하거나 인식하게 하는 문제를 "가진" 그 사람을 보고 있는가? 헤겔은 그 두 번째 시선을 사랑의 시선으로 인식했다. 사랑은 사람을 그의 특성들Eigenschaften으로부터 추론하지 않고, 그 자신에 대해 "삶의 유대"를 맺고 이제는 특성이든, 행위든 또는 "문제"든 간에, 이러한 것들을 다른 사람이―그것은 그의 자유인데―그 자신이기를 멈추지 않으면서 "포기"entäußern될 수 있는 "계기"로서 자각한다. 이러한 시선에서―그 시선은 행위 또는 그와 유사한 것이 어떻게 윤리적으로 자격이 있다고 판단되는가 하는 질문을 문제시하지 않으며, 그러한 한에서 전혀 어떠한 "지

---

7 역자 주: 독일의 철학자 막스 쉘러(Max Scheler, 1874~1928)의 책 제목이다.
8 역자 주: 헤겔은 "인격성을 지닌 범죄(ein Persönlichkeit habendes Verbrechen)"라고 쓰고 있는데, 아헨바흐는 여기서 그의 용어를 변형시켜 표현하고 있다.

식"이고자 요구하지 않는데─용서하기가 현재화되며, 이는 타인에게 그의 행위든, 그의 문제든, 그 안에서 "자신을 관찰하도록" 강요받지 않고 보도록 허용한다(같은 곳). 바로 그렇기 때문에 용서하기의 시선에 귀환과 새로운 시작의 비밀이 포함된다. 더욱이 그러므로 그것은 철학상담 안에서 이루어져야 하고, 그것[철학상담]은 그것[용서하기]을 상담뿐만 아니라 더 정확하게는 윤리적 상담에 적합한 것으로 인정한다. 그러한 윤리적 상담은 ─행위에 대해서도 아니고 개인에 대해서도 아닌─어떠한 정초된 판단도 구하지 않으며, 인간에게 "삶으로의 복귀"를 열어 주고, 그를 짓눌렀던 것으로부터 자신을 떼어 놓기 위해 그를 그 자신의 문제로부터 그 자신 스스로에게 되돌려 놓는다.

결론적으로, 철학상담의 직업을 양심적으로 실행하기 위한 준비과정에서 논의되고, 또한 인격을 형성하는 데에 결정적으로 되었어야 했을 주제와 문제 영역을 명명하는 것만이 내게는 가능하다. 이것은 우리가 미래의 철학상담자로부터 적절한 평가, 즉 확실하고 견고하며 수긍할 수 있고 정당한 판단을 기대하는 질문들이다. 그 판단을 우리는 더욱이 그의 경우에 "인간을 형성하는" 것으로서 인식할 수 있다. 물론 이러한 주제의 목록은 완전하지는 않고 기껏해야 방향을 가리킬 뿐이다.

고유한 (광범위한) 세미나 시리즈가 "철학상담자의 철학적 능력"을 갖추기 위해 마련되어야 한다.

이해하기

이해

삶의 숙달

인간에 대한 인식

경험

감정이입

덕들

관계와 상황에 관한 해명도 필요하다.

가령: 헬레니즘 철학과 이후 영적돌봄의 관계

영적돌봄의 역사

철학상담과 영적돌봄의 관계

철학으로부터 심리학의 탈주

낭만주의 철학과 프로이트

의학화된 정신분석과 자연과학적으로 지향된 심리학에 대한 비판

현존재 분석(빈스방거, 그리스바흐, 보스, 겝자텔, 카루소 등등)

기분, 심정 상태, 불안, 기쁨, 상실 등의 철학(여기서, 특히 볼노프의 중요

한 "기분의 철학"이 언급되어야 한다.)

[페터] 손디의 "운명-분석"

인본주의 심리학(퍼스, 프랭클, 프롬 및 기타)

체계심리학(베이트슨, 바츠라빅Watzlawick, 마투라나Maturana, 스티어린Stierlin

및 기타

심리적 성공관리(Grawe et al. – 철학상담에서 "성공"이란 무엇인가?)

철학상담과 학술적 철학

"철학상담의 규칙"(정신분석은 그것을 "세팅"이라고 불렀다.)에 대해 명
확하게 숙고되어야 한다. 주제들은 대략 다음과 같다.

대화의 조건으로서의 시간

대화의 분위기로서의 공간

"저항"과 "전이"에 대해

대화의 영혼으로서 "분위기"에 대해

대화의 덕으로서 "들여내맡김 Eingelassenheit"

또한 이를 넘어서서 고유하고, 필수불가결한 만큼이나 중요하며, 심지어 근본적인 챕터가 철학상담 커리큘럼의 틀 안에서 개발되어야 할 것이며, 마지막 언급에 이어지겠지만, 그 챕터는 그럼에도 독립적인 "대화의 철학"으로서 중심에 들어설 것이다. 여기서의 주제들은 가령 다음과 같다.

수사학의 혁신

"대화의 기술"이란 무엇을 의미하는가?

결정적인 것은 "대화의 에토스"이다.

느낌에 대한 응답이 어느 정도까지 느낌인지

제스처에 대한 응답이 어느 정도까지 제스처인지

대화에서 이해를 발전시키는 것에 대해

철학상담의 가능한 "목표"에 대한 해명도 모색되어야 한다. 거기서 키워드는 다음과 같을 가능성이 높다.

철학상담의 목표는 해명과 계몽이다.

방향성 획득

태도 획득

화해

안전성

자존심

"우리 행위의 프로토콜"에 대한 개요(쇼펜하우어)

인정

새로운 시작과 결심

마지막으로, 철학상담자가 되기 위해 훈련받을 경우─드물지만 적어도 가능한 경우─장래의 철학상담자는 철학상담자로서의 훈련에서 다른 사람들을 지지할 수 있어야 한다는 점을 고려해야 할 것이다. 마무리하면서, 이를 위해 다음과 같은 질문들이 중요하며 명확히 될 필요가 있다고 하겠다.

상담소 개업을 위한 도덕적, 경제적, 법적, 제도적 전제 조건들

덕이 가르칠 수 있는지 여부에 대한 질문의 귀환

철학상담이 정착하는 데에 예상되는 성공 내지는 배제할 수 없는 실패의 정신사적인 전제 조건들

철학의 명성이 이제 철학상담의 명성과 사실상 어느 정도까지 연결되는지

철학의 입증 또는 실패로서의 철학상담(책임의 문제)

철학상담에서 비롯되는 학술적 철학에 대한 요구 사항들

전통을 이어 가는 학술적 철학에서 비롯되는 철학상담에 대한 요구 사항들

마지막으로, 나는 다음과 같은 사실에 대해 덧붙이고 싶다. 장래의 철학상담자들이 정신질환의 시선에서 평가할 수 있는(또한 감정에 맞게, 판단력 강화하는) 능력을 얻기 위해 정신과에서 더 긴 인턴십을 완료해서, 사태에 따라 "환자"로 간주되는 방문객을 그 자체로 인식하고, 경우에 따라서는 전문적인 담당자에게 의뢰할 수 있도록 하는 것이 내게는 필수불가결해 보인다. 여기서 문제가 되는 것은 철학자들에게 지금까지 알려지지 않은,

가장 필요한 "한계"에 대한 지각이며, 철학상담자는 이를 자신의 가능성의 범위 내에서 책임감 있게 활동할 수 있기 위해 알아야 한다. 장래의 철학상담자를 지원하는 의미에서 칼 야스퍼스의『정신 병리학 일반』에 대한 철저한 공부와 (적어도) 매우 이해하기 쉽게 쓰여진 "정신과/심리치료 교과서": 클라우스 되르너Klaus Dörner와 우르줄라 플로그Ursula Plog의『실수하는 것은 인간적이다』의 독해도 추천될 수 있을 것이다.

그럼 이제 나는 여러분의 관심에 감사드리며 동시에 학문적 지원과 함께 철학상담의 확립을 위해 이탈리아에서 시작된 노력이 의심할 여지 없이 성공하기를 기원한다.

하지만 나는 경고의 의미로 다음과 같이 덧붙이고 싶다. 이 성공이 실현되지 않는다면, "활동하고 있는" 철학상담자들의 명성(그것은 사소한 문제일 수 있지만)뿐만 아니라, 철학 전반의 명성도 손상을 입게 될 것이다—이것은 우리가 막기 위해 노력을 아끼지 않아야 하는 비극이 될 것이다.

참고문헌

Achenbach, Gerd B. (1987). Der Philosoph und die Philosophien. Wege zur Philosophischen Praxis. Vortrag zum "14. Kongress fur Philosophie" in Giesen. In *Agora. Zeitschrift fur Philosophische Praxis*, H. 1.

Achenbach, Gerd B. (1989). Eine Traumdeutung (1. Praxisbericht). In *Agora. Zeitschrift für Philosophische Praxis*, H. 5/6.

Achenbach, Gerd B. (1990). Fragmentarischer Bericht aus einer Beratung (Stundenprotokoll). In *Agora. Zeitschrift fur Philosophische Praxis*, H. 8/9.

Achenbach, Gerd B. (2000). *Das kleine Buch der inneren Ruhe*. Freiburg: Verlag Herder.

Achenbach, Gerd B. (2009). *Lebenskönnerschaft*. (2nd. ed.). Köln: Verlag für Philosophie Dinter.

Achenbach, Gerd B. (2003). *Vom Richtigen im Falschen. Wege philosophischer Lebenskönnerschaft*. Freiburg: Verlag Herder.

Achenbach, Gerd B. (2010a). *Der Philosoph als Praktiker. Zur Einführung der Philosophischen Praxis*. Köln: Verlag für Philosophie Dinter.

Achenbach, Gerd B. (2010b). *Philosophische Praxis und Bildung. Zur Einführung der Philosophischen Praxis*. Köln: Verlag für Philosophie

Dinter.

Achenbach, Gerd B. (2010c). *Zur Einführung der Philosophischen Praxis. Vorträge, Aufsätze, Gespräche und Essays, mit denen sich die Philosophische Praxis in den Jahren 1981 bis 2009 vorstellte. Eine Dokumentation.* Köln: Verlag für Philosophie Dinter.

Achenbach, Gerd B. (2015). In der Philosophischen Praxis erwacht das Selbst aus seinem psychologischen Schlummer. In Ruth Conrad & Roland Kipke (Eds.), *Selbstformung. Beiträge zur Aufklärung einer menschlichen Praxis* (pp. 67-80). Münster: Mentis.

Achenbach, Gerd B. & Macho, Thomas H. (1985). *Das Prinzip Heilung. Medizin, Psychoanalyse, Philosophische Praxis.* Köln: Verlag für Philosophie Dinter.

Achenbach, Gerd B. (1991). Lebenskunst. Sieben Annäherungen an ein vergessenes Wissen. In Aleida Assmann (Ed.), *Weisheit. Archäologie der literarischen Kommunikation III.* München: Wilhem Fink Verlag.

Adorno, T. W. (1970). *Negative Dialektik.* Frankfurt a. M.: Suhrkamp.

Adorno, T. W. (1973). *Philosophische Terminologie* (Vol. 1). Frankfurt a. M.: Suhrkamp.

Adorno, T. W. (2003a). *Wozu noch Philosophie. Gesammelte Schriften* (Vol. 10/2). Frankfurt a. M.: Suhrkamp.

Adorno, T. W. (2003b). *Philosophie und Lehrer. Gesammelte Schriften* (Vol.10/2). Frankfurt a. M.: Suhrkamp.

Alain (Émile Chartier) (1979). *Die Pflicht, glücklich zu sein.* (Albrecht Fabri, Trans.). Frankfurt a. M: Schmitz.

Améry, Jean (1976). Hand an sich legen. In *Merkur* 338, Heft 7 von 1976.

Amir, Lydia (2018). *Taking Philosophy Seriously.* Cambridge: Cambridge Scholars Publishing.

Aristotle (1982). *Eudemian Ethics.* (Michael Woods, Trans.). Oxford: Clarendon.

Ausgustinus (1959). *Des heiligen Augustinus Bekenntnisse, Lateinisch-Deutsch.* (H. Schiel, Ed.). Freiburg: Herder.

Benjamin, Walter (1980). *Goethes Wahlverwandtschaften. Illuminationen.* Frankfurt a. M.: Suhrkamp.

Benjamin, Walter (1988). *Angelus novus.* Frankfurt a. M.: Suhrkamp.

Benjamin, Walter (1991a). *Das Passagen-Werk. Gesammelte Schriften* (Vol. 5/1). Frankfurt a. M.: Suhrkamp.

Benjamin, Walter (1991b). *Der Erzähler. Gesammelte Schriften* (Vol. 2/2). Frankfurt a. M.: Suhrkamp.

Benjamin, Walter (1991c). *Kleine Prosa Baudelaire-Übertragungen. Gesammelte Schriften* (Vol. 4/1). Frankfurt a. M.: Suhrkamp.

Betz, Hans Dieter (Ed.) (1965). *Religion in Geschichte und Gegenwart* (Vol. 5). (3rd ed.). Tübingen: Mohr Siebeck.

Bennent-Vahle, Heidemarie (2022). *Weltverflochtenheit, Verletzlichkeit und Humor.* Freiburg/Munchen: Karl Alber.

Binswanger, Ludwig (1947). *Ausgewählte Vorträge und Aufsätze* (Vol. 1). Bern: Francke.

Binswanger, Ludwig (1956). *Erinnerungen an Sigmund Freud.* Bern: Francke.

Bloch, Ernst (1969). Über den Begriff Weisheit. *Philosophische Aufsätze zur objektiven Phantasie. Gesamtausgabe* (Vol. 10). Frankfurt a. M.: Suhrkamp

Blumenberg, Hans (1996). Die Frage, an der Plato starb. In *Frankfurter Allgemeine Zeitung* 81. [April, 4].

Brandt, Daniel (2010). *Philosophische Praxis. Ihr Begriff und ihre Stellung zu den Therapien.* Freiburg/München: Karl Alber.

Bubner, Rüdiger (1976). Was kann, soll und darf die Philosophie? In *Neue Rundschau.* In H. Lübbe (Ed.), *Wozu Philosophie? Stellungnahmen eines Arbeitskreises.* Berlin-New York: Gruyter, 1-16.

Burckhardt, Jacob (2007). *Griechische Kulturgeschichte* (Vol. 2). Frankfurt a. M.: Zweitausendeins.

Cassirer, Ernst (1970). *Das Problem Jean Jacques Rousseau*. Darmstadt: Wissencchaftliche Buchgesellschaft.

Cicero (1952). *Gespräche in Tuskulum*. (Karl Büchner, Ed.). Zürich: Artemis-Verlag.

Dávila, Nicolás Gómez (1987). *Einsamkeiten*. Wien: Karolinger.

Dávila, Nicolás Gómez (1992). *Auf verlorenem Posten: neue Scholien zu einem inbegriffenen Text*. (Michaela Meßner, Trans.). Wien: Karolinger.

Dávila, Nicolás Gómez (2006). *Notas. Unzeitgemäße Gedanken*. (Ulrich Kunzmann, Trans.). Berlin: MSB Matthes & Seitz.

Diderot, Denis (1984). *Essay über die Herrschaft der Kaiser Claudius und Nero sowie über das Leben und die Schriften Senecas–zur Einführung in die Lektüre dieses Philosophen. Philosophische Schriften* (Vol. 2). (Thomas Lücke, Ed.). Berlin: Verlag Das Europäische Buch.

Diogenes Laertius (2008). *Leben und Meinungen berühmter Philosophen*. Hamburg: Meiner.

Dostojewski, Fjodor M. (1973). *Tagebuch eines Schriftstellers*. Darmstadt: Wissenschaftliche Buchgesellschaft.

Drill, Robert (1923). *Aus der Philosophen-Ecke: kritischen Glossen zu den geistigen Strömungen unserer Zeit*. Frankfurt: Societaets-Dr.

Eckehart, Meister (1963). *Vom edlen Menschen. Deutsche Predigten und Traktate*. (J. Quint, Ed.). München: Hanser.

Engelhardt, D. v. & Schipperges, H. (1980). *Die inneren Verbindungen zwischen Philosophie und Medizin im 20. Jahrhundert*. Darmstadt: Wissenschaftliche Buchgesellschaft.

Epictetus (1978). *Handbüchlein der Moral und Unterredungen*. (H. Schmidt, Ed.). Stuttgart: Kröner.

Etzioni, Amitai (1996). Hart im Sinkflug. Über den Zwang zu Werten in der Gesellschaft. In *Spiegel* 3 (1996, March, 4).

Feuerbach, Ludwig (1846). *Sämmtliche Werke* (Vol. 2). Leipzig: Otto Wigand.

Feyerabend, Paul (1978). *Wider den Methodenzwang*. Frankfurt a. M.: Suhrkamp.

Feyerabend, Paul (1979). *Erkenntnis für freie Menschen*. Frankfurt a. M: Suhrkamp.

Foster. Wallace David (2016). *Das hier ist Wasser* (18th ed.). Köln: Kiepenheuer & Witsch.

Freud, Sigmund & Binswanger, Ludwig (1992). *Briefwechsel 1908-1938*. (G. Fichtner, Ed.). Frankfurt a. M.: S. Fischer.

Gehlen, Arnold (1961). *Anthropologische Forschung. Zur Selbstbegegnung und Selbstentdeckung des Menschen*. Reinbek: Rowohlt.

Gehlen, Arnold (1969). *Moral und Hypermoral. Eine pluralistische Ethik*. Frankfurt a. M.: Klostermann.

Geissler, E. E. (1982). Erziehung zu neuen Tugenden? Ethik und dynamische Gesellschaft. In Walter Rüegg (Ed.), *Elite. Zukunftsorientierung in der Demokratie*. Veröffentlichungen der Walter-Raymond-Stiftung (Vol. 20). Köln: Bachem.

Goethe, Johann Wolfgang von (1973). *Wahlverwandtschaften. Romane und Novellen I. Goethes Werke* (Vo. 6.) (Erich Trunz, Ed.). Hamburg: Wegner.

Goethe, Johann Wolfgang von (1976). *Faust. Dramatische Dichtungen I, Goethes Werke* (Vo. 3.). (Erich Trunz, Ed.). Hamburg: Wegner.

Goethe, Johann Wolfgang von (1982a). *Dramatische Dichtungen II, Goethes Werke* (Vol. 4). (Erich Trunz, Ed.). Hamburg: Wegner, 11953.

Goethe, Johann Wolfgang von (1982b). *Torquato Tasso. Dramatische*

Dichtungen III (Vol. 5). (Erich Trunz, Ed.). Hamburg: Wegner.

Goethe, Johann Wolfgang von (1981a). *Dichtung und Wahrheit.*
    Autobiographischen Schriften I (Vol. 9). (Erich Trunz, Ed.). Hamburg:
    Wegner.

Goethe, Johann Wolfgang von (1981b). *Maximen und Reflexionen, Goethes*
    Werke. Schriften zur Kunst, Schriften zur Literatur (Vol. 12). (Erich
    Trunz, Ed.). Hamburg: Wegner.

Goethe, Johann Wolfgang von (1987). *Goethes Werke, Weimarer Ausgabe,*
    IV. Abteilung, Briefe. München: Deutscher Taschenbuch Verlag.

Goethe, Johann Wolfgang von (1989). Wilhelm Meisters Lehrjahre (Vol. 8).
    München: C.H. Beck.

Grossner, C. (1971). *Verfall der Philosophie.* Hamburg: Reinbek.

Habermas, J. (1971). *Wozu noch Philosophie. Philosophisch-politische*
    Profile. Frankfurt a. M.: Suhrkamp

Hadot, Pierre (1991). *Philosophie als Lebensform. Geistige Übungen in der*
    Antike. (Ilsetraut Hadot & Christiane Marsch, Trans.). Berlin: Gatza.

Hadot, Pierre (1996). *Die innere Burg: Anleitung zu einer Lektüre Marc*
    Aurels. (Makoto Ozaki, Trans.). Frankfurt a.M.: Eichborn.

Hadot, Pierre (1999). *Wege zur Weisheit – oder: Was lehrt uns die antike*
    Philosophie? (Heiko Pollmeier, Trans.). Frankfurt a. M.: Eichborn.

Han, Byung-Chul (2016). *Die Austreibung des Anderen.* Frankfurt a. M.:
    Fischer Verlag.

Hegel, G. W. F. (1986a). *Frühe Schriften.* In E. Moldenhauer & K. M. Michel
    (Eds.), *Werke in 20 Bänden* (Vol. 1). Frankfurt a. M.: Suhrkamp.

Hegel, G. W. F. (1986b). *Phänomenologie des Geistes.* In E. Moldenhauer
    & K. M. Michel (Eds.), *Werke in 20 Bänden* (Vol. 3). Frankfurt a. M.:
    Suhrkamp.

Hegel, G. W. F. (1986c). *Vorlesungen über die Philosophie der Religion I.*
    In E. Moldenhauer (Ed.), *Werke in 20 Bänden* (Vol. 16). Frankfurt a.

M.: Suhrkamp.

Hegel, G. W. F. (1986d). *Vorlesungen über die Geschichte der Philosophie I*. In E. Moldenhauer (Ed.), *Werke in 20 Bänden* (Vol. 18). Frankfurt a. M.: Suhrkamp.

Hegel, G. W. F. (1986e). *Vorlesungen über die Geschichte der Philosophie II*. In E. Moldenhauer & K. M. Michel (Eds.), *Werke in 20 Bänden* (Vol. 19). Frankfurt a. M.: Suhrkamp.

Hinske, Norbert (1998). Welche Eigenschaften braucht der Mensch? Überlegungen zur Tugendethik. In *Forschung und Lehre* 7/98.

Horkheimer, Max (1991). *Gesammelte Schriften* (Vol. 4). Frankfurt a. M.: Fischer.

Humboldt, W. v. (1964). Theorie der Bildung des Menschen. In *Bildung des Menschen in Schule und Universität*. Heidelberg: Quelle & Meyer.

Ionesco, Eugène (1969). *Tagebuch*. (2nd. ed.) (Lore Kornell, Trans.). Neuwied & Berlin: Luchterhand.

Joubert, Joseph et. al. (1974). *Die französischen Moralisten* (Vol. 2). (Fritz Schalk, Ed. & Trans.) München: Deutschen Taschenbuch-Verlag.

Jung, C. G. (1995). *Ziele der Psychotherapie*, In Marianne Niehus-Jung & Lilly Jung-Merker (Eds.) *Gesammelte Werke* (Vol. 16). Solothurn/ Düsseldorf: Walter.

Kant, Immanuel (2009). *Die Metaphysik der Sitten*. Werkausgabe (Vol. 8). (W. Weischedel, Ed.). Frankfurt a. M. : Suhrkamp

Kant, Immanuel (2012). *Immanuel Kants Nachricht von der Einrichtung seiner Vorlesungen in dem Winterhalbenjahre von 1765-1766*. (S.-K. Lee, R. Pozzo, M. Sgarbi, D. von Wille Eds.). Stuttgart: Frommann-holzboog.

Kant, Immanuel (1998). *Kritik der reinen Vernunft*. Vorrede zur 2. Auflage. Hamburg: Meiner.

Kierkegaard, Søren (1910). *Gesammelte Werke. Abschließende* unwissenschaftliche Nachschrift I. (H. Gottsched, Trans.). Jena: Diederichs.

Kierkegaard, Søren (1922). *Der Gesichtspunkt für meine Wirksamkeit als Schriftsteller.* (H. Gottsched, Trans.). Jena: Diederichs.

Kierkegaard, Søren (1960). *Entweder-Oder.* (H. Diem & W. Rest, Eds.), Köln: Hegner.

Kierkegaard, Søren (1983). *17: Eine literarische Anzeige. Gesammelte Werke.* (E. Hirsch & H. Gerdes, Eds.). Gütersloh: Gütersloher Verlagshaus Mohn.

Kierkegaard, Søren (2003). *Gesammelte Werke und Tagebücher.* (Vol. 28), *Die Tagebücher 1.* (Hayo Derdes, Trans.). Simmerath: Grevenberg Verl. Ruff.

Koch, R. (1923). *Ärztliches Denken. Abhandlungen über die philosophischen Grundlagen der Medizin.* München: J. F. Bergmann-Verlag.

Kolakowski, Leszek (1963). *Gespräche mit dem Teufel. Acht Diskurse über das Böse.* München: Serie Piper

Kraus, Jirko (2022). *Perspektiven Philosophischer Praxis. Eine Profession zwischen Tradition und Aufbruch.* Freiburg/ München: Alber.

Kudszus, Hans (1970). *Ja-Worte, Nein-Worte.* Frankfurt a. M.: Suhrkamp.

La Rochfoucauld (1973). *Reflexionen oder moralische Sentenzen und Maximen, Die französischen Moralisten.* (Fritz Schalk, Ed. & Trans.) (Vol. 1). München: Deutschen Taschenbuch-Verlag.

Landmann, Michael (1967). Georg Simmel als Prügelknabe. In *Philosophische Rundschau* (Vol. 14).

Landsberg, Paul Ludwig (1973). *Die Erfahrung des Todes.* Frankfurt a. M.: Suhrkamp

Lichtenberg, Georg Christoph (1967). *Werke in einem Band.* Hamburg: Hoffmann u. Campe.

Lichtenberg, Georg Christoph (1992). *Schriften und Briefe* (Vol. 2).

München/Wien: Hanser.

Lindseth, Anders (2005). *Zur Sache der philosophischen Praxis. Philosophieren in Gesprächen mit ratsuchenden Menschen.* Freiburg/München: Alber.

Löwith, Karl (1969). *Das Individuum in der Rolle des Mitmenschen.* Darmstadt: Wissenschaftliche Buchgesellschaft.

Lübbe, Hermann (1978). Wozu Philosophie? Aspekte einer ärgerlichen Frage. In H. Lübbe (Ed.). *Wozu Philosophie? Stellungnahmen eines Arbeitskreises* (pp. 127-147). Berlin-New York: Gruyter.

Lübbe, Hermann (1993). Tugend tut not. In *Die Zeit* 37 (1993, Semptember, 10).

Luther, Luther (1917). *Luthers Briefe, Schriften, Lieder, Tischreden.* (T. Klein Ed.). München: Wilhelm Langewiesche München.

Macho, Thomas (2017). *Das Leben nehmen. Suizid in der Moderne.* Berlin: Suhrkamp.

Marinoff, Lou (1999). *Plato, not Prozac! Applying Philosophy to Everyday Problems.* New York: Harpercollins.

Marquard, Odo (1989). Praxis, Philosophische. In Joachim Ritter et al. (Eds.), *Historischen Wörterbuch der Philosophie.* (Vol. 7). Basel: Schwabe Verlag.

Minsky, Marvin (1990). *Mentopolis.* (Malte Heim, Trans.). Stuttgart: Klett-Cotta.

Montaigne, Michel de (1953). *Essais.* (H. Lüthy, Eds. & Trans.). Zürich: Manesse-Verlag.

Müller, Adam (1816). *Vom Gespräch. Zwölf Reden über die Beredsamkeit und deren Verfall in Deutschland.* Leipzig: Georg Joachim Göschen.

Neubauer, Patrick (2000). *Schicksal und Charakter. Lebensberatung in der Philosophischen Praxis.* Hamburg: Dr. Kovac.

Nietzsche, F. (1988a). *Also sprach Zarathustra.* In G. Colli & M. Montinari

(Eds.), *Sämtliche Werke Kritische Studienausgabe in 15 Bänden* (Vol. 4). Berlin: Deutscher Taschenbuch Verlag de Gruyter.

Nietzsche, F. (1988b). *Genealogie der Moral*. In G. Colli & M. Montinari (Eds.), *Sämtliche Werke Kritische Studienausgabe in 15 Bänden* (Vol. 5). Berlin: Deutscher Taschenbuch Verlag de Gruyter.

Nietzsche, F. (1988c). *Jenseits von von Gut und Böse*. In G. Colli & M. Montinari (Eds.), *Sämtliche Werke Kritische Studienausgabe in 15 Bänden* (Vol. 5). Berlin: Deutscher

Nietzsche, F. (1988d). *Nachgelassene Fragmente 1882-1884*. In G. Colli & M. Montinari (Eds.), *Sämtliche Werke Kritische Studienausgabe in 15 Bänden* (Vol. 10). Berlin: Deutscher Taschenbuch Verlag de Gruyter.

Nietzsche, F. (1988e). *Nachgelassene Fragmente 1884-1885*. In G. Colli & M. Montinari (Eds.), *Sämtliche Werke Kritische Studienausgabe in 15 Bänden* (Vol. 11), Berlin: Deutscher Taschenbuch Verlag de Gruyter.

Nietzsche, F. (1988f). *Nachgelassene Fragmente 1885-1887*. In G. Colli & M. Montinari (Eds.), *Sämtliche Werke Kritische Studienausgabe in 15 Bänden* (Vol. 12). Berlin: Deutscher Taschenbuch Verlag de Gruyter.

Nietzsche, F. (1988g). *Unzeitgemäße Betrachtungen*. In G. Colli & M. Montinari (Eds,), *Sämtliche Werke Kritische Studienausgabe in 15 Bänden*(Vol. 1). Berlin: Deutscher Taschenbuch Verlag de Gruyter.

Novalis (1978). *Werke, Tagebücher und Briefe*. (H.-J. Mühl & R. Samue, Eds.) (Vol. 2). Darmstadt: Wissenschaftliche Buchgesellschaft.

Panaítios (1950). *Stoa und Stoiker, Die Gründer, Panaitios, Poseidonios*. (M. Pohlenz, Ed. & Trans.). Zürich: Artemis.

Pascal, Blaise (1958). *Pensées*. (W.F. Trotter, Trans). New York: E. P. Dutton.

Peterson, Jordan (2018). Also sprach Jordan Peterson. In *Spiegel* 49/1, (2018, December, 1).

Picht, Georg (1971). Enzyklopädie und Bildung. In *Merkur* 25 (279).

Platon (1951). *Apologie des Sokrates.* (Otto Apelt, Trans.). Hamburg: Meiner.

Platon (1955). *Gorgias.* (Otto Apelt, Trans.) (4. Aufl.). Hamburg: Meiner.

Platon (1994a). *Apologie des Sokrates. Sämtliche Werke* (Vol. 1). (Friedrich Schleiermacher, Trans.). Reinbek bei Hamburg: rororo.

Platon (1994b). *Kriton. Sämtliche Werke* (Vol. 1). (Friedrich Schleiermacher, Trans.). Reinbek bei Hamburg: rororo.

Platon (2011). *Apologie des Sokrates.* (Manfred Fuhrmann, Trans.). Stuttgart: Reclam.

Plessner, Helmuth (1975). *Die Stufen des Organischen und der Mensch.* Berlin/New York: De Gryuter.

Plotinus (1956). *The Enneads.* (B. S. Page, Ed. Stephen MacKenna, Trans.). London: Medici Society.

Plutarch (2013). *Moralia.* Hildesheim: Olms.

Polednitschek, Thomas (2013). *Der politische Sokrates. Was will Philosophische Praxis?* Münster: Lit.

Putnam, Hilary (1995). *Pragmatism: An open question.* Oxford: Blackwell.

Rosenzweig, Franz (1992). *Das Büchlein vom gesunden und kranken Menschenverstand.* (N. N. Glatzer, Ed.) Frankfurt a. M.: Jüdischer Verlag.

Rougemont, Denis de (1999). *Der Anteil des Teufels.* München: Matthes und Seitz Verlag.

Russell, Bertrand (1969). *Probleme der Philosophie.* (E. Bubser, Trans.). Frankfurt a. M.: Suhrkamp.

Schefczyk, Michael (1991). Philosophische und psychologische Individualberatung. In *Agora* No. 10/11.

Scheler, Max (1933). *Reue und Wiedergeburt. Vom Ewigen im Menschen* Berlin: Der neue Geist Verlag.

Scheler, Max (1955). *Das Ressentiment im Aufbau der Moralen. Gesammelte*

Werke (Vol. 3). Bern: Francke-Verlag.

Schelling (1861). *Werke (Vol. 1/9)*. Stuttgart/Augsburg: Verlag Cotta.

Schopenhauer, Arthur (1991a). *Kleinere Schriften. Werke in 5 Bänden* (Vol. 3). (L. Lütkehaus, Ed.). Zürich: Haffmans.

Schopenhauer, Arthur (1991b). *Parerga und Paralipomena I. Werke in 5 Bänden* (Vol. 4). (L. Lütkehaus, Ed.). Zürich: Haffmans.

Schopenhauer, Arthur (1991c). *Parerga und Paralipomena II. Werke in 5 Bänden* (Vol. 5). (L. Lütkehaus, Ed.). Zürich: Haffmans.

Schopenhauer, Arthur (1991d). *Welt als Wille und Vorstellung I. Werke in 5 Bänden* (Vol. 1). (L. Lütkehaus, Ed.). Zürich: Haffmans.

Schopenhauer, Arthur (1991e). *Welt als Wille und Vorstellung II. Werke in 5 Bänden* (Vol. 2). (L. Lütkehaus, Ed.). Zürich: Haffmans.

Schulz, Walter (1982). *Philosophie als Beruf*. (J. Schickel, Ed.). Frankfurt a. M.: Fischer-Taschenbuch.

Schuster, Shlomit C. (1999). *Philosophy Practice. An Alternative to Counseling and Psychotherapy*, London: Praeger.

Seidel, Alfred (1927). *Bewußtsein als Verhängnis*. (Hans Prinzhorn, Ed.) Bonn: Cohen.

Seneca (2023). *Dialog Vom glücklichen Leben, Philosophische Schriften* (Vol. 2). (Otto Apelt, Ed.). Hamburg: Felix Meiner.

Sloterdijk, Peter (1983). *Kritik der zynischen Vernunft*. Frankfurt a. M.: Suhrkamp.

Sloterdijk, Peter (1988). *Zur Welt kommen–Zur Sprache kommen*. Frankfurt a. M.: Suhrkamp.

Sloterdijk, Peter (2011). *Streß und Freiheit*. Berlin: Suhrkamp.

Spaemann, Robert (2001a). *Die zwei Grundbegriffe der Moral. Grenzen. Zur ethischen Dimension des Handelns*. Stuttgart: De Gruyter.

Spaemann, R. (2001b). *Grenzen. Zur ethischen Dimension des Handelns*. Stuttgart: De Gruyter.

Stöcklein, Paul (1973). *Wege zum späten Goethe*. Darmstadt: Wissenschaftliche Buchgesellschaft.

Strauss, Boto (2017). Reform der Intelligenz. In *Die Zeit* No. 14. (2017, March, 30)

Thibon, Gustave (1957). *Nietzsche und Johannes vom Kreuz*. Paderborn: Ferdinand Schöningh.

Thielicke, Helmuth (1981). Religion in der heutigen Gesellschaft. In Herbert Wendt (Ed.), *Kindlers Enzyklopädie Der Mensch. (Vol. 4)*. Zürich: Kindler.

Watzlawick, Paul (1978). *Die Möglichkeit des Andersseins*. Bern-Stuttgart-Wien: Huber.

Wilhelm, Berger et. al. (Eds.) (1989). *Kant als Liebesratgeber. Eine Klagenfurter Episode*. Wien: Verl. d. Verb. d. Wiss. Ges. Österreichs.

Wittgenstein, Ludwig (1988). *Tractatus logico-philosophicus, Werkausgabe* (Vol. 1). Frankfurt a. M.: Suhrkamp.

Wittgenstein, Ludwig (1989). *Vortrag über Ethik und andere kleine Schriften*. (J. Schulte, Ed.). Frankfurt a. M.: Suhrkamp.

Wittgenstein, Ludwig (1991). *Geheime Tagebücher : 1914-1916*. (Wilhelm Baum, Ed.). Wien ; Berlin : Turia und Kant.

Xenophon (1990). *Conversations of Socrates*. (Hugh Tredinnick & Robin H. Waterfield, Eds. & Trans.). London: Penguin Classics.

Zuckmayer, Carl (1966). *Als wär's ein Stück von mir. Hören der Freundschaft. Werkausgabe in 10 Bänden* (Vol. 2). Frankfurt a. M.: Fischer.

〈웹사이트〉

"Chronik der Philosophischen Praxis. 1981-1994": www. achenbach-pp.de/ papers/ archiv_chronik_philosophische_praxis_1981-1995.pdf.

"Antonius der Grosse": Stadlers Vollständiges Heiligenlexikon.

Ökumenisches Heiligenlexikon: www.heiligenlexikon.de/Stadler/
Antonius_der_Grosse.html.

⟨이 외에 아헨바흐가 추가한 잡지들⟩

1987년부터 1993년까지 출간된 잡지 *Agora. Zeitschrift für Philosophische
Praxis*, 총 15권

1994년부터 1996년까지 이어서 후속으로 연 2회 출간된 *Zeitschrift für
Philosophische Praxis*

2005년 이후 뮌스터(Münster)에서 출간되고 있는 *Jahrbuch der Internationalen
Gesellschaft für Philosophische Praxis*.

철학상담의 철학
기원과 발전

찾아보기

철학상담의 철학:
기원과 발전

내용

철학상담의 철학:
기원과 발전

역자 후기

『철학상담의 철학』의 의미와 아헨바흐의 철학상담

2023년 새로이 출간된 아헨바흐의 『철학상담의 철학』은 현대에 철학상담을 새롭게 창시한 아헨바흐가 지난 40여 년 동안 해 온 경험과 철학상담의 주요 지침을 담고 있는 책이다. 이 책은 그가 영감과 감화를 받은 철학자들 및 작가들의 삶과 사상에 대한 이야기로부터 시작해서 그가 실현하고 싶은 철학상담의 주요 정신 내지는 목표, 그리고 그가 만났고 또한 만나고 싶은 철학상담의 손님들 및 내담자들에 대한 내용을 담고 있는 에세이와 강연 모음집이다. 그런데 그는 이 에세이와 강연들을 구체적으로 누구를 위해서 했을까? 그는 매번 챕터가 시작할 때마다 어디서 누구를 위해 그 강연을 했는지를 각주로 달아 놓았는데, 주로 '철학상담학회GPP'와 '국제철학상담학회IGPP'의 기조연설인 경우가 많다. 따라서 『철학상담의 철학』은 일반인들을 위한 에세이라기보다는 철학상담을 실제로 실행하고 있거나 장래 철학상담자가 되려는 사람들, 다른 분야의 전문가라고 하더라도 철학상담에 대한 이해를 넓히고 상담을 폭넓게 배우고 싶은 사람들에게 가장 기본적인 지침서가 될 수 있는 내용을 담고 있다고 할 수 있다.

이미 서문에서 밝힌 대로, 아헨바흐는 철학 안팎에서, 그리고 철학상담을 실행하거나 실행하려는 사람들이 그에게 철학상담의 '이론'이나 '방법론'을 끈질기게 요구해 온 것에 대한 하나의 답변을 제시하는 차원에서 이 책을 세상에 내놓았다. 그의 책 제목이 명시하듯이, 철학상담에는 논증에 바탕을 둔 '이론'이나 증거 기반의 '방법론'이 아니라 오히려 '철학'이 필요하다는 것이다. 그는 "철학상담이 철학의 중대 사안"이라고 했지만, 그 중대 사안을 바라보는 철학 안팎의 눈은 그다지 달갑지만은 않은 것 같다. 오늘날 전문가들은 '전문성'이라는 좁다란 울타리의 폐쇄적인 담당 영역을 설정하지 않으면 안 되는데, 철학계에서 통용되고 있는 알아들을 수 없는 추상적 철학의 이론과 방법론으로 과연 일상을 살아가는 사람들이 겪는 어려움을 어떻게 도울 수 있다는 말인가? 더욱이 그러한 전문 분야로서 철학의 유용성이 없거나 축소되고 있는 현시점에서, 과연 '철학상담'은 철학의 미래를 달리할 수 있는 역할을 수행할 수 있을까?

아헨바흐가 "철학상담이 철학의 중대 사안"이라고 한 것은 철학이 오히려 학술적인 전문 분야로만 국한되지 않았기 때문에 가능하다. 다시 말해, 철학은 이미 고대 그리스에서처럼 삶의 갈등에 대해 '심사숙고하는 활동'이자 '자유롭게 사유하며 함께 나누는 대화'이기도 했기 때문이다. 비단 고대 사회만이 아니라 중세, 근대를 거쳐 오늘날에 이르기까지 인간이라면 누구나 삶에서 의미를 찾고, 다양한 삶의 위기와 갈등에 직면하며 자신이 살아온 길을 돌아보고 해명하면서 좀 더 주도적으로 삶을 이끌어 나가고 싶다는 '철학적 원의'를 지니고 있다.

아헨바흐는 이러한 원의에 부합하여 삶을 검토하고 '철학적 대화'를 실천해 온 활동이 이미 소크라테스로 대표되는 고대 그리스로부터 내려오고 있으며, 아우구스티누스로 대표되는 중세의 그리스도교 전통 속에서도 암암리에 전해져 왔다고 주장한다. 즉, 고대 '철학적' 영혼의 돌봄은 그리스도교에서 '사목적' 영혼의 돌봄으로 이어졌고, 오늘날 그 자리를 '심리치료'가 차지하고 있다는 것이다. 더욱이 현대 사회에서 첨예화된 기술과 노하우를 바탕으로 심리치료는 인간의 다양한 정서를 집중적으로 다루며 눈부신 성장을 거듭해 왔고, 현대인들에게 많은 위로와 치유를 선사하고 있다.

그러나 아헨바흐는 1981년에 그러한 과학성과 임상적 접근에 기반한 심리치료에 대한 또 하나의 '대안'으로서 '철학상담'을 제안하고 나섰다. 철학상담은 현대인들의 삶에서 자신만의 내면적 깊이, 그리고 자신과 타자를 포함하는 공동체로서의 사회가 나아갈 넓이, 개인과 공동체가 함께 추구할 가치와 방향성의 높이를 인간의 지성을 통해서 자유롭게 사유하고 심사숙고할 기회를 제공한다. 이처럼 철학상담이 기존의 심리치료와 더불어서 '협력과 경쟁'을 통해서 하나의 대안이 될 수 있다면, 예전에 국가나 귀족, 소수 정예 지식인들만이 누렸던 '교양'으로서의 철학의 풍요로움이 많은 이들에게 폭넓게 제시됨과 동시에 오늘날 철학은 새로운 쓰임으로 탈바꿈할 수 있게 될 것이다.

역자가 경험한 아헨바흐의 철학상담과 그를 통해 만난 사람들과의 철학적 대화

내가 처음으로 철학상담을 알게 된 것은 2006년 여름으로 거슬러 올라간다. 나 역시도 독일에서 1999년 2월 아도르노에 대한 박사학위 논문을 쓰고 나서 박사학위를 받고 귀국한 뒤, 한국 사회에서 현대철학 분야의 전문가로 자리매김하려 헐떡이며 달려 나가다가 실패와 좌절로 범벅이 되어 번아웃을 경험하고 있던 차였다. '내가 뭔가 잘못하고 있지 않을까?', '나는 왜 이리도 한국 사회에 적응하지 못할까?' 등의 질문에 휩싸여 있다가 한 수도원에서 개인 피정을 하던 중, 우연히 책을 통해 '철학상담'을 알게 되었다. 내가 그동안 해 온 철학 공부와 더불어서 내 삶만이 아니라 나와 이웃, 나와 공동체를 연결해서 다시 숙고하며 통찰할 수 있는 실천적 가능성이 철학에 열려 있다는 것 자체가 어찌나 기뻤는지 모른다.

곧바로 현대 철학상담의 창시자인 아헨바흐에게 개인적으로 메일을 보냈고, 그가 제공한 첫 전문가 과정에 입문해서 독일을 부지런히 오가면서 2년여의 기초 과정과 1년여 심화 과정을 끝마친 것이 2009년 1월이었다. 아헨바흐와 함께 3년여의 과정 동안 내가 경험한 것은 기존의 철학사 및 각 사상가의 철학에 대한 새로운 시각, 아헨바흐를 위시한 동료들과의 열정 어린 개방적 대화, 무엇보다도 바로 앞에 놓인 우리 각자 그리고 공동의 삶을 심사숙고하며 사유하는 활동으로서의 생생한 '철학함' 그 자체이었다.

개인적으로 아헨바흐를 짧게 소개하자면, 그는 하멜른Hameln 출생의 철학자이며, 오도 마크봐르트Odo Marquard에게서 헤겔에 대한 박사논문으로 박사학위를 취득했다. 그는 간혹 내게 자신의 지도교수가 헤겔의 뛰어난 해석가인 요아킴 리터Joachim Ritter의 제자이며, 따라서 자신은 리터의 손자에 해당한다고 농담을 하곤 했다. 내가 경험한 철학상담자로서의 아헨바흐는 가장 먼저 '환대'가 무엇인지를 보여 주는 인물이었다. 그는 사람을 맞이하는 가장 예민한 감각과 열린 태도로 손님을 따뜻하게 맞이한다. 또한 그 손님의 세계에 들어가기 위해서 여기저기를 유머와 함께 노크하며 조심스럽게 접촉을 시도하다가, 손님이 살짝 문을 열면 그 손님의 넓고 다양한 내면을 뒤따라가면서 아주 깊은 이해와 존중을 표했다.

물론 나는 전문가 과정 동안 그가 들려주는 철학상담의 사례에 대해 '간접적으로' 경험할 기회가 많았다. 그런데 그보다 더 그와의 '직접적인' 만남을 통해서 늘 기쁜 마음으로 맞이해 주는 푸근함과 간혹 과장된 표현이 담고 있는 유머의 여유로움을 충분히 느낄 수 있었다. 그래서 상담자를 곧바로 신뢰하며 대화를 이어갈 수 있도록 만드는 매력이 무엇인지 가까이 경

철학상담의 철학:
기원과 발전

험할 수 있었다. 이렇게 손님 및 내담자를 대하는 그의 태도를 경험한 것 자체가 철학적 대화로 입문하는 즐거움이자 철학상담을 배우는 교과서 그 자체였다고 할 수 있다.

아헨바흐는 늘 철학자들을 소개하며 우리의 삶에 대해 말을 건넸다. 그가 철학상담 전문가를 위한 기본 과정과 심화 과정에서 소개했던 철학자, 특히 소크라테스, 몽테뉴, 칸트, 헤겔, 쇼펜하우어, 니체, 키르케고르, 아도르노, 하이데거 등은 학술적 배경에서 논의되는 것과는 달리 삶의 고통과 깊이를 이해하기 위해 색다르게 요리가 되어 철학적 흥미를 자아냈다. 최근 그는 일 년 동안 철학사를 따라가면서 한 철학자씩 선별해서 일반인들을 대상으로 하는 금요강좌를 개최하고, 이어서 주말 동안 집중적으로 탐구하는 세미나를 비정기적으로 열고 있다.

아헨바흐가 제공하는 철학상담 전문가 과정이나 일반인을 대상으로 하는 강연과 세미나에서 내가 만난 사람들의 부류는 매우 다양했다. 가장 많은 수를 차지하는 것이 의사들이라는 점은 참으로 놀라웠다. 그들은 비단 정신의학만이 아니라 다양한 전공 과목을 진료하면서도 환자들을 좀 더 철학적 차원에서 이해하려고 노력하고 있었는데, 철학적 인간관이 일상에서 동떨어져 있는 것이 아니라는 것을 새삼 확인시켜 주었다.

의사들 외에도 아헨바흐의 전문가 과정에서 물론 나는 장래에 철학상담자로서의 직업을 꿈꾸는 사람들을 만날 수 있었는데, 철학박사들, 중·고교 철학 선생님들, 대학병원의 심리치료사들, 간호사들, 목사님들, 경영학 전공자, 법학 전공자를 동료로 만났다. 이들의 기존 직업을 돌이켜 보자면, 독일 사회에서 철학상담이 심화되는 영역이 어디에 있는지를 알 수 있었다.

나아가 아헨바흐가 일반인들을 위해 제공하는 금요강좌나 연말연시 세미나는 유럽의 다양한 곳에서 열렸다. 예를 들어 니체에게 중요했던 스위스 실스 마리아나 혹은 에어푸르트에서는 니체에 대한 세미나가 열렸고, 그 외에도 독일의 옛 수도원 등에서 그 장소가 지닌 독특한 역사적 의미를 이어 갔으며, 그야말로 철학, 문학, 예술을 함께 나누고 싶이 하는 다양한 각계각층의 사람들이 참석했다. 특히 이탈리아의 볼차노 근처 성 니콜라우스St. Nikolaus 울텐탈Ultental이라는 계곡에 있는 "빌라 하르퉁겐Villa Hartungen"은 아주 오랜 치유의 전통을 간직하고 있는 게스트하우스로서 잊을 수 없는 장소이다. 그곳에서 나는 '프로이트'에 대한 철학상담 전문가를 위한 세미나와 이어서 일반인을 대상으로 열린 '토마스 만'에 대한 세미나에 참석했다. 남부 티롤의 아름다운 정경과 함께 철학책이나 문학책을 읽는 것으로 여름휴가를 대신하는 독일인들의 문화가 솔직히 많이 부럽기도 했다.

세미나 장소였던 "빌라 하르퉁겐"을 좀 더 소개하자면, 그곳은 의사 크리스토프 폰 하르퉁겐(Christoph von Hartungen, 1849~1917)이 1903년부터 1906년까지 지은 여름 별장이었다. 그는 비엔나에서 의학박사를 받았고, 스파와 목욕을 겸한 치료를 주로 했는데, '프로이트'를 환자로 치료한 적도 있고, 이후 그와 친구로 지냈다. 그는 현대 문학과 예술에 조예가 깊었으며, 실제로 수많은 바이에른, 비엔나의 귀족과 백작들이 이 별장을 다녀갔고, 하르퉁겐 박사의 친구였던 독일의 작가 하인리히 만, 토마스 만, 프란츠 카프카, 신학자이자 교육자인 루돌프 슈타이너도 이곳에서의 고요와 평화 가득한 체류를 즐겼다. 이 외에도 그 집주인인 크리스토프 하르퉁겐은 크리스티안 모르겐슈테른, 프리드리히 니체, 라이너 마리아 릴케를 만났다. 이러한 친분과 교류는 그가 쇼펜하우어, 칸트, 스피노자, 포이에르바흐, 헤겔을 일찍부터 공부했고, 소크라테스의 정신으로 살다시피 했으며, 호라스, 플루타르크, 괴테를 좋아했다는 것에 토대를 두고 있다고 할 수 있다.

이렇게 아헨바흐를 통해 내가 만난 사람들과 장소를 언급하면서 이 장소를 특히 길게 소개한 이유는 이 장소에서의 세미나가 내게도 개인적으로 매우 인상 깊었을 뿐 아니라 2024년 9월에 아헨바흐는 그곳으로 아예 이사할 계획을 가지고 있기 때문이다. 앞으로 아헨바흐의 철학상담은 의학과 철학이 결합되어 역사적으로 많은 지성인의 대화가 오갔으며 치유의 현장이었던 "빌라 하르퉁겐"에서 그 활동이 이어질 예정이다.

한국 사회에서 『철학상담의 철학』이 지니는 의미

한국 사회에서 철학상담에 대한 관심은 철학 안팎으로 생겨나고 있으며, 이미 철학상담을 시도하고 있는 분들도 점차 늘어나고 있다. 간혹 나를 찾아내서 철학상담을 하고 싶다고 오는 내담자들을 만날 때, 나는 적잖이 놀라고 있다. 그런데 내가 개인적으로 관심을 가지고 도전하여 독일을 오가며 배우고 경험한 '철학상담'을 어떻게 한국 사회에서 전개해 나가야 할까에 대한 고민은 여전히 아주 깊다. 물론 이를 위한 한 가지의 방편으로 아헨바흐에게서 철학상담에 대한 공부를 할 때, 이미 그의 책을 번역해야겠다고 생각했었다. 그래서 처음으로 시작했던 아헨바흐의 책은 126쪽 정도에 달하는 1987년에 딘터Dinter 출판사에서 발간한 『철학상담』이었다. 그런데 이 책의 증보판으로 2010년에 620쪽에 달하는 『철학상담의 입문에 대하여』가 출간되었을 때, 나는 적잖이 충격에 빠졌고, 100쪽 정도의 번역을 하고 나서 아예 번역을 포기하고 말았다.

독일에서 아헨바흐가 제공하는 철학상담 전문가 과정을 모두 마치고 다시 귀국하고 나서, 나는 상담을 전문으로 하는 대학원대학교에 자리를 잡게 되었다. 학자이자 교수로서 '철학상담'의 이론과 실천적 영역을 새롭게 개척해 나가야 하는 처지에서 나는 한편으로 한국 사회에서 구체적으로 철학상담이 필요한 현장이 어디인지, 그리고 철학상담의 당사자가 누구인지를 찾아 나서는 작업에 도전했다. 또한 다른 한편으로 철학상담을 심리치료와 어떻게 차별화해야 할지를 고민했다. 다행히도 상담전문대학원이어서 다양한 심리치료 및 심리상담을 가까이 접하고 배울 기회를 얻었고, 그 과정에 철학과 가깝게 전개되어 온 심리치료, 즉 현존재분석, 인간중심상담, 로고테라피, 여성주의상담을 배우는 데에 좀 더 집중했다. 그리하여 아헨바흐가 말한 대로 어떤 부분을 협력하고 어떤 부분에서 차별화하면서 경쟁해야 하는지를 명확히 하는 데에 주력했다. 내가 전자의 과제를 어떻게 풀어 나갔는지에 대한 부분적인 보고서는 나의 저서인 『철학상담으로 가는 길』(2018)에, 후자에 대한 부분적인 보고서는 『심리치료와 철학상담』(2021)에 담았다.

그 외에도 한국 사회에서 철학상담자를 개인상담자로 교육하기가 녹록지 않다는 현실에 직면해서, '생각사이-다'라는 철학상담 집단 프로그램을 처음에는 고등학교 학생들을 위해 기획했고, 이를 『생각사이-다』(2017)라는 책으로 엮어 냈다. 이 프로그램은 연령대를 달리하여 중학생, 초등학생으로 그리고 대학생 및 중년 등으로 참여 대상을 확대하며 진행되었고, 그에 따라 철학상담을 전공하는 석박사학생들이 집단 프로그램의 리더로서 활동할 기회도 함께 확대되었다. 그러는 와중에 코비드 19를 맞이하면서 나는 이 프로그램을 온라인 버전으로 바꾸었으며, 최근 온라인 '생각사이-다'는 자신의 장래에 대해 청소년기에 충분히 고민하지 못했던 대학생들, 취준생, 사회초년생들인 20~30대들의 활발한 참여를 이끌어 내고 있다.

한국 사회에서 철학상담을 수용하고 발전시켜 가는 좌충우돌의 다양한 경험을 하면서 나는 적잖은 고민에 빠지곤 했다. 내가 독일에서 교육받은 아헨바흐의 철학상담과 내가 처한 한국 사회라는 현실의 간극이 매우 넓었기 때문이다. 더욱이 '철학상담'은 철학이론을 실천에 적용하는 '탑다운top-down' 방식이 아니라 내담자의 철학적 요구로부터 시작하는 '다운업down-up'

의 방식이어야 하기에, 한국 사회라는 현장과 그 안에서 살아가는 당사자에 대한 '접촉 지점'을 마련하는 것이 내게는 가장 힘든 작업이었고 여전히 도전되는 과제이기도 하다.

　그렇다면 과연 철학상담이 현장의 다양성, 그리고 각 개인의 고유성을 담아내면서 어떻게 개인적인 상담과 집단상담으로서 한국 사회에 자리매김해야 하는 것일까? 이에 대한 깊은 좌절과 고민에 빠질 때, 철학상담에 대한 방향을 다잡기 위한 지침서로서 아헨바흐의 『철학상담의 철학』이 많은 영감을 주고 도움을 주었다. 따라서 이 번역이 나와 같은 고민에 빠진 이들에게 도움이 되기를 바란다. 수많은 심리치료에서처럼 아헨바흐는 적극적으로 자신의 이름을 걸고 '철학상담'에 대한 배타적인 독점권을 주장하지 않는다. 한번은 에어푸르트로 가는 동석한 차 안에서 그 부분에 대해 개인적으로 질문을 한 적이 있다. 아헨바흐의 철학상담과 무관하게 '철학상담'이 상품화되고 있는데, 그에 대해 박사님의 생각을 명확하게 제시하면 어떠냐는 나의 우문(愚問)에 대해 그는 '철학'은 누구의 것이 아니라고 대답했으며, '철학상담'은 그 정신을 이해하면서 다양하게 시도될 수 있다고 했다.

　그런데 그렇다고 해서 이러한 아헨바흐의 태도로부터 그가 지닌 철학의 진지한 개방 정신에 대한 아무런 존중도 없이, 그저 '철학상담'이라는 이름만 가져다가 각자의 이익을 위해 아무렇게나 사용해도 좋다는 식으로 해서는 안 될 것이다. 국내에서도 철학상담에 대한 관심이 빠른 시간에 널리 퍼졌다. 그렇지만 아헨바흐와는 정말로 무관하게, 아니 그가 말하고자 했던 철학상담의 정신과는 아무 상관도 없이 '철학'이 아닌 '심리학'이나 '영성'의 영역과 혼용하거나, 철학상담이라는 이름으로 철학의 또 다른 학술적 혹은 치료적 권위 및 폐쇄적인 체제 안에서 운용되는 것을 보면서 안타까운 마음이 든 적은 수도 없이 많다.

나아가 아헨바흐는 대학이라는 울타리 밖에서 '철학상담'을 전개했지만, 나처럼 대학 안에서 학술적 연구도 담당해야 하고 석박사 과정을 지도하며 교육해야 하는 입장에서 부딪히는 도전적 과제는 정말로 풀기 쉽지 않았다. 특히나 아헨바흐가 이론과 방법론에 대해 강한 회의적 태도를 지니고 있다는 것을 알고 있기 때문에 그 어려움은 더욱 가중되었다. 그런데 그가 왜 논증으로 무장된 '이론'과 전문성의 틀로 고정된 '방법론'을 비판하고 나섰는지를 이해하려 하지 않고, 기존의 철학적 이론과 방법론만으로 논문을 쓰거나 또는 내담자에 대한 윤리적 존중 없이 자신이 철학상담 전문가가 되기 위해 필요한 사례 연구를 쏟아 내는 것을 지켜보면서 참으로 난감하게 느껴지기도 했다. 물론 개인이 지닌 맥락을 이해하기 위해 보편적인 차원의 철학적 성찰과 구체적인 실천적인 차원의 접촉 지점을 찾아내는 작업이 힘든 것이 사실이긴 하지만, 그럼에도 아무런 철학적 배경을 담고 있지 않은 심리치료에서의 연구방법론을 고스란히 이어받아 그저 철학상담의 연구라고 내놓아도 되는지 진지하게 비판적으로 묻지 않을 수 없다.

아직도 철학사에서 철학상담의 자원을 발굴해 내는 일, 한국 사회라는 구체적인 현장에서 철학상담의 입장으로부터 철학적인 주제를 다루는 일, 무엇보다도 보편적 철학과 아주 구체적인 개인의 연결 지점을 찾아내는 일, 그리고 그러한 과정을 학술적 논문으로 담아내는 일 등에 대해 풀어야 할 도전적 과제들이 산재해 있다. 이와 같이 나 역시도 좌충우돌하고 있는 한국 사회의 맥락에서 철학과 삶의 '진지한 접촉 지점'을 찾아내고 철학적으로 성찰해 나가는 데에 작은 도움이 될까 싶어 아헨바흐의 『철학상담의 철학』을 번역했다.

『철학상담의 철학』의 한국어 번역자로서 느낀 난제들

　내가 아헨바흐의 글을 번역하기 꺼려 했던 이유는 그의 글이 너무도 많은 철학적 · 문학적 · 예술적 맥락의 배음(背音)을 깔고 있기 때문이다. 그가 말할 때의 유머가 그의 글에서는 아이러니, 풍자, 과장 등으로 나타날 뿐만 아니라 다양한 비유를 통해 표현되었다. 따라서 독자들이 그냥 겉으로 표현된 단선적인 의미만을 이해한다면 그 아래 깔린 진짜 의미를 놓치는 경우가 허다하다. 그는 정보를 단순하게 투명한 방식으로 전달하는 마치 AI식의 말하기와 쓰기를 매우 지루해하고 싫어한다. 따라서 번역할 때 나는 그의 목소리와 톤을 기억하면서 문장을 읽어야 했고, 때로는 그의 의도가 거꾸로 표현되어 강조되고 있는 경우가 없는지, 이중적 의도로 같은 단어를 입체적으로 사용하고 있는 것은 아닌지 주의를 기울여야 했다.

　그는 학술적 용어보다는 보통 사람들이 쓰는 일상어를 선호했고, 현대 독일어보다는 문학가나 사상가들이 표현한 바 있는 독일어 고어에 담긴 뜻을 오늘날 되살려 내고 싶어 했다. 사적인 자리에서 그는 워낙 희곡작가가 되고 싶었고, 아직 집필 중인 희곡의 내용이라며 그 주제를 살짝 공개한 적도 있다. 그는 언어에 대한 섬세한 감각으로 언어의 빈곤을 벗어나기 위해서, 철학상담에 중요한 단어들을 새로 만들어 내기도 했다. 예를 들어, 내가 '삶의 숙달'이라고 번역한 '레벤스쾬너샤프트 Lebenskönnerschaft'는 기존에 쓰이고 있는 '삶의 기예' 또는 '삶의 기술'로 번역될 수 있는 '레벤스쿤스트 Lebenskunst'가 유행하면서 담아낼 수 없는 의미를 새롭게 밝히기 위해 고안되었다. 또한 이와 연관해서 '대화숙달'이라고 번역한 '게쉬프레히쾬너샤프트 Gesprächkönnerschaft'도 그가 고안한 새로운 용어이다. '쾬너샤프트 Könnerschaft'가 독일어로는 신조어이지만, 나는 음역하거나 신조어를 만들지 않고, 계속되는 훈련과 연습의 과정이라는 내용을 잘 전달하기 위해서 '숙달'이라는 단어를 선택했다.

이 외에도 아헨바흐는 독일인들이 직관적으로 알아챌 수 있는 독일어를 새롭게 조합해서 쓰기를 즐겨 하며, 같은 단어가 두 가지 의미를 지닌 경우, 예를 들어 5장에서 철학상담의 기본 규칙을 말하면서 '안팡엔anfangen'이 지닌 두 의미, 즉 '시작하다'와 '이미 알고 있거나 이해하고 있으면서 기대한다'는 것을 한 단어로 표현하는 묘미를 즐긴다고 말했다. 이처럼 단어의 선별만이 아니라 아헨바흐가 『철학상담의 철학』에서 보여 준 글쓰기 방식은 독일어로 읽는 사람들에게는 아이러니, 문학적 비유를 통한 새로운 '철학함'의 긴장감 넘치는 묘미를 선사한다. 그러나 이러한 저자의 모든 시도가 그 책을 번역해야 하는 나를 정말로 매우 난감하게 만들었고, 때로 그 특유의 독일어 뉘앙스를 뒤따라가고 살려 내느라 진땀을 빼도록 만들었다. 따라서 나는 역자 주를 달거나 네모 괄호인 [ ]에 넣어서 그의 글쓰기에 담긴 배움과 뉘앙스를 담아내려 노력했으나 여전히 역부족을 크게 느끼고 아쉬움도 깊게 남는다.

그러나 한 가지 가장 중요한 단어인 '필로조피쉐 프락시스Philosophische Praxis'를 '철학상담'이라고 번역한 것에 대해서는 이 자리를 빌려 좀 더 해명하고 싶다. 이미 내 책 『철학상담으로 가는 길』에서도 그 의미를 밝힌 바 있다. 그럼에도 이 책을 번역하면서 나는 특히 '철학상담'과 '철학실천' 중에 어떤 용어를 써야 할지 수없이 고민했다. 그동안 한국에서 나의 구체적이고 실천적인 경험과 아헨바흐가 지닌 의도 사이에서 그 용어가 지니는 철학적 의미와 한계는 분명히 있었다. 독일어 '프락시스'는 한국어로 '치료'와 '실천'의 의미를 동시에 지닌다. 특히 독일어로 '프락시스'는 의료나 심리치료를 떠올리면서도 앞에 '철학'이라는 단어가 지닌 차이점을 직관적으로 떠올릴 수 있는 장점이 있다. 그러나 아헨바흐는 그의 철학상담이 의료와 심리치료에서의 '치료'와는 분명히 다른 것이라고 경계를 명확히 한다. 초반에 그는 철학으로 어떻게 '의학적 치료'가 가능하냐는 식의 논쟁에 휩싸이기도 했으며, 그에 따라 철학상담이 그러한 치료들에 대한 '대안'이라는 점을 강조해 왔다.

이러한 맥락과 달리 '프락시스'라는 용어를 한국말로 옮기는 데에는 '실천'이라는 단어가 가장 먼저 떠오른다. 물론 영어 번역에서도 '프랙티스 practice'라는 단어가 간혹 사용되기도 한다. 나도 처음에는 그 단어로 번역을 시도했다. 이 용어는 특히 철학사 및 철학사상이라는 맥락에서 철학이 지닌 실천적 의미를 밝혀주는 데에 매우 탁월하다. 그러나 그것이 자칫 철학이론과 실천을 구분 짓고, 철학적 이론을 실천에 적용하는 의미에 그친다면, 그것은 이미 시도되고 있는 응용철학과 다를 바가 없으며, 아헨바흐는 그의 철학상담이 단지 응용철학이 아니라고 단언한 바 있다. 그리고 철학실천은 구태여 개인상담이나 집단상담의 세팅일 필요가 없으며, 철학의 쓰임이 있는 폭넓은 의미를 지니고 있어서 이것이 장점이 되기도 하지만 구체성을 떠올리기가 힘들어서 단점이 되기도 한다.

마지막으로, '프락시스'를 '상담'이라는 단어로 번역하게 될 경우에도 물론 한계가 없는 것은 아니다. 그럼에도 먼저 한국어로 '상담'이라는 단어를 들으면, 개인상담과 집단상담이라는 세팅이 연관되어 떠오르는데, 이는 실천적인 장(場)과 함께 구체적인 '대화'로서의 의미를 직관적으로 지닐 수 있다. 그리고 무엇보다 아헨바흐의 철학상담은 대화자 간의 '평등한 상호성'을 중시하는데, '상담(相談)'에서의 '상(相)'이 그 의미를 충분히 담고 있다. 나아가 그는 자신의 '필로조피쉐 프락시스Philosophische Praxis'를 다른 단어로 바꾸고 싶기도 하다고 말한 적이 있다. 어떤 단어로 바꾸고 싶냐는 내 질문에 그는 '필로조피쉐 베라퉁Philosophische Beratung', 즉 '철학적 조언', '철학상담'이라고 답했다.

나는 그의 '필로조피쉐 프락시스Philosophische Praxis'를 어떻게 옮길지 '철학

실천'과 '철학상담' 사이에서 심사숙고 끝에 '철학상담'이라는 단어를 선택했다. '철학실천'이라는 용어가 폭넓은 실천 영역을 모호하게나마 포괄하기도 하지만 별반 새롭게 들리지 않는 데에 반해, '철학상담'은 철학이 오늘날 사유 활동을 펼치는 '대화'을 의미한다는 점, 그리고 그 대화의 구체적인 장과 세팅을 새롭게 명시하고 있는 장점이 있기 때문이다. 그러나 후자가 '철학실천'에 비해 철학사적인 맥락에서의 이론과의 연계성 및 차별성을 직관적으로 바로 떠올릴 수 없다는 점에서 아쉬움도 남았다. 그리고 그러한 맥락에서 이 책『철학상담의 철학』의 2장에서처럼 철학사적인 맥락이자 학술적 의미와의 대비를 통해서 '프락시스'가 쓰일 때는 '실천'이라고 번역하기도 했다. 그러나 전체적으로 '철학상담'이라는 단어를 선택하면서도 여전히 그 의미와 한계가 동시에 있다는 점을 솔직하게 밝혀 두고 싶다.

『철학상담의 철학』의 출간을 앞둔 소회와 감사 인사

내가 철학상담 분야에 입문한 이래로 신생 분야를 개척해야 하는 교수로서의 교육자이자 연구자, 그리고 철학상담자 등의 역할을 소화해야 했기에, 도저히 번역을 위한 집중적인 시간을 낼 수 없었다. 따라서 그 시간을 내기 위해 안식년이 필요했으나 허락되지 않았고, 아무런 재정적 지원도 없이 급기야는 2022년 여름부터 2023년 여름까지 일 년의 휴직을 감수해야 했다. 그러나 바로 그 일 년 동안 나는 한국 사회에서 철학상담을 뿌리내리느라 전력 질주하던 나의 여정에서 벗어나 철학상담을 처음으로 시작했던 독일 퀼른에서 숨 고르기를 하며 재충전하는 기회를 가질 수 있었다.

게다가 2022년 10월 말 렘샤이트에서 철학상담 창립 40주년을 기념하는

'국제철학상담학회IGPP'에 참석하여 세계 각국에서 모인 많은 철학상담자를 만날 수 있었고, 이를 계기로 2023년 5월에는 동료 철학상담자들에게 한국에서 진행해 온 나의 철학상담 연구와 교육 및 상담 활동, 집단 프로그램 등을 소개하며 교류할 수 있는 발표 기회도 가질 수 있었다.

무엇보다도 『철학상담의 철학』의 번역에 대해 아헨바흐 박사님과 충분히 이야기 나눌 수 있는 시간을 가질 수 있었던 것은 내게 더할 나위 없이 큰 행운이었다. 아헨바흐는 각종 강연, 세미나, 개인상담으로 바쁜 일정을 소화해 내면서도 그 특유의 환대와 함께 기꺼이 시간을 내주었다. 나는 『철학상담의 철학』을 번역하면서 이해되지 않는 부분들을 일일이 체크해서 아헨바흐에게 질문하고 자유롭게 토론할 수 있었다. 그의 동반자이자 철학상담자인 라우라Laura는 거의 대부분 우리의 질의응답과 토론 시간을 함께 했다. 돌이켜보자면, 때로 이 시간이 하루종일로 이어져서 함께 식사도 해야 했고, 밤늦게 와인까지 곁들인 진솔하고도 열정적인 대화를 하기도 했는데, 이 시간이 또 다른 '철학상담'을 위한 귀한 배움의 여정이자 잊지 못할 추억으로 남았다.

물론 이러한 경험이 내게 다른 어떤 것으로도 대체될 수 없는 철학상담의 토대가 되었지만, 그럼에도 한국 사회에 돌아와서 해결해 나가야 하는 과제는 고스란히 남겨져 있었다. 좀 더 충분한 시간을 가지고 번역문을 다듬고 싶었으나 2024년 8월 로마의 세계철학자대회에서 『철학상담의 철학』의 출간을 기념하는 세션에 초대되어 번역을 마무리해야만 했다. 그러나 개인적으로 너무도 많은 노력과 시간을 내게 요구한 이 책의 내용을 전달하는 작업은 앞으로 계속해서 해 나갈 구체적인 과제로 삼고자 한다.

번역을 마무리하면서 감사할 분들이 많이 떠오른다. 누구보다도 번역 작업에 큰 도움을 주신 저자 아헨바흐 박사님과 그의 동반자 라우라에게 깊은 감사 인사를 전하고 싶다. 아헨바흐 박사님과의 대화는 정말로 까다로운 글의 번역 작업에서 느끼는 온갖 힘듦을 감내하도록 하기에 충분할 만큼 깊고 큰 신뢰와 존중의 체험이었다. 라우라는 아헨바흐의 빡빡한 일정 속에도 내가 여유롭게 만날 수 있는 시간을 마련해 주었고, 때때로 아헨바흐의 독특한 언어 세계가 좀 더 가까이 이해될 수 있도록 번역 과정의 다리 역할을 자청하기도 했다.

도저히 불가능한 출판 일정인데도 늘 열린 마음으로 기꺼이 출간을 도맡아 주신 학지사 김진환 사장님께 진심으로 감사드린다. 어려운 출판계를 소신 있게 이끌어 나가시는 그분의 투지에 나는 늘 감동받고 있으며, 무엇보다 책의 출간을 응원하고 격려해 주시는 데에 깊은 고마움을 느낀다. 아울러 촉박한 일정 속에 이번 책의 편집을 맡아 주신 학지사 김준범 부장님께도 깊은 감사를 드린다. 그분의 섬세하고도 열정적인 손길은 주말까지 이어지곤 했으며, 하나라도 더 챙겨서 해 주시려는 무언의 배려에 간단한 감사 인사가 많이 부족할 뿐이다.

2022년 여름 한국에서 처음으로 철학상담 분야에서 박사학위를 받으신 양석준 박사님이 교정 작업에 동참해 주셨다. 늘 출간된 내 책을 읽고 나서 오타를 찾아주곤 했었는데, 이번에는 출간 전에 읽고 교정해 준 그 동료애에 감사의 마음을 전한다.

『철학상담의 철학』의 번역이 얼마나 지난 한 가시밭길이었는지 누구보다 잘 알고 그 시작부터 교정 작업에 이르기까지 그 길을 굽이굽이 동반해 준 박승찬 교수에게 정말로 깊은 고마움을 표한다. 덕분에 용기를 잃지 않고 마무리할 수 있었다.

이 책이 기존의 심리치료나 심리상담에서 뭔가 부족함을 느낀 전문가들, 그리고 학술적 철학만으로는 그 건조함 속에 삶의 갈등을 담아낼 수 없다고 생각한 철학자들, 철학의 사유활동을 삶과 연관시키고 싶은 열정에 사로잡힌 상담자와 내담자 모두에게 조금이나마 도움이 되기를 진심으로 바라며, 이 책을 통해 앞으로 '다르게 생각할 용기를 가진 자에 대한 지혜로운 돌봄'으로 자리매김할 '자유로운 철학적 대화'에 기꺼이 초대하고 싶다.

2024년 6월 회갑을 지난 첫돌날

역자 노성숙

게르트 B. 아헨바흐(Gerd B. Achenbach)

1947년 독일 하멜린에서 태어났다. 지도교수 오도 마크봐르트에게서 헤겔의 '정신의 현상학'에 대한 박사학위를 취득하면서, '자기실현'에 관한 최초의 철학적 연구를 발표했다. 1981년 세계 최초로 철학상담을 창시했으며, 이후 '철학상담학회(GPP)'와 '국제철학상담학회(IGPP)'의 회장을 오랫동안 역임했고, 철학상담자이자 철학상담자 양성을 위한 교육자로 활동해 오고 있다. 국제적으로 다양한 국가에서 창립되는 철학상담학회에 연사로 초대되어 수많은 기조연설을 해 왔으며, 독일과 해외의 여러 대학에서 활발한 강연 활동을 계속하고 있고, 수많은 출판물의 저자이기도 하다.

그의 대표작으로는 『철학상담의 입문에 대하여(Zur Einführung der Philosophischen Praxis)』(2010), 『사랑-신성한 광기(Liebe-der göttliche Wahn)』(2006), 『잘못된 것에 있는 올바름에 대하여: 철학적 삶의 숙달의 길들(Vom Richtigen im Falschen. Wege philosophischer Lebenskönnerschaft)』(2003), 『삶의 숙달(Lebenskönnerschaft)』(2001), 『내적인 고요의 작은 책(Das kleine Buch der inneren Ruhe)』(2000)』 등이 있다.

© Foto: Uwe Völkner, Fotoagentur FOX.

1981년 독일의 게르트 아헨바흐 박사가 창시한 철학상담은 현재 전 세계적으로 확산되어 설립되고 있으며, 그 근원적인 형태와 지속적인 주장은 심리치료에 대한 첫 번째 대안이라는 점에 있다. 그 안에서 철학적 전통은 새로운 생명력을 찾고, 진보된 철학적 사유는 그 자신이 입증될 수 있는 자리를 찾는다.

이 책은 40여 년 동안 아헨바흐가 해 온 철학상담의 경험에서 나온 에세이와 강연을 모은 것이다. 그 안에서 철학상담의 전제 조건과 토대가 개발되어 온 과정, 그리고 그 전례가 없고 수준 높은 직업 전망에 연관된 도전적 과제들이 명명될 것이다.

이 책은 철학상담 창시자가 직접 쓴 『철학상담의 철학』 텍스트 중 전 세계에서 가장 광범위한 출판물이며, 이제 이 텍스트가 아헨바흐의 직계 제자인 노성숙 교수의 번역으로 한국의 독자들에게 처음으로 선보이게 되었다.

역자 소개

노성숙(Nho, Soung-Suk)

현재 한국상담대학원대학교 상담심리학과 교수이자  한국여성철학회 회장이다. 이화여자대학교 철학과를 졸업한 뒤, 동 대학원에서 「하이데거에 있어서 진리의 문제」라는 논문으로 석사학위를 받았고, 독일 프라이부르크 대학에서 「계몽의 자기비판과 구원: 아도르노와 호르크하이머의 '계몽의 변증법'에 나타난 계몽개념에 대한 연구」(2000)라는 논문으로 박사학위를 취득했다. 2007년부터 2009년까지 현대 철학상담 분야를 창시한 독일의 아헨바흐 박사가 주관하는 독일 GPP협회 철학상담전문가 기본 과정과 심화 과정을 모두 마친 철학상담전문가이다.

주요 관심 연구 분야는 한국 사회에서 철학상담의 수용과 활용, 철학상담을 통한 주체성과 관계성의 확립, 인문학에 기반한 상담학의 정립, 서구 근대적 사유에 대한 비판과 대안적 사유의 모색 등이다. 상담심리학회와 상담학회의 상담전문가와 수련감독자들에게 상담철학과 철학상담 전공 분야를 가르치고 있으며, 상담초심자와 상담전문가의 역량 강화를 위한 철학상담 워크숍을 제공하고, 일반인들의 생애전환기, 특히 청소년기와 중년기에 필요한 철학상담 프로그램을 개발하여 운영하고 있다.

주요 저서로는 『심리치료와 철학상담』(학지사, 2021), 『철학상담으로 가는 길』(학지사, 2018), 『사이렌의 침묵과 노래: 여성주의 문화철학과 오디세이 신화』(2008년 문화관광부 우수학술 도서)(여이연, 2008)가 있고, 공저로는 『생각 사이-다: 청소년을 위한 인문상담』(학지사, 2017), 『상담철학과 윤리』(학지사, 2013), 『철학의 멘토, 멘토의 철학』(가톨릭대학교 출판부, 2013), 『왜 철학상담인가』(학이시습, 2012) 등이 있다.

주요 논문으로 「아도르노의 비판이론과 아헨바흐의 철학실천: '무력화되고 고립된 개인'의 삶을 치유하기 위한 비판적 사유」(2023), 「심리치료의 역사적 전개 과정에 나타난 철학적 인간이해의 중요성」(2020), 「전인적 성숙을 위한 시민교육」(2020), 「심리치료와 철학의 만남과 대화」(2019), 「여성주체가 겪는 고통과 치유」(2018), 「외상에 대한 '기억'의 철학상담적 치유가능성의 모색」(2017), 「'세계관해석'의 심화와 확장으로서의 철학상담」(2016), 「5.18트라우마와 치유」(2016), 「가해하는 공동체? 치유하는 공동체?」(2015), 「삶의 진리를 성찰하는 해석학으로서의 철학상담」(2014), 「여성내담자중심치료를 위한 철학상담적 인간이해」(2013), 「현대 상담이론 및 심리치료적 접근의 철학적 배경」(2012), 「비극적 삶에 대한 현존재분석과 철학상담」(2011) 「인간다운 삶을 위한 철학적 대화로의 초대」(2010), 「철학상담과 여성주의상담」(2009) 등이 있다.

<e-mail: nhos@kcgu.ac.kr>

철학상담의 철학: 기원과 발전
Philosophie Der Philosophischen Praxis: Einführung

2024년 6월 25일 1판 1쇄 인쇄
2024년 6월 30일 1판 1쇄 발행

지은이 • Gerd B. Achenbach
옮긴이 • 노성숙
펴낸이 • 김진환
펴낸곳 • ㈜**학지사**

04031 서울특별시 마포구 양화로 15길 20 마인드월드빌딩
대표전화 • 02-330-5114   팩스 • 02-324-2345
등록번호 • 제313-2006-000265호

홈페이지 • http://www.hakjisa.co.kr
인스타그램 • https://www.instagram.com/hakjisabook

ISBN 978-89-997-3143-3 93180

정가 17,000원

출판미디어기업 학지사

간호보건의학출판 **학지사메디컬** www.hakjisamd.co.kr
심리검사연구소 **인싸이트** www.inpsyt.co.kr
학술논문서비스 **뉴논문** www.newnonmun.com
교육연수원 **카운피아** www.counpia.com
대학교재전자책플랫폼 **캠퍼스북** www.campusbook.co.kr